社会治理法治化研究

Research on the Rule of Law of Social Governance

李坤轩◎著

中国政法大学出版社

2020·北京

图书在版编目（ＣＩＰ）数据

社会治理法治化研究/李坤轩著.—北京：中国政法大学出版社,2020.6
ISBN 978-7-5620-6839-6

Ⅰ.①社… Ⅱ.①李… Ⅲ.①社会主义法治－建设－研究－中国 Ⅳ.①D920.0

中国版本图书馆CIP数据核字(2020)第091254号

书　　名	社会治理法治化研究 SHEHUI ZHILI FAZHI HUA YANJIU
出 版 者	中国政法大学出版社
地　　址	北京市海淀区西土城路 25 号
邮　　箱	fadapress@163.com
网　　址	http://www.cuplpress.com（网络实名：中国政法大学出版社）
电　　话	010-58908435(第一编辑部) 58908334(邮购部)
承　　印	北京朝阳印刷厂有限责任公司
开　　本	720mm×960mm　1/16
印　　张	18.75
字　　数	298 千字
版　　次	2020 年 6 月第 1 版
印　　次	2020 年 6 月第 1 次印刷
定　　价	66.00 元

前　言

　　社会治理是中国特色社会主义事业的重要组成部分。加强和创新社会治理，事关经济健康发展，事关社会和谐稳定，事关国家长治久安。

　　历经改革开放四十多年的发展，中国社会建设领域实现了从社会管理到社会治理的转型。进入新时代，我国面临着一系列新的社会问题，经济结构深刻变革、利益格局深刻调整、思想观念深刻变化、社会结构深刻变动，各类社会矛盾叠加，社会风险隐患增多，社会治理的形势日益复杂。应对社会转型发展关键期、社会矛盾凸显期的社会治理新挑战，必须进一步加强和创新社会治理，不断提升社会治理的能力和水平。

　　近年来特别是党的十八大以来，以习近平同志为核心的党中央提出了一系列社会治理的新理念、新思想、新战略。党的十八届三中全会首次使用"社会治理"概念，要求创新社会治理体制，改进社会治理方式，确保社会既充满活力又和谐有序。[1] 党的十八届四中全会突出强调法治在社会治理中的重要作用，明确提出推进多层次多领域依法治理，提高社会治理法治化水平。[2]

　　推进社会治理法治化，就是要求在法治轨道上实施社会治理。法治既是一种状态，也是实现状态的动态的过程，没有这种动态的过程，状态亦无法实现。[3] 法治是社会治理的基本方式。社会治理是一种规则之治。法治确立的底线规则具有指引、规范、评价等功能，为社会秩序的规制和社会公平正义的维护提供了基本遵循。只有在法治轨道上推进社会治理，才能保障社会治理的和谐平稳、安定有序。社会治理的目标是在最大限度上形成治理上的

---

〔1〕　参见"中共中央关于全面深化改革若干重大问题的决定"，载《求是》2013年第22期。
〔2〕　参见"中共中央关于全面推进依法治国若干重大问题的决定"，载《求是》2014年第21期。
〔3〕　参见马玉丽：《美国宪法的正当法律程序研究——从程序到实质的演变》，山东人民出版社2016年版，第186页。

善治。社会治理目标的实现依赖于法治功能的有效发挥，法治应积极回应社会治理的需求，凝聚社会治理共识，推动生成社会善治局面。

现代法治是以法律至上、人民主权、人权保障、权力制约、公平正义等为主要内容的法律制度，是以严格依法办事为要求的治理机制。实现社会治理法治化，必须推进科学立法、严格执法、公正司法、全民守法，以法治的理念、思维和规则来引领和规范社会治理，切实发挥好法治在社会治理中的保障作用。

在科学立法方面，要加快社会治理领域立法进程。良法是善治的前提，只有良法才能出善治、保善治。推进社会治理法治化，应以制定和实施良法为基础。要深刻认识和把握社会治理与法治的内在逻辑关系，在全面依法治国的总体布局中科学谋划、统筹安排，加强社会治理领域的相关立法，解决社会治理领域法律供给不足的问题，建构维持良好社会秩序之具体规范和底线共识，推动形成立体化、全方位的社会治理法治体系。

在严格执法方面，要切实提升行政执法的整体效能。政府作为社会治理的主体，担负着社会治理的重要职责。行政执法是行政机关行使权力、实施社会治理的主要方式，行政执法的质量和水平高低，关系着社会治理的实际效果。对于行政机关而言，行政权力是一把"双刃剑"。没有制约和监督的权力，必然会导致腐败。加强社会治理，必须坚持依法行政，严格规范和制约行政权力，在执法活动中正确实施和运用法律，深入推进综合行政执法体制改革，创新执法理念，改进执法的方式、方法，以严格、规范、公正、文明的执法，保障社会的和谐稳定。

在公正司法方面，要夯实社会治理中的司法保障。公正是司法工作的生命线，司法工作的主要任务就是通过公正的司法活动来维护社会公平正义。司法公正对社会公正具有重要的引领作用，是维护社会公平正义的最后一道防线。推进社会治理法治化，应当重视发挥司法机关的作用。通过深化司法体制改革，解决司法领域存在的深层次问题；通过司法公正实现法律公正，不断提升司法公信力；通过推行公益诉讼活动，更好地保护国家和社会公共利益不受非法侵害，维护社会公平正义和良好的社会秩序。

在全民守法方面，要推动全社会树立起法治意识。只有铭刻在人们心中的法治，才是真正牢不可破的法治。[1] 法治的力量来源于公民对法律的信

---

〔1〕 参见中共中央文献研究室编：《习近平关于全面依法治国论述摘编》，中央文献出版社 2015 年版，第 121 页。

仰，正如法国著名学者卢梭所言："一切法律之中最重要的法律，既不是刻在大理石上，也不是刻在铜表上，而是铭刻在公民的内心里。"法治要真正发挥作用，必须全民信仰法律。全民法治意识的树立，是依法推进社会治理的基础和关键。增强全民法治观念，要高度重视抓好法治宣传教育，国家工作人员特别是领导干部要发挥好表率作用，带头尊法、学法、守法、用法，带动全社会树立法治意识，形成良好的法治氛围和发展环境。

推进社会治理法治化，要依法预防和化解社会矛盾纠纷。任何社会都不可能没有矛盾，人类社会在矛盾运动中不断发展进步。预防和化解社会矛盾纠纷，是维护社会和谐稳定的前提，构建法治社会的重要内容。法治是预防和化解社会矛盾纠纷的关键。社会矛盾纠纷多是各种利益之争和法律纠纷，需要从源头上加强预防，强化法律在化解矛盾纠纷中的权威地位，积极引导矛盾纠纷当事人步入法治轨道，从法治视角看待问题、分析问题、解决问题，通过法治途径来依法有效化解各类纠纷。

当前中国社会正处于社会转型期，传统的命令型、控制型、管控型的社会管理模式，已经无法适应新时期社会治理的现实需要。基于社会治理面临的新形势、新要求，必须加强和创新社会治理，转变社会治理理念，优化社会治理主体格局，从单纯重视党委、政府作用向党委、政府与社会多元主体共同治理转变，既要发挥党委领导和政府主导作用，又要鼓励社会组织、企事业单位和社会公众积极参与社会治理，逐步拓宽社会组织参与社会治理、公众参与社会治理的法治路径，推动社会治理法治化向纵深发展。

社会治理法治化是加强和创新社会治理的必由之路。本书从法学视角入手，结合当前社会治理中的实际问题，重点围绕如何推进社会治理法治化进行了分析、论证。全书共分九章，分别是：第一章社会治理法治化的理论基础、第二章持续深化社会治理体制改革、第三章加快社会治理领域立法进程、第四章切实提升行政执法整体效能、第五章夯实社会治理中的司法保障、第六章推动全社会牢固树立法治意识、第七章依法预防和化解社会矛盾纠纷、第八章社会组织参与社会治理的法治路径、第九章公众参与社会治理的法治路径。

李坤轩

2019 年 8 月

目 录

社会治理法治化的理论基础

　　社会治理法治化是一项复杂、系统的工程，需要在国家治理体系和治理能力现代化背景下剖析治理的内涵，探讨国家治理、政府治理与社会治理之间的逻辑关系，理解和把握社会治理与法治之间的耦合关系。

第一节　新时期党和国家的治理理论

　　"治理"不同于"统治"，从统治走向治理，是人类政治发展的普遍趋势。[1] 治理的目标是追求善治，这是获取公共利益最大化的社会管理过程。[2]

一、治理的内涵

（一）治理的概念

　　"治理"一词最早出现在古希腊和拉丁语中，初始的意思是引导、操纵、控制，主要运用于和公共管理、公共服务相联系的社会管理以及政治活动当中。[3] 20 世纪 90 年代起，"治理"的概念开始在公共管理领域兴起。作为现代意义上的世界领域的公共行政改革潮流与理论实践，治理研究源于西方国家治理现象全球化。[4] "治理"概念最早可追溯至拉丁语"gubernare"，目前其英文动词为"govern"，名词为"governance"，意为统治、掌舵。在很长时间内，"治理"与政府"统治"（government）区别不大，经常交替使用，

---

　　〔1〕　参见俞可平："衡量国家治理体系现代化的基本标准——关于推进'国家治理体系和治理能力的现代化'的思考"，载《北京日报》2013 年 12 月 9 日，第 17 版。

　　〔2〕　参见俞可平："治理和善治引论"，载《马克思主义与现实》1999 年第 5 期。

　　〔3〕　参见刘震："社会组织参与社会治理的路径研究"，南昌大学 2014 年硕士学位论文。

　　〔4〕　参见许玉镇：《公众参与政府治理的法治保障》，社会科学文献出版社 2015 年版，第 39 页。

主要指管理国家公共事务等。[1]

20世纪90年代以来，随着全球政治、经济、社会文化等的不断发展，西方政治学与经济学家对治理的含义进行了拓展。[2] 至此，"governance"所涵盖的范围已超出了传统意义上的范围，它突破了政治学领域，逐渐被应用到社会经济领域，此时的"governance"与"government"含义有了明显的区别。有学者认为"governance"在很长一段时间内，"在许多语境中大行其道，以至成为一个可以指涉任何事物或毫无意义的'时髦词语'。它得以复活的重要因素或许在于有必要区分'governance'与'government'。以governance指治理的方式、方法，以government指负有治理之责的机构，而governing则用来指治理行为本身"。[3] 在统治模式时期，社会控制的核心在于"治民"，管理时代的核心在于"管民"，治理时代政府与民众的关系则是政民互动、公私协作的正和博弈阶段。[4] 联合国"全球治理委员会"认为治理是一个过程，其基础是协调，涉及公私部门之间的持续互动。[5] 这一表述成为"治理"的一个具有代表性和权威性的定义。

围绕"治理"的概念界定问题，国内外学术界展开了一系列研究，产生了诸多有关治理的理论学说，使得治理理论成为当今国际学术界最热门的前沿理论问题之一。从治理维度来看，有地方治理、大学治理、公司治理、国

---

[1] See Stoker G. , "The Management of British Local Governance", *Macmilan*, Vol. 17, 1998.

[2] 例如，著名的治理理论创始人詹姆斯·N. 罗西瑙（James N. Rosenau）认为治理是"一系列活动领域的管理机制，它们虽未得到正式授权，却能发挥作用。治理，不等同于统治，指一种由共同目标支持的活动，这些活动的主体不一定是政府，也并不完全靠国家的强制力来实现治理的目标"。参见［美］詹姆斯·N. 罗西瑙主编：《没有政府的治理——世界政治中的秩序与变革》，张胜军等译，江西人民出版社2001年版，第4~5页。

[3] 参见［英］鲍勃·杰索普："治理的兴起及其失败的风险：以经济发展为例的论述"，载《国际社会科学杂志（中文版）》1999年第1期。

[4] 参见江必新："推进国家治理体系和治理能力现代化"，载《光明日报》2013年11月15日，第1版。

[5] 1995年，联合国"全球治理委员会"发表了题为《我们的全球伙伴关系》的研究报告，其中对治理作出了如下界定："治理是各种公共的或私人的机构管理其共同事务的诸多方式的综合。它是使相互冲突的或不同的利益得以调和并且采取联合行动的持续的过程。它既包括有权迫使人们服从的正式制度和规则，也包括各种人们同意或以为符合其利益的非正式的制度安排。它有四个特征：治理不是一整套规则，也不是一种活动，而是一个过程；治理过程的基础不是控制，而是协调；治理既涉及公共部门，也包括私人部门；治理不是一种正式的制度，而是持续的互动。"参见全球治理委员会：《我们的全球伙伴关系》，牛津大学出版社1995年版，第23页。

家治理、全球治理等。[1] 从名称上就可以看出，其涉及诸多具体的领域，体现了治理已在实践中广泛应用。"治理"一词尚未形成统一的概念界定，我国学者俞可平认为："治理的基本含义是指官方的或民间的公共管理组织在一个既定的范围内运用公共权威维持秩序，满足公众的需要"。[2] 总体上看，治理是多元主体紧密协同、良性互动，追求善治的一种状态和动态的过程。

（二）治理的特征

治理涉及的领域众多，且具有广泛的适用性。治理的特征主要体现在以下几方面[3]。

1. 治理主体多元化。治理的主体并不一定是政府，还可以是政府之外的其他私人机构等。相比"统治"概念中强调的统治主体的一元性，治理强调治理主体的多元性。治理与统治既有区别又有联系。二者的共同之处在于，治理的最终目标也是维护社会的正常秩序，因此治理也需要权威，需要人们遵守社会秩序，维持社会的和谐稳定。治理与统治也有明显的区别，总体而言，统治的主体一定是公共机构，权威必定是政府，而治理指的是一种由共同的目标支持的活动，尽管一定程度上也需要权威，但与统治的权威是政府不同，治理的权威可以是公共机构，可以是私人机构，也可以是公私合作的机构，治理主体的多元化意味着治理的权威也是多元的。治理是政府与非政府的合作、公共机构与私人机构的合作，强制与自愿的合作，这些管理活动虽未得到正式授权，却能有效发挥作用。[4]

2. 政府责任向社会转移。治理强调的是国家与社会之间的合作，更强调国家对社会的依赖关系，一定程度上模糊了公共领域与私人领域的明确界限。如果说社会管理主体的多元化是对政府社会管理的补充，那么社会治理即是对社会管理主体多元化的进一步延伸。[5] 现代国家的趋势之一就是将政府独自承担的责任逐渐向社会转移。其他主体诸如市场、社会组织等正在承担很多原属于政府的部分责任，国家与社会、公共部门与私人部门之间的界限不

---

〔1〕 参见贾霄锋编著：《社会转型加速时期社会组织介入社会问题治理研究》，西南交通大学出版社 2016 年版，第 7 页。

〔2〕 参见俞可平主编：《治理与善治》，社会科学文献出版社 2000 年版，第 24 页。

〔3〕 参见李凤华："治理理论：渊源、精神及其适用性"，载《湖南师范大学社会科学学报》2003 年第 5 期。

〔4〕 参见马玉丽：《社会组织与社会治理研究》山东大学出版社 2019 年版，第 14 页。

〔5〕 参见童星：《中国社会治理》，中国人民大学出版社 2018 年版，第 11 页。

再分明，治理理论应运而生。

3. 治理方式和手段多样。在治理过程中，解决问题的途径不再局限于政府层面。在公共事务的管理过程中，政府逐渐探讨其他的管理方式、方法、手段、工具、技术等，采取多样化的方法来实现治理的最佳效果。[1] 治理在依靠政府权威的同时，也可以依赖于市场化的手段，考虑新技术及工具的应用，治理手段应由以强制性为主向以平等对话、合作为主的多元化手段转变，是多元主体间对社会公共事务的协同治理。

4. 治理过程体现互动与协作。治理更强调管理对象的参与性，整个过程呈现上下互动的模式。这一点与统治是不同的。在统治过程中，主要运用政府的政治权威来管理社会公共事务，权力是自上而下运行的。在治理过程中，它主要通过不同部门、不同主体间的合作、协商、伙伴关系进行，因此是一个上下互动的过程。

5. 治理目标是追求"善治"。治理目标一改传统的"善政"治理目标，转变为"善治"治理，具体来说，治理目标应由单纯追求效率向公共利益最大化的实现转变，以最终达成国家与公民社会间的互动与合作关系。

二、国家治理、政府治理和社会治理

党的十八届三中全会从完善和发展中国特色社会主义制度、推进国家治理体系和治理能力现代化的高度，对创新社会治理体制作出了战略性部署和安排。[2] 强调法治是国家治理最基本的形式，社会治理是国家治理的重要内容。在《中共中央关于全面深化改革若干重大问题的决定》（以下简称《决定》）中，"治理"作为关键性概念，涉及治理活动的三个基本概念，即国家治理、政府治理和社会治理，这三个层面的治理构成了社会主义制度改革深化的重要内容。[3] 十八届三中全会表明党和国家确立了当前和今后一个时期内社会治理的根本指导思想、基本路径和主要方法，标志着我国社会治理将由典型经验、重点突破、政策引导，向制度化、法治化、科学化方向发展。在此背景下，法治建设如何适应社会治理的要求，已成为社会关注的一个时

---

〔1〕 参见唐兴霖：《国家与社会之间——转型期的中国社会中介组织》，社会科学文献出版社2013年版，第47页。

〔2〕 参见："中共中央关于全面深化改革若干重大问题的决定"，载《求是》2013年第22期。

〔3〕 与此同时，国家治理现代化被确定为全面深化改革的总目标，而政府治理和社会治理则成为《决定》所确定和阐发的重要改革内容。参见王浦劬："国家治理、政府治理和社会治理的含义及其相互关系"，载《国家行政学院学报》2014年第3期。

代话题。[1]

（一）国家治理的基本内涵

国家治理是以国家问题为对象的治理，包括国家政治、经济、文化、社会、生态、金融、政党、国防、外交等方面问题的治理。在我国传统政治思想中，对国家治理的理解主要指"治国理政"，"治国"即治理国家，"理政"指处理政务。从我国几千年的政治、经济、文化发展变化来看，尽管我国长期处于封建时期，但传统思想依然蕴含着丰富的政治智慧。如孔孟儒家的博爱思想，墨子的兼爱、非攻思想，唐太宗的仁政思想，宋明时期的民本思想等，都体现了中国传统政治思想的命题——治国理政。新时期我国国家治理理论是在马克思主义国家理论[2]逻辑上继续发展的。[3]

中华人民共和国成立以来特别是改革开放四十多年来，党和国家不断探索国家治理体系和治理能力的现代化。随着社会实践的发展，社会治理理论也不断发生演进，理论的演进又同时推动了社会治理的法治化进程，进而提升了整个社会的治理水平。由此可见，社会治理理论乃动态的理论体系，会随着社会治理实践的发展而不断完善，形成一个良性的理论发展过程。[4]

当前，我国已形成了当代中国特色社会主义国家治理模式[5]，具有一系列鲜明的特征。首先，中国特色社会主义国家治理必须坚持中国共产党的领

---

〔1〕 参见张帆：《多民族地区社会治理法治化建设研究——以贵州省为考察中心》，法律出版社2016年版，第1页。

〔2〕 马克思主义国家理论乃马克思主义的重要组成部分。按照马克思主义经典作家关于国家理论的阐述，国家起源于分工和私有制，国家的本质乃阶级矛盾不可调和的产物，国家具有政治统治及社会管理双重职能，社会存在决定社会意识，经济基础决定上层建筑，社会主义国家坚持无产阶级政党领导等。参见左丹丹："习近平论治国理政对马克思主义国家理论的继承和发展"，载《毛泽东邓小平理论研究》2019年第3期。

〔3〕 按照马克思主义国家理论学说，国家具有政治统治和社会管理双重职能。社会主义国家的国家治理，本质上既是政治统治之"治"与政治管理之"理"的有机结合，也是政治管理之"治"与"理"的有机结合。参见王浦劬："国家治理、政府治理和社会治理的含义及其相互关系"，载《国家行政学院学报》2014年第3期。

〔4〕 参见王勇等：《社会治理法治化研究》，中国法制出版社2019年版，第17页。

〔5〕 通过全面深化改革推进国家治理体系和治理能力现代化，从各方面提高运用中国特色社会主义制度治理国家的能力，国家治理取得了巨大成就，例如，中国共产党科学执政、民主执政、依法执政的能力和水平不断提高，国家机构履职能力不断提高，群众治理能力不断提高，等等。其中，群众治理能力既包括参与国家事务、参与经济社会发展，通过法定渠道对国家事务、经济社会发展提出意见和建议，也包括解决自身问题的能力，即针对现实生活与切身利益，不断解决自身问题的能力。提高群众治理能力是推进国家治理体系和治理能力现代化的重要内容。

导地位和领导作用。《中华人民共和国宪法》（以下简称《宪法》）〔1〕序言赋予了中国共产党作为执政党的宪法地位，同时，《宪法》第 1 条第 2 款提出，"社会主义制度是中华人民共和国的根本制度。中国共产党领导是中国特色社会主义最本质的特征"。由此可见，《宪法》的规定为党的执政地位提供了最坚实的合法性基础。中国共产党是多元治理主体中最为权威的组织力量，可以凭借领导地位对社会进行调控与整合。其次，中国特色社会主义国家治理应进一步发挥政府的作用。〔2〕政府是多元治理体系的主体，各级政府在国家治理中应发挥主导作用，在经济建设、政治建设、文化建设、社会建设、生态文明建设中，政府应起龙头牵引作用，实现"有效的政府治理"。〔3〕最后，新时期我国国家治理的目标是实现现代化，要求治理体系满足"公共权力运行的制度化和规范化"及民主、效率、法治等要求。〔4〕在实现国家治理现代化的过程中，应重点做到以下几方面：其一，规范行使公权力。权力必须受到制约和监督，否则必然产生腐败。〔5〕合法行使公权力，让权力在阳光下运行，是对公权力的基本要求。权力运行的不规范，是各类社会问题产生的根源。规范公权力，首先要依靠体制机制。一方面，要明确权力的边界，规范权力的行使范围；另一方面，要完善法律制度，确保公权力在法律框架内运行。同时，还要健全程序规则，规范行政决策、行政执法行为，避免权力滥用。唯有让权力运行有法可依，把权力关在制度的笼子里，权力行使者

---

〔1〕 2018 年 3 月修改后的《宪法》序言中明确指出："中国各族人民将继续在中国共产党领导下，在马克思列宁主义、毛泽东思想、邓小平理论、'三个代表'重要思想、科学发展观、习近平新时代中国特色社会主义思想指引下，坚持人民民主专政，坚持社会主义道路，坚持改革开放，不断完善社会主义的各项制度，发展社会主义市场经济，发展社会主义民主，健全社会主义法治，贯彻新发展理念，自力更生，艰苦奋斗，逐步实现工业、农业、国防和科学技术的现代化，推动物质文明、政治文明、精神文明、社会文明、生态文明协调发展，把我国建设成为富强民主文明和谐美丽的社会主义现代化强国，实现中华民族伟大复兴。"

〔2〕 党的十八届三中全会指出："政府的职责和作用主要是保持宏观经济稳定，加强和优化公共服务，保障公平竞争，加强市场监管，维护市场秩序，推动可持续发展，促进共同富裕，弥补市场失灵""政府要加强发展战略、规划、政策、标准等制定和实施，加强市场活动监管，加强各类公共服务提供"。

〔3〕 参见许耀桐："当代中国国家治理的鲜明特点"，载《北京日报》2019 年 9 月 9 日，第 13 版。

〔4〕 参见俞可平：《论国家治理现代化》，社会科学文献出版社 2015 年版，第 4 页。

〔5〕 "如果人人都是天使，就不需要任何政府了，如果是天使统治人，就不需要对政府任何外来的或内在的控制了。"参见〔美〕汉密尔顿、杰伊、麦迪逊：《联邦党人文集》，程逢如等译，商务印书馆 1980 年版，第 264 页。

切实做到"法无授权不可为、法定职责必须为",才能确保实现权力运行的规范化。其二,坚持以人民为中心。要充分保障公民的各项权力和利益,政府制定的公共政策应体现人民主体地位。在党的十九大报告中,习近平同志强调要把"坚持以人民为中心"作为新时代坚持和发展中国特色社会主义的重要内容,将其定义为新时代中国特色社会主义的基本方略。政府制定公共政策应真正反映人民的要求和愿望,最终使群众获得利益。其三,遵循宪法和法律的权威。法治的力量来自于公民对法律的信仰。国家工作人员特别是各级领导干部要带头尊法、学法、守法、用法,牢固树立法治思维和法治意识,自觉以现代法治精神、原则和规则来分析、判断和处理事务,提高运用宪法、法律解决实际问题的能力和水平。

(二)政府治理与国家治理的关系

简单的阐述政府治理,就是指政府作为行政主体对社会公共事务的治理,包括政府对自身、市场及社会的公共管理活动。[1] 也有学者认为政府治理是政府联合多方力量对社会公共事务的合作管理和社会对政府与公共权力的约束的规则和行为的有机统一体,其目的是维护社会秩序,增进公共利益,保障公民的自由和权利。[2] 尽管随着经济社会的不断发展,社会公众越来越多地参与到社会公共事务治理当中,但毫无疑问的是,"在人类政治发展的今天和可以预见的将来,国家及其政府仍然是最重要的政治权力主体"。[3]

"政府治理"属于政治学科与行政学科的基本范畴,其实质在于运用公共权力,制定和实施公共政策,实现社会公共利益。[4] 政府在公共治理中居于核心地位,是国家治理的引领者。政府治理是国家治理中最为重要的组成部分,国家治理主要表现为政府治理,但国家治理不完全等同于政府治理。[5]

---

〔1〕 参见兰红燕:"我国乡村社会治理法治化研究",河北师范大学2019年博士学位论文。

〔2〕 参见何增科:"政府治理现代化与政府治理改革",载《行政科学论坛》2014年第2期。

〔3〕 参见俞可平:《论国家治理现代化》,社会科学文献出版社2015年版,第60页。

〔4〕 健全的公共管理是政府治理的重要组成部分,公共资源被有效地分配,公共问题被有效地解决,公共服务被有效覆盖社会,在这种情况下,政府达到了治理的目标。

〔5〕 恩格斯针对政治统治与社会公共职能的关系模式进行了论述,他认为:一方面,"政治统治到处都是以执行某种社会职能为基础,而且政治统治只有在它执行了它的这种社会职能时才能持续下去";另一方面,"一切政治权力起先都是以某种经济的、社会的职能为基础的,随着社会成员由于原始公社的瓦解而变为私人生产者,因而和社会公共职能的执行者更加疏远,这种权力不断得到加强"。参见〔德〕恩格斯:《反杜林论》,载中共中央马克思恩格斯列宁斯大林著作编译局编译:《马克思恩格斯选集》第4卷,人民出版社2012年版,第559~560页。

政府与市场的关系[1]、政府与社会的关系是国家治理与政府治理的主题,政府是国家治理的主导与核心,政府主导下的多元共治模式是国家治理的必然选择。

(三)创新社会管理与社会治理

1. 社会治理的内涵。从世界范围来看,随着新公共管理运动的兴起,社会治理理论逐渐得以推广。在我国,长期以来我们使用更多的是"管理"或"社会管理"的概念。党的十八届三中全会首次使用"社会治理"这一概念,从国家战略的高度对治理思想作出了具有中国特色的解释。在《决定》中,"治理"概念被明确直接提及 24 次之多[2],在"创新社会治理体制"的小标题下,用了 1000 字左右的篇幅,阐述了一个新的执政理念——"社会治理"[3]。在此基础上,党的十八届五中全会进一步指出:"构建全民共建共享的社会治理格局。"[4] 这是对社会治理思想认识上的再次升华,也是探索实现中国社会治理现代化的指导思想和实践路径。只有确认广大人民群众的主体地位,调动全体人民共同参与、共同创造、共同建设的积极性和内在动力,才会实现让所有全体人民共同享有经济发展成果的全面小康社会。[5]

党的十八届三中全会之后,新的"社会治理"概念的提出,引出了一系列问题:什么是社会管理?什么是社会治理?社会管理与社会治理是什么关系,两者之间有什么区别?在《决定》中,为什么要用社会治理取代社会管理?关于社会治理的研究逐渐成为学界研究的热点,但由于受西方思想的影响,国内学界对于社会治理的概念尚未达成统一的共识与概念。因此,批判吸收西方治理的核心内涵,结合中国文化和国情来界定社会治理的基本概念,

---

〔1〕 市场经济主要以维护产权、促进平等和保护自由市场为基础,以自由选择、资源交换和合作为前提,以分散决策、自发形成、自由竞争为特点,以市场机制导向配置社会资源,是普遍化市场交换规则的经济形态。而政府治理是政府运用权力引导、控制和规范各种活动,最大限度满足公共利益。因此,政府治理应当以市场经济原则和机制为核心,推动社会的全面发展,保证治理的有效运行。

〔2〕 参见王浦劬:"国家治理、政府治理和社会治理的基本含义及其相互关系辨析",载《社会学评论》2014 年第 3 期。

〔3〕 参见唐钧:"社会治理的四个特征",载光明网,http://theory.gmw.cn/2015-03/02/content_14967028.htm,最后访问时间:2018 年 11 月 10 日。

〔4〕 参见新华社:"中共中央关于制定国民经济和社会发展第十三个五年规划的建议",载人民网,http://cpc.people.com.cn/n/2015/1103/c399243-27772351.html,最后访问时间:2018 年 11 月 10 日。

〔5〕 参见陶希东等:《共建共享:论社会治理》,上海人民出版社 2017 年版,第 7 页。

是创新社会治理的基础和前提。[1]

"如果说 19 世纪至 20 世纪之交的改革家们倡导建立最大限度的中央控制和高效率的组织结构的话，那么 21 世纪的改革家们则将今天的创新视为是一个创建以公民为中心的治理结构（citizen-centered governance structure）的复兴实验过程。"[2] "governance" 即 "治理" 的概念，在 20 世纪后半期随着新公共管理理论的风行而得到学界和政界的青睐。关于 "社会治理" 的概念界定，学者从不同的视角进行了阐述。例如，有的学者从多元主体的目标来界定[3]，有的学者从执政党与多元治理主体的关系来界定[4]，有的学者从多元主体发挥作用的过程来分析[5]，有学者从社会治理的本质上进行界定[6]，也有学者从 "共建共治共享" 下的社会秩序构建视角进行阐述[7]。

2. 社会治理的特征。党的十九大报告提出打造 "共建共治共享" 的社会治理格局，并将其列为加强和创新社会治理的七大战略措施之一，突出强调了新时期社会治理的基本格局。"共建" 意味着多方合力合资，"共治" 突出

---

〔1〕 参见陶希东等：《共建共享：论社会治理》，上海人民出版社 2017 年版，第 8 页。

〔2〕 参见〔美〕理查德·C. 博克斯：《公民治理：引领 21 世纪的美国社区》，孙柏英等译，中国人民大学出版社 2005 年版，第 10 页。

〔3〕 例如，将社会治理界定为 "在社会领域中，从个人到公共或私人机构等各种多元主体，对与其利益攸关的社会事务，通过互动和协调而采取一致行动的过程，其目标是维持社会的正常运行和满足个人和社会的基本需要"。参见唐钧："社会治理的四个特征"，载光明网，http://theory. gmw. cn/2015-03/02/content_14967028. htm，最后访问时间：2018 年 11 月 11 日。

〔4〕 例如，有学者认为，"在我国，社会治理是指在执政党领导下，由政府组织主导，吸纳社会组织等多方面治理主体参与，对社会公共事务进行的治理活动"。参见王浦劬："国家治理、政府治理和社会治理的基本含义及其相互关系辨析"，载《社会学评论》2014 年第 3 期。

〔5〕 例如，有学者认为社会治理是 "以实现和维护群众权利为核心，发挥多元治理主体的作用，针对国家治理中的社会问题，完善社会福利、保障改善民生，化解社会矛盾，促进社会公平，推动社会有序和谐发展的过程"。参见姜晓萍："国家治理现代化进程中的社会治理体制创新"，载《中国行政管理》2014 年第 2 期。

〔6〕 例如，俞可平认为 "社会治理本质上就是组织权利的转移和重新在不同主体间进行分配，在地位平等的主体及其自愿的基础上的一种有效合作，从而形成一种良性和有效率的互动"。参见俞可平等：《中国公民社会的兴起与治理的变迁》，社会科学文献出版社 2002 年版，第 31 页。

〔7〕 例如，有学者认为 "社会治理就是在中国共产党的统筹和领导下，充分发挥政府、市场、社会三个领域的各自优势，通过共商共议、共建共享、共治自治等方式，有效化解制约社会的诸多社会问题和矛盾，从而构建富有活力、包容、公平、和谐的社会秩序的动态过程"。参见陶希东等：《共建共享：论社会治理》，上海人民出版社 2017 年版，第 8 页。

各方合智合作，"共享"则关注共益共赢，三者的重心集中于一个"共"字。[1] 因此，"共建共治共享"体现了社会治理的公共性、多元性、跨界协商性和共生性。[2] 社会治理具有以下几方面的显著特征：

（1）治理主体多元并存。在计划经济时代，政府与社会处于较为单一的社会关系中，形成高度一元化的社会管理模式，政府是唯一的社会管理主体。随着经济的高速发展和累积，社会利益主体出现分化，不同利益主体之间的诉求日益多样化，社会的利益整合出现困难。在这种情况下，政府不可能满足所有人的需求，也不可能解决所有的社会问题，也就出现了"政府失灵"。[3] 当前，我国相对单一的社会结构逐步向相对多元的社会结构演进，利益主体出现多元化。经历改革开放四十多年的发展，我国的经济、社会、阶层结构等都发生了深刻的变化，分化出了一些新的社会阶层和群体，社会的利益主体出现多元化趋势。社会整体由各种各样的阶层和群体组成，不同阶层、群体的利益和诉求均不相同。随着改革的持续深化，社会的结构性矛盾突出，社会各阶层的利益整合更加复杂和困难。在我国，民间社会组织大量涌现，越来越得到国家法律的认可和保护，逐渐成长为独立的社会治理主体。多元治理主体的兴起，对传统的高度一元化的治理模式提出新的要求和挑战，多元主体渴望参与社会治理，要求政府、企事业单位、民间组织和个人在平等的基础上共同参与、决定社会事务的建设和发展。[4] 因此，社会治理必须重视治理主体的多元化，社会治理的主体既包括公共部门，也包括私人部门，政府不再对所有的公共服务事项大包大揽，不同主体共同参与社会治理，共同分享发展成果。[5]

（2）治理主体良性互动。不同阶层、群体有着不同的利益诉求，社会治理更加注重引导全社会达成利益共识，特别是针对长期目标的利益共识，因

---

〔1〕 公共治理体系包括治理的主体如政府、公共组织、非营利组织、私人组织、社会个人等，……治理的方式如强调各种机构、团体之间的自愿、平等合作。See Stoker, Gerry, "Governance as Theory：Five Propositions", *International Social Science Journal*, Vol. 68, 2018, pp. 15~24.

〔2〕 参见王名、董俊林："关于新时代社会治理的系统观点及其理论思考"，载《行政管理改革》2018 年第 3 期。

〔3〕 1974 年，美国经济学家伯顿·韦斯布罗德（Burton A. Weisbord）提出政府失灵理论，该理论认为国家机构在提供社会公共服务方面存在很大的限制性，急需社会组织来弥补出现的一系列问题。参见唐敏："社会组织参与社会治理研究——以贵阳市为例"，贵州民族大学 2015 年硕士学位论文。

〔4〕 参见王勇：《社会治理法治化研究》，中国法制出版社 2019 年版，第 18 页。

〔5〕 参见马玉丽：《社会组织与社会治理研究》，山东大学出版社 2019 年版，第 17 页。

此是一个适合多元主体参与的治理框架和社会机制。在社会治理背景下，多元主体都可以提出自身的利益诉求，采取合理的表达利益诉求的方式，并在沟通交流、相互妥协、协商一致的基础上达成社会共识。从我国当前实际来看，不平衡不充分的发展[1]现状会在一段时间内存在，这就决定了社会治理尤其应注重主体间的良性互动，着眼于解决不同阶层、群体之间的利益分歧，更加注重社会公平公正。

（3）治理方式多种多样。社会治理追求"善治"的治理效果，与以往传统的社会管理不同，社会治理不再仅仅凭借政府的行政审批、行政命令等方式，而是更加注重治理手段和治理方法的多样化，更多地采用经济手段、行业自律、道德教育、科技等手段，采取一系列的协商、对话、协作、谈判、妥协等方式，促进不同主体的沟通协调，从而更好地配置社会资源，协调解决社会矛盾纠纷。在这一过程中，法律制度是社会治理实现多元治理、互动合作治理的最重要保障，政府与公民、社会组织之间的合作、对话、协商离不开社会治理法治化。

社会治理主要是特定的治理主体对社会实施的管理。[2] 改革开放四十多年来，中国经济体制发生深刻变化，社会结构也发生了深刻变动，这给国家发展进步带来了巨大活力和推动力，但同时也给政府管理带来一些新的情况和问题。一方面，政府职能转变仍相对滞后，由政府来直接配备资源的范围过大；另一方面，公共服务供给一直短缺，市场监管和社会管理仍是薄弱环节。这就要求政府积极转变观念，努力改进社会治理方式。

党的十八届三中全会首次提出："创新社会治理体制。"[3] 从"创新社会管理"到"创新社会治理"，两者虽然只是一字之差，却充分体现了我们党社会治理理念的突破与转变以及对社会改革与发展的勇气与决心。[4] "社会管理创新本质上是一种制度创新，依据制度经济学理论，无论是制度变革还是变迁，它们都受社会制度供给与制度需求相互作用模型的影响，确切地说，制度变革正是社会制度供给与制度需求者之间讨价还价的结果。从实践来看，

---

〔1〕 党的十九大报告指出："中国特色社会主义进入新时代，我国社会主要矛盾已经转化为人民日益增长的美好生活需要和不平衡不充分的发展之间的矛盾。"

〔2〕 参见王浦劬："国家治理、政府治理和社会治理的含义及其相互关系"，载《国家行政学院学报》2014 年第 3 期。

〔3〕 参见"中共中央关于全面深化改革若干重大问题的决定"，载《求是》2013 年第 22 期。

〔4〕 参见易轩宇："社会组织参与社会治理的机制创新研究"，湘潭大学 2015 年博士学位论文。

社会管理创新的直接动因有两个：一是出于政府管理的需要；二是符合当前民众的意愿"。[1] 从治理视角分析，社会治理的目标只有符合国民的意愿和要求才具有统和政府与民众行动的功能，这也是治理的内在要求，治理的实施应始终围绕保障和改进民生，促进人民的自由、幸福和全面发展。[2] 简而言之，治理是管理的升级版，社会治理既包括了自上而下的社会管理，也包括自下而上的社会自治，即在一定的社会基础之上，政治国家与公民社会之间特定的社会秩序的合作关系之最佳状态，也就是善治。善治作为公共利益最大化的治理模式，也是在法律框架内进行的，其所依据的法律必须是良法，因此称为"良法善治"。

治理保留了管理的许多要素，同时又超越了管理的局限，承载着比管理更多、更为复杂的职能，能够更为有效地应对国家治理中出现的新情况、新问题，满足人民群众的新要求和新期待。[3] 从社会管理到社会治理，体现了社会文明的进步与提升。总之，社会治理其实质是"社会管理"与"社会自治"的相互作用，是区别于传统管理方式的新型的管理模式，是构建公平正义、安定有序、和谐稳定社会秩序的状态和动态的实现过程。社会治理强调政府应适当地"简政放权"，适度向社会转移部分公共服务职能，社会组织与公民应充分发挥自治功能，通过多元治理主体的共同努力，达到社会公共利益最大化效果。而这一过程，需要在法治的框架内发展和完成。[4] 社会治理的核心即运用法治思维与法治方式推进社会管理创新，这就要求对"权力"与"权利"进行清晰地界定，理顺二者之间的关系。

第二节　新时期中国特色社会主义法治理论

改革开放四十多年来，我国社会主义法治建设在实践中不断取得新发展，建成了中国特色社会主义法律体系。国家治理体系和治理能力的现代化，主要体现在制度建设方面和制度执行方面。法律制度是国家制度体系的核心制度，其完备的程度与水平，关系着国家治理能力和治理水平。随着社会主义

---

〔1〕 廖晓明、邱安民："社会管理创新动阻力因素分析与因应之策"，载《中国行政管理》2013年第3期。

〔2〕 参见江必新、王红霞：《国家治理现代化与社会治理》，中国法制出版社2016年版，第7页。

〔3〕 参见张文显："法治与国家治理现代化"，载《中国法学（中文摘要版）》2014年第4期。

〔4〕 参见王勇：《社会治理法治化研究》，中国法制出版社2019年版，第14~15页。

法治建设的推进，法治理论和法治实践紧密结合，法治理念逐渐体现在国家治理、政府治理和社会治理等治理领域。

1978年12月18日~22日，中国共产党第十一届中央委员会第三次全体会议在北京举行。这次全会作出了两项极为重要的决定：一是把党和国家工作的中心由以阶级斗争为纲转移到以经济建设为中心；二是发出了"加强社会主义法制"的号召，[1] 确立了法制建设十六字方针[2]，这为社会主义民主法制建设指明了方向和道路，为党探索社会主义民主法制提供了动力，我国社会主义法制建设由此进入了新的历史时期。党的十一届三中全会召开后，中国开始修改宪法、制定出台新的法律，我国法制建设进入恢复重建、持续发展的新阶段。

健全社会主义法制，重在立法。党和国家先后于1978年、1982年修订《宪法》，五届、六届和七届人大及其常委会先后制定了138部法律法规，对10部法律法规进行了修改，包括一系列有关国家机构的法律、民法通则和一系列单行民事法律、刑法，三大诉讼法（刑事诉讼法、民事诉讼法、行政诉讼法）以及一批经济方面、保障公民权利方面、涉外方面和行政管理等方面的重要法律法规，为我国社会主义法制建设奠定了基础。例如，1978年改革开放以来，我国制定、修订了《中华人民共和国地方各级人民代表大会和地方各级人民政府组织法》[3]（以下简称《地方组织法》）、《中华人民共和国全国人民代表大会和地方各级人民代表大会选举法》[4]、《中华人民共和国人

〔1〕　参见张文显："中国法治40年：历程、轨迹和经验"，载《吉林大学社会科学学报》2018年第5期。

〔2〕　法制建设十六字方针，即"有法可依、有法必依、执法必严、违法必究"。

〔3〕　《中华人民共和国地方各级人民代表大会和地方各级人民政府组织法》于1979年7月1日由第五届全国人民代表大会第二次会议通过，1982年12月10日第五届全国人民代表大会第五次会议第一次修正，1986年12月2日第六届全国人民代表大会常务委员会第十八次会议第二次修正，1995年2月28日第八届全国人民代表大会常务委员会第十二次会议第三次修正，2004年10月27日第十届全国人民代表大会常务委员会第十二次会议第四次修正，2015年8月29日第十二届全国人民代表大会常务委员会第十六次会议第五次修正。

〔4〕　《中华人民共和国全国人民代表大会和地方各级人民代表大会选举法》于1979年7月1日由第五届全国人民代表大会第二次会议通过，1982年12月10日第五届全国人民代表大会第五次会议第一次修正，1986年12月2日第六届全国人民代表大会常务委员会第十八次会议第二次修正，1995年2月28日第八届全国人民代表大会常务委员会第十二次会议第三次修正，2004年10月27日第十届全国人民代表大会常务委员会第十二次会议第四次修正，2010年3月14日第十一届全国人民代表大会第三次会议第五次修正，2015年8月29日第十二届全国人民代表大会常务委员会第十六次会议第六次修正。

民法院组织法》[1]、《中华人民共和国人民检察院组织法》[2]、《中华人民共和国婚姻法》[3] 等法律法规。这极大地促进了我国社会主义民主法制建设的健康发展。[4] 尤其是1982年《宪法》的颁布，为新时期建设提供了最具权威的法律保障，促进了安定团结政治局面的建立和社会主义现代化的实现。[5] 20世纪90年代全国人大及其常委会根据党的十四大、党的十五大精神，进一步加强立法工作，围绕建立和完善社会主义市场经济体制的目标，制定了一系列重要法律。[6]

1997年9月党的十五大召开，在中国法治发展历史上画上了浓墨重彩的一笔，大会确立了中国特色社会主义法律体系的建设目标[7]，首次提出了"依法治国，建设社会主义法治国家"，并且进一步明确依法治国基本方略的地位，开启了我国依法治国的崭新阶段，推动中国法制建设发生了质的变革[8]。

---

〔1〕《中华人民共和国人民法院组织法》于1979年7月1日由第五届全国人民代表大会第二次会议通过，1983年9月2日第六届全国人民代表大会常务委员会第二次会议第一次修正，1986年12月2日第六届全国人民代表大会常务委员会第十八次会议第二次修正，2006年10月31日第十届全国人民代表大会常务委员会第二十四次会议第三次修正，2018年10月26日第十三届全国人民代表大会常务委员会第六次会议修订。

〔2〕《中华人民共和国人民检察院组织法》于1979年7月1日由第五届全国人民代表大会第二次会议通过，1983年9月2日第六届全国人民代表大会常务委员会第二次会议第一次修正，1986年12月2日第六届全国人民代表大会常务委员会第十八次会议第二次修正，2018年10月26日第十三届全国人民代表大会常务委员会第六次会议修订。

〔3〕《中华人民共和国婚姻法》于1980年9月10日由第五届全国人民代表大会第三次会议通过，2001年4月28日第九届全国人民代表大会常务委员会第二十一次会议修正。

〔4〕 参见张友渔：《关于社会主义法制的若干问题》，法律出版社1982年版，第28页。

〔5〕 参见王乐乐、蒙晓旺："十一届三中全会前后中国共产党对社会主义民主法制建设的探索"，载《西安文理学院学报（社会科学版）》2015年第4期。

〔6〕 例如，先后制定了《公司法》《合伙企业法》《个人独资企业法》《反不正当竞争法》《产品质量法》《投标招标法》《会计法》《审计法》《价格法》《税收征收管理法》《农业法》《农村土地承包法》《农业技术推广法》《种子法》《水土保持法》《防洪法》《乡镇企业法》等。

〔7〕 例如，提出"加强立法工作，提高立法质量，到2010年形成有中国特色社会主义法律体系""进一步扩大社会主义民主，健全社会主义法制，依法治国，建设社会主义法治国家""依法治国，是党领导人民治理国家的基本方略，是发展社会主义市场经济的客观需要，是社会文明进步的重要标志，是国家长治久安的重要保障"。参见江泽民："高举邓小平理论伟大旗帜，把建设有中国特色社会主义事业全面推向二十一世纪——在中国共产党第十五次全国代表大会上的报告（1997年9月12日）"，载《求是》1997年第18期。

〔8〕 "法制"与"法治"，虽然只是一字之差，却体现了党和国家战略决策的重大转变，表明了中国共产党治国方略和执政方式的重大转变，标志着民主法制建设和政治体制改革的目标的重大转变。

进入 21 世纪，随着我国加入世贸组织，面对新的发展形势，党中央对法治建设提出了新的要求。例如 2002 年党的十六大报告[1]、2007 年党的十七大报告[2]、2012 年党的十八大报告[3]、2014 年党的十八届四中全会[4]、2017 年党的十九大报告[5]都有关于法治建设的重要表述。2018 年 3 月《宪法》的第五次修正案，将"健全社会主义法制"修改为"健全社会主义法治"，在宪法这一治国理政的总章程上完成了从"法制"到"法治"的根本转型，体现了我国社会主义法治建设历史性的跨越和进步。[6] 2018 年 8 月 24 日，中央全面依法治国委员会[7]成立，这在我国社会主义法治建设史上具有里程碑意义。

实践证明，在党的领导下，我国从实际出发，逐步走出了一条适合国情的中国特色社会主义法治道路，拓展了发展中国家坚持依法治国、逐步走向

---

〔1〕　例如，报告提出要"适应社会主义市场经济发展、社会全面进步和加入世贸组织的新形势，加强立法工作，提高立法质量，到 2010 年形成中国特色社会主义法律体系""发展社会主义民主政治，最根本的是要把坚持党的领导、人民当家作主和依法治国有机统一起来"。标志着"依法治国、建设社会主义法治国家"上升到政治文明的范畴和高度。参见江泽民："全面建设小康社会，开创中国特色社会主义事业新局面——在中国共产党第十六次全国代表大会上的报告（2002 年 11 月 8 日）"，载《求是》2002 年第 22 期。其中，2011 年 3 月，吴邦国在十一届全国人大四次会议上宣布，中国特色社会主义法律体系已经形成，这是我国社会主义民主法制建设史上的重要里程碑。

〔2〕　报告强调"全面落实依法治国基本方略，加快建设社会主义法治国家"。参见胡锦涛："高举中国特色社会主义伟大旗帜　为夺取全面建设小康社会新胜利而奋斗——在中国共产党第十七次全国代表大会上的报告"，载《求是》2007 年第 21 期。

〔3〕　报告提出"全面推进依法治国"，并且确立了"科学立法、严格执法、公正司法、全民守法"这一新时期法治建设十六字方针。参见胡锦涛："坚定不移沿着中国特色社会主义道路前进　为全面建成小康社会而奋斗——在中国共产党第十八次全国代表大会上的报告"，载《求是》2012 年第 22 期。

〔4〕　报告明确提出"建设中国特色社会主义法治体系，建设社会主义法治国家"是全面推进依法治国的总目标和总抓手。参见"中共中央关于全面推进依法治国若干重大问题的决定"，载《求是》2014 年第 21 期。

〔5〕　报告强调"明确全面推进依法治国总目标是建设中国特色社会主义法治体系、建设社会主义法治国家。"参见习近平：《决胜全面建成小康社会　夺取新时代中国特色社会主义伟大胜利——在中国共产党第十九次全国代表大会上的报告》，人民出版社 2017 年版，第 19 页。

〔6〕　参见张文显："中国法治 40 年：历程、轨迹和经验"，载《吉林大学社会科学学报》2018 年第 5 期。

〔7〕　根据中共中央印发的《深化党和国家机构改革方案》，中央全面依法治国委员会的主要职责是：统筹协调全面依法治国工作，坚持依法治国、依法执政、依法行政共同推进，法治国家、法治政府、法治社会一体建设，研究全面依法治国重大事项、重大问题，统筹推进科学立法、严格执法、公正司法、全民守法，协调推进中国特色社会主义法治体系和社会主义法治国家建设等。自此，全面依法治国的顶层设计、总体布局、统筹协调、整体推进、督促落实有了统一的决策议事协调机构。

治理现代化的现实路径。法治是治理国家的基本方略，治国理政理应在法治轨道上进行。推进国家治理现代化，加强和改进社会治理，必须坚持走中国特色社会主义法治道路，进一步完善法律制度体系，丰富和发展中国特色社会主义法治理论。

新时期中国特色社会主义法治理论，是以先进文化作为治理基石，以市场经济、民主政治为制度支撑，以法治作为保障的、符合现代社会要求的治理模式，能够在最大程度上适应社会转型的要求，化解社会矛盾、促进社会和谐进步。[1]

第三节　社会治理与法治之间的耦合关系

社会治理必须依据规则，法治就是最大的规则。法治维持着社会秩序，也维护着社会公平正义。只有坚持依法推进社会治理，才能保护国家和社会的公共利益，保护社会公众的合法权益，从而最大限度地实现社会和谐稳定。

一、社会治理法治化的内涵

理解"社会治理法治化"的概念，首先需要我们理解"法治化"的概念。"法治化"与我们熟知的"法治"是一对相关的概念，二者具有紧密的逻辑关联。"法治"一词由来已久。我国春秋战国时期，韩非子曾曰："故明主使其群臣，不游意于法之外，不为惠于法之内，动无非法。"[2] 可以看出韩非子关于"法"的说法与现代法治精神已经有了一定的相似之处。古希腊哲学家柏拉图认为："人类必须有法律，并且必须遵守，否则他们的生活就会像最野蛮的兽类一样。"[3] 亚里士多德关于"良法"的说法也表明了法治的价值判断和法治的标准。[4] 可见，"法治作为一种制度、一种精神，它既有一个国家或民族的固有属性，也具有适用各个国家和民族的普适性，这样，

---

〔1〕　参见尚巧艳："马克思主义法治理论视域下社会治理法治化研究"，兰州理工大学 2018 年硕士学位论文。

〔2〕　这句话的意思是，君主（国家治理者）不但言论、行为不能出乎法之外，就连思想也不能超出法律之外，须在法治限度内而不是根据个人的恩惠或智慧来进行治理。参见俞志慧直解：《韩非子直解》，浙江文艺出版社 2000 年版，第 63 页。

〔3〕　参见 [古希腊] 柏拉图：《法律篇》，张智仁、何勤华译，上海人民出版社 2001 年版，第 213 页。

〔4〕　亚里士多德关于"法治"的经典表述为我们所熟知："法治应该包括两重意义：已建立的法律获得普遍的服从，而大家所服从的法律应该本身是制定得良好的法律。"参见 [古希腊] 亚里士多德：《政治学》，吴寿彭译，商务印书馆 1965 年版，第 199 页。

对一个国家的法治发生作用的种种力量，并不是来自一个国家，而是来自更宽广的所在"[1]。

"化"一般指价值的制度或程序表现。"法治化"是现代社会运行和发展的必然选择。[2] 简单来说，"法治化"的概念实质是法治价值的外化，即通过制度化的手段或人民的行为习惯，来使法治价值得到具体的体现。[3]

"社会治理法治化"的概念不仅具有正当性，而且是法治的优越性决定的。它是通过严格的法律法规制度体系对社会组织及个人的行为加以约束和规制，同时运用法律法规制度体系来引导和创新社会各个领域的治理，形成一种流程标准化、决策科学化、监督制度化、考核系统化的法治型治理模式长效机制。[4] 当前我国学术界对社会治理法治化内涵的理解，主要还是从社会治理与法治相关联的角度[5]去认识和阐述的。

社会治理法治化的目标[6]就是建立法治社会，将社会治理纳入到法律框

---

〔1〕 参见［英］汤因比：《历史研究》（上），曹未风等译，上海人民出版社1997年版，第4页。

〔2〕 法治化追求法律在一个国家的最高地位，保障人民的基本人权的不可侵犯而限制公权力的滥用，现代化离不开法治化，而且内含着法治化。参见孙育玮："小康社会与都市法治文化"，载项家祥、王正平主编：《小康社会与都市文化建设》，上海三联书店2004年版，第152页。

〔3〕 具体可以解释为，立法、执法、司法和守法，涵盖了国家的各项工作，科学是立法的法治化基础，严格是执法的法治化标准，公正是司法的法治化尺度，民众是守法的法治化要求。参见张帆：《多民族地区社会治理法治化建设研究——以贵州省为考察中心》，法律出版社2016年版，第46页。也有学者认为："法治化是法治状态的判断标准，如果法治价值在实践中没有具体的制度加以体现或具体的行为习惯加以固化，那么，法治的价值只能停留在价值层面或是抽象意义上，缺少对人们行为的实际规范指引和约束力作用。"参见莫纪宏："法治与小康社会"，载《中国法学》2013年第1期。

〔4〕 社会治理法治化是社会主义法治建设的重要内容，社会治理转型实质就是把社会治理的责任部分地从国家转移到社会身上，作为社会主体的个人参与到社会治理的进程中。社会治理法治化是一项庞大的系统工程和长期的战略任务，需要创造必要条件和选择正确路径予以推进。参见张帆：《多民族地区社会治理法治化建设研究——以贵州省为考察中心》，法律出版社2016年版，第48~49页。

〔5〕 例如，有学者认为："社会治理法治化，是指社会治理主体与相关治理参与者运用法治思维和法治方式，有效预防和化解社会冲突与社会风险，优化社会、制度、文化、自然及人文环境资源配置，依靠正式制度与非正式制度建构规范有序、结构严密、协调运行的制度体系，实现国家与社会的良性互动、合作共治、良法善治，最终实现经济社会的平稳快速发展和每个人的全面发展。"参见王勇：《社会治理法治化研究》，中国法制出版社2019年版，第45~46页。

〔6〕 党的十八届四中全会提出全面推进依法治国，确定了建设中国特色社会主义法治体系，建设社会主义法治国家的总目标，并且明确提出"推进多层次多领域依法治理，坚持系统治理、依法治理、综合治理、源头治理，提高社会治理法治化水平。"提高社会治理法治化水平是依法治国的必然要求，也是推进法治社会建设的重要举措。法治社会建设是全面推进依法治国的重要组成部分，在法治国家、法治政府、法治社会一体建设中处于基础性地位。参见"中共中央关于全面推进依法治国若干重大问题的决定"，载《求是》2014年第21期。

架中，始终坚持在法治轨道上推进社会治理，从而实现社会治理的规则之治。社会治理是国家治理的重要组成部分，一定程度上体现着国家治理的状况和水平，在推动治理创新、破解治理难题进程中，必须注重运用法治思维和法治方式，全面贯彻法治这一治国理政的基本方略。

二、社会治理法治化的现实困境

社会作为一个庞杂的有机体，它的发展完善需要多种因素的共同配合，在当前社会转型期，社会治理法治化进程中依然存在一些问题与不足。

（一）治理主体法治意识不强

所谓法治意识，主要指公众对于法治的模式、方法和手段的基本认知。社会治理的重点[1]在于不同主体都能参与并实现自我治理与服务，最大限度满足不同利益主体的诉求，及时化解不同主体间的矛盾纠纷，从而促进社会的和谐与稳定。从社会治理法治化的实践来看，不少干部在用权不当造成严重后果的情况下，却没有认识到自己行为的法律性质和后果，这是法律知识、法治意识匮乏的集中体现。[2]公众作为社会治理的基本单位，法治意识不强，缺乏运用法律法规保障自身权益的主动性。法治意识和观念的淡薄，目前已成为阻碍社会治理法治化推进的重要因素。

（二）法律制定和实施有待加强

法律的制定与实施是创设法律规范并运用法律规范调控人的行为从而实现社会有序化的活动。从表层上看，它是一个法律规范从产生到实现的过程。目前，我国已经建立起了中国特色社会主义法律体系，社会生活的绝大多数活动做到了有法可依。但从实际来看，立法领域仍存在许多问题[3]，立法的质量有待提升，有关社会治理的法律法规有待进一步精细化。同时，法律的生命力在于实施，法律的权威也在于实施。实践中，我国法律的实施还存在很多的不足。例如，2002 年 11 月 1 日，我国正式实施《中华人民共和国安全

---

〔1〕 社会治理的重心在社会，这种新兴的模式首先发端于欧盟，它是治理上的一次大变革，这种变革更加灵活多变。参见史云贵：《中国现代国家构建进程中的社会治理研究：一种基于公共理性的研究路径》，上海人民出版社 2010 年版，第 13 页。

〔2〕 改革开放以后，我国逐步确立了依法治国的基本方略和形成了中国特色社会主义法律体系。但法律的至高地位和至上权威并没有得到普遍认同，许多法律法规没有得到应有的遵守和执行，人治传统并未销声匿迹；少数干部在实际工作中，存在对法治口头承认、行动违反，原则承认、具体违反的现象。由于受传统观念影响，有的领导干部潜意识里视法律为工具，没有把法律规范作为自己的行为准则。

〔3〕 其中突出的一点就是立法的精细化与针对性、可操作性不足。

生产法》（以下简称《安全生产法》）[1]，标志着我国安全生产和管理实现了有法可依。然而，近年来全国各地发生的特别重大安全责任事故令人触目惊心。如"昆山'8·2'铝粉尘爆炸事故"[2]、"天津港'8·12'瑞海公司危险品仓库特别重大火灾爆炸事故"[3]等。由此可见，《安全生产法》并没有得到有效的实施。这与部分行政机关没有依法行政、严格执法有关，加之受到官本位思想的影响，有时出现权力滥用的现象，影响了法律实施的效果。总体上看，我国法律在社会治理中的规范作用发挥不够，对某些领域的违法行为处罚力度仍有待加强。

（三）行政执法规范化建设滞后

在执法过程中，执法人员滥用职权、违反程序、不作为、乱作为等现象时有发生。社会治理主体的权力边界不明，是影响行政执法质量和水平的一项重要原因。有关社会治理的法律法规不健全，导致对治理主体的权力边界界定不清，造成实践中存在权责不清、推诿扯皮及争权夺利的现象。实践中，部分执法人员不是法学类专业毕业，法律基础知识薄弱，法律意识比较淡薄。目前，执法队伍中还存在一些滥用职权、有法不依、执法不严不公等现象，部分执法人员甚至执法犯法，影响了地方治理秩序。

三、社会治理与法治的关系辨析

关于社会治理与法治的相互关系，理论界尚未有权威的表述。毋庸置疑，社会治理首先要符合法治精神。法治精神即人们尊崇法律权威的一种理想状态。[4]法治精神体现了法治的核心价值，是贯穿法治各环节的灵魂与指引。社会治理创新本质上需要法治精神的指引与法治的全面融入。

---

[1] 该法由中华人民共和国第九届全国人民代表大会常务委员会第二十八次会议于2002年6月29日通过公布，自2002年11月1日起施行。2014年8月31日第十二届全国人民代表大会常务委员会第十次会议通过全国人民代表大会常务委员会关于修改《中华人民共和国安全生产法》的决定，自2014年12月1日起施行。

[2] 参见"江苏昆山'8·2'铝粉尘爆炸事故3名责任人今受审"，载中国新闻网，http：//www.chinanews.com/fz/2015/02-10/7050722.shtml，最后访问日期：2019年2月16日。

[3] 参见新华社："天津港'8·12'瑞海公司危险品仓库特别重大火灾爆炸事故调查报告公布"，载新华网，http：//www.xinhuanet.com/politics/2016-02/05/c_1118005206.htm，最后访问日期：2019年3月12日。

[4] 沃克曾指出："法治精神是指所有的权威机构、立法、行政、司法及其他机构都要服从于某些原则，如正义的基本原则、道德原则、公平和合理诉讼程序原则等，这些原则一般被看作是表达了法律的各种特性，它含有对个人的至高无上的价值观念和尊严的尊重。"参见[英]戴维·M.沃克：《牛津法律大辞典》，中国社会与科技发展研究所译，光明日报出版社1988年版，第790页。

推进社会治理需要以法治为基础和前提。一方面，法治是实施社会治理的基础保障。我国完整的法律规范体系以《宪法》为核心，是所有组织和个人的行为准则。在社会治理中，各治理主体只有严格遵守宪法、法律，其行为才具有合法性，才能得到法律的保障。相反，违反宪法、法律的行为都将受到追究。[1] 另一方面，法治是创新社会治理的前提。所有关于社会治理体制创新的探讨和实践都必须在法治的前提和框架下进行，做到合法、正当。社会治理是为了协调人与自然、人与人的关系，并建立和维持秩序的过程。[2] 而法治恰恰为社会的有序发展提供制度规范，减少了政策风险和人为风险，增加了组织和个人行为的规范和预期。

发展法治离不开社会治理的推动。随着社会治理体制改革创新的持续推进，需要建立和完善与社会治理改革实践相适应的法律体系，由此产生对法律的立、改、废、释的新要求，从而对法治发展产生推动作用。"可预见的是，社会治理通过对社会治理主体、社会治理理念与社会治理方式等方面的变化与挑战，带来的社会治理效应，将为我国法治化进程的推进创造更好的社会条件。"[3]

实现社会治理法治化，要求社会治理的多元主体以法治化的视野和观念审视各种社会关系和社会利益，以法治思维和法治方式推动社会治理，在社会生活的各个领域都能够自觉维护法律的权威和尊严，在法治框架内进行社会治理创新。与此同时，还要注重加快完善社会治理的有关法律制度，以此促进社会治理的依法实施和社会的依法自治。

---

〔1〕 时代的发展对于社会治理提出了新的要求，当前我们尤其需要注重社会治理的创新发展。社会治理的创新本质上需要法治的融入。法治在政府与社会关系的构建中发挥着至关重要的作用。社会治理的创新发展本质上在于运用法治实现治理的科学性与民主性，推动社会治理的科学化、法治化、民主化，最终促进社会正义与人民幸福。参见陈荣卓、颜慧娟："法治视域下的社会治理：区域实践与创新路径"，载《江汉论坛》2013 年第 12 期。

〔2〕 参见杨学科："论法治型社会治理体制的构建"，载《中共成都市委党校学报》2014 年第 1 期。

〔3〕 参见张帆：《多民族地区社会治理法治化建设研究——以贵州省为考察中心》，法律出版社 2016 年版，第 51 页。

持续深化社会治理体制改革

　　社会治理体制改革是一项长期的历史任务。改革开放四十多年来，中国社会建设领域经历了从社会管理到社会治理的治理转型。进入新时代，我国经济结构深刻变革、利益格局深刻调整、思想观念深刻变化、社会结构深刻变动，各类社会矛盾叠加，社会风险隐患增多，社会治理面临的形势日益复杂，社会治理创新的任务越来越艰巨。应对社会转型发展关键期的社会治理新挑战，必须持续深化社会治理体制改革，进一步加强和创新社会治理，加快打造共建、共治、共享的社会治理格局，不断提升社会治理的能力和水平。

第一节　从社会管理到社会治理的治理转型

　　20 世纪 80 年代初期，"社会管理"作为一个社会科学术语，在中国首先被学者所提及，此时党和国家的高层会议及政策文件中并未使用这一概念，但这并不意味着此前中国没有社会管理或者社会治理。如果从"运用政治权力来管理国家事务"这个意义上来讲，社会管理和社会治理早已有之，只不过与传统社会不同，现代社会的社会治理的规范性含义有了很大变化，尤其是在国家治理现代化背景下，社会治理现代化与社会治理体制创新实践注入了许多新的内容。[1]

一、从社会管理到社会治理转型的政策转变轨迹

　　1993 年 11 月，党的十四届三中全会首次提到"社会管理"，并且把社会管理作为政府的一项重要职能提出，此次会议明确指出："加强政府的社会管理职能，保证国民经济正常运行和良好的社会秩序"。

---

　　〔1〕　参见周红云："社会治理"，载俞可平等：《中国的治理变迁（1978-2018）》，社会科学文献出版社 2018 年版，第 335 页。

从社会建设的发展沿革看，党和国家自党的十六大起就把社会管理提到了构建社会主义和谐社会的战略高度。2002年11月，党的十六大报告提出："改进社会管理，保持良好的社会秩序"[1]，并且将社会更加和谐列为全面建设小康社会的重要考量指标之一，首次就社会建设发展目标提出了要求。

2004年9月，党的十六届四中全会提出："加强社会建设和管理，推进社会管理体制创新"，"整合社会管理资源，建立健全党委领导、政府负责、社会协同、公众参与的社会管理格局"，把构建和谐社会作为党和国家的一项重要任务作出部署。

2013年11月，党的十八届三中全会首次使用"社会治理"概念，提出"加快形成科学有效的社会治理体制，确保社会既充满活力又和谐有序"，"创新社会治理"，"提高社会治理水平"，[2] 把创新社会治理体制作为全面深化改革的重要任务之一。

党的十八届三中全会以来的历次全会上，党中央都把加强和创新社会治理作为党和国家的重要任务明确提出，并且就如何推进社会治理体制创新作出了一系列重要战略部署。

从社会管理向社会治理转型的政策路线梳理看（见表3-1），中国社会治理创新走过了一个逐步发展的过程，不同时期的社会管理或社会治理改革各有侧重点。总体上看，伴随着社会发展和社会体制改革的推进，社会治理体制创新的内涵、路线越来越清晰，目标、任务也越来越明确，就是要打造共建、共治、共享的社会治理格局，逐步形成社会和谐稳定、国家长治久安、人民安居乐业的善治局面。

从社会管理向社会治理转型的改革发展走向看，所有社会治理的改革，都表明中国的社会治理开始从单位本位走向社会本位，从社会管制走向社会服务，从政府统治走向社会共治，"共建共享""社会共治""社会自治"已经成为社会治理的理想目标。[3] 顺利完成社会治理的各项任务，最终实现所期待的社会治理目标，还需要持续创新社会治理体制，不断加大社会治理力度，多方共同努力，形成共治合力。

---

〔1〕 参见江泽民："全面建设小康社会 开创中国特色社会主义事业新局面——在中国共产党第十六次全国代表大会上的报告（2002年11月8日）"，载《求是》2002年第22期。

〔2〕 参见"中共中央关于全面深化改革若干重大问题的决定"，载《求是》2013年第22期。

〔3〕 参见俞可平等：《中国的治理变迁（1978-2018）》，社会科学文献出版社2018年版，第19页。

表 3-1 从社会管理到社会治理转型的政策路线轨迹

时间节点	重要会议	政策文件	相关内容
1993 年 11 月	党的十四届三中全会	《中共中央关于建立社会主义市场经济体制若干问题的决定》	首次提到了"社会管理",把社会管理作为政府的一项重要职能,提出"加强政府的社会管理职能,保证国民经济正常运行和良好的社会秩序"明确要求。
2002 年 11 月	党的十六大	《全面建设小康社会,开创中国特色社会主义事业新局面——在中国共产党第十六次全国代表大会上的报告》	提出"改进社会管理,保持良好的社会秩序","完善政府的经济调节、市场监管、社会管理和公共服务的职能","全面建设惠及十几亿人口的更高水平的小康社会,使经济更加发展、民主更加健全、科教更加进步、文化更加繁荣、社会更加和谐、人民生活更加殷实",将"社会更加和谐"列为全面建设小康社会的重要考量指标之一,首次就社会建设发展目标提出了要求。
2003 年 10 月	党的十六届三中全会	《中共中央关于完善社会主义市场经济体制若干问题的决定》	提出"完善政府社会管理和公共服务职能",进一步强调了政府社会管理职能。"明确中央和地方对经济调节、市场监管、社会管理、公共服务方面的管理责权","属于中央和地方共同管理的事务,要区别不同情况,明确各自的管理范围,分清主次责任",对中央和地方的社会管理责权作出界定。提出"深化户籍制度改革,完善流动人口管理"等具体要求。
2004 年 9 月	党的十六届四中全会	《中共中央关于加强党的执政能力建设的决定》	提出"加强社会建设和管理,推进社会管理体制创新","整合社会管理资源,建立健全党委领导、政府负责、社会协同、公众参与的社会管理格局",把构建和谐社会作为党和国家的一项重要任务进行部署。

时间节点	重要会议	政策文件	相关内容
2006年10月	党的十六届六中全会	《中共中央关于构建社会主义和谐社会若干重大问题的决定》	明确提出社会管理的重要任务，论述了社会管理与和谐社会建设的关系。指出"加强社会管理，维护社会稳定，是构建社会主义和谐社会的必然要求"，重申"必须创新社会管理体制，整合社会管理资源，提高社会管理水平，健全党委领导、政府负责、社会协同、公众参与的社会管理格局"，要求"在服务中实施管理，在管理中体现服务"。 　　提出了构建社会主义和谐社会的指导思想、目标任务和原则。强调"我们要构建的社会主义和谐社会，是在中国特色社会主义道路上，中国共产党领导全体人民共同建设、共同享有的和谐社会"。要"着力发展社会事业、促进社会公平正义、建设和谐文化、完善社会管理、增强社会创造活力，走共同富裕道路，推动社会建设与经济建设、政治建设、文化建设协调发展"，形成了经济建设、政治建设、文化建设、社会建设"四位一体"建设战略。提出了社会主义和谐社会建设的六项基本原则，即必须坚持以人为本、必须坚持科学发展、必须坚持改革开放、必须坚持民主法治、必须坚持正确处理改革发展稳定的关系、必须坚持在党的领导下全社会共同建设。
2007年10月	党的十七大	《高举中国特色社会主义伟大旗帜为夺取全面建设小康社会新胜利而奋斗——在中国共产党第十七次全国代表大会上的报告》	强调要"加快推进以改善民生为重点的社会建设"，"更加注重社会建设，着力保障和改善民生，推进社会体制改革，扩大公共服务，完善社会管理，促进社会公平正义，努力使全体人民学有所教、劳有所得、病有所医、老有所养、住有所居，推动建设和谐社会"，继续强调"健全党委领导、政府负责、社会协同、公众参与的社会管理格局"，提出"健全基层社会管理体制"，促进"社会管理体系更加健全"。此时，把社会管理作为社会建设的一项重要任务进行了具体部署，但社会建设是以改善民生为重点。

时间节点	重要会议	政策文件	相关内容
2010 年 10 月	党的十七届五中全会	《中共中央关于制定国民经济和社会发展第十二个五年规划的建议》	部署了十二五期间"加强和创新社会管理"的重点任务，要求"按照健全党委领导、政府负责、社会协同、公众参与的社会管理格局的要求，加强社会管理法律、体制、能力建设。完善法律法规和政策，健全基层管理和服务体系，加强和改进基层党组织工作，发挥群众组织和社会组织作用，提高城乡社区自治和服务功能，形成社会管理和服务合力。健全党和政府主导的维护群众权益机制，完善人民调解、行政调解、司法调解联动的工作体系，整合各方面力量，建立调处化解矛盾纠纷综合平台。畅通和规范群众诉求表达、利益协调、权益保障渠道，建立重大工程项目建设和重大政策制定的社会稳定风险评估机制，正确处理人民内部矛盾，把各种不稳定因素化解在基层和萌芽状态。加大公共安全投入，加强安全生产，健全对事故灾难、公共卫生事件、食品安全事件、社会安全事件的预防预警和应急处置体系。做好流动人口服务管理，加强特殊人群帮教管理和服务工作，加大社会管理薄弱环节整治力度。完善社会治安防控体系，加强城乡社区警务、群防群治等基层基础建设，加强政法队伍建设，严格公正廉洁执法，增强公共安全和社会治安保障能力，加强重点地区社会治安综合治理。严密防范、依法打击各种违法犯罪活动，切实保障人民生命财产安全。"
2011 年 3 月	十一届全国人大四次会议	《中华人民共和国国民经济和社会发展第十二个五年规划纲要》	以专篇形式，将社会管理正式纳入国民经济和社会发展十二五规划进行重点部署，明确提出要"标本兼治，加强和创新社会管理"，具体细化为五项重点任务，即创新社会管理体制、强化城乡社区自治和服务功能、加强社会组织建设、完善维护群众权益机制、加强公共安全体系建设。

时间节点	重要会议	政策文件	相关内容
2011 年 5 月 30 日	中共中央政治局会议	《关于加强和创新社会管理的意见》	会议专题就加强和创新社会管理创新研究部署，明确了加强和创新社会管理的指导思想、总体要求和基本原则，系统回答了加强和创新社会管理根本性、全局性的重大问题，提出了一系列新理念、新思路、新举措，体现了党和国家对社会管理的高度重视。要求"积极推进社会管理理念、体制、机制、制度、方法创新，完善党委领导、政府负责、社会协同、公众参与的社会管理格局，加强社会管理法律、能力建设，完善基层社会管理服务，建设中国特色社会主义社会管理体系"，"坚持以人为本、服务为先，多方参与、共同治理，关口前移、源头治理，统筹兼顾、协商协调，依法管理、综合施策，科学管理、提高效能的原则，立足基本国情，坚持正确方向，推进改革创新。要加强和完善社会管理格局，加强社会管理制度建设，加强基层社会管理和服务，完善党和政府主导的维护群众权益机制，加强流动人口和特殊人群服务管理，加强非公有制经济组织、社会组织服务管理，加强公共安全体系建设，完善信息网络服务管理，营造良好社会环境"。
2012 年 11 月	党的十八大	《坚定不移沿着中国特色社会主义道路前进为全面建成小康社会而奋斗——在中国共产党第十八次全国代表大会上的报告》	提出要"加快形成科学有效的社会管理体制，完善社会保障体系，健全基层公共服务和社会管理网络，建立确保社会既充满活力又和谐有序的体制机制"。明确指出法治对于社会管理的促进和保障作用，强调要"更加注重发挥法治在国家治理和社会管理中的重要作用"，"加强网络社会管理，推进网络依法规范有序运行"，"要围绕构建中国特色社会主义社会管理体系，加快形成党委领导、政府负责、社会协同、公众参与、法治保障的社会管理体制，加快形成政府主导、覆盖城乡、可持续的基本公共服务体系，加快形成政社分开、权责明确、依法自治的

时间节点	重要会议	政策文件	相关内容
			现代社会组织体制，加快形成源头治理、动态管理、应急处置相结合的社会管理机制"，"提高社会管理科学化水平，必须加强社会管理法律、体制机制、能力、人才队伍和信息化建设"。
2013 年11 月	党的十八届三中全会	《中共中央关于全面深化改革若干重大问题的决定》	明确全面深化改革的总目标是推进国家治理体系和治理能力现代化。首次使用"社会治理"概念，把"创新社会治理体制"作为全面深化改革的重要任务之一。提出要"创新社会治理"，"提高社会治理水平"，"紧紧围绕更好保障和改善民生、促进社会公平正义，深化社会体制改革，改革收入分配制度，促进共同富裕，推进社会领域制度创新，推进基本公共服务均等化，加快形成科学有效的社会治理体制，确保社会既充满活力又和谐有序"。 要求"改进社会治理方式"，在推进社会治理中要做到"四个坚持"，即："坚持系统治理，加强党委领导，发挥政府主导作用，鼓励和支持社会各方面参与，实现政府治理和社会自我调节、居民自治良性互动。坚持依法治理，加强法治保障，运用法治思维和法治方式化解社会矛盾。坚持综合治理，强化道德约束，规范社会行为，调节利益关系，协调社会关系，解决社会问题。坚持源头治理，标本兼治、重在治本，以网格化管理、社会化服务为方向，健全基层综合服务管理平台，及时反映和协调人民群众各方面各层次利益诉求"，同时强调要"激发社会组织活力""健全公共安全体系""健全公共安全体系"。
2014 年10 月	党的十八届四中全会	《中共中央关于全面推进依法治国若干重大问题的决定》	更加突出强调法治在社会治理中的重要地位和重要作用，明确提出"加快保障和改善民生、推进社会治理体制创新法律制度建设。依法加强和规范公共服务，完善教育、就业、收入分配、社会保障、医疗卫生、食品安全、扶贫、慈善、社会救助和妇女儿童、

时间节点	重要会议	政策文件	相关内容
			老年人、残疾人合法权益保护等方面的法律法规。加强社会组织立法，规范和引导各类社会组织健康发展。制定社区矫正法"，"推进多层次多领域依法治理。坚持系统治理、依法治理、综合治理、源头治理，提高社会治理法治化水平。深入开展多层次多形式法治创建活动，深化基层组织和部门、行业依法治理，支持各类社会主体自我约束、自我管理。发挥市民公约、乡规民约、行业规章、团体章程等社会规范在社会治理中的积极作用。"强调"健全依法维权和化解纠纷机制""推进基层治理法治化"。
2015 年 10 月	党的十八届五中全会	《中共中央关于制定国民经济和社会发展第十三个五年规划的建议》	强调要"加强和创新社会治理"，要求"建设平安中国，完善党委领导、政府主导、社会协同、公众参与、法治保障的社会治理体制，推进社会治理精细化，构建全民共建共享的社会治理格局"，"增强社区服务功能，实现政府治理和社会调节、居民自治良性互动"，"加强社会治理基础制度建设"，"完善社会治安综合治理体制机制"。
2016 年 3 月	十二届全国人大四次会议	《中华人民共和国国民经济和社会发展第十三个五年规划纲要》	依然采用专篇形式从完善社会治理体系、完善社会信用体系、健全公共安全体系、建立国家安全体系"四个体系"方面对"加强和创新社会治理"作出战略部署。强调"加强社会治理基础制度建设，构建全民共建共享的社会治理格局，提高社会治理能力和水平，实现社会充满活力、安定和谐"，"完善党委领导、政府主导、社会协同、公众参与、法治保障的社会治理体制，实现政府治理和社会调节、居民自治良性互动"。

续表

时间节点	重要会议	政策文件	相关内容
2017 年 10 月	党的十九大	《决胜全面建成小康社会 夺取新时代中国特色社会主义伟大胜利——在中国共产党第十九次全国代表大会上的报告》	强调"打造共建共治共享的社会治理格局",要求"加强社会治理制度建设,完善党委领导、政府负责、社会协同、公众参与、法治保障的社会治理体制,提高社会治理社会化、法治化、智能化、专业化水平",提出"加强社区治理体系建设,推动社会治理重心向基层下移,发挥社会组织作用,实现政府治理和社会调节、居民自治良性互动","健全自治、法治、德治相结合的乡村治理体系"。
2018 年 2 月	党的十九届三中全会	《中共中央关于深化党和国家机构改革的决定》	更加关注发挥社会组织在社会治理中的作用,明确提出"推进社会组织改革","按照共建共治共享要求,完善党委领导、政府负责、社会协同、公众参与、法治保障的社会治理体制",要求"加快实施政社分开,激发社会组织活力,克服社会组织行政化倾向。适合由社会组织提供的公共服务和解决的事项,由社会组织依法提供和管理。依法加强对各类社会组织的监管,推动社会组织规范自律,实现政府治理和社会调节、居民自治良性互动"。
2019 年 10 月	党的十九届四中全会	《中共中央关于坚持和完善中国特色社会主义制度、推进国家治理体系和治理能力现代化若干重大问题的决定》	强调"坚持和完善共建共治共享的社会治理制度,保持社会稳定、维护国家安全"。进一步指出:"社会治理是国家治理的重要方面。必须加强和创新社会治理,完善党委领导、政府负责、民主协商、社会协同、公众参与、法治保障、科技支撑的社会治理体系,建设人人有责、人人尽责、人人享有的社会治理共同体,确保人民安居乐业、社会安定有序,建设更高水平的平安中国。"

二、从社会管理到社会治理转型的治理理念升华

从 1993 年党的十四届三中全会到 2013 年党的十八届三中全会，历经 20 年的改革发展，党和国家实现了从"社会管理"到"社会治理"的转变，虽然两者仅是一字之差，但这不只是概念上的简单变换，而是从深层次反映了治理理念上的飞跃。

（一）"社会管理"与"社会治理"的区别

"社会管理"与"社会治理"具有明显区别。社会管理以政府为单一管理主体，强调的是政府对社会自上而下的单向度管理和控制；社会治理以政府和社会为多元治理主体，强调的是政府与社会之间的多向度平等协商及合作共治。与社会管理相比较，社会治理更加注重治理过程中的多方参与和良性互动，更加注重加强和完善社会治理相关制度建设，更加注重运用法治思维和法治方式化解社会矛盾纠纷，在治理走向上趋于柔性化、网格化和动态化。

以"社会治理"取代"社会管理"，是关于权力的属性、功能和运作方式，以及国家与社会之间关系的重新理解。[1] "意味着社会秩序的维护和达成不再是政府单方面的事务，而是政府与公民和社会共同的事务；政府不再是单一的管理主体，公民社会不再是被管理的客体；治理过程不再是单向度的自上而下的管控，而是多元主体的平等协商与合作。"[2]

（二）转变治理理念构建社会治理新模式

创新社会治理体制，打造共建、共治、共享的社会治理格局，需要理顺国家与社会、政府与社会、市场与社会之间的关系，改革全能政府主义的治理模式，促进多元主体共同参与社会治理。

治理理论学者朱迪·弗里曼认为，在治理过程中"国家不再是最高权威，它变成了多元制导系统中许多成员之一，而且为谈判过程贡献自己独有的资

---

[1] 冯仕政认为，在"社会治理"概念中，斗争性不是权力的唯一属性，权力也可以是合作性的，人与人之间即使是共同认可的合作关系，也有一个谁指挥、谁服从的问题。如果缺乏清晰的指挥关系，资源就难以统和，合作就没有效率以致失败。既然合作也需要权力，权力就不能只用于斗争，而可以用于合作。既然权力可以用于合作，权力的运作过程就不必是排斥性的，可以把一切有利于合作、有利于生产的要素都包容进来。基于这样一种权力观念而来的"社会治理"概念，比"社会管理"更有利于促进社会参与、推动社会合作，更有利于统和一切可以利用的生产要素、吸收一切可以吸收的力量，从而提高社会治理的效率和效益。参见冯仕政：《社会治理新蓝图》，中国人民大学出版社 2017 年版，第 61 页。

[2] 参见周红云主编：《社会治理》，中央编译出版社 2015 年版，第 2 页。

源。随着网络、合伙组织以及其他经济和政治治理模式的扩大，官方机构最好也不过是同辈中的长者"〔1〕。从现实国情出发来分析，当前中国社会正处于转型期，社会结构正在发生深刻变化，多元利益诉求复杂化，社会矛盾多样多发，公众权利意识日益增强，虚拟社会治理领域也面临着诸多新挑战，以往的命令型、控制型、管控型的传统社会管理模式，已经无法适应新时期社会治理的现实需要。

　　基于治理需要，必须根据新时期社会发展实际，创新社会治理体制，转变社会治理理念，破除"非官即民"的二元思维理念、政府垄断公共性的观念以及平均主义观念〔2〕。要进一步优化社会治理主体格局，从单纯重视党委、政府作用向党委、政府与社会多元主体共同治理转变，既要发挥党委领导和政府主导的作用，又要鼓励社会组织、企事业单位和社会公众积极参与社会治理，推动治理方式从命令转向协商、从强制转向引导、从单一转向多元、从单向转向合作，形成多元治理综合运用、社会治理与公共服务相互融合、良好社会秩序和充满活力有机统一的"一元主导、多元治理、共建共享"的社会治理新模式。所谓"一元主导"，就是指要切实发挥党委在社会治理中总览全局、协调各方的领导核心作用，在此基础上，政府依法履行社会治理基本职能。所谓"多元治理"，就是要做到政府治理与社会协同治理相结合、与公众参与及居民自治相结合，与法治建设和依法治理相结合，凡是政府应当管理的事项要管好管到位、不越位不缺位不错位，凡是公民、法人和其他组织能够通过自律解决的，政府不做过多干预，充分发挥市场在资源配置中的决定性作用，充分发挥社会团体、行业组织、中介机构、志愿者团体等各种社会组织在社会治理中的作用，引导、支持、鼓励社会组织和公民依法有序参与公共事务的管理和服务。所谓"共建共享"，就是通过多元主体的合作共治，谋求社会福祉和公共利益，以解决突出社会问题，最大限度地创造社会价值，更好地满足公平正义、安定有序、和谐稳定等社会治理和社会发展需求。

---

　　〔1〕　参见〔美〕朱迪·弗里曼：《合作治理与新行政法》，毕洪海、陈标冲译，商务印书馆2010年版，第47页。

　　〔2〕　参见周红云："社会治理"，载俞可平等：《中国的治理变迁（1978-2018）》，社会科学文献出版社2018年版，第342~343页。

第二节 社会治理体制改革与国家治理现代化

2013 年 11 月，党的十八届三中确立的全面深化改革总目标是"完善和发展中国特色社会主义制度，推进国家治理体系和治理能力现代化"[1]。2017年 10 月，党的十九大召开，在这次会议上，针对国家治理体系和治理能力现代化提出了两个阶段性的目标：第一个阶段目标，到 2035 年基本实现国家治理体系和治理能力现代化；第二个阶段目标，到 2050 年实现国家治理体系和治理能力现代化。[2]

国家治理现代化具体由国家治理体系现代化和国家治理能力现代化两部分组成。国家治理体系现代化，反映的是一个国家的制度建设情况；国家治理能力现代化，则是一个国家制度执行能力的集中体现。国家制度建设对于国家治理、社会进步和社会发展，都具有至关重要的作用。习近平同志指出：推进国家治理体系和治理能力现代化，就是要适应时代变化，不断改革不适应实践发展要求的体制机制，在创新中使各方面的体制机制更加科学、更加完善。[3] 美国政治学家塞缪尔·亨廷顿认为，现代化是发展中国家需要追求的社会和政治任务，发展中国家推进现代化进程中，面临的最大困难是如何保持现代化与制度化之间的相互平衡，也就是说，发展中国家的政治体制要具备足够的适应性、复杂性、自主性和内聚力，能够把变化的社会需求以及不同需求间的矛盾、冲突纳入体制之内，如果制度化的发展速度滞后于现代化的发展速度，则会引起骚乱甚至爆发革命。[4] 美国著名学者迈克尔·波特曾用"钻石理论"来解释一个国家的核心竞争力，他认为影响一个国家竞争力的决定因素是制度资本，而不是由自然禀赋等先天条件所决定的。[5]

---

〔1〕 参见中共中央文献研究室：《十八大以来重要文献选编》（上），中央文献出版社 2014 年版，第 512 页。

〔2〕 参见习近平：《决胜全面建成小康社会 夺取新时代中国特色社会主义伟大胜利——在中国共产党第十九次全国代表大会上的报告》，人民出版社 2017 年版，第 27~29 页。

〔3〕 参见中共中央宣传部：《习近平新时代中国特色社会主义思想三十讲》，学习出版社 2018 年版，第 99 页。

〔4〕 See Huntington S. P., "Political Order in Changing Societies", *New Haven*：*Yale University Press*，1968.

〔5〕 参见 ［美］迈克尔·波特：《国家竞争优势》，李明轩、邱如美译，中信出版社 2012 年版。

国家治理体系是否实现现代化的衡量标准[1]，最直观的体现在国家制度建设上是否有完善的制度安排。没有完善的国家制度体系，就不可能实现国家治理体系的现代化。国家制度体系中的制度主要包括：经济建设制度、政治建设制度、社会建设制度、文化建设制度、生态文明建设制度以及党的建设制度等系列制度，国家正是通过这些制度来调整政府、市场与社会之间的关系，促进经济社会实现良性协调发展。国家治理能力现代化则更多地表现在国家制度执行能力上的现代化，以及运用法律治理国家上的现代化。国家治理体系与国家治理能力两者相辅相成、相互促进、互益共生。

国家治理体系和治理能力现代化的理想状态，最终就是要实现善治。善治是对整个社会的要求，不仅要求有好的政府治理，还要求有好的社会治理。[2]社会治理是国家治理的重要基础，也是国家治理的核心内容。"国家治理不仅包含社会治理，而且规定和引领社会治理，而社会治理则在社会领域实现国家治理要求和价值取向，体现国家治理的状况和水平。"[3]

社会安定有序是国家经济发展的根基，推进国家治理现代化，必然要求在构建科学合理制度前提下，依法有效规制公共权力运行，同时维护好社会秩序、促进社会和谐稳定，实现这一目的必须遵循社会治理的基本规律，持续深化社会治理体制改革，不断推进社会治理方面的制度创新、理论创新和实践创新。

第三节　社会治理体制改革与社会治理法治化

近年来特别是党的十八大以来，党和国家在推进社会治理体制改革进程

---

〔1〕　俞可平认为衡量一个国家的治理体系是否现代化，至少有五个标准：一是公共权力运行的制度化和规范化，它要求政府治理、市场治理和社会治理有完善的制度安排和规范的公共秩序；二是民主化，即公共治理和制度安排都必须保障主权在民或人民当家作主，所有公共政策要从根本上体现人民的意志和人民的主体地位；三是法治，即宪法和法律成为公共治理的最高权威，在法律面前人人平等，不允许任何组织和个人有超越法律的权力；四是效率，即国家治理体系应当有效维护社会稳定和社会秩序，有利于提高行政效率和经济效益；五是协调，现代国家治理体系是一个有机的制度系统，从中央到地方各个层级，从政府治理到社会治理，各种制度安排作为一个统一的整体相互协调，密不可分。参见俞可平等：《中国的治理变迁（1978-2018）》，社会科学文献出版社2018年版，第5页。

〔2〕　参见俞可平等：《中国的治理变迁（1978-2018）》，社会科学文献出版社2018年版，第5页。

〔3〕　参见王浦劬："国家治理、政府治理和社会治理的含义及其相互关系"，载《国家行政学院学报》2014年第3期。

中，更加注重强调实施社会治理要坚持依法进行，重视发挥法治的保障作用，化解社会矛盾时要善于运用法治思维，善于运用法治方式。党的十八届四中全会明确提出，要推进社会治理体制创新法律制度建设，健全依法维权和化解纠纷机制，推进多层次多领域依法治理，提高社会治理法治化水平。[1]

从根本上讲，坚持依法治理就是要实现社会治理法治化，在法治轨道上推进社会治理。推进社会治理法治化是打造共建、共治、共享社会治理格局的有力抓手，是创新社会治理模式、深化社会治理体制改革、提升社会治理能力的现实要求和制度保障，也是实现国家治理体系和治理能力现代化的必由之路。

社会治理体制改革的成败很大程度上取决于法治建设的成就。法治具有可预见性、可操作性以及可救济性等鲜明特征和独特优势，充分发挥法治对社会治理的引领、规范和保障作用，可以最大限度地凝聚社会共识，降低社会治理成本，依法平衡各利益主体之间的关系，引导社会公众合法行使权利、表达自己的合理诉求、妥善化解产生的社会矛盾纠纷，从而推动全社会普遍形成尊重法律、遵守法律，通过法律来解决问题的良好社会秩序。

---

[1] 参见"中共中央关于全面推进依法治国若干重大问题的决定"，载《求是》2014年第21期。

加快社会治理领域立法进程

第三章

　　法治是社会治理的基本方式，在社会治理工作中具有极其重要的作用。党的十九大报告指出："推进科学立法、民主立法、依法立法，以良法促进发展、保障善治。"[1] 新时代推进社会治理，要深刻认识国家治理现代化背景下社会治理与法治的内在逻辑关系，在全面依法治国的总体布局中科学谋划、统筹安排，加快社会治理领域的立法进程，建构维持良好社会秩序之具体规范和底线共识，推动形成立体化、全方位的社会治理法治体系。

第一节　以良法促善治：法治与社会治理

　　国家治理体系与治理能力现代化的建设发展，要求必须加快推进从社会管理向社会治理的现实转变。总体上看，社会治理的目标是在最大限度上形成治理上的善治。社会治理目标的实现依赖于法治功能的有效发挥，这就要求法治应积极回应社会治理的需求，凝聚社会治理方面的共识，促进生成社会善治局面。

---

　　〔1〕　参见习近平：《决胜全面建成小康社会夺取新时代中国特色社会主义伟大胜利——在中国共产党第十九次全国代表大会上的报告》，人民出版社 2017 年版，第 38~39 页。

一、法治是社会治理的基本方式

"法治"（rule of law）包含着"良法"（law）[1] 和"善治"（rule）[2] 两个方面。良法是实现善治的前提，善治是法治追求的目标。实行法治的前提是有法可依，并且所依之法应为良法、可循之法。正如古希腊哲学家亚里士多德所言："法治应包含两重意义：已成立的法律获得普遍的服从，而大家所服从的法律又应该是本身制定良好的法律。"[3] 亚里士多德所讲的法治，强调的是以良法为基础的法治。现代法治是以法律至上、人民主权、人权保障、权力制约、公平正义等为主要内容的法律制度，是以严格依法办事为要求的治理机制。推动社会治理法治化，应以制定和实施良法为基础。

19 世纪英国法学家戴雪通常被视为近代西方法治理论的奠基人，他在 1885 年出版的《英国宪法导论》中对"法治"进行了阐述。戴雪认为"法治"应具有三重含义：一是对任何人的惩罚必须遵守法定程序；二是任何人平等地受法律的约束，无权超越法律；三是"法律至上"，这也是法治的核心特征。[4]

《牛津法律大辞典》将"法治"归纳为："所有的机构，包括立法、行政、司法及其他机构都要遵循某些原则。上述原则一般被视为法律特征的表达，如正义的基本原则、道德原则、公平和正当程序的观念。它意味着对个人的

---

〔1〕 王利明认为，所谓良法，是符合法律的内容、形式和价值的内在性质、特点和规律性的法律。良法至少应当符合以下标准：一是反映人民的意志和根本利益。二是反映公平、正义等价值需求。三是符合社会发展规律。四是反映国情、社情、民情。五是具备科学、合理的体系。六是符合法定程序，具有程序正当性。参见王利明：《法治：良法与善治》，北京大学出版社 2015 年版，第 11~13 页。

〔2〕 俞可平认为，作为现代政治学的一个重要概念，善治指的是公共利益最大化的治理过程和治理活动，是一种官民共治，是国家治理现代化的理想状态。参见俞可平："法治与善治"，载《西南政法大学学报》2016 年第 1 期。他认为，善治包含了合法性、法治、透明性、责任性、回应、有效、参与、稳定、廉洁和公正等 10 个要素。参见俞可平：《论国家治理现代化》，社会科学文献出版社 2014 年版，第 27~30 页。王利明认为，"天下大治"指的就是善治，善治的内容应当包含民主治理、依法治理、贤能治理、社会共治、礼法合治等几个方面。参见王利明：《法治：良法与善治》，北京大学出版社 2015 年版，第 14~17 页。

〔3〕 亚里士多德认为，"法治"是与"人治"相对而言的。法治是"平等的自由人之治""对自愿的臣民的统治"，其主要特点包括：①法治是为了公众利益的统治。②"最高治权"在公民全体之手，寄托于"公民团体"。表现为决定国家大事的权力实际上寄托于公审法庭或议事会或群众的整体。③以法律为最高权威。法律应在任何方面受到尊重而保持至高无上的权威，执政人员和公民团体只应在法律（通则）所不及的"个别"事例上有所抉择，两者都不应该侵犯法律。最后的裁判权应寄托于正式制定的法律。④统治建立在臣民自愿守法上，而不是仅仅依靠武力。参见［古希腊］亚里士多德：《政治学》，商务印书馆 1983 年版，第 129、147、192 页。

〔4〕 参见［意］布鲁诺·莱奥尼：《自由与法治》，冯辉译，载《律师文摘》2011 年第 1 期。

最高价值和尊严的尊重"，"在任何法律制度中，法治的内容是：对立法权的限制；反对滥用行政权力的保护措施；获得法律的忠告、帮助和保护的大量的平等的机会；对个人和团体各种权利和自由的正当保护；以及在法律面前人人平等。它不是强调政府要维护和执行法律及秩序，而是说政府本身要服从法律制度；而不能不顾法律或重新制定适应本身利益的法律。"〔1〕

法治在推进治理方面具有明显优势，推进国家治理、社会治理必须以法治思维和法治方式进行。〔2〕"只有良法才能出善治，只有良法才能保善治。"〔3〕一方面，法治是依法办事的行为方式。在现代法治社会，依法办事是社会成员普遍遵循的行动准则，不仅普通群众要依法办事，国家机关及其工作人员也要依法办事。另一方面，法治是维持良好的社会秩序。无论是作为治国方略还是行为方式，法治最终要表现为一定的社会秩序。这种社会秩序是指在法治精神的引领、谋划、规范和评价下，社会生活所涉及的主要方面，基本上实现了法律化、制度化，包括国家机关在内的每一个法律主体，都有具体的、明确的权利义务，无论在何种情况之下，这些法律主体都能够做到尊法守法，恰当地行使自己的法定权利、忠诚地履行自己的法定义务，利益诉求表达渠道顺畅疏通，社会矛盾纠纷妥善化解，社会资源公平配置，整个社会的运作处于有条不紊的秩序化状态。

二、法治是社会治理的重要保障

法治是治理的基本要求，没有健全的法制就没有善治。〔4〕治理对法治具有依赖性，法治保障着社会治理的顺畅实施，离开了法治根本无法实现治理的现代化。"在社会治理的论域内，实现治理有效必须仰赖法治的积极建设及其功能的充分释放。法治本身的价值和功能也因之得到更进一步的明确和凸显。"〔5〕转型时期的贫富差距矛盾、官民矛盾，以及各群体之间的利益纷争，并非无法调和的阶级冲突，从根本上解决这些问题，还是要依靠法治途径来实现，要在法律框架内依法妥善化解问题和矛盾，以达到社会的和谐稳定与

---

〔1〕　参见［英］戴维·M.沃克：《牛津法律大辞典》，李双元等译，法律出版社2003年版，第990页。

〔2〕　参见马玉丽：《美国宪法的正当法律程序研究——从程序到实质的演变》，山东人民出版社2016年版，第1页。

〔3〕　参见王利明：《法治：良法与善治》，北京大学出版社2015年版，第10页。

〔4〕　参见俞可平："中国治理评估框架"，载《经济社会体制比较》2008年第6期。

〔5〕　参见江必新、王红霞：《国家治理现代化与社会治理》，中国法制出版社2016年版，第43页。

长治久安治理目标。传统的管理模式已难以适应现代社会纷繁复杂、交错多变的情况，"要坚持在法治轨道上统筹社会力量、平衡社会利益、调节社会关系、规范社会行为、化解社会矛盾，以良法促发展、保善治。"[1] 在法治轨道上实现社会善治，必须加快社会领域的科学立法、民主立法、依法立法，着力解决社会治理领域法律供给不足问题，同时要注重提升立法的精细化程度和可操作性。

三、法治助推社会治理安定有序

社会治理说到底应是一种规则之治、有序之治，科学、公正、严肃、高效的规则可以促进复杂多变的社会秩序得以有效规制。加强社会治理领域的立法，目的是合理调整各种社会关系，平衡各种利益关系，促使全社会共享改革发展成果，保障社会成员既充分享有权利、依法行使权利，又能够切实履行各自应尽的法律义务，推动构建良好的社会秩序。法治的内在价值使之兼具稳定性、明确性、具体性、合理性、规范性以及可预测性、可救济性等特征，法治确立的底线规则具有指引、规范、评价功能，可以提高国家机关、公民、法人和社会组织等对自身行为的预期和评判，为社会治理维度内社会秩序的规制和社会公平正义的维护提供了基本遵循。在法治基础上推进社会治理，有利于更好地实现社会治理的和谐平稳、安定有序，也能够有效避免频繁出现的非常规性临时动作所引发的"运动式治理"[2]，保证社会治理依法、科学、有序地实施。

第二节 加强社会治安综合治理领域立法

社会治安问题是社会治理中的关键问题。社会治安综合治理的核心是维护社会公共秩序以及公共安全，依法保护公民、法人和其他社会组织的合法权益。随着改革的深入推进和社会发展进程的逐步加快，中国社会治安形势总体上是稳定的，但仍处于违法犯罪高发期，影响社会治安的问题比较突出，

---

〔1〕 参见张雨、尹深、梁秋坪："依法治国篇：司法改革出活力　迈出法治新步伐"，载人民网，http：//legal. people. com. cn/n1/2019/0107/c42510-30506781. html，最后访问时间：2019 年 5 月 17 日。

〔2〕 "运动式治理"呈现出"非常规化"特点，是指通过超越常规的紧急动员，突破已有组织结构，打断、叫停行政体制中各就其位、按部就班的运作过程，以自上而下、政治动员的方法来调动资源、集中各方力量和注意力来完成某一目标任务。参见周雪光："运动型治理机制：中国国家治理的制度逻辑再思考"，载《开放时代》2012 年第 9 期。

社会治安综合治理领域法治建设面临着新要求，必须加快相关立法进度。

一、社会治安综合治理的法治化进程

中国的社会治安综合治理作为一项制度安排，起源于 20 世纪 70 年代末 80 年底初的城市治安整顿。[1] 1978 年国家召开了第三次全国治安工作会议，此次会议形成了会议纪要，首次提出要在党委的领导下，把各部门和各方面的力量组织起来，统筹应对治安问题。1982 年 1 月，中共中央作出《关于加强政法工作的指示》，要求"加强党的领导，全党动手，认真落实'综合治理'的方针，务使社会风气、社会治安在一九八二年内有个明显的好转"[2]，这是党的文件中首次正式提出"综合治理"。

1986 年，《中华人民共和国治安管理处罚条例》颁布实施，就轻微违法犯罪行为规定了相关处罚措施。1991 年 2 月，中共中央、国务院联合发布《关于加强社会治安综合治理的决定》，明确了社会治安综合治理的基本任务[3]、工作要求和主要目标等内容，同年 3 月，第七届全国人大常委会审议通过《关于加强社会治安综合治理的决定》，标志着社会治安综合治理体制和社会治安防控体系的制度框架已经基本形成[4]。

1996 年，《中央社会治安综合治理委员会关于加强社会治安综合治理基层基础工作的意见》出台，强调要加强社会治安综合治理基层基础工作，强化治安综合治理时效，构建治安防控体系。2001 年，中共中央、国务院出台《关于进一步加强社会治安综合治理的意见》，明确提出建立和完善社会治安防控体系。此后，国家加快社会治安综合治理立法步伐，颁布实施了《中华人民共和国居民身份证法》《中华人民共和国治安管理处罚法》《中华人民共

---

〔1〕 参见冯仕政：《社会治理新蓝图》，中国人民大学出版社 2017 年版，第 158 页。

〔2〕 参见中共中央文献研究室：《三中全会以来重要文献选编》（下），人民出版社 1982 年版，第 1095 页。

〔3〕 1991 年第七届全国人大常委会审议通过的《关于加强社会治安综合治理的决定》明确的社会治安综合治理的基本任务是：在各级党委和政府的统一领导下，各部门协调一致，齐抓共管，依靠广大人民群众，运用政治的、经济的、行政的、法律的、文化的、教育的等多种手段，整治社会治安，打击犯罪和预防犯罪，保障社会稳定，为社会主义现代化建设和改革开放创造良好的社会环境。

〔4〕 参见徐汉明等：《社会治理法治研究》，法律出版社 2018 年版，第 102 页。

和国出境入境管理法》等一系列社会治安综合治理领域法律[1]、行政法规、部门规章和司法解释。从地方社会治安综合治理立法情况看，目前除香港、澳门、台湾之外，全国有 31 个省、自治区、直辖市和部分设区市结合地方实际情况，制定了社会治安综合治理领域的地方性法规或者规章，比如，《北京市社会治安综合治理条例》（1992 年颁布、2010 年修订）、《天津市社会治安综合治理条例》（1994 年颁布，2004 年、2016 年修订）、《江苏省社会治安综合治理条例》（1991 年颁布）、《浙江省社会治安综合治理条例》（2002 年颁布，2007 年、2017 年修订）、《济南市社会治安综合治理条例》（1993 年颁布、2010 年修订）、《包头市社会治安综合治理条例》（1991 年颁布、2008 年修订）等，各地相关地方性法规、规章的出台，有力地推动了社会治安综合治理法治化进程。经过多年持续的不懈努力，具有中国特色的社会治安综合治理法律体系基本建成。

近年来特别是党的十八大以来，党和国家明确提出要进一步加强社会治安综合治理，完善社会治安防控体系。党的十八大报告强调："深化平安建设，完善立体化社会治安防控体系，强化司法基本保障，依法防范和惩治违法犯罪活动，保障人民生命财产安全。"[2] 党的十八届三中全会指出："加强社会治安综合治理，创新立体化社会治安防控体系，依法严密防范和惩治各类违法犯罪活动。"[3] 党的十八届四中全会明确要求："深入推进社会治安综合治理，健全落实领导责任制。完善立体化社会治安防控体系，有效防范化解管控影响社会安定的问题，保障人民生命财产安全。"[4] 面对新任务、新

---

[1] 近年来，全国人大及其常委会制定、修订的社会治安治理领域的法律涉及维护国家安全、治安管理、警察职权、消防安全、网络安全、交通管理、金融管理、刑事犯罪惩治等方面，主要有：《集会游行示威法》（1989 年颁布，2009 年修订）、《传染病防治法》（1989 年颁布，2013 年修订）、《人民警察法》（1995 年颁布，2012 年修订）、《消防法》（1998 年颁布，2019 年修订）、《居民身份证法》（2003 年颁布，2011 年修订）、《道路交通安全法》（2003 年颁布，2011 年修订）、《反洗钱法》（2006 年颁布）、《治安管理处罚法》（2005 年颁布，2012 年修订）、《出境入境管理法》（2012 年颁布）、《国家安全法》（2015 年颁布）、《反恐怖主义法》（2015 年颁布，2018 年修订）、《刑法》（1979 年 7 月 1 日第五届全国人民代表大会第二次会议通过，1997 年 3 月 14 日第八届全国人民代表大会第五次会议修订，此后又先后进行了十次修正）、《网络安全法》（2016 年颁布）等。

[2] 参见胡锦涛："坚定不移沿着中国特色社会主义道路前进 为全面建成小康社会而奋斗——在中国共产党第十八次全国代表大会上的报告"，载《求是》2012 年第 22 期。

[3] 参见"中共中央关于全面深化改革若干重大问题的决定"，载《求是》2013 年第 22 期。

[4] 参见"中共中央关于全面推进依法治国若干重大问题的决定"，载《求是》2014 年第 21 期。

要求，必须加快推进社会治安综合治理法治化建设，为维护社会秩序、公共安全提供更坚实的法治保障。

二、社会治安综合治理领域立法面临的问题

社会治安综合治理领域立法方面存在的问题，主要表现在以下两个方面：

从国家层面看，缺少针对社会治安综合治理的综合性、专门性立法。正如前文所述，1991 年全国人民代表大会常务委员会曾经颁布实施《全国人民代表大会常务委员会关于加强社会治安综合治理的决定》，明确了社会治安综合治理的主要任务、基本原则和工作措施等内容，在推动社会治理方面起到了重要作用，目前社会治理领域仍旧沿用着这一综合性、规范性文件。同时，也应看到，作为社会治安综合治理领域的纲领性文件，上述文件的有关规定还不够具体，有关表述相对原则，缺乏可操作性，在实际应用过程中存在不少难题，尤其是难以适应新时期加强社会综合治理的现实需求。

从地方层面看，有关社会治安综合治理的地方性法规、规章质量参差不齐。由于在社会治安综合治理领域缺少国家层面的综合性、专门性顶层立法，各省、自治区、直辖市在制定社会治安综合治理地方性法规、规章时，多是基于解决地方社会治理中的实际问题，对中央有关社会治安防控方面政策文件的具体落实，加之各地社会治安情况有所不同、立法技术上也有差异，地方关于社会治安综合治理的立法在形式上、内容上存在很大的差别[1]，并且原则性的表述过多，可执行性、可操作性明显不足。

三、社会治安综合治理领域立法的着力点

推进社会治安综合治理领域立法，应基于当前社会治安综合治理领域立法现状，加强国家层面的立法顶层设计，推动地方相关立法进程，有机整合现有社会治安综合治理方面的法律法规，进一步完善社会治安综合治理法律体系。

（一）研究制定《社会治安综合治理法》

作为社会治安综合治理领域的综合性、全局性、基础性法律，《社会治安综合治理法》应由全国人民代表大会或全国人民代表大会常委会制定，具有法律位阶高、综合性强、适用范围广等特点，是社会治安综合治理工作的基

---

〔1〕 目前，全国绝大多数的省、自治区、直辖市（除香港、澳门、台湾地区之外，共计 30 个省）以地方性法规形式就社会治安综合治理进行地方立法，贵州省关于社会治安综合治理则是以地方政府规章形式制定；地方有关社会治安综合治理的法规、规章在内容表述上各不相同，差异比较大。

本法律。通过制定《社会治安综合治理法》，总结社会治安综合治理规律，全面理顺社会治安综合治理的体制机制，从法律层面明确中央和地方在社会治安综合治理方面的治理权限划分，梳理各个社会治理主体在社会治安综合治理方面的权力、责任，界定公民、法人和其他社会组织等在社会治安综合治理方面的权利和义务，从根本上解决社会治安综合治理工作职责不清、管理缺乏法律依据等问题，为地方制定社会治安综合治理法规提供上位法的基本遵循。同时，在立法中也可以总结、提炼近年来在社会综合治理方面形成的典型经验，使之固化为相应的法律条款，以便于在全国进行推广应用，最大限度地提高社会综合治理的成效。

《社会治安综合治理法》的立法框架，可以采取总则、分则、附则形式。总则部分，应明确社会治安综合治理的基本内涵、立法宗旨、指导思想、调整对象、基本原则、主要任务、主要方法等内容；分则部分，应明确社会治安综合治理的体制机制，包括治理主体及其相应职责、治理运行机制，以及具体的治理范围、治理对象、治理手段、保障措施、法律责任等内容；附则部分，应明确生效时间等附属性的规定。

（二）加快社会治安综合治理配套法规和地方性法规建设

一方面，及时进行配套法规立法。在《社会治安综合治理法》颁布实施后，对《社会治安综合治理法》中的原则性条款进行细化、补充和完善，提高其可操作性，保证实际执行效果；另一方面，及时对社会治安综合治理地方性法规进行清理，作出相应调整。法的清理的过程也就是发现现存法的优缺点的过程。[1] 通过法规清理工作，及时废止不符合上位法精神和社会综合治理发展需求的地方性法规，加快制定、修订、完善相关地方性法规，保证社会治安综合治理方面的地方性法规既全面贯彻上位法精神、与上位法保持一致不相抵触，又结合地方实际、体现出地方的治理特色，进一步规范地方社会治安综合治理工作，以求实现社会综合治理的效益最大化。

第三节 积极推动网络社会治理领域立法

"网络社会"一词最早由荷兰学者范·戴克在其著作《The Network Society》中率先提出。网络社会具备现实社会所具有的全部基本要素，是依托互

---

〔1〕 参见周旺生:《立法学》，法律出版社 2004 年版，第 385 页。

联网络基础形成的一种新的社会形态。关于网络社会的概念，学术界有不同的称谓，有的学者称之为"虚拟社会"[1]，有的学者称之为"泛在网络社会"[2]，等等。无论采用"网络社会""虚拟社会"，还是"泛在网络社会"的称谓表述，这种社会形态都是基于互联网基础上形成的新的社会形态。众所周知，互联网在推动社会发展的同时，也给社会发展带来诸多风险因素。加快网络社会治理领域的相关立法，加强网络社会的规制，是构筑良好网络社会生态环境的必然选择。

一、互联网发展：社会治理面临新挑战

互联网最初于 1969 年由美国基于军事目的研发，1994 年起步入商业化应用阶段。信息技术的迅猛发展和互联网的快速普及，深刻地改变了人类社会的生产和生活方式，直接影响着政治、经济、文化和社会等各个领域。

近年来，中国网民规模和互联网普及率迅速攀升（见图 4-1），截至 2018 年 12 月，网民规模为 8.29 亿人，全年新增网民 5653 万人，互联网普及率达 59.6%，较 2017 年底提升 3.8 个百分点；手机网民规模达 8.17 亿人，全年新增手机网民 6433 万人（见图 4-2）；网民中使用手机上网的比例由 2017 年底的 97.5% 提升至 2018 年底的 98.6%。[3]

---

[1]　如徐晓林等认为，"虚拟社会是符号化的现实，社会中的人在互联网建构的虚拟空间内按照一定规则从事生产和生活活动并形成各种社会关系的人化的场域"。参见徐晓林、陈强、曾润喜："中国虚拟社会治理研究中需要关注的几个问题"，载《中国行政管理》2013 年第 11 期。张明仓认为，"与网络社会等概念相比，虚拟社会概念从纵横两方面把科学技术和人类社会的发展，把人类新的社会存在形式和人类社会历史的发展联结起来，既反映虚拟社会形成的科学技术基础，也表明虚拟社会的人文基础上形成的人类社会新的存在形式"。参见张明仓：《虚拟实践论》，云南人民出版社 2005 年版，第 258~259 页。

[2]　比如江必新、王红霞主张，"泛在网络社会既不是虚拟社会，也不是虚拟社会与传统非网络社会的简单加总或中间状态，而是两者相互融合而成的崭新社会形态"。参见江必新、王红霞：《国家治理现代化与社会治理》，中国法制出版社 2016 年版，第 186 页。

[3]　参见中国互联网信息中心："第 43 次中国互联网络发展状况统计报告"，2019 年 2 月 28 日发布，载 http：//www.cac.gov.cn/2019-02/28/c_1124175677.htm，最后访问时间：2019 年 5 月 22 日。

网民规模和互联网普及率

单位：万人

来源：CNNIC中国互联网络发展状况统计调查　　　　　　　　2018.12

图 4-1　2008 年~2018 年中国网民规模和互联网普及率[1]

单位：万人

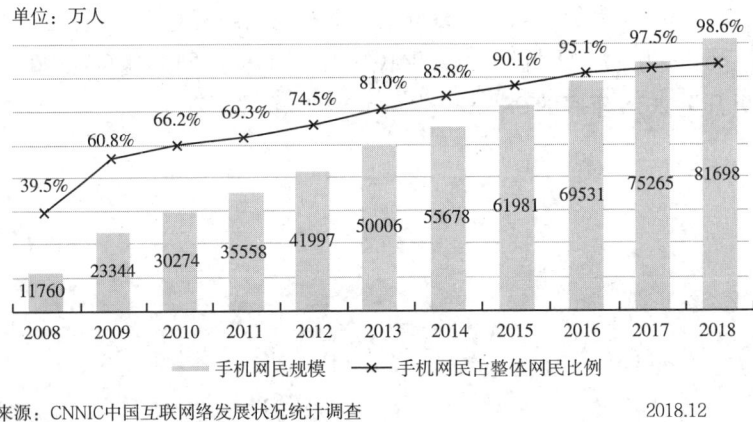

来源：CNNIC中国互联网络发展状况统计调查　　　　　　　　2018.12

图 4-2　2008 年~2018 年中国手机网民规模及手机网民占整体网民比例[2]

互联网技术改变了时空和地域概念的传统特征，开启了一种全新的社会

---

〔1〕　参见中国互联网信息中心："第 43 次中国互联网络发展状况统计报告"，2019 年 2 月 28 日发布，载 http://www.cac.gov.cn/2019-02/28/c_1124175677.htm，最后访问时间：2019 年 5 月 22 日。

〔2〕　参见中国互联网信息中心："第 43 次中国互联网络发展状况统计报告"，2019 年 2 月 28 日发布，载 http://www.cac.gov.cn/2019-02/28/c_1124175677.htm，最后访问时间：2019 年 5 月 22 日。

结构、社会形态、人际关系和生活方式。[1] 互联网具有信息传播方式开放、传播范围广泛、传播成本低、传播速度快，以及信息来源隐蔽性强等突出特点，这些特点使其与传统信息传播方式相比更具明显优势。互联网的普及应用为人类工作、生产、生活带来了极大的便利，同时也成为传播各种思潮、表达利益诉求的开放性平台，以及社会舆论的放大器、意识形态领域的重要阵地，给社会发展带来了严峻的挑战，主要表现在个体权益保护、网络内容监管、网络运行安全、网络信息安全、网络经济安全、网络违法犯罪等多个方面。

有研究者将互联网引发的挑战归结为五个方面：其一，对传播与交流的影响。既传播有价值资讯也传播谣言及不良信息，既促进意见表达也促使意见极化，既促进情感交流也加速不良情绪蔓延。其二，对公民参与的影响。促进参与和抑制参与并存，开辟新渠道也破坏着基础制度，网络动员潜藏着秩序风险。其三，对交互的影响。个人信息遭泄露，不良信息泛滥，网络违法犯罪猖獗，互联网的开放性使得技术知识的共享程度扩大，从而冲击了知识产权。其四，对经济的冲击。催生新经济也淘汰旧产业，带动经济发展亦冲击竞争秩序。其五，对国家安全的影响。中国在成为互联网大国的同时，也遭受着大量网络安全风险，病毒传播、信息窃取、黑客攻击频繁发生，网络安全问题不断升级。[2] 当前，互联网已经渗透到人类生产、生活的方方面面，直接影响着人类活动。网络社会存在着与传统社会的共性之处，也有其复杂、多变等鲜明特征，并且与传统社会相互交织、相互融合，这也使得网络社会治理正在成为时代难题[3]。

二、中国网络社会治理现状

通常认为，网络社会治理是指政府、私营部门和民间社会根据各自的作用，制定和实施的旨在规范互联网发展和运用的共同原则、规范、规则、决策程序和方案。[4]

---

〔1〕　参见范如国："复杂网络结构范型下的社会治理协同创新"，载《中国社会科学》2014年第4期。

〔2〕　参见江必新、王红霞：《国家治理现代化与社会治理》，中国法制出版社2016年版，第190～200页。

〔3〕　参见徐汉明、张新平："网络社会治理的法治模式"，载《中国社会科学》2018年第2期。

〔4〕　See Working Group on Internet Governance, "Report from the working Group on Internet Governance" Document WSIS—II/PC—3/DOC/5—E, August 2005, p. 3.

从网络社会治理发展看，中国初期的网络社会治理仅是技术层面的互联网域名注册管理，此后转为建构互联网管理框架、重点对网络不良信息和网络违法犯罪进行管理，后来随着网络泛在的发展趋势，网络社会治理逐步上升为国家战略。

从网络社会治理法治建设看，总体上经历了三个发展阶段：①起步发展阶段（1994年~2003年），这一阶段随着1994年互联网在中国的引入及逐渐普及，网络社会治理问题日渐突出，国家针对互联网领域存在的网络犯罪、信息安全、知识产权保护等问题，颁布实施了15部法律法规[1]；②快速发展阶段（2004年~2011年），这一时期网络社会治理问题日益引起重视，国家针对网络域名管理、网络金融安全、个人信息安全等问题，颁布实施了17部法律法规[2]；③转型发展阶段（2012年至今），党的十八大以来，党和国家就网络社会治理法治建设作出一系列新的重大战略部署。党的十八大明确指出："加强网络社会管理，推进网络依法规范有序运行。"[3] 党的十八届三中全会提出："坚持积极利用、科学发展、依法管理、确保安全的方针，加大依法管理网络力度，加快完善互联网管理领导体制，确保国家网络和信息安

---

　　[1] 针对互联网领域存在的网络犯罪、信息安全、知识产权保护等突出问题，国家先后颁布实施了15部法律法规：《计算机信息系统安全保护条例》、《计算机信息网络国际联网管理暂行规定》、《计算机信息系统保密管理暂行规定》、《全国人民代表大会常务委员会关于维护互联网安全的决定》、《计算机病毒防治管理办法》、《中华人民共和国电信条例》、《互联网电子公告服务管理规定》（已失效）、《互联网信息服务管理办法》、《互联网药品信息服务管理暂行规定》（已失效）、《互联网上网服务营业场所管理办法》（已失效）、《互联网医疗卫生信息服务管理办法》（已失效）、《网上银行业务管理暂行办法》（已失效）、《计算机软件保护条例》、《互联网出版管理暂行规定》（已失效）、《互联网文化管理暂行规定》，1997年修订了《刑法》相关条款，明确了侵入计算机信息系统，故意制作、传播计算机病毒等犯罪行为的罪名及刑事责任。

　　[2] 针对网络域名管理、网络金融安全、个人信息安全等问题，国家先后颁布实施了17部法律法规：《中国互联网络域名管理办法》（已失效）、《互联网药品信息服务管理办法》、《电子银行业务管理办法》、《电子认证服务管理办法》、《非经营性互联网信息服务备案管理办法》、《互联网著作权行政保护办法》、《关于网络游戏发展和管理的若干意见》、《信息网络传播权保护条例》、《互联网电子邮件服务管理办法》、《中国互联网信息中心域名争议解决办法》、《互联网安全保护技术措施规定》、《关于进一步加强网吧及网络游戏管理工作的通知》、《互联网视听节目服务管理规定》、《电子出版物管理规定》（已失效）、《电子认证服务管理办法》、《网络运行和信息安全保密管理办法》、《通信网络安全防护管理办法》，2009年审议通过了《刑法修正案（七）》，明确了非法获取计算机信息系统数据、非法控制计算机信息系统，提供侵入、非法控制计算机信息系统程序、工具等犯罪行为的刑事责任。

　　[3] 参见胡锦涛："坚定不移沿着中国特色社会主义道路前进 为全面建成小康社会而奋斗——在中国共产党第十八次全国代表大会上的报告"，载《求是》2012年第22期。

全。"〔1〕党的十八届四中全会强调:"积极推动加强互联网领域立法,完善网络信息服务、网络安全保护、网络社会管理等方面的法律、行政法规,依法规范网络行为。"〔2〕2015年7月1日修订的《中华人民共和国国家安全法》〔3〕(以下简称《国家安全法》),针对网络安全问题,作出了明确规定。此后,国家又针对网络社会治理先后颁布了《网络交易管理办法》、《中华人民共和国网络安全法》(以下简称《网络安全法》)等法律法规〔4〕。

总体上看,经过二十多年的网络社会治理法治建设,中国基本形成了网络社会治理法治体系,但也存在一些现实问题,难以适应网络社会治理发展新需求,比如,网络社会治理方面的立法相对滞后,立法的科学性有待提高,立法中公众参与度不高,相关法律法规还不够全面系统,存在着应急立法、被动立法情形,在网络犯罪违法行为认定中有关虚拟财产价值认定、电子证据认定上还缺乏相应法律规定,等等。

三、网络社会治理立法建设

(一)网络社会治理立法的域外经验

互联网发端于美国并率先在美国等西方发达国家得以发展壮大。关于网络社会的治理,西方发达国家积累了可资借鉴的较为丰富的治理经验。从网络社会治理的法治保障方面看,西方国家比较重视网络社会治理监管立法,注重加强网络信息管制,对网络违法犯罪实施严厉打击。

1. 美国网络社会治理立法。作为互联网的应用大国,美国是世界上颁布实施网络治理法律法规最多的国家,曾出台了《通信法》《禁止电子盗窃法》《儿童互联网保护法》《美国商标电子盗窃保护法》《反域名抢注消费者保护法》《统一电脑信息传送法》等一百三十余部涉及互联网治理的法律法规,包括联邦立法和各州的立法,将网络社会定性为"与真实世界一样需要进行管

---

〔1〕《中共中央关于全面深化改革若干重大问题的决定》,人民出版社2013年版,第51~52页。

〔2〕《中共中央关于全面推进依法治国若干重大问题的决定》,人民出版社2014年版,第14页。

〔3〕《国家安全法》第25条规定:"国家建设网络与信息安全保障体系,提升网络与信息安全保护能力,加强网络和信息技术的创新研究和开发应用,实现网络和信息核心技术、关键基础设施和重要领域信息系统及数据的安全可控;加强网络管理,防范、制止和依法惩治网络攻击、网络入侵、网络窃密、散布违法有害信息等网络违法犯罪行为,维护国家网络空间主权、安全和发展利益。"

〔4〕2012年以来,国家先后颁布实施了《国家安全法》(2015)、《网络交易管理办法》(2015)、《互联网用户账号名称管理规定》(2015)、《互联网保险业务监管暂行办法》(2015)、《网络出版服务管理规定》(2016)、《网络安全法》(2016)等法律法规,2015年审议通过了《刑法修正案(九)》,明确了侵犯公民个人信息、网络服务提供者不履行安全管理义务、扰乱无线电秩序、传播虚假信息、破坏计算机信息系统等犯罪行为的刑事责任。

控"的领域，主要治理领域包括维护国家安全、未成年权益、知识产权和计算机安全等方面。

2. 韩国网络社会治理立法。韩国重视建立网络治理法律法规，以创造良好网络社会环境，顺利推进信息化建设。1995年，韩国颁布实施《电子通信商务法》，通过立法方式对信息通信部赋权，赋予信息通信部对"危险通信信息"的管制权。2006年通过的《促进使用信息通信网络及信息保护关联法》，强制实行网络实名制，明确规定韩国网站应要求用户提供详细身份资料后，才能申请聊天账号和网站邮箱，网站必须对申请资料信息进行核实验证。《个人信息保护法》则就个人信息公开和个人信息使用作出了详细规定。《位置信息保护法》明确规定使用个人位置信息时，必须征得当事人的同意。

3. 英国网络社会治理立法。英国1996年颁布了第一个网络监管行业性法规《3R安全规则》（R3 Safety-Net），这也是世界上首个网络社会治理的行业性自律法规，3R的含义是分级认定（Rate）、举报告发（Report）、承担责任（Responsibility）。《3R安全规则》的制定，旨在打击通过网络发布色情内容和其他有害信息。此后，英国陆续颁布实施了《数据保护法》《隐私和电子通信条例》保护个人隐私不受非法侵犯，制定了《防止滥用电脑法》《规范调查权法》等法律法规，加强对网络社会治理。

4. 法国网络社会治理立法。法国1996年制定的《费勒修正案》规定，提供互联网服务的公司，必须给客户提供另外一些抗拒互联网信息内容的软件，否则用户通过互联网信息渠道获取了不应出现的信息，就应该追究互联网服务公司的责任。2004年通过的《数字经济信任法》[1]，进一步强调要加强网络管理。2009年，法国议会通过了《内部安全行动法》[2]，加大了打击网络犯罪和保护网络信息安全的力度。

5. 俄罗斯网络社会治理立法。俄罗斯2012年7月颁布实施《网络黑名单法》，用以限制网络非法内容的传播。根据《网络黑名单法》，俄罗斯于2012年11月正式建立了网络黑名单制度，通过实施黑名单制度，进一步加强了对

---

〔1〕《数字经济信任法》既肯定了网络在推动社会进步中的积极作用，同时也指出了网络对社会生活、公民隐私、知识产权、国家信息安全等方面的潜在威胁，明确了网民在网络中应该享有的权利和必须承担的责任，强调要保障网络通信、信息传播和电子交易的安全，实现对信息社会的规范化管理。

〔2〕《内部安全行动法》明确规定，对于窃取他人网络信息、盗用他人网络身份的犯罪行为，处以1年有期徒刑和1.5万欧元的罚款。

网络的管理。[1]

6. 新加坡网络社会治理立法。新加坡严厉惩处危害国家安全的网络言论和谣言，1996 年颁布实施了规制网络社会的《广播法》和《互联网操作规则》，此后又推动实施《国内安全法》《煽动法》《维护宗教融合法》等传统法律法规与互联网法律法规的有机结合，以此加强对通过互联网危害国家和社会安全的违法犯罪行为的治理。

（二）推进网络社会治理立法的路径

推进网络社会治理，需要吸收、借鉴西方发达国家在网络社会治理方面的成功经验，加快网络社会治理相关立法建设，构建规制网络社会的良法体系，这也是网络社会治理得以实现善治的前提和基础。

1. 提高网络社会治理立法的科学性。深入调查研究，了解和掌握网络科技发展的理论前沿、基本情况和发展走向，在立法中进行充分的专家论证，认真听取网络专家、科技人员的意见，提升网络立法技术，切实保障制定的法律法规具有前瞻性、可操作性。

2. 提高网络社会治理立法的民主性。拓宽公众参与立法的渠道，充分利用报纸、广播、电视等传统媒体和网络、微信、微博等新媒体，向社会公众公布有关立法信息，推进网络社会治理立法公开。同时要采取媒体平台回应或者召开发布会等形式，及时向社会公众反馈所征集的立法意见、建议采纳情况，并且做好相关解释工作。

3. 提高网络社会治理立法的针对性。坚持问题导向，研判分析网络社会治理领域的立法空白和难题，通过实施网络社会治理法律法规的立、改、废、释，有针对性地加快相关领域立法节奏，完善网络社会治理法律体系。比如，在制定新法上，基于《网络安全法》实施基础，制定《网络安全法》的相关配套法规规章，制定个人信息保护、数据保护、电子商务、电子政务、网络证据等方面的专门法律法规；在修订现行法律法规上，修改、完善行政诉讼、民事诉讼、刑事诉讼等现有程序法中有关网络诉讼程序方面的规定，修正现有法律法规中存在的网络立法方面的冲突；在废除法律法规上，及时废止已经明显不适宜互联网发展和网络社会治理现实的法律法规，推动新法的制定

---

　　[1]　根据《网络黑名单法》，俄罗斯的有关职权部门有权关闭传播淫秽色情、毒品、鼓励自杀或自残等有害信息的网站，并且把这些网站列入网站黑名单中。在多数情况下，网络通信运营商采取替代方式过滤网站内容，网民也可登录相关网站进行举报。

出台；在法律解释上，可以通过由最高人民法院、最高人民检察院发布司法解释，或者由立法机关对现行的法律法规进行适当的解释等方法，使相应法律法规能够延展适用到网络社会治理领域。

此外，在重视抓好网络社会治理立法建设同时，也要关注网络社会治理中的行业自我规制作用，充分发挥互联网行业团体的作用，引导网络行业加强自律、自治，促进立法规制与网络行业自我规制紧密结合，以期实现网络社会治理效益的最大化，推动形成良好的网络社会治理生态环境。

DISIZHANG

第四章

切实提升行政执法整体效能

在多元社会治理体系中，政府作为社会治理的主体，担负着社会治理的重要职责。政府行政机关是公权力的行使者，行政执法[1]是行政机关行使权力、实施社会治理的主要方式，行政执法的质量和水平高低，关系着公民、法人和其他组织的合法权益，关系着政府的形象及公信力，关系着社会治理的实际效果。加强社会治理，必须坚持依法治理的理念，严格规范和制约行政权力，深入推进综合行政执法体制改革，创新行政执法的方式方法，以严格、规范、公正、文明的行政执法，维护和保障社会的和谐稳定。

第一节　依法规范和制约行政权力

对于行政机关而言，行政权力是一把"双刃剑"。没有制约和监督的权力，必然会导致腐败。正确行使权力、不滥用权力，是对行政机关和权力使用者的一项基本要求，也是实现行政执法公平、公正的根本保障。实践中，可以通过推行政府权力清单制度加强对行政权力的规制。

一、权力清单制度的概念

权力清单制度是指各级政府及其组成部门通过梳理法律法规所规定的权力，以列举的方式将这些权力公之于众，主动接受社会监督并依法行使清单所列权力的一种制度。

二、权力清单制度的实践探索

国内有关权力清单制度的实施，最早可追溯至河北省邯郸市政府2005年

---

〔1〕 行政执法分广义和狭义两种理解。广义上的行政执法，泛指行政机关所有的法律行为，是行政机关运用法律对国家事务实施管理的全部活动总称。狭义上的行政执法，是指行政主体执行、适用法律法规和规章的活动，是针对具体的人和事的法律行为。行政执法的主体包括行政机关和依法授权的非行政机关组织等。

公布的市长权力清单。此后，地方陆续开始探索编制、公布权力清单，比如 2009 年成都市公布了市级行政权力清单，2011 年北京市西城区编制了权力清单。

2013 年，权力清单制度获得中央层面的认可，党的十八届三中全会明确提出推行地方各级政府及其工作部门权力清单制度，依法公开权力运行流程。[1] 党的十八届四中全会再次强调，要推行政府权力清单制度。[2] 2015 年 3 月，中共中央办公厅、国务院办公厅印发《关于推行地方各级政府工作部门权力清单制度的指导意见》，对地方各级政府工作部门推行权力清单制度作出指导和安排，要求省级政府于 2015 年年底前、市县两级政府 2016 年年底前要基本完成政府工作部门、依法承担行政职能的事业单位权力清单的公布工作，乡镇政府推行权力清单制度工作由各省（自治区、直辖市）结合实际研究确定，垂直管理部门设在地方的具有行政职权的机构的权力清单公布，要与当地政府工作部门权力清单公布相衔接。[3] 2015 年 12 月，《国务院办公厅关于印发国务院部门权力和责任清单编制试点方案的通知》发布，提出开展国务院部门权力和责任清单编制试点工作，试点工作在 2016 年 12 月底前

---

〔1〕 党的十八届三中全会提出，推行地方各级政府及其工作部门权力清单制度，依法公开权力运行流程。完善党务、政务和各领域办事公开制度，推进决策公开、管理公开、服务公开、结果公开。参见"中共中央关于全面深化改革若干重大问题的决定"，载《求是》2013 年第 22 期。

〔2〕 党的十八届四中全会强调，推行政府权力清单制度，坚决消除权力设租、寻租空间。参见"中共中央关于全面推进依法治国若干重大问题的决定"，载《求是》2014 年第 21 期。

〔3〕 《关于推行地方各级政府工作部门权力清单制度的指导意见》指出：推行地方各级政府工作部门权力清单制度，是党中央、国务院部署的重要改革任务，是国家治理体系和治理能力现代化建设的重要举措，对于深化行政体制改革，建设法治政府、创新政府、廉洁政府具有重要意义。将地方各级政府工作部门行使的各项行政职权及其依据、行使主体、运行流程、对应的责任等，以清单形式明确列示出来，向社会公布，接受社会监督。通过建立权力清单和相应责任清单制度，进一步明确地方各级政府工作部门职责权限，大力推动简政放权，加快形成边界清晰、分工合理、权责一致、运转高效、依法保障的政府职能体系和科学有效的权力监督、制约、协调机制，全面推进依法行政。参见新华社："中办、国办印发《关于推行地方各级政府工作部门权力清单制度的指导意见》"，载中国政府网，http://www.gov.cn/fuwu/2015-03/24/content_2837962.htm，最后访问时间：2019 年 8 月 31 日。

完成。[1]

党的十八届三中全会以来，国务院各部门和地方政府认真贯彻落实中央要求，陆续编制、公布了权力清单。比如，2014 年 3 月 17 日，60 个有行政审批事项的国务院部门首次"晒"出权力清单，各部门实施的行政审批事项共计 1235 项；2014 年 12 月 30 日，山东公布省级行政权力清单，58 个部门（单位）权力事项 4227 项，其中省级直接行使的权力事项 2876 项、省市县共有由市县属地管理的权力事项 1351 项，2015 年 3 月 31 日山东省各市、县政府网站上公布了本级政府行政权力清单。

三、权力清单制度的现实意义

适应国家治理体系和治理能力现代化建设的要求，在全面推进依法治国的时代背景下，政府必须做到依法行政，合法、合理行使所掌握的权力，保证权力公开透明运行。权力清单明确了各级政府及其组成部门的权力边界以及权力运行的流程，直观地列明了政府有哪些权力、政府可以做什么、政府应当怎么做。

推行政府权力清单制度，面向社会实行公开晒权，对于政府行使权力具有良好的规制作用，有利于解决权责交叉、多头执法、互相推诿等问题，有利于避免权力运行中的不作为、假作为、乱作为等怠于履职和权力滥用行为，有利于消除权力的设租、寻租空间，便于社会监督公权力依法运行。

政府及其组成部门的权力直接来源于"法"的授权[2]，这就要求政府在进行行政执法、实施社会治理时，应当首先具有法律法规的授权，在此基础上才能行使相应职权，否则就是逾越了法律法规授权的边界，违背了"法无授权不可为"的基本要求。

"一个成熟的法治社会，不仅要通过法律约束老百姓，更要约束官吏，并

---

　　[1]《国务院办公厅关于印发国务院部门权力和责任清单编制试点方案的通知》指出：按照简政放权、放管结合、优化服务和转变政府职能要求，以清单形式列明试点部门的行政权责及其依据、行使主体、运行流程等，推进行政权责依法公开，强化行政权力监督和制约，防止出现权力真空和监管缺失，加快形成边界清晰、分工合理、权责一致、运转高效、依法保障的政府职能体系。要把加强党的领导、依法全面正确履行政府职能作为试点工作的基本遵循。参见"国务院办公厅关于印发国务院部门权力和责任清单编制试点方案的通知"，载中国政府网，http：//www.gov.cn/zhengce/content/2016-01/05/content_10554.htm，最后访问时间：2019 年 8 月 31 日。
　　[2] 权力清单中列举的权力来源，应当遵循职权法定原则。权力所依据的"法"，仅指宪法、法律、行政法规、部门规章、地方性法规和地方政府规章等法律法规，一般意义上的规范性文件不是"法"，不能成为权力清单的依据。

有效制衡公权力，在私主体受到公权力的侵害之后，法律应当对其提供充分的救济。"[1] 政府及其组成部门在行使职权时必须受到法律法规的约束，逾越权力边界行使职权就是违法行政，理应根据具体情节及造成的后果承担相应的法律责任。

第二节　行政执法中应遵循的原则

行政机关是国家权力机关的具体执行机关，行政执法是其主要的职责，严格、规范、公正、文明执法是对行政机关执法的基本要求。行政机关在开展行政执法活动中必须遵循合法行政、合理行政、程序正当、信赖利益保护等基本的行为准则和基础性规范，以确保做到依法行政。

一、合法行政原则

合法行政原则是指行政权的来源、存在以及行使必须依据法律规定并且不得与法律相抵触，也就是说，行政机关行使行政权力，必须依法取得、依法行使，不得超越职权、滥用职权。[2] 行政机关实施行政管理应当做到合法行政，这是全面推进依法治国的必然要求，也是我国具有最高法律效力的《宪法》的基本要求[3]。

合法行政的基本要求至少包括以下几个方面：

（一）主体资格合法

根据我国法律、法规的规定，行政执法主体必须具有明确的职责范围，能以自己的名义作出行政行为并独立承担相应的法律责任。这里的行政执法主体资格合法，主要是指行政机关的设立要符合法定要求，应当依照《宪法》《中华人民共和国国务院组织法》《地方组织法》等依法成立。基于行政管理的实际需要，行政机关设置的某些内部机构在法律、法规授权的前提下，也

[1]　参见宋功德：《建设法治政府的理论基础与制度安排》，国家行政学院出版社2008年版，第5页。

[2]　根据国务院2004年3月22日印发的《全面推进依法行政实施纲要》规定，行政机关实施行政管理，应当依照法律、法规、规章的规定进行；没有法律、法规、规章的规定，不得作出影响公民、法人、其他组织合法权益或者增加公民、法人和其他组织义务的决定。

[3]　《宪法》第5条规定："中华人民共和国实行依法治国，建设社会主义法治国家。国家维护社会主义法制的统一和尊严。一切法律、行政法规和地方性法规都不得同宪法相抵触。一切国家机关和武装力量、各政党和各社会团体、各企业事业组织都必须遵守宪法和法律。一切违反宪法和法律的行为，必须予以追究。任何组织或者个人都不得有超越宪法和法律的特权。"

可以成为行政执法主体。政府职能部门的派出机构是政府职能部门在一定区域内设置的管理某项行政执法事务的机构，具有行政执法的主体资格，比如公安派出所、税务所、工商所、土地管理所等。

（二）主体权限合法

主体权限合法主要是指行政权的来源和设定必须合法，即一切行政权都应来源于法律[1]，基于法律的授权而存在，凡是法律没有授权的领域，行政主体就无权进行相应的行政管理活动。在涉及公民权利和义务等事项方面，只有法律明确授权，行政机关才能实施相应的管理活动。行政机关超越法律授权范围行使权力，需要承担相应责任。对此，《中华人民共和国行政诉讼法》[2]（以下简称《行政诉讼法》）、《中华人民共和国行政复议法》[3]（以下简称《行政复议法》）等法律法规均有明确规定。

（三）行为内容合法

行为内容合法主要是指行政机关应当严格在法定职权范围内履行法定职责，一切行政活动都不得与法律相抵触，行为内容要符合法律的目的和要求。行政机关实施的行政行为应有明确的事实根据和确凿证据，要正确适用法律、法规和规章的规定，体现行政法的价值和精神，依法维护公共利益以及公民、法人和其他组织的合法权益。

（四）行为程序合法

行为程序合法主要是指行政机关实施的行政行为应当符合法定的方式、步骤、顺序、时限等程序性要求。程序合法体现了现代行政法治的程序正义精神，有利于防止专制和保障行政民主，是保护公民、法人和其他组织的合

---

〔1〕　此处以及此后单独出现的有关"法律"的表述，泛指宪法、法律、行政法规、地方性法规、部门规章和地方政府规章等。

〔2〕　《行政诉讼法》第70条规定："行政行为有下列情形之一的，人民法院判决撤销或者部分撤销，并可以判决被告重新作出行政行为：①主要证据不足的；②适用法律、法规错误的；③违反法定程序的；④超越职权的；⑤滥用职权的；⑥明显不当的。"

〔3〕　《行政复议法》第28条第1款规定："行政复议机关负责法制工作的机构应当对被申请人作出的具体行政行为进行审查，提出意见，经行政复议机关的负责人同意或者集体讨论通过后，按照下列规定作出行政复议决定：①具体行政行为认定事实清楚，证据确凿，适用依据正确，程序合法，内容适当的，决定维持；②被申请人不履行法定职责的，决定其在一定期限内履行；③具体行政行为有下列情形之一的，决定撤销、变更或者确认该具体行政行为违法；决定撤销或者确认该具体行政行为违法的，可以责令被申请人在一定期限内重新作出具体行政行为：一是主要事实不清、证据不足的；二是适用依据错误的；三是违反法定程序的；四是超越或者滥用职权的；五是具体行政行为明显不当的。"

法权益不被违法行政行为侵犯的屏障。[1]

实践中经常发生行政机关违背合法行政原则的案例，这应当引起行政机关的重视。比如，发生在云南省澜沧县的澜沧县国土局与澜沧县勐朗镇老街村民小组、第三人杨某土地行政决定案。该案起因是杨某与澜沧县勐朗镇老街村民小组发生的土地权属争议。2014 年 3 月 31 日，澜沧县国土资源局作出土地权属争议行政决定，将该土地的使用权确定归杨某所有。老街村民小组不服，先是向澜沧县政府申请复议，澜沧县政府维持了县国土局的行政决定。老街村民小组不服行政复议决定，于是向法院提起了诉讼。一审法院判决撤销了县国土局作出的行政决定，并责令县国土局重新作出行政行为。二审法院认为，县国土局并无权限作出本案处理决定，遂判决撤销一审判决，撤销县国土局作出的行政决定。从本案来看，根据《中华人民共和国土地管理法》和《土地权属争议调查处理办法》的规定，村民小组与个人之间的土地所有权和土地使用权争议，当事人协商不成的，应该由人民政府处理。县国土局作为县级政府土地行政主管部门，其职能是对土地权属争议进行调查、调解和拟定处理意见报县政府作出处理决定，但是不能直接以自己的名义作出最后的确认决定。本案中，县国土局作出的土地权属争议行政决定属于超越法定权限作出的越权行政行为，是典型的违法行政行为，违背了合法行政原则，因此二审法院撤销了县国土局的行政决定。[2]

二、合理行政原则

合理行政原则是合法行政原则的补充与发展，是指行政权的行使应当客观、适度，符合理性和行政目的。[3]

合理行政原则在限制行政机关滥用行政自由裁量权[4]方面具有极其重要的价值。行政机关违反合法行政原则会导致行政违法，违反合理行政原则会

---

〔1〕 参见马怀德主编：《行政法学》，中国政法大学出版社 2009 年版，第 117 页。

〔2〕 参见"澜沧拉祜族自治县国土资源局与澜沧拉祜族自治县勐朗镇老街村民委员会老街村民小组、第三人杨某华土地行政决定案二审行政判决书"，载中国裁判文书网，http：//wenshu. court. gov. cn/website/wenshu/181107ANFZ0BXSK4/index. html? docId = 3fedb096fc91427aa31d1c0617e6fe01，最后访问时间：2019 年 6 月 17 日。

〔3〕 根据国务院 2004 年 3 月 22 日印发的《全面推进依法行政实施纲要》规定，行政机关实施行政管理，应当遵循公平、公正的原则。要平等对待行政管理相对人，不偏私、不歧视。行使自由裁量权应当符合法律目的，排除不相关因素的干扰；所采取的措施和手段应当必要、适当；行政机关实施行政管理可以采用多种方式实现行政目的的，应当避免采用损害当事人权益的方式。

〔4〕 行政自由裁量权是指行政机关在法律规范明示或默示的范围内，基于行政目的，在合理判断的基础上决定作为或不作为，以及如何作为的权力。

导致行政不当。行政机关违反合理行政原则，应当承担相应的法律后果。根据《行政诉讼法》的相关规定，法院对行政行为的合理性具有审查职能。[1]

行政机关在行政执法中应当坚持合理行政，基本要求主要包括平等原则、比例原则等内容。

（一）平等原则

平等原则是指行政机关实施行政管理，要讲求公平、公正，平等地对待行政相对人，对所有当事人要适用同样的标准和条件，做到同等情况同等对待、不同情况区别对待，不因当事人的身份、地位、地域等因素实施差别性待遇，即情况相同的人在享受权利和负担义务方面也应当相同，并且在他们的权利受到侵犯时，有同样请求法院救济的权利；对情况不同的人，法律必须规定不同的权利和义务。[2]

（二）比例原则

比例原则是指行政机关实施行政行为时，应兼顾行政目的和适当手段的选择，在全面衡量公益与私益的基础上保障两者的均衡，采取对行政相对人侵害最小的适当方式进行，不能超过必要的限度。从一定意义上讲，合理行政原则的价值，主要就是在于对行政自由裁量权的控制。

从立法实践看，比例原则的思想渊源最早可追溯至英国 1215 年 6 月 10 日颁布的《大宪章》，《大宪章》规定犯轻罪者应按犯罪之程度科以罚金，犯重罪者应按犯罪之轻重没收其土地与居室以外的财产。从行政性法规来看，比例原则起源于德国，比例原则是德国行政法上的一项基本原则，并且被称为行政法的"皇冠原则"。比例原则最初只适用于德国警察法领域，德国 1931 年 6 月 1 日颁布的《普鲁士警察行政法》规定，警察机关选择维护公共安全或秩序的方式时，应尽可能选择对关系人和公众造成危害最小的方法。第二次世界大战以后，德国逐步将比例原则的适用范围扩展至几乎所有行政管理领域，其 1953 年颁布的《行政执行法》规定："强制方法必须与其目的保持适当比例，决定强制方法时应尽可能考虑当事人和公众最小侵害。"[3] 此后，

---

〔1〕《行政诉讼法》第 70 条规定："行政行为有下列情形之一的，人民法院判决撤销或者部分撤销，并可以判决被告重新作出行政行为：①主要证据不足的；②适用法律、法规错误的；③违反法定程序的；④超越职权的；⑤滥用职权的；⑥明显不当的。"

〔2〕 参见王名扬：《美国行政法》（上册），中国法制出版社 1995 年版，第 102 页。

〔3〕 参见城仲模主编：《行政法之一般法律原则》（一），三民书局出版有限公司 1997 年版，第 180 页。

一些国家受到德国法的影响，也将比例原则通过立法形式加以确定。[1]

比例原则由妥当性原则、必要性原则、均衡性原则几个方面内容构成。妥当性原则，主要是指行政行为必须有利于实现所追求的行政目的和法律目的，这就要求行政机关在行使自由裁量权时，应准确理解法律内容和法律精神，行政行为要建立在理性基础之上，排除各种不相关因素的干扰；必要性原则，主要是指计划采取的行政手段是必需的，属于可选择手段中最温和的方式，对当事人所产生的法律负面影响也是最小的，目的与手段、结果与措施之间相互匹配；均衡性原则，主要是指所保护的公共利益要远大于因实施行政管理而使行政相对人遭受的损害。

关于比例原则的司法审判案例，黑龙江省哈尔滨市规划局（以下简称规划局）与黑龙江汇丰实业发展有限公司（以下简称汇丰公司）行政处罚纠纷案[2]具有一定代表性。该案也是国内司法审判实践中法院较早运用比例原则作出裁判的案例，法院在判决书中，把比例原则的基本精神直接运用到了司法审判实践之中，具有非常重要的价值。[3]

三、正当程序原则

正当程序原则是指行政机关作出影响行政相对人权益的行政行为，必须遵循正当法律程序。行政机关实施行政管理，要严格遵循法定的方式、步骤、

---

〔1〕 比如，《荷兰行政法通则》第4条规定："某个（行政）命令对一个或更多的利害关系人产生不利后果，这不利后果须与命令的目的相当"，又如《葡萄牙行政程序法典》第5条规定："行政当局的决定与私人权利或受法律保护的利益有冲突时，仅可在对拟达致的目标系属适当及适度的情况下，损害这些权利与利益"。参见应松年主编：《外国行政程序法汇编》，中国法制出版社1999年版。

〔2〕 1993年4月，哈尔滨市同利实业公司（以下简称同利公司）向哈尔滨市规划局申请翻建楼房。同年6月17日，同利公司与汇丰公司达成房屋买卖协议。规划局先后核发《建设用地规划许可证》《建设工程规划许可证》。汇丰公司向规划局申请增建，未得到答复情况下进行施工，建成面积3800平方米、6164平方米的两建筑物。1996年8月12日，规划局作出行政处罚，要求分别拆除760平方米（罚款182 400元）、2964平方米（罚款192 000元）。汇丰公司提起行政诉讼。参见"黑龙江省哈尔滨市规划局与黑龙江汇丰实业发展有公司行政处罚纠纷上诉案"，载找法网，http://china.findlaw.cn/info/xingzheng/xzchufa/xzcfal/379529.html，最后访问时间：2019年5月20日。

〔3〕 该案经黑龙江省高级人民法院一审审理认定，规划局处罚显失公正，对具体行政行为予以变更，减少了拆除面积，变更了罚款数量。规划局不服，提出上诉。最高人民法院二审维持原判，判决书中表述为："规划局所作的处罚决定应针对影响的程度，责令汇丰公司采取相应的改正措施，既要保证行政管理目标的实现，又要兼顾保护相对人的权益，应以达到行政执法目的和目标为限，尽可能使相对人的权益遭受最小的侵害。"参见"黑龙江省哈尔滨市规划局与黑龙江汇丰实业发展有公司行政处罚纠纷上诉案"，载找法网，http://china.findlaw.cn/info/xingzheng/xzchufa/xzcfal/379529.html，最后访问时间：2019年5月20日。

顺序、时限等程序要求，坚持信息公开和阳光行政。[1]

正当程序原则起源于英国古老的"自然公正原则"[2]。美国在宪法修正案中以成文法形式确立了正当程序原则，规定任何人未经正当法律程序不得剥夺其生命、自由和财产。正当法律程序起源于英美国家不是偶然的，最根本的原因在于古代的程序正义观念在英美国家的继承和发展，只要遵循了严格的正当法律程序，结果就可以视为正义，这就是英美法重视程序的传统。[3] 可见，西方法治的历史，无疑是一部奉行程序法制的历史。从英美法的经验看，法治主要是一种程序性原则，是一套精巧的技术或机制。[4] 目前，世界上越来越多的国家通过行政程序立法的方式，把正当程序确立为行政法的基本原则，正当程序已成为现代法治国家行政程序法的核心理念。从实现我国法治的目标而言，实现法治的动态的过程即程序，正当法律程序的理念与我国当前的法治化道路相吻合。[5]

作为行政机关，在行政执法过程中，既要保证行政权力的取得和运用符合法律的规定，做到实体合法，也要保证行政权力的行使和行政行为遵循正当程序，符合程序要求，做到程序合法。

正当程序原则主要包括以下几个方面内容：

（一）听取行政相对人的陈述和申辩

听取陈述和申辩，是行政相对人维护自身权利的现实需求，也是行政机关查明事实情况，作出公平、公正判断的基础。行政机关实施行政管理，尤其是在作出有可能影响行政相对人的不利决定时，应当听取行政相对人

---

〔1〕　根据国务院 2004 年 3 月 22 日印发的《全面推进依法行政实施纲要》规定，行政机关实施行政管理，除涉及国家秘密和依法受到保护的商业秘密、个人隐私的外，应当公开，注意听取公民、法人和其他组织的意见；要严格遵循法定程序，依法保障行政管理相对人、利害关系人的知情权、参与权和救济权。行政机关工作人员履行职责，与行政管理相对人存在利害关系时，应当回避。

〔2〕　自然正义原则包含两条基本规则：一是任何人不得成为自己案件的法官；二是任何人在受到惩罚或其他不利处分前，应为其提供公正的听证或者其他听取其意见的机会。

〔3〕　参见马玉丽：《美国宪法的正当法律程序研究——从程序到实质的演变》，山东人民出版社2016 年版，第 183 页。

〔4〕　参见张彩凤：《英国法治研究》，中国人民公安大学出版社 2001 年版，第 266 页。

〔5〕　参见马玉丽：《美国宪法的正当法律程序研究——从程序到实质的演变》，山东人民出版社2016 年版，第 186 页。

的陈述和申辩。对此，我国的《中华人民共和国行政处罚法》[1]（以下简称《行政处罚法》）、《中华人民共和国行政许可法》[2]（以下简称《行政许可法》）等法律法规有相关规定。行政机关作出可能严重影响行政相对人合法权益的行政行为，要依据法律规定或者行政相对人的申请组织听证[3]，通过双方当事人的当庭质证和辩论，审查行政执法人员的行政行为是否妥当。在西方的法学理论之中，听证被誉为"正当程序的核心"。[4] 我国《行政处罚法》[5]、《行政许可法》[6] 等法律法规，都明确要求行政机关作出行政行为应当依法组织相关听证。

（二）告知行政相对人事实、理由和依据

告知行政相对人事实、理由和依据，是行政相对人实现知情权、参与权

---

〔1〕《行政处罚法》第 32 条规定："当事人有权进行陈述和申辩。行政机关必须充分听取当事人的意见，对当事人提出的事实、理由和证据，应当进行复核；当事人提出的事实、理由或者证据成立的，行政机关应当采纳。行政机关不得因当事人申辩而加重处罚。"第 41 条规定："行政机关及其执法人员在作出行政处罚决定之前，不依照本法第 31 条、第 32 条的规定向当事人告知给予行政处罚的事实、理由和依据，或者拒绝听取当事人的陈述、申辩，行政处罚决定不能成立；当事人放弃陈述或者申辩权利的除外。"

〔2〕《行政许可法》第 36 条规定："行政机关对行政许可申请进行审查时，发现行政许可事项直接关系到他人重大利益的，应当告知该利害关系人。申请人、利害关系人有权进行陈述和申辩。行政机关应当听取申请人、利害关系人的意见。"

〔3〕 听证是指行政主体作出行政决定之前，在相对独立的第三方主持下，通过庭审方式，由行政相对人与行政执法人员进行当庭质证和辩论，以供行政决定主体参考的法律制度。

〔4〕 参见胡建淼：《行政法学》，法律出版社 2015 年版，第 619 页。

〔5〕《行政处罚法》第 42 条规定："行政机关作出责令停产停业、吊销许可证或者执照、较大数额罚款等行政处罚决定之前，应当告知当事人有要求举行听证的权利；当事人要求听证的，行政机关应当组织听证。当事人不承担行政机关组织听证的费用。听证依照以下程序组织：①当事人要求听证的，应当在行政机关告知后 3 日内提出；②行政机关应当在听证的 7 日前，通知当事人举行听证的时间、地点；③除涉及国家秘密、商业秘密或者个人隐私外，听证公开举行；④听证由行政机关指定的非本案调查人员主持；当事人认为主持人与本案有直接利害关系的，有权申请回避；⑤当事人可以亲自参加听证，也可以委托 1~2 人代理；⑥举行听证时，调查人员提出当事人违法的事实、证据和行政处罚建议；当事人进行申辩和质证；⑦听证应当制作笔录；笔录应当交当事人审核无误后签字或者盖章。当事人对限制人身自由的行政处罚有异议的，依照治安管理处罚法有关规定执行。"第 43 条规定："听证结束后，行政机关依照本法第 38 条的规定，作出决定。"

〔6〕《行政许可法》第 46 条规定："法律、法规、规章规定实施行政许可应当听证的事项，或者行政机关认为需要听证的其他涉及公共利益的重大行政许可事项，行政机关应当向社会公告，并举行听证。"第 47 条规定："行政许可直接涉及申请人与他人之间重大利益关系的，行政机关在作出行政许可决定前，应当告知申请人、利害关系人享有要求听证的权利；申请人、利害关系人在被告知听证权利之日起 5 日内提出听证申请的，行政机关应当在 20 日内组织听证。申请人、利害关系人不承担行政机关组织听证的费用。"

和救济权的基本保障。行政机关应当采取有效方式及时公开相关信息，作出行政行为时要向行政相对人说明具体的根据和理由。行政相对人对行政机关的行政决定具有提出异议的救济权利，行政机关送达行政决定时，应当注意履行告知义务，告知行政相对人具有依法申请行政复议或者提起行政诉讼等相关权利。在这方面，我国《行政处罚法》〔1〕和《行政许可法》〔2〕等法律法规也有具体的规定。

（三）利害关系人主动回避

利害关系人主动回避主要是指"自己不做自己的法官"，这是正当程序原则的最基本要求。行政机关及其工作人员在履行职责过程中，面对与自己有利害关系的行政管理事项，应当主动回避或者按照当事人的申请进行回避。作为正当程序的重要内容，我国相关法律法规中体现了利害关系人主动回避的明确要求，比如《行政处罚法》规定行政处罚的听证由行政机关指定的非本案调查人员主持，《中华人民共和国公务员法》（以下简称《公务员法》）〔3〕中也规定了回避原则。

从行政执法实际情况看，近年来行政机关在行政执法过程中，因违反正当程序原则导致败诉的问题比较突出，并且已成为普遍现象，应引起高度重视。以山东省为例，从2017年山东省行政机关败诉案件分析，一些行政机关在执法过程中随意简化程序，或不遵守程序的现象比较突出，因违反程序被判败诉的案件占当年全省行政机关败诉案件总数的39%以上。〔4〕

实践中有不少行政机关违反正当程序原则的典型案例。比如，陈某诉句容市规划局、句容市城市管理局城建行政命令案，该案基本案情为：1994年7月，原告陈某在句容市某学校北侧搭建亭棚4间。2010年7月4日，两被告

〔1〕《行政处罚法》第31条规定："行政机关在作出行政处罚决定之前，应当告知当事人作出行政处罚决定的事实、理由及依据，并告知当事人依法享有的权利。"

〔2〕《行政许可法》第38条规定："申请人的申请符合法定条件、标准的，行政机关应当依法作出准予行政许可的书面决定。行政机关依法作出不予行政许可的书面决定的，应当说明理由，并告知申请人享有依法申请行政复议或者提起行政诉讼的权利。"

〔3〕《公务员法》第76条规定："公务员执行公务时，有下列情形之一的，应当回避：①涉及本人利害关系的；②涉及与本人有本法第74条第1款所列亲属关系人员的利害关系的；③其他可能影响公正执行公务的。"第77条规定："公务员有应当回避情形的，本人应当申请回避；利害关系人有权申请公务员回避。其他人员可以向机关提供公务员需要回避的情况。机关根据公务员本人或者利害关系人的申请，经审查后作出是否回避的决定，也可以不经申请直接作出回避决定。"

〔4〕参见贺辉："山东省高院分析行政机关败诉原因 因违反法定程序败诉近4成"，载大众网，https://sd.dzwww.com/sdnews/201803/t20180328_17199825.htm，最后访问时间：2019年6月22日。

句容市规划局、句容市城市管理局以该建筑未经许可系违法建设为由，依据《中华人民共和国城乡规划法》（以下简称《城乡规划法》）、《江苏省城市市容和环境卫生管理条例》规定下达《限期拆除通知书》，责令陈某在收到通知书之日起7日内自行拆除亭棚。同月7日，原告起诉要求撤销两被告作出的《限期拆除通知书》。审理中，两被告于同月20日作出《关于撤销〈限期拆除通知书〉的通知》，并于当日向原告送达。句容市人民法院经审理认为，根据《城乡规划法》第11条第2款"县级以上地方人民政府城乡规划主管部门负责本行政区域内的城乡规划管理工作"的规定，以及国务院《城市市容和环境卫生管理条例》第4条第3款"城市人民政府市容环境卫生行政主管部门负责本行政区域的城市市容和环境卫生管理工作"的规定，两被告在各自权限范围内有对城乡规划及城市市容及环境卫生进行管理的行政职责，但两被告所作责令原告限期拆除所建亭棚的《限期拆除通知书》未适用具体法律条款，未告知原告享有陈述、申辩的权利，违反了行政正当程序的要求，故两被告所作具体行政行为程序违法，应予撤销。鉴于两被告已于2010年7月20日自行撤销该《限期拆除通知书》，本案不具有可撤销的内容，原告要求撤销两被告所作《限期拆除通知书》已无必要。据此，判决确认被告句容市规划局、句容市城市管理局于2010年7月4日作出《限期拆除通知书》的行为违法。[1]

四、信赖保护原则

信赖保护原则是指行政机关的行政行为一旦作出，即对行政机关具有约束力，不得随意撤销或者变更，不得反复无常，行政机关应当信守诺言。[2]

行政机关作为公权力的行使者，其行为直接体现了政府的形象，作出的行政行为不得随意撤销，否则要承担相应的责任。关于信赖保护原则所体现

---

〔1〕　参见中华人民共和国最高人民法院行政审判庭编："陈刚诉句容市规划局、句容市城市管理局城建行政命令案"，载《中国行政审判案例》（第3卷），中国法制出版社2013年版，第128~132页。

〔2〕　根据国务院2004年3月22日印发的《全面推进依法行政实施纲要》规定，行政机关公布的信息应当全面、准确、真实。非因法定事由并经法定程序，行政机关不得撤销、变更已经生效的行政决定；因国家利益、公共利益或者其他法定事由需要撤回或者变更行政决定的，应当依照法定权限和程序进行，并对行政管理相对人因此而受到的财产损失依法予以补偿。

的法治精神和要求，在我国《行政许可法》〔1〕中有具体的体现。

加强和改进社会治理，必须重视打造社会信用体系，推动构建诚信社会。诚实守信不仅是对公民的要求，也是对行政机关的要求。行政机关作出的行政行为必须体现公平正义的理念，符合基本的道德和价值评判标准，诚实守信是其中必然之意。行政机关理应在行政执法中遵守信赖保护原则，树立良好的诚信形象，切实发挥好社会信用体系建设方面的表率作用。

公民、法人和其他组织的信赖利益应当受到法律保护。信赖保护原则要求行政机关确保行政管理活动的明确性、稳定性和连续性，否则将会逐渐失去公信力，甚至步入"塔西佗陷阱"〔2〕。当公民、法人或其他组织对行政机关的行政行为已经产生信赖利益，并且这种信赖利益因其具有正当性而应当得到保护时，行政机关不得随意变更该行为，否则必须补偿行政相对人的信赖损失。

信赖保护原则的主要内容包括以下几个方面：

（一）行政行为具有确定力和公定力

行政行为具有确定力和公定力，这表明行政行为一经作出，非有法定事由并经法定程序不得随意撤销、废止或者改变。

（二）授益行政行为〔3〕不得随意撤销或变更

行政机关对行政相对人作出授益行政行为以后，即便事后发现有违法情形，只要不是因为行政相对人的过错造成的，行政机关不得撤销或变更这种行政行为，除非不撤销或变更会严重损害国家或社会公共利益。

（三）因公共利益而撤销或变更行政行为的要进行利益衡量

行政机关作出行政行为以后，如果行政行为所依据的法律、法规、规章修改或者废止，或者作出行政行为依据的客观情况发生重大变化的，为了公共利益的需要，行政机关可以依法撤销或变更已经作出的行政行为。即便基于这种事实，行政机关作出决定前，也要进行利益衡量，只有获取的公共利

---

〔1〕《行政许可法》第8条规定："公民、法人或者其他组织依法取得的行政许可受法律保护，行政机关不得擅自改变已经生效的行政许可。行政许可所依据的法律、法规、规章修改或者废止，或者准予行政许可所依据的客观情况发生重大变化的，为了公共利益的需要，行政机关可以依法变更或者撤回已经生效的行政许可。由此给公民、法人或者其他组织造成财产损失的，行政机关应当依法给予补偿。"

〔2〕"塔西佗陷阱"，是指古罗马历史学家塔西佗提出的一个理论，认为一旦公权力失去公信力时，将会陷入被动局面，政府无论发表什么言论、无论做什么事，社会都会给予负面评价。

〔3〕授益行政行为，是指行政主体为行政相对人设定权益或者免除义务的行政行为。

益大于行政相对人因此损失的利益时，行政机关才可以依法撤销或变更有关行政行为。

（四）行政机关撤销或变更行政行为应依法给予行政相对人补偿

行政机关撤销或变更其违法作出的行政行为，如果行政相对人没有过错的，要赔偿行政相对人因此造成的损失。行政机关因公共利益而撤销或变更行政行为，如果导致行政相对人损失，也要依法给予相应补偿。

实践中，行政机关违反信赖保护原则的案例比较常见。比如，崔某诉丰县政府行政允诺案。该案基本案情为：2001 年 6 月 28 日，丰县县委、县政府印发《丰县招商引资优惠政策的通知》（以下简称《23 号通知》），优惠政策包括土地使用、税费征收、服务保护、引资奖励等条款，其中第 25 条规定，对引进外资项目实行分类奖励，附则中规定，本县新增固定资产投入 300 万元人民币以上者，可参照此政策执行。原告崔某诉称，根据《23 号通知》精神，为丰县引进并建成投产了徐州康达环保水务有限公司，项目总投资额6733.9 万元，为丰县经济社会发展做出了积极贡献，但是在他长期未间断的要求下，丰县政府拒不履行奖励承诺，为此要求丰县政府支付所欠奖金 140万元。该案一审审理期间，被告丰县政府提供了 2015 年 6 月 19 日丰县发展改革与经济委员会（以下简称丰县发改委）出具的《关于对〈关于印发丰县招商引资优惠政策的通知〉部分条款的解释》（以下简称《招商引资条款解释》），对《23 号通知》中的部分条款及概念作出说明，强调"本县新增固定资产投入 300 万元人民币以上者，可参照此政策执行"这一条款是指丰县原有企业增加固定资产投入、扩大产能。

该案一审法院江苏省徐州市中级人民法院驳回了崔某的诉讼请求。二审法院江苏省高级人民法院认为：本案当事人之间的争议主要在于如何正确适用法律，准确理解《23 号通知》中的有关规定以及被上诉人丰县政府是否应当依法、依约履行相应义务等问题。我国统计指标中所称的"新增固定资产"是指通过投资活动所形成的新的固定资产价值，包括已经建成投入生产或交付使用的工程价值和达到规定资产标准的设备、工具、器具的价值及有关应摊人的费用。从文义解释上看，《23 号通知》中的"本县新增固定资产投入"，应当理解为新增的方式不仅包括该县原有企业的扩大投入，也包括新企业的建成投产。如《23 号通知》在颁布时对"本县新增固定资产投入"作出特别规定，则应当在制定文件之初即予以公开明示，以避免他人陷入误解。本案中丰县政府所属工作部门丰县发改委，在丰县政府涉诉之后，再对《23

号通知》中所作出的承诺进行限缩性解释，有为丰县政府推卸应负义务之嫌疑。丰县政府以此为由，拒绝履行允诺义务，在一定程度上构成了对优益权的滥用，有悖于诚实信用原则。故对丰县发改委作出的《招商引资条款解释》不予采信。二审法院最后撤销一审法院的行政判决，责令被上诉人丰县政府依照《23号通知》，在判决生效后60日内依法履行对崔某的奖励义务。此案进一步表明，诚实信用原则是行政允诺各方当事人应当共同遵守的基本行为准则。在行政允诺的订立和履行过程中，基于保护公共利益的需要，赋予行政主体在解除和变更中的相应的行政优益权[1]固然必要，但行政主体不能滥用行政优益权。行使行政优益权既不得与法律规定相违背，也不能与诚实信用原则相抵触。行政机关作出行政允诺后，在与行政相对人发生行政争议时，对行政允诺的关键内容作出没有事实根据和法律依据的随意解释的，人民法院不予支持。[2]

第三节　推进综合行政执法体制改革

综合行政执法是深化行政管理体制改革的重要内容，也是建设法治政府的主要载体之一。深化综合行政执法体制改革，事关政府职能的依法全面履行，事关经济社会的持续健康发展，是依法推进社会治理、促进国家治理体系与治理能力现代化的现实要求和有效途径。

一、综合行政执法的内涵与提出

关于综合行政执法内涵的界定，在学术界主要有以下几种观点：第一种观点认为，综合行政执法是在执法过程中由单一机关进行的一种多行政主体执法;[3] 第二种观点认为，综合行政执法是不同行政主体以共同机关的名义

---

〔1〕 所谓行政优益权，是指国家为保证行政职权的有效行使，赋予行政主体及其工作人员某些职务上或物质上的优益条件。比如，行政机关在行政合同中所享有的较行政相对人优先的权利、依法选择合同相对方的权利、对合同履行的指挥权和监督权、单方面变更和解除合同的权利、制裁权，等等。

〔2〕 参见"崔龙书诉丰县人民政府行政允诺案"，载《中华人民共和国最高人民法院公报》2017年第11期。

〔3〕 关保英认为，行政综合执法是指在行政执法的过程中，当行政事态所归属的行政主体不明或需要调整的管理关系具有职能交叉的状况时，由相关机关转让一定职权，并形成一个新的有机的执法主体，对事态进行处理或对社会关系进行调整的执法活动。行政综合执法在执法过程中尽管是以一个单一的行政机关出现的，但不能因此就错误地认为行政综合执法是单一行政主体的执法。参见关保英：《执法与处罚的行政权重构》，法律出版社2004版，第4页。

实施的共同执法或者联合执法;[1] 第三种观点认为,综合行政执法是由单一行政主体承担法律责任并实施的一种独立执法。[2] 通常认为,综合行政执法是指依法成立或依法授权的一个行政机关,综合行使原由多个行政机关行使的相应法定职权的一种行政执法制度。

1996 年 10 月 1 日施行的《行政处罚法》,确立了"相对集中行政处罚权"制度。[3] 自 1996 年到 2002 年,全国有 23 个省、自治区的 79 个城市和北京、天津、重庆 3 个直辖市经批准开展了相对集中行政处罚权试点工作。2000 年 9 月 8 日,《国务院办公厅关于继续做好相对集中行政处罚权试点工作的通知》(国办发［2000］63 号)提出,"各地方要把进行相对集中行政处罚权试点的经验运用于市、县机构改革,进一步理顺行政管理体制,坚决克服多头管理、政出多门的弊端,切实促进政府职能转变"。自此,各地陆续将原来分属于城建、环保、规划、环卫、工商等部门执法职能和机构整合,组建相对独立的城市管理综合执法机构。从实践操作层面看,城市管理是开展综合执法改革最早的领域。

2002 年 8 月 22 日,《国务院关于进一步推进相对集中行政处罚权工作的决定》(国发［2002］17 号)明确指出,"实践证明,国务院确定试点工作的阶段性目标已经实现,进一步在全国推进相对集中行政处罚权工作的时机基本成熟。为此,依照行政处罚法的规定,国务院授权省、自治区、直辖市人民政府可以决定在本行政区域内有计划、有步骤地开展相对集中行政处罚权工作",同时提出"把开展相对集中行政处罚权工作与继续深化行政管理体制改革有机地结合起来。相对集中行政处罚权是深化行政管理体制改革的重要途径之一,最终目的是要建立符合社会主义市场经济发展要求的行政执法体制。必须把开展相对集中行政处罚权工作同继续深化行政管理体制改革紧密

---

[1] 杨解君认为,综合执法机构是由相关的职能部门派出一定人员组成的,它综合行使几个相关部门的各项或一定的行政处罚权,作出处罚决定是以共同机关的名义来进行的。参见杨解君:"关于行政处罚主体条件的探讨",载《河北法学》1996 年第 1 期。

[2] 王春业认为,行政综合执法是指由依法成立或依法授权的一个行政机关综合行使由两个或两个以上相关的行政机关所具有的行政职权,并能以一个整体执法主体的名义承担法律责任的一种行政执法制度。参见王春业:"对'行政综合执法'概念的再辨析",载《盐城师范学院学报(人文社会科学版)》2007 年第 3 期。

[3] 《行政处罚法》第 16 条规定:"国务院或者经国务院授权的省、自治区、直辖市人民政府可以决定一个行政机关行使有关行政机关的行政处罚权,但限制人身自由的行政处罚权只能由公安机关行使。"

结合。要精简机构、精减人员，按照社会主义市场经济规律，进一步转变政府职能。要按照权力和利益彻底脱钩、权力和责任密切挂钩的原则，调整市、区政府有关执法部门的职责权限，明确划分有关部门之间的职能分工，推行行政执法责任制、评议考核制，防止政出多门、多头执法、执法扰民。"该通知的发布，标志着相对集中行政处罚权试点工作结束，各地进入了全面推进阶段。随着相对集中行政处罚权在各地的实施和推广，初步解决了市容环境卫生、城市规划、城市绿化、市政管理、环境保护、工商行政管理、公安交通管理等城市管理领域长期存在的执法职责交叉、多头执法、执法扰民问题，并且在一定程度上解决了多层执法、重复执法问题。

2002年10月11日，国务院办公厅转发《中央编办关于清理整顿行政执法队伍实行综合行政执法试点工作意见的通知》（国办发〔2002〕56号），明确提出"实行综合行政执法"，就推进综合行政执法试点工作进行了部署安排，要求做好综合行政执法试点与相对集中行政处罚权有关工作的相互衔接。"相对集中行政处罚权"和"综合行政执法"两者之间存在一定的逻辑关系，从理论上看，综合行政执法的提出和实施，"相对集中行政处罚权"是其法律层面的依据；从实践操作层面看，"相对集中行政处罚权"和"综合行政执法"实际上都是行政执法权的集中行使，但两者内涵与外延并不完全相同。

2003年2月28日，中央编办和国务院法制办联合发布的《关于推进相对集中行政处罚权和综合行政执法试点工作有关问题的通知》（中央编办发〔2003〕4号）阐述了"相对集中行政处罚权"和"综合行政执法"的关系，指出"相对集中行政处罚权和清理整顿行政执法队伍、实行综合行政执法，都是解决多头执法、重复执法、执法扰民和执法队伍膨胀等问题的重要举措，也都是深化行政管理体制改革、推动行政执法体制创新的重要内容。""相对集中行政处罚权，是根据《行政处罚法》对部分行政处罚权的相对集中；而综合行政执法则是在相对集中行政处罚权基础上对执法工作的改革。综合行政执法不仅将日常管理、监督检查和实施处罚等职能进一步综合起来，而且据此对政府有关部门的职责权限、机构设置、人员编制进行相应调整，从体制上、源头上改革和创新行政执法体系，解决执法工作中存在的许多弊病，进一步深化行政管理体制改革"。

从一定意义上看，综合行政执法是相对集中行政处罚权、相对集中行政许可权以及其他行政执法体制改革的综合。2004年3月22日，国务院《全面推进依法行政实施纲要》（国发〔2004〕10号）提出，"继续开展相对集中行政处罚权工作，积极探索相对集中行政许可权，推进综合执法试点"。继《行政处罚法》之后，2004年7月1日起施行的《行政许可法》确立了"相对集中行政许可权"制度。《行政许可法》第25条规定："经国务院批准，省、自治区、直辖市人民政府根据精简、统一、效能的原则，可以决定一个行政机关行使有关行政机关的行政许可权。"所谓"相对集中行政许可权"，就是指经有权机关批准，将有关行政机关的行政许可权集中起来，交由一个行政机关统一行使。相对集中行政许可权制度的实施，是深化行政管理体制改革、推动行政执法体制创新的重要内容，有利于提升行政效率、优化政务服务。

　　近年来，随着综合行政执法试点的逐步推广，综合行政执法从城管领域逐步扩展到了文化、农业、交通等诸多领域，涉及面越来越广泛；随着行政审批制度改革的推进，各地大力推进简政放权，积极探索行政许可权相对集中行使，深度释放了改革红利，激发了市场活力，为行政相对人办事提供了较大便利。[1]

　　二、综合行政执法体制改革的地方实践

　　党的十八大以来，党中央、国务院就深化行政执法体制改革、推进综合行政执法提出明确要求。[2] 2015年4月，中央编办印发《关于开展综合行政执法体制改革试点工作的意见》（中央编办发［2015］15号），确定在全国22个省（自治区、直辖市）的138个城市开展综合行政执法体制改革试

---

　　〔1〕 基于本书研究实际需要，以下在探讨综合行政执法体制改革的内容中，不再就行政许可权相对集中问题进行阐述。

　　〔2〕 党的十八届三中全会提出，"深化行政执法体制改革。整合执法主体，相对集中执法权，推进综合执法，着力解决权责交叉、多头执法问题，建立权责统一、权威高效的行政执法体制。减少行政执法层级，加强食品药品、安全生产、环境保护、劳动保障、海域海岛等重点领域基层执法力量。理顺城管执法体制，提高执法和服务水平。"党的十八届四中全会强调，"深化行政执法体制改革。根据不同层级政府的事权和职能，按照减少层次、整合队伍、提高效率的原则，合理配置执法力量。推进综合执法，大幅减少市县两级政府执法队伍种类，重点在食品药品安全、工商质检、公共卫生、安全生产、文化旅游、资源环境、农林水利、交通运输、城乡建设、海洋渔业等领域内推行综合执法，有条件的领域可以推行跨部门综合执法。完善市县两级政府行政执法管理，加强统一领导和协调。理顺行政强制执行体制。理顺城管执法体制，加强城市管理综合执法机构建设，提高执法和服务水平"。

点。[1] 党的十九届三中全会通过的《深化党和国家机构改革方案》[2] 强调，深化行政执法体制改革，整合组建市场监管、生态环境保护、文化市场、交通运输和农业五支综合执法队伍。步入新时代，综合行政执法体制改革的力度越来越大。

分析研判地方推进行政执法体制改革情况，推进综合行政执法体制改革向纵深发展，既是深化机构改革的一项重要政治任务，也是提升地方社会治理能力、建设法治政府和优化营商环境的迫切要求。关于推动综合行政执法体制改革的地方实践，本书具体以山东省的综合行政执法体制改革探索和实践为例进行分析。

近年来，中共山东省委、山东省政府深入贯彻落实党中央、国务院战略部署，在行政执法体制改革方面作出积极探索。2014年，中共山东省委印发《中共山东省委关于贯彻落实党的十八届四中全会精神全面推进依法治省的意见》，对深化行政执法体制改革作出总体安排，要求根据不同层级政府的事权和职能，按照减少层次、整合队伍、提高效率的原则，合理配置执法力量。2015年，中共山东省委办公厅、山东省政府办公厅印发《关于推进综合行政执法体制改革的指导意见》（鲁办发〔2015〕54号），以推动执法重心下移、减少执法层级、相对集中行政执法权、规范执法主体、优化执法力量配置为主要内容，积极推进综合行政执法体制改革。选择莱芜市、日照市、胶州市、高密市、滕州市、青岛西海岸新区等地开展综合行政执法体制改革试点，在整合执法部门、减少执法层级、下移执法重心、跨部门跨领域综合执法等方面进行大胆探索，着力解决权责交叉、多头执法、多层执法、重复执法等问

---

〔1〕 这次试点的目的是按照党的十八届三中、四中全会关于推进综合执法、建立权责统一和权威高效的行政执法体制的要求，探索整合政府部门间相同相近的执法职能，归并执法机构，统一执法力量，减少执法部门，建立适应中国国情和经济社会发展要求的行政执法体制，试点地区要在继续推进减少执法层级、明确各级政府执法职责的同时，重点从探索行政执法职能和机构整合的有效方式、探索理顺综合执法机构与政府职能部门职责关系、创新执法方式和管理机制、加强执法队伍建设等四个方面推进试点工作。

〔2〕《深化党和国家机构改革方案》指出，深化行政执法体制改革，统筹配置行政处罚职能和执法资源，相对集中行政处罚权，是深化机构改革的重要任务。根据不同层级政府的事权和职能，按照减少层次、整合队伍、提高效率的原则，大幅减少执法队伍种类，合理配置执法力量。一个部门设有多支执法队伍的，原则上整合为一支队伍。推动整合同一领域或相近领域执法队伍，实行综合设置。完善执法程序，严格执法责任，做到严格规范公正文明执法。继续探索实行跨领域跨部门综合执法，建立健全综合执法主管部门、相关行业管理部门、综合执法队伍间协调配合、信息共享机制和跨部门、跨区域执法协作联动机制。对涉及的相关法律法规及时进行清理修订。

题，并于 2017 年起在全省范围内全面推开综合行政执法体制改革。

2017 年 8 月 1 日，中共山东省委办公厅、山东省政府办公厅印发《关于深化放管服改革进一步优化政务环境的意见》（鲁办发〔2017〕32 号），进一步明确要求全面推进综合行政执法体制改革，全力推进部门领域内综合执法，加快推进县级跨部门、跨领域综合行政执法，组建综合执法机构，构建"综合执法+专业执法"新体制；整合市县部门内部行政执法职能和机构，减少执法层级和队伍；应由政府工作部门承担执法职能的，不另设执法队伍；县和县级市总体不超过 8 支行政执法队伍，设区的市实行一级执法，市和区两级不重复设置执法队伍；县级综合执法机构要结合本地实际，合理明确综合执法的具体范围；完善基层执法体系，县级综合执法机构向乡镇（街道）派驻执法力量；建立乡镇（街道）综合行政执法平台，统筹辖区内派驻力量开展综合执法。

2018 年 10 月 1 日，党中央、国务院批准了《山东省机构改革方案》，同年 10 月 8 日，山东省委十一届六次全会审议通过《关于山东省省级机构改革的实施意见》，标志着山东省机构改革进入全面实施阶段。山东省的机构改革方案强调，要把综合执法改革作为一项重要任务统筹推进，按照减少层次、整合队伍、提高效率的原则，省级行政主管部门主要负责行政执法相关政策标准制定、监督指导、重大案件查处和跨区域执法的组织协调，集中行使法律法规明确由省级承担的执法职责，除中央规定的外，不设专门的执法队伍，行政执法职能主要由市县两级承担，省级现有执法队伍逐步清理消化，并将根据中央综合行政执法改革的指导意见，研究制定山东省的实施意见。

总体上看，经过多年努力，山东省在行政执法体制改革方面取得显著成效，有力提高了行政执法效能，促进了行政管理体制改革深化和法治政府建设进程，增强了政府治理能力和社会治理水平。综合行政执法体制改革的主要做法和成效体现在：

（一）坚持问题导向，科学界定综合执法权限

在整合跨部门行政执法权限时，着眼于解决执法实践中多头执法、重复执法以及乡镇（街道）执法工作中有责无权问题，将性质内容相近和容易出现推诿扯皮的执法权限，以乡及镇（街道）行政管理中需要的执法权限，纳入综合执法范围。如高密市按照"总体设计、分步实施、有效承接"的改革思路，将靠一个部门较难执行或执法效率低、成本高与执行相对容易、技术支撑要求不高、专业性不强，执法对象相同、监管中存在交叉、多头执法、

重复处罚，基层日常管理急需和人民群众生产生活密切联系以及执法资源分散的市容环卫、城乡规划等 17 个领域 1322 项行政处罚权和监督检查权统一交由综合行政执法局行使。青岛西海岸新区确定综合执法权限范围时，坚持"五个纳入、三不划"的做法，将与城市规划建设管理密切相关的纳入、将容易产生多头执法重复执法交叉执法的纳入、将关系人民群众日常生活需要集中力量解决的纳入、将基层发生频率高执法量比较饱满的纳入、将专业技术要求相对不高执法简易直观的纳入，同时对于专业性较强、技术支撑要求较高的不划，涉及公共安全、市场流通的不划（如安全生产、工商质检），涉及日常工作以审批监管为主、处罚为辅的不划（如社会保障、教育医疗），成立综合执法局，集中行使城市管理、国土资源、文化市场、海洋渔业、交通运输和旅游等六个方面法律、法规、规章规定的行政处罚权以及相关的监督检查权和行政强制权。如济南市，市区原则上只保留一个执法层级，同一领域内，市级部门承担执法职责并设立执法队伍的，区级不设执法队伍，区级部门承担执法职责并设立执法队伍的，市级不设执法队伍；除中央和省有明确要求的食品药品安全、环境保护、安全生产、公共卫生领域实行市区分级执法外，凡由区级政府行使更方便更有效的行政执法权，均交由区级行使，比如城市管理、劳动保障、文化市场、市场监管、价格监管等领域以区级执法为主。济南市章丘区将城市管理、水行政管理、农业管理、农机管理、畜牧兽医管理、防震减灾管理、商务管理、粮食流通管理等 16 个领域的全部或部分行政执法权纳入综合执法范围，由组建的区综合行政执法机构统一行使，建立权责统一、权威高效的行政执法新体制，实现由纵向"专业行政执法"向区域"综合行政执法"转变。根据执法的性质、范围、专业技术要求以及执法权限等，确定为主的执法层级。

（二）整合执法资源，精简压缩行政执法队伍

从山东省执法资源的整合看，截至 2017 年 12 月，5 个国家试点和 41 个省市试点，共精简 132 支执法队伍，组建 29 个综合执法机构。省级执法队伍层面，全面梳理执法队伍的主要职责、机构编制、执法人员，将 28 支执法队伍整合为 20 支，精简执法编制 233 名。市县层面，明确要求在实施综合执法体制改革中，整合市县部门内部行政执法职能和机构，减少执法层级，设区的市实行一级执法，市、区两级不重复设置执法队伍，精简行政执法队伍，县和县级市总体不超过 8 支行政执法队伍。全力推进部门领域内综合执法，如县（市、区）通过"二合一""三合一"组建市场监管局，实现一个领域

一支队伍管执法。加快推进县级跨部门、跨领域综合行政执法，如高密市实施综合执法体制改革后，全市缩减为 1 支综合行政执法队伍、6 支专门执法队伍，全市涉及改革领域的专兼职行政执法人员由改革前的 520 名缩减为 365名。商河县建立"1+6"改革模式，除 1 支综合行政执法队伍外，只保留食品药品、市场监管、安全生产、公共卫生、劳动保障、环保监察等 6 支执法队伍。青州市将市容环境卫生、市政管理、城市规划、城市绿化、房地产、建筑业、环境保护（噪声污染、大气污染等方面）、工商管理（无照商贩和违反规定设置户外广告方面）、公安交通（侵占道路方面）、土地矿产资源、水行政、人防（民防）、防震减灾、旅游服务业、农业、殡葬管理、风景区管理等17 个领域的全部或部分行政处罚权纳入综合行政执法范围，整合后全市保留8 支执法队伍，撤销了 10 支执法队伍，有效改善了职责交叉、多头执法问题，同时将撤并机构纳入台账管理，充分发挥机构资源的效益最大化。胶州市整合了城管执法、文化市场执法、畜牧执法等 6 支执法队伍，青岛西海岸新区整合了城管执法、海洋渔业执法、旅游执法等 5 支执法队伍，平度市整合了城管执法、国土、水利、农业、旅游、交通等 6 个执法队伍。

（三）下沉执法力量，提升基层社会治理水平

推行综合行政执法体制改革之前，乡镇（街道）长期以来对辖区绝大多数行政违法行为，不具备相应执法权，无权调动区市政府职能部门的执法力量，导致"看得到的管不了"。山东省推行的综合行政执法体制改革，明确提出要完善基层执法体系，充实基层执法力量。地方结合实际，建立县乡执法衔接机制，向乡镇（街道）派驻执法队伍，在乡镇（街道）建立综合执法平台，统筹辖区内派驻机构和基层执法力量开展联合执法，较好地解决了基层"看得见、管不着"和执法力量薄弱的问题。如潍坊市搭建起了"镇街主导、部门参与、资源统筹、联合执法"的镇（街道）综合执法平台，在镇（街道）设立综合行政执法办公室，与县市区、市属开发区综合行政执法局派驻的执法中队联合办公，并在寿光市羊口镇、高密市夏庄镇 2 个省级经济发达镇探索设立了镇（街道）综合执法机构，由镇政府独立行使行政执法权。济南市历下区在街道派驻执法中队，实行区综合行政执法局和街道办事处双重管理，细化执法领域，进行网格化管理，整合城市管理、社会治安、社区管理、民生服务等网格体系，完善村居、街道、区三级网格化管理体制，充分发挥执法中队的基层执法优势，提升了基层社会治理水平。胶州市综合执法局在每个镇（街道）均派驻了执法中队，中队实行双重管理，以镇（街道）

管理为主，业务受综合执法局指导，为实现执法精细化，综合执法中队将镇（街道）划分为若干网格，执法队员下到网格中，做到"人在格中走，事在格中做"，落实责任横向到边、纵向到底。滕州市综合行政执法大队内设23个执法中队，其中22个执法中队派驻各镇（街）和经济开发区开展综合执法，1个直属执法中队负责重大执法任务和跨镇（街）执法活动等；21个镇（街）设立综合行政执法办公室，作为镇（街）综合执法平台，与派驻执法中队联合办公，统筹辖区内派驻机构和基层执法力量，组织协调辖区内综合执法、市场监管、环境保护、公安等部门派驻执法机构及镇（街）、经济开发区工作力量开展联合执法。改革试点中，滕州市向各镇（街）执法中队派出具有行政执法资格的执法人员5~10名，各镇（街）配置了市派执法人员2~3倍的工作人员辅助执法，各执法中队设中队长，配指导员或副指导员，下设若干执法分队，合理搭配城市管理、国土监察、文化、旅游、粮食、民政等执法方面经验丰富的人员，确保专业互补、人尽其才、人岗相适，保证了95%以上人员下沉到基层执法管理一线；出台《关于规范各镇综合行政执法中队暨综合行政执法办公室建设的意见》（滕政办发〔2016〕35号），通过两次中队建设督导，各镇（街）全部成立综合行政执法办公室，配备镇街执法人员、办公场所、执法装备、执法车辆等软硬件设施，严格执法运行机制和工作程序，有效提升了镇（街）综合执法能力。其他部分地区也结合地方实际，加快构建基层综合执法体系。[1]

（四）加强协调联动，建立健全行政执法机制

加强执法协作配合，综合执法部门与原职能部门和其他执法部门，在通报审批信息、移交违法行为线索、提供技术支持等方面，相互支持配合，增强执法合力。如潍坊市科学界定职能部门与综合行政执法机构职责权限，加强工作会商，制定执法事项监督管理职责分工办法，逐一明确监管责任，建立综合行政执法案件首问负责、信息共享、责任追究等工作制度，因衔接不畅或不作为影响工作、造成重大损失的，严格追究有关人员责任。济南市历下区为推进执法中的部门联动，提高执法的实际效果，搭建了"1+1+7"执

---

〔1〕 比如，日照市岚山区安东卫街道建设了综合执法服务大厅，承担执法业务受理、举报受理、案件调解听证等工作，协调安全生产、国土、城建环保等部门开展联合执法，执法队伍由原来的19人扩大到46人；按照区域划分3个大网格，按照村居属地分为32个中网格，按照村民小组或者小区划分为111个小网格，每个网格的管理员由群众威信高、协调能力强、政策水平高的村居老党员、老干部、村民小组长和村民代表担任，构建了无死角网格化执法体系。

法合作体系[1]。

建立行政执法与刑事司法衔接机制，公安部门严厉查处阻碍综合执法工作的违法行为，人民法院和检察机关加强对综合执法工作的司法监督。如青岛西海岸新区成立全国首家综合行政执法巡回法庭，并由检察院在综合行政执法局派驻检察室，构建起综合执法与司法衔接的新模式，加大对综合执法工作的支持和监督力度。济南市章丘区由公安分局、检察院、法院各派驻一名中层干部在区综合行政执法局联合开展工作，区政府法制办定期派员参与，具体研究行政执法与刑事司法衔接工作情况，协调解决有关重要问题，确保行政执法与刑事司法无缝对接。

推进"互联网+监管"，及时通报执法信息，提供技术支持。如高密市综合执法局与15个职能部门逐一签订协议，实现信息共享。部分市区还实行综合执法监控指挥平台与区社会治理信息平台及部门审批监管平台的有效衔接、信息共享，及时发现问题、解决问题。日照市乡镇（街道）实行"网格化"管理模式，依托基层监管网络，实现执法信息共享，建立了"横到边、纵到底、责任到人"的网格化执法体系。

总体上看，山东省综合行政执法体制改革取得了显著成效，但各地各部门在推进过程中也遇到不少困难，还存在一些普遍性的现实问题。主要体现在：一是综合行政执法改革法治供给不足。目前，在综合行政执法体制改革方面，还缺少推动改革的专门立法，给实践工作带来一定困难。综合行政执法工作的开展，多是依据政策文件实施，法律法规供给不足，有时只能被动地"借法执法"[2]。行政执法依据的法律、法规、规章有的存在交叉重叠甚至冲突的现象，这就容易导致综合执法与职能部门专业执法的冲突。深化综合行政执法体制改革必须遵循法治精神，确保改革于法有据，要加快相关法律法规的立法进程，健全立法与改革的衔接机制，形成完善配套的推动改革法治体系，有效提升法治供给力。二是行政执法机构队伍建设不规范。各类执法机构的机构设置、编制类别、人员结构参差不齐，导致执法力量分散，

---

[1] "1+1+7"执法合作体系，是指济南市历下区围绕解决基层行政执法工作中存在的部门协作不畅、信息共享不畅、举报投诉推诿扯皮等具体问题，搭建的"1+1+7"的协作配合框架，即制定1部综合行政执法协作配合机制意见，明确1项职责边界界定原则，建立举报投诉信访受理、信息资源共享制度、执法协作制度等7项协作配合制度，确保综合执法的协同性、实效性。

[2] "借法执法"，是指综合执法工作开展时，在行使执法权上，没有专门的综合执法法律法规，依据的是原部门执法时执行的法律法规。

社会综合管理能力总体偏弱。机构设置上不统一，有的是政府部门直属的行政机构，有的是在政府部门内设机构挂牌，还有的仍保留为政府部门下属事业单位；编制类别上多样化，执法机构普遍存在编制少、使用编制类别多样等情况，很多执法机构没有行政执法专项编制，使用地方自定事业编制；人员结构上参差不齐，一线力量相对偏弱，乡镇缺乏行政执法机构和专业人员，难以满足行政执法全区域、全时段覆盖的需求。三是行政执法协调机制还不顺畅。在综合行政执法权限整合过程中，由于部门利益博弈等原因，各职能部门往往把难度大的"硬骨头"打包给综合行政执法机关，而把"容易干"的工作抓在自己的手里，导致综合行政执法机关的执法权限受到限制，在实际执法工作中出现"出成绩"的工作各职能部门和综合行政执法机关抢着干，"出力不讨好""工作难度大"的工作没有单位管的局面，既不利于行政效率的提高，造成行政执法资源的浪费，又影响了违法问题的查处，政府社会管理职能相对削弱。行政主管部门与综合执法机构之间协作不畅，存在管理和执法"两张皮"现象，难以形成监管执法合力。实施综合执法体制改革后，部分行政主管部门认为自身对某些领域已无监管职责，将监管责任推给综合执法机构，行业管理存在"以罚代管"现象。四是行政执法队伍整体素质有待提高。综合执法机构人员来源比较复杂，既有原执法机构过渡移交的人员，也有新招录的人员，法律素养参差不齐，部分执法人员的法律知识和专业知识相对匮乏，与综合执法涉及法律法规规章多、涉及专业领域广、对人员综合能力要求高的特点还不完全适应，影响了综合执法质量。部分执法人员还存在"执法者就是管理者"的特权思想，执法过程中不严格不规范，影响了执法队伍的整体形象。此外，地方推进综合行政执法体制改革的进展不够平衡，部分市县改革滞后；综合行政执法体制改革设计还需适应新的机构改革要求进行相应调整，继续向纵深推进；市县两级综合行政执法改革不一致，导致后续相关工作衔接不畅；基层执法体系建设需要进一步完善，乡镇（街道）综合行政执法队伍的管理体制还不够顺畅协调；执法方式方法创新不足，难以适应新形势下的执法需求；执法公信力不高、规范化建设还需进一步加强，等等。

三、推进综合行政执法体制改革的现实路径

党的十八大以来，党中央、国务院就深化行政执法体制改革、推进综合行政执法工作提出了明确要求。进入新时代，深化行政执法体制改革面临着新形势、新任务。深入贯彻落实好党和国家关于行政执法体制改革的部署要求，地方在推进综合行政执法体制改革方面可以从以下几个方面着力：

（一）加强综合行政执法体制改革顶层设计

深入贯彻落实党的十九大精神，按照中共中央《深化党和国家机构改革方案》要求，结合党和政府机构改革，完善综合行政执法体制改革的顶层设计方案，增强综合行政执法体制改革的法治供给，确保改革于法有据。一方面，推动国家层面加快行政执法领域相关法律法规的立改废释，从法律制度上为综合行政执法改革提供强有力的法治保障，进一步明确地方推进改革涉及的综合行政执法部门的法律地位、主体资格和权责边界等问题。另一方面，加强综合行政执法体制改革相关领域的地方立法，建立健全配套法规及政策措施，统筹协调、综合施策，上下一盘棋，推进改革向纵深发展。比如，为规范城市管理综合执法行为，提高城市管理执法和服务水平，从源头上理顺城市管理执法体制，在省级层面研究制定《城市管理综合执法条例》，或者由设区市结合地方实际制定《城市管理综合执法条例》；为进一步加强基层特别是乡镇（街道）综合执法工作，提升基层社会治理能力，在省级层面研究制定《乡镇（街道）综合执法办法》《关于推进乡镇（街道）综合执法工作的实施意见》，等等。

（二）积极推进行政执法类公务员改革

按照中共中央办公厅、国务院办公厅印发的《行政执法类公务员管理规定（试行）》有关要求，加快推进行政执法类公务员改革。实践中，可以借鉴上海等地做法[1]，一是拓展基层执法人员职业发展空间。行政执法类公务员实行单独序列管理，薪酬、晋升与执法数量和质量挂钩，以此解决基层执法队伍基数大、职数少、晋升难的问题，改变基层执法公务员"天花板"低的现状，促进部门之间相对平衡、职业发展机会平等，调动执法人员工作积极性。二是完善执法人员工资保障机制。基于市场监管、城市管理执法等行政执法工作性质和延时执法工作实际，探索参照公安部门做法，建立执法人

---

[1] 自2015年起，上海启动实施行政执法类公务员分类管理改革试点，这一改革涉及五个方面：一是坚持执法力量下沉基层，实行员额管理。将主要从事行政处罚、行政强制、行政检查工作并具有现场性、执行性特点的职位设置为执法职位，引导执法力量向基层下沉。二是在职位管理上，实行职务单独序列管理，采取条件管理和职数控制相结合的方式，着力拓宽执法类公务员职业发展通道。三是实施分类专项招录，提高行政执法能力。四是完善绩效考核管理，适应基层执法特点。五是坚持从严管理，以"负面清单"的形式划清行政执法行为的"红线"，强化执法的监督约束。参见澎湃新闻："上海深化行政执法类公务员分类管理改革，适应新时代要求"，载澎湃新闻网，https：//www.thepaper.cn/newsDetail_forward_1842293，最后访问时间：2019年8月30日。

员津贴补贴制度，收入分配向一线人员倾斜；实行同级别人员在基层岗位工作收入明显提高的差异化激励引导政策，发挥激励导向作用，稳定基层执法队伍。三是建立执法人员交流机制。加强系统内外人员合理流动，执法部门与划转行政处罚权的关联部门之间、执法部门与乡镇（街道）之间，实行每年不同层级、一定比例人员的相互挂职锻炼，促进协调沟通，增强队伍活力。

（三）进一步优化行政执法资源配置

根据不同层级政府的事权和职能，科学配置行政执法职能和执法资源，整合、优化行政执法力量。一是创新行政执法机构编制管理。坚持问题导向，优化机构设置，推进执法机构建设规范化。严格控制总量，持续优化存量，盘活编制资源、人力资源，实现资源效益最大化。本着有利于解决执法实践中的问题、有利于满足基层执法工作需要、有利于精简行政执法机构的出发点，做好综合执法机构"三定"工作。省级层面加快出台相关指导意见，妥善解决综合执法人员身份不统一的问题。二是科学配置行政执法职能。坚持成本更低、效率更高、效果更好的集中原则，科学界定综合执法机构的职责范围，相对集中行政处罚权。明确职能部门与综合执法机构的职责权限，厘清权责边界，建立协调顺畅的无缝衔接机制。全面梳理行政执法权责清单，建立省市县三级行政执法权力事项基准库，及时调整完善，实行动态管理。三是优化行政执法资源。继续整合同一领域或相近领域的执法队伍，大力推行跨领域、跨部门综合执法，推动行政执法重心及执法力量下移，切实解决多头执法、交叉执法、重复执法以及部分领域和基层执法力量薄弱的问题。[1]

（四）构筑科学高效的基层执法体系

针对基层执法力量薄弱、行政执法体制机制不科学等问题，构筑科学合理、运转顺畅、符合基层实际的执法体系。一是加强县（市、区）、乡镇（街道）行政执法工作统筹协调。整体推进各县（市、区）组建综合执法机构、在乡镇（街道）设置派出机构开展相对集中行政处罚权工作，确保县级层面综合执法改革全覆盖，解决基层"看得见管不着、管得着看不见"的问题。二是强化县级执法部门与乡镇（街道）的密切协作。上级主管部门加强对乡

---

〔1〕　比如，按照中央有关综合行政执法体制改革的相关要求，在市场监管方面，整合工商、质检、食品、药品、物价、商标、专利等执法职责和队伍，组建市场监管综合执法队伍。对于直接到市场、进企业、面向基层、面对老百姓的执法队伍，如商务执法、盐业执法等，整合划入市场监管综合执法队伍。药品经营销售等行为的执法，由市县市场监管综合执法队伍统一承担。

镇综合执法办公室的业务指导，乡镇（街道）切实发挥综合执法平台的作用，规范对派驻执法机构人员的日常管理，有效提升行政执法效能。三是探索依法赋予乡镇（街道）行政执法权。在经济发达乡镇（街道）开展相对集中行政处罚权改革试点的基础上，探索通过法定程序赋予乡镇（街道）部分行政执法权，从根本上解决乡镇（街道）行政执法主体资格问题。整合现有的站、所、分局行政执法力量和资源，更好地落实属地管理责任。四是抓好功能区综合执法工作。设区市管理的省级以上经济开发区、高新技术产业开发区、保税区、旅游度假区等功能区，明确以功能区管理机构作为综合执法机构推行综合行政执法。五是实行基层综合执法网格化管理。充分发挥现有基层监管网络作用，推动共享行政执法信息，建立"横到边、竖到底、责任到人"的网格化执法体系，不断提升基层社会治理水平。

（五）创新行政执法理念和方式方法

适应行政执法需求，不断创新行政执法理念和方式方法，提高行政执法的质量和水平。一是开展柔性执法。更新行政执法理念，在执法中强化教育先导，进一步体现教育与处罚相结合的法律精神。推广地方先进经验，比如武汉交警推出的"首违警告"[1]、深圳交警推出的"十分钟违停主动驶离免罚"措施[2]，重视运用说服教育、劝导示范等柔性执法方式，促进执法由"刚性执法"向"刚柔并济"转变。二是推广智慧执法。充分运用大数据、云计算、物联网等先进科技手段，打造行政执法和审批监管信息共享互通的工作平台。综合执法主管部门、相关行业管理部门、综合执法队伍之间加强工作会商，积极协调配合，推进信息共享，实现行政许可、日常监管和行政处罚信息的实时流转、实时抄告、实时监控、实时留痕，彻底打破"信息孤岛"。改善执法条件，加大执法科技装备配备投入，推行"互联网＋综合执

---

〔1〕 武汉交警实施的"首违警告"便民举措于 2016 年 12 月 30 日推出，即武汉司机发生本年度首起非严重违法的电子警察记录时，参加在线交通安全知识学习并考核合格，经公安交管部门综合审核后，对其处罚可转为警告。参见夏晶："武汉交警推出'首违警告'便民举措'罚单'可变成'警告'"，载湖北网台网，http：//news. hbtv. com. cn/p/447811. html，最后访问时间：2019 年 8 月 30 日。

〔2〕 深圳交警推出的"十分钟违停主动驶离免罚"，是指机动车驾驶人在非繁忙路段，短时间临时停放的车辆，未造成交通拥堵或事故，且当事人在交警开出 200 元罚单后短时间内（10 分钟）主动驶离，深圳交警将实施人性化免罚款申报机制。星级用户可在深圳交警微信公众号、支付宝城市服务"星级车主服务"等平台按要求提交申请，符合条件的免予罚款处罚。参见陆洋："深圳交警星级用户十分钟违停主动驶离 符合条件可申请免罚"，载深港在线网，http：//sz. szhk. com/2017/09/22/282980704372580_3. html，最后访问时间：2019 年 8 月 30 日。

法"，建设执法办案智能体系，提高执法的科技化、精细化水平，促进执法由"人力执法"向"智慧执法"转变。三是实行联动执法。完善跨部门、跨区域执法协作联动机制，针对某些特殊领域，实施行政执法联动，提升行政执法效率。比如，针对行政边界区域权属复杂、监管薄弱等特点，实施边界地区环境执法联动，完善协同治污、联合执法、应急联动机制，进一步加强污染治理联防联控，通过召开联席会议、综合督导、评估通报等方式强化重点流域和区域边界地区的共防共治，以此打破环境监管行政区划障碍，破解跨区域环境执法的难题，促进执法由"单一执法"向"联动执法"转变。四是加强信用监管。建立健全企业和市场主体守信激励机制、失信惩戒机制，及时将行政执法的相关信息录入国家和省市的信用平台，并且依法及时地向社会公布。建立综合执法信息与社会信用信息基础数据库的联动机制，健全完善信用监管制度，比如，黑名单制度、异常信用记录制度等，加快完善诚信档案基础信息，将综合行政执法过程中涉及公民、法人和其他组织的违法情况及时录入进相关信用信息系统，以此推动对失信企业和市场主体的联合惩戒，促使形成"一处失信，处处受限"的守法氛围。比如，对环境执法中发现的环境违法企业，增加执法监察频次，暂停各类环保专项资金补助；对于环保守法企业，优先安排环保专项资金和总量控制指标；以动态的差别化环境监管执法，建立起激励环保诚信、惩戒环保失信的环保信用体系，督促企业自觉履行环保法定义务和社会责任，推动监管执法机制从"实体监管"向"信用监管"转变。

（六）全面提升行政执法的公信力

强化责任意识，坚持严格、规范、公正、文明执法，进一步改善行政机关执法形象，提升行政执法的公信力。一是健全行政执法责任制。落实行政执法岗位责任，细化、明确各级各类岗位监管职责，确保责任易追溯、可追究。严格行政执法考核评价，注重考核评价结果的运用，避免"考而不究""考用两张皮"问题。二是加强行政执法监督。完善行政执法事前防范、事中制约、事后监督机制。进一步规范行政执法资格管理，建立行政执法人员资格等级管理制度。严格执行行政事业性收费和罚没收入收支两条线制度。推动内部监督与外部监督有机结合，建立行政执法特邀监督员制度，借助公众、媒体等多方力量强化执法监督，形成监督合力。三是抓好行政执法规范化建设。加强行政执法机构规范管理，确保行政执法主体的合法性。进一步厘清权力清单、责任清单，清理、公布行政执法依据和执法权限，及时进行动态调整，确保做到"法无授权不可为、法定职责必须为"。建立行政自由裁量基准目录，细化行政裁量标准，压缩行政执法权力"弹性空间"。优化行政执法程序，规范行政执法行为，积极推行"阳光执法"，落实好行政执法公示制度、执法全过程记录制度和重大执法决定法制审核制度。坚持以评促建、以查促改，开展行政执法案卷评查、专项执法检查等常态化督查活动，探索引入第三方专业机构就行政执法工作进行评估，推动形成行政执法规范化建设的"倒逼机制"。四是抓好行政执法人员教育培训。研究制定《行政执法人员教育培训规划》，针对不同层级、不同类别的执法队伍和执法岗位，有计划地开展行政执法人员分级分类培训、轮训工作，重点加强法律法规知识、基本业务技能以及职业道德等方面的教育培训，全面提升行政执法人员的综合素质和专业能力。

夯实社会治理中的司法保障

第五章

维护社会公平正义，是社会治理法治化的核心价值追求。公正是司法工作的生命线，司法工作的主要任务就是通过公正的司法活动维护社会公平正义。司法公正对社会公正具有重要引领作用，是维护社会公平正义的最后一道防线。司法机关依法处理案件，实现权利救济、定分止争、制约公权力的社会功能，有利于加强社会治理、维护和谐稳定的社会秩序。推进社会治理法治化，应当充分发挥司法机关的作用，深化司法体制改革，提高司法公信力，强化司法保障功能。

第一节　深化司法体制改革

中国司法制度作为国家重要的政治制度，总体上是适应国情和社会发展要求的。但是从司法领域现状看，还存在一些比较突出的问题，比如司法不公、司法公信力不足等问题，导致这些问题存在的原因是多方面的，其中司法体制和运行机制不完善是一个重要原因。从根本上解决司法领域存在的问题，充分发挥司法在社会治理中的保障作用，需要进一步深化司法体制改革。

一、深入推进司法人员分类管理制度改革

司法人员分类管理制度改革是司法体制改革的基础性改革。司法人员分类管理制度改革的主要内容是指推行法官、检察官员额制改革，将法院和检察院的人员分门别类地划分为法官和检察官、审判辅助人员和检察辅助人员、司法行政人员，对不同类别的人员细化分工、各司其职，实行不同的管理制度，从而推动建立以法官和检察官为中心的司法人员分类管理体系。推动司法人员分类管理制度改革，其主要目的是将法官、检察官从事务性工作中解放出来，保证他们能够集中精力审案、办案，提升案件办理的质量和效果。

目前，从形式上看，经过近几年的努力，各级法院、检察院均按照相关

程序，遴选了员额法官和检察官，基本完成了员额制改革的任务。全国法院按照以案定额、按岗定员、总量控制、省级统筹的原则，经过严格考试考核、遴选委员会专业把关、人大依法任命等程序，从原来的 211 990 名法官中遴选产生 120 138 名员额法官，通过这项改革，实现了 85%以上法院人员向办案一线集中，资源配置更加合理，审判质效持续提升。[1] 全国检察机关经严格考试考核、遴选委员会审议、人大常委会依法任命等程序，遴选出员额内检察官 84 444 名，占中央政法专项编制的 32.78%，通过这项改革，基层检察院 85%以上的人力资源配置到办案一线，办案力量增加 20%以上。[2]

从员额制改革实际情况看，还存在一些需要解决的问题。比如，基层法院、检察院的员额法官和检察官配备不足，员额法官和检察官的遴选程序还有待优化，员额退出机制、考核机制还不完善，等等。有效解决这些问题，还需进一步深化司法人员分类管理制度改革，改革的主要内容包括：一是完善员额法官、检察官编制调整机制。省级机构编制部门要及时与高级人民法院、省检察院进行沟通和会商，结合法院系统、检察院系统的员额制改革实际情况，加大政法专项编制的统筹管理和动态调整力度，积极推动政法专项编制向基层人民法院、基层检察院倾斜。二是完善员额法官、检察官遴选机制。员额法官、检察官的遴选是一项长期工作，要建立常态化的员额增补机制，进一步规范法官、检察官的遴选标准和程序，对预留或者空出的员额指标定期遴选，保证空缺员额能够得到及时增补。在遴选中要注重创新遴选方式方法，突出能力和业绩导向，完善从符合条件的律师、专家学者和其他法律工作者中公开选拔法官、检察官工作机制，探索实施"跨院遴选"，引导法官、检察官向办案任务重的法院、检察院有序流动。三是完善员额法官、检察官退出机制。健全并完善员额法官、检察官退出制度，进一步明确员额法官、检察官的退出条件、程序、相应后果及救济办法等。不办案、不胜任办案工作或离开办案岗位的员额法官、检察官要及时退出员额，促进员额进出的常态化、制度化。四是完善员额法官、检察官职务序列综合配套机制。加强法官、检察官单独职务序列有关配套制度建设，比如单独职务序列、等级比例设置和等级升降等具体规定办法，逐步形成法官、检察官等级按期晋升、

---

〔1〕 参见魏婧："周强：司法人员分类管理改革基本到位 审判质效提升"，载中国网，http：//www. china. com. cn/news/txt/2017-11/01/content_ 41829639. htm，最后访问时间：2019 年 5 月 2 日。

〔2〕 参见赵恩泽："最高检：检察机关司法责任制改革基本完成"，载人民网，http：//legal. people. com. cn/n1/2017/1101/c42510-29621630. html，最后访问时间：2019 年 5 月 2 日。

特别选升和择优选升相结合的晋升机制。建立与法官、检察官职务序列相适应，符合司法职业特点的薪酬制度，健全与工作实绩紧密联系的薪酬分配机制，充分调动办案人员的工作积极性。五是完善人才培训、交流与考核机制。加强对法院、检察院各类人员的培训工作，着力提高其职业素养和综合业务能力。推动法院、检察院内部实行轮岗交流，增强内部人员之间的流动性，进一步拓展司法行政人员、审判和检察辅助人员的职业发展空间。优化审判和检察辅助人员的培养选拔、激励约束以及考核评价等方面的相关机制，推动尽快提升辅助人员的专业化、职业化水平。推进聘用制书记员管理制度改革，完善聘用制书记员的招录和管理机制。

二、深入推进司法责任制改革

司法责任制改革是司法体制改革的重中之重。党的十九大强调，要深化司法体制综合配套改革，全面落实司法责任制。司法责任制改革的目标是遵循司法权运行规律，真正实现"让审理者裁判，让裁判者负责"，健全完善权责明晰、监督有序、依法问责、运转高效的司法权运行体系。

司法责任制改革的内容主要包括：一是取消行政化的案件审批制。突出独任庭、合议庭的法定审判组织地位以及检察官和办案组的办案主体地位，依法确定相应的职责权限，确保权责一致，实现"让审理者裁判"。除审判委员会讨论决定的案件之外，院长、庭长对自己没有直接参加审理的案件，不再审核签发裁判文书。二是完善监督管理机制。坚持法官入额必须办案原则，推进院长、庭长办案常态化。明确院长、庭长的权力清单和监督管理职责，健全案件监管的全程留痕制度，规范院长、庭长依法用权。三是推进审判流程标准化。编制各类案件审判流程标准，整合、优化信息化办案平台功能，以信息化促进审判流程标准化建设。四是完善案件办理责任制。健全办案质量终身负责制和错案责任倒查问责制，法官、检察官在法定职责内对所办理的案件质量终身负责，实现"让裁判者负责"。五是健全司法履职保障机制。完善司法人员依法履职保障机制、受到侵害救济保障机制和不实举报澄清机制，保障和维护司法人员的合法权益。加强与纪检监察机关的工作衔接，建立科学合理的法官、检察官惩戒工作机制，依法维护法官、检察官的辩护、复议和申诉等方面的权利。

三、深入推进诉讼制度改革

推进诉讼制度改革，形成科学完善的诉讼制度体系，有利于节约诉讼成本，方便当事人诉讼，提升案件审理的质量和效率，促进司法公正。

　　诉讼制度改革的内容主要包括：一是推进民事诉讼制度改革。目前，随着经济社会的快速发展和改革的逐步深化，法院受理的案件数量呈现居高不下、不断增多的态势，案多人少的矛盾变得十分突出。为有效解决司法资源的有限性这一难题，提高案件的受理和审判效率，应进一步完善案件繁简分流机制，推进案件分层分流，发挥好简易程序、小额程序、督促程序、司法确认程序等特别程序的作用，实现简单案件能够得到快速审理，让法官有更多的精力去办理疑难复杂案件。同时要充分利用互联网等新兴技术的优势，进一步优化简易程序，完善管辖规则和诉讼规则，深化审判方式和诉讼制度的改革。二是推进行政诉讼制度改革。行政诉讼的主要目的是通过法院的审判，厘清行政机关与行政相对人之间的责任，最终达到定分止争的效果。从根本上来讲，行政争议当事人的矛盾纠纷得到实质性化解，将更有利于促进社会和谐稳定。近几年的实践证明，行政机关负责人出庭应诉，有利于缓解行政相对人的对立情绪，促进化解官民之间的矛盾、顺利解决行政纠纷。为此，要进一步完善行政机关负责人出庭应诉制度，提高行政机关负责人到庭应诉的比例，避免"告官不见官"的尴尬局面，依法保护行政相对人合法权益，推动行政争议的实质性化解。此外，还要优化行政审判资源配置、完善案件管辖机制和行政审判工作机制，积极探索实行简单行政二审案件的快速审理，提升行政案件的审判效率，努力为社会公众提供更高效更优质的司法服务。三是推进以审判为中心的刑事诉讼制度改革。长期以来，在刑事司法实践中，侦查机关取证不足是导致冤假错案发生的主要原因之一。从深层次上解决这一问题，必须深化以审判为中心的刑事诉讼制度改革，进一步增强办案人员的责任意识、法律意识，确保侦查、审查起诉的案件事实证据经得起法律的检验，发挥庭审在查明案件事实、认定案件证据、保护当事人诉权以及公正裁判中的关键作用，推动"诉讼以审判为中心""审判以庭审为中心"，确保有罪的人受到公正惩罚、无罪的人不受刑事追究。深化以审判为中心的刑事诉讼制度改革，要求坚持罪刑法定、疑罪从无、证据裁判、庭审中心等原则，进一步完善并严格执行非法证据排除制度，持续优化法庭调查规则及相关程序。通过推进刑事诉讼制度改革，真正做到诉讼证据质证在法庭、案件事实查明在法庭、诉辩意见发表在法庭、裁判理由形成在法庭，最终实现以法庭审判的程序公正促进案件裁判的实体公正，最大限度地防范冤假错案的产生。

四、深入推进执行体制机制改革

党的十八届四中全会强调，要切实解决执行难，依法保障胜诉当事人及时实现权益。[1] 执行难是一个老问题，也是一个大难题。虽然当事人通过诉讼依法维护了自身合法权益，但是如果执行不到位，权益就难以真正实现，甚至因此产生新的矛盾纠纷。推动解决执行难问题，保障当事人早日实现胜诉权益，必须深化执行体制机制改革，不断提升执行效能。

执行体制机制改革的内容主要包括：一是完善综合治理执行难工作格局。结合当前的执行工作实际，持续优化"党委领导、政法委协调、人大监督、政府支持、法院主办、部门联动、社会参与"的综合治理执行难工作大格局。建立协作、协助部门联席会议制度，促进执行联动工作机制常态化运转。依托现有的基层社会治理网格，构建基层执行工作网格化机制，推动基层执行工作有序开展。把执行工作的落实和开展情况列入法治建设成效的考核范围，作为加强和创新社会治理的一项重要任务，加强对执行工作的监督检查，强化执行工作的目标责任考核。二是健全解决执行难的源头治理机制。加大强制执行工作的法律供给力度，加快民事强制执行法立法进程，修改完善公司法律制度，探索建立个人破产制度。进一步完善执转破工作机制，优化、规范执转破工作流程，减少执行案件存量。加强社会信用体系、社会诚信体系建设，完善执行财产和被执行人信息，促进执行信息共享共用，加大对失信人的联合信用惩戒力度，倒逼被执行人主动配合执行工作。三是深化执行体制改革。探索开展执行机构领导体制改革，试行市（地）中级人民法院对区（县）人民法院执行机构垂直领导，区（县）人民法院执行机构接受本级法院和中级人民法院级别的执行机构双重领导，在执行业务上以上级执行机构领导为主，提升执行工作的领导力。深入推进审执分离体制改革，将执行权区分为执行实施权和执行裁判权，根据法院实际和案件情况确定案件办理主体。全面推行以法官为主导的"法官+法官助理（执行员）+司法警察+书记员"执行团队办案模式，明确执行团队和具体执行人员的职责权限。完善执行警务保障机制，推进司法警察参与执行，强化执行工作的震慑力。在执行中积极引入专业力量，推动专业机构和专业人员[2]深度参与执行。通过购买

---

[1] 参见"中共中央关于全面推进依法治国若干重大问题的决定"，载《求是》2014年第21期。

[2] 比如仲裁、公证、律师、会计、审计等专业机构和人员。

社会服务方式，把执行工作中的一些辅助性事务[1]适度外包给专业社会力量办理，以此提升执行工作的专业化水平。四是优化执行工作机制。加强指挥中心建设，强化指挥中心功能，完善指挥中心的"三统一"[2]运行机制。推进执行案件和执行事务繁简分流、分权实施，打破"一人包案到底"的办案模式。完善立案、审判与执行工作的协调运行机制，强化执行立案审查，建立立案阶段提示执行不能风险制度，探索执行人员参与诉前调解和诉中调解过程，依法多元化解矛盾纠纷，促使案件尽快尽早解决，实现案结事了。为保障胜诉当事人的权益，应注重落实好财产保全工作，推动保全与执行之间的紧密衔接。加强异地执行协作配合，加大协同执行工作力度。加快执行工作方式方法创新，充分发挥新型技术手段作用，推进执行信息化、规范化、标准化建设。强化执行措施的综合运用，加大财产调查力度，严厉惩戒拒执违法行为，坚决打击规避执行行为，提高执行工作的权威性和公信力。完善执行公开工作机制，拓展执行公开的广度和深度，打造公开透明的阳光执行模式。

第二节　提升司法公信力

推进社会治理法治化，要注重通过司法公正实现法律公正，不断提升司法公信力，切实维护人民群众的合法权益。2012年12月4日，在首都各界纪念现行宪法公布施行30周年大会上，习近平同志指出："我们要依法公正对待人民群众的诉求，努力让人民群众在每一个司法案件中都能感受到公平正义，决不能让不公正的审判伤害人民群众感情、损害人民群众权益。"[3]司法不公对社会公正具有致命破坏作用，如果当事人通过司法程序都不能保护自己的合法权益，那么司法必然会丧失公信力，社会公正将因此遭受普遍质疑，社会的和谐稳定也难以保障。

一、司法公正的基本内涵

所谓司法公正，就是指司法机关及其工作人员在司法活动过程和结果中应当坚持公平正义原则，严格按照法律的规定处理各项事务，平等地对待当

---

〔1〕　比如财产查控、网拍辅助、案款发放、送达等执行工作中的辅助性事务。

〔2〕　"三统一"即统一管理、统一指挥、统一协调。

〔3〕　参见中共中央文献研究室编：《十八大以来重要文献选编》（上），中央文献出版社2014年版，第91页。

事人，依法作出公平且符合正义的裁判。

司法公正内容包括实体公正和程序公正两个方面。实体公正是司法公正的目标取向，是指司法裁判所作出的结果符合公平、正义要求，当事人的权益得到了充分保障；程序公正是司法公正的基本保障，是指司法程序符合法定程序和正当程序要求，当事人在司法过程中得到公平、平等的对待。

从世界范围看，司法公正是法治国家普遍遵循的一项司法原则。中国加入的联合国《公民权利和政治权利国际条约》（*International Convention on Civil and Political Rights*）第 14 条的相关规定，是国际社会公认的司法公正国际标准，即所有的人在法庭和裁判所前一律平等。在判定对任何人提出的任何刑事指控或确定他在一件诉讼案中的权利和义务时，人人有资格由一个依法设立的合格的、独立的和无偏倚的法庭进行公正的和公开的审讯。

二、司法公正的实现路径

推进司法公正，除了前文所提到的通过深化司法体制改革促进司法公平、公正等举措外，还可以采取以下措施：

（一）优化司法机构职能体系

党的十八大以来，中央围绕完善法院、检察院等政法部门机构职能配置推出了一系列务实举措，取得较好效果。比如，最高人民法院设立巡回法庭[1]，专门审理跨行政区域的重大行政案件、重大民商事案件，既推动了审判机关的重心下移，实现就地解决纠纷，也降低了当事人诉讼成本，方便了当事人提出诉讼和参加诉讼；设立知识产权法院、互联网法院、金融法院等[2]，设立知识产权法院的目的在于对所在省（直辖市）的相关知识产权案件实行跨区域管辖，这对于推动完善知识产权专业化审判机制，加强知识产权平等保护，促进司法公信力提升具有重大作用；针对跨行政区划案件审理难题[3]，探索设立了跨行政区划法院和检察院，排除地方有关部门和领导等对审判工作和检察工作的干扰，保障法院和检察院依法独立公正行使审判权

---

〔1〕　按照中央统一部署，最高人民法院分别在深圳、沈阳、南京、郑州、重庆、西安设立了六个巡回法庭，负责审理跨行政区域重大行政、民商事案件。

〔2〕　2014 年，北京、广州、上海知识产权法院相继挂牌成立；2017 年 8 月，全国首家互联网法院——杭州互联网法院挂牌成立，2018 年 7 月，北京、广州设立了互联网法院；2018 年 8 月，上海金融法院正式成立。

〔3〕　随着社会主义市场经济深入发展和行政诉讼出现，跨行政区划乃至跨境案件越来越多，涉案金额越来越大，导致法院所在地的有关部门和领导越来越关注案件处理，甚至利用职权和关系插手案件处理，造成相关诉讼出现"主客场"现象，给案件的审理带来了难题。

和检察权，等等。从实践情况看，以上这些举措还有一些提升空间，比如知识产权法院、互联网法院、金融法院的设立还未普遍推开，跨行政区划法院和检察院目前仅在北京、上海依托铁路运输法院以加挂牌子的方式设立，还有待在更多省市、更广地域范围推行，以取得更大的改革红利。

（二）加强人权司法保障

1. 严防造成刑事冤假错案。英国著名学者培根曾经说过一段富有哲理的话，他说："一次不公正的审判，其恶果甚至超过十次犯罪。因为犯罪虽是无视法律——好比污染了水流，而不公正的审判则毁坏法律——好比污染了水源。"在司法审判中，1个冤假错案所造成的负面影响极其巨大，这就是"100-1=0"的道理。因此，一方面，要坚守防范冤假错案的司法底线。坚持依法排除非法证据[1]，侦查机关在移交案件时要同时移送相关证据[2]。在司法审判中，要坚持尊重和保障人权原则、依法独立行使审判权原则、程序公正原则、审判公开原则、证据裁判原则和疑罪从无原则等审判原则，[3] 切实保障律师的权利[4]。对于被告人及其辩护人提出的辩解辩护意见和提交的证据材料，人民法院应当认真审查，并在裁判文书中说明采纳与否的理由。建立健全冤假错案责任追究机制，依法追究造成冤假错案者的相关责任。另

---

〔1〕 根据最高人民法院 2013 年 9 月 10 日印发的《关于建立健全防范刑事冤假错案工作机制的意见》（法发〔2013〕11 号）规定，对于采用刑讯逼供或者冻、饿、晒、烤、疲劳审讯等非法方法收集的被告人供述，应当依法排除；对于除情况紧急必须现场讯问以外，在规定的办案场所外讯问取得的供述，未依法对讯问进行全程录音录像取得的供述，以及不能排除以非法方法取得的供述，应当依法排除。

〔2〕 根据 2013 年 8 月中央政法委印发的《中共政法委关于切实防止冤假错案的规定》，侦查机关移交案件时，应当移交证明犯罪嫌疑人、被告人有罪或者无罪、犯罪情节轻重的全部证据。严禁隐匿证据、人为制造证据。在侦查、审查起诉、审判时发现有应当排除的证据的，应当依法予以排除，不得作为提请批准逮捕、批准或决定逮捕、移送审查起诉、作出起诉决定和判决的依据。对于采用刑讯逼供等非法方法收集的犯罪嫌疑人、被告人供述和采用暴力、威胁等非法方法收集的证人证言、被害人陈述，不得作为定案的根据。

〔3〕 坚持尊重和保障人权原则，是指尊重被告人的诉讼主体地位，维护被告人的辩护权等诉讼权利；坚持依法独立行使审判权原则，是指以事实为根据，以法律为准绳，不因各种外界因素而作出违反法律的裁判，切实维护司法公正；坚持程序公正原则，是指严格遵守刑事诉讼法有关规定，按照法定程序进行裁判；坚持审判公开原则，是指依法保障当事人的诉讼权利和社会公众的知情权，审判过程和裁判文书依法公开；坚持证据裁判原则，是指对于证据未经当庭出示、辨认和质证等法庭调查程序查证属实的，不得作为定案的根据；坚持疑罪从无原则，是指对于定罪证据不足的案件，应当依法宣告被告人无罪，不能降格作出"留有余地"的判决；对于定罪确实、充分，但影响量刑的证据存在疑点的案件，应当在量刑时作出有利于被告人的处理。

〔4〕 律师的权利，这里主要指会见、阅卷、调查取证和庭审中发问、质证、辩论等辩护权利。

一方面，要依法及时纠正冤假错案。近年来，政法机关纠正了一系列重大错案，比如聂树斌案、呼格吉勒图案、张氏叔侄案等，有力维护了司法正义。为保证依法及时纠正冤假错案，要进一步完善冤假错案主动发现、依法复查和及时纠错机制，建立异地复查再审制度，依法保障申诉人、被告人和申诉代理律师的合法权利，认真及时审查处理罪犯提出的申诉、控告以及相关检举材料。

2. 加强弱势群体的法律帮扶。在现实生活中，有些刑事案件因为种种原因没能及时破案，导致被害人无法获得赔偿。或者一些民事纠纷中，因为败诉一方无法履行赔付义务致使胜诉一方无法实现自己的权益，生活上比较艰难。这种情形的出现，有时会引发当事人的反复申诉、上访甚至酿成极端事件，既损害了当事人合法权益，也损害了司法权威，影响了社会和谐稳定。为弱势群体提供国家司法救助，通过由国家予以他们一定的经济资助，从而让其尽快脱离困难局面，这是扶弱济贫、改善民生、健全社会保障体系的现实要求，有利于实现社会公平正义，促进社会和谐稳定。加强弱势群体的法律帮扶，需要完善国家司法救助制度，明确特定案件当事人司法救助的条件、标准和范围；完善法律援助制度，进一步放宽经济困难的标准，扩大法律援助范围，逐步使有条件接受法律援助的人员扩展到低收入群体，保证他们在权利受到侵害时能够及时得到法律帮助，有效解决打官司难问题；完善公证机构、司法鉴定机构依法减免相关费用制度，加强法律援助工作与公证、司法鉴定工作的衔接，减少弱势群体办理公证、司法鉴定等费用支出。

（三）持续推进司法公开

阳光是最好的防腐剂。司法公开是提升司法权威、实现司法监督、确保司法公正的基础。司法公开不仅应当实现，而且应当以人们看得见的方式展现。当前，社会公众的权利意识、监督意识、参与意识日益增强，司法公开是对公众依法行使知情权、监督权、参与权和表达权的积极回应。近年来，政法部门积极推进司法公开，公开"晒"出司法和执法活动，促进了司法权力在阳光下运行。比如，为推动司法公开，最高人民法院2013年启动了审判流程公开、裁判文书公开和执行信息公开三大平台建设。据最高人民法院公开数据显示，截至2019年3月，中国审判流程信息公开网公开案件3.7亿项，中国庭审公开网直播庭审259万件，中国裁判文书网公开文书6382万份，访问量达到 226 亿次。[1] 司法公开的力度和广度前所未有，取得了明显效果。

持续推进司法公开，一方面，要继续拓宽司法公开的渠道。强化信息技术支撑，优化整合、不断完善公开平台[2]建设。推进审判流程、庭审活动、执行工作、裁判文书等信息公开规范化、标准化和信息化。充分利用微博、微信、互联网、新闻客户端等新媒体主动发声，向社会广泛发布诉讼服务、司法改革和司法行政事务等方面的信息，让社会公众更方便、更快捷、更全面地了解司法信息。另一方面，要继续拓展司法公开的广度和深度。坚持以公开为常态、以不公开为例外，遵循公正、公平、合法、便民的原则，不断扩大司法公开的范围，凡是能公开的司法信息就要依法进行及时、准确公开，保障当事人和社会公众"应知尽知"。推进网上办案数据自动采集，推动实现各级法院依托统一平台自动、同步向案件当事人和诉讼代理人公开审判流程信息。扩大庭审公开范围，充分运用网络直播、视频录播、图文直播等形式进行庭审公开，主动接受社会监督。加大裁判文书全面公开力度，杜绝裁判文书选择性上网问题。拓展执行信息公开范围，推动实现执行案件流程信息、被执行人信息、失信被执行人名单信息、网络司法拍卖信息等在同一平台集中统一公开。加强与社会征信体系的对接，规范失信被执行人信息公开的方式和机制，推动完善"一处失信、处处受限"的信用惩戒格局。

（四）完善公共法律服务

完善公共法律服务是贯彻司法为民理念的基本要求，是促进司法公正的重要举措，也是推进社会治理法治化的基础性工作，对于提高社会治理水平具有重要意义。完善公共法律服务，需要切实提升公共法律服务的能力和水平。一是夯实基层公共法律服务基础。优化公共法律服务实体平台、热线平台和网络平台等基础设施，改善基本公共法律服务条件。加强基层普法阵地、人民调解组织建设，充分发挥司法所的基层法律服务、法律咨询等功能。健全村（居）法律顾问制度，尽快实现村（居）法律顾问全覆盖。推进"互联网+公共法律服务"，充分运用互联网优势提升法律服务效能。打造涵盖"12348"电话热线、网站、微信、移动客户端等立体化、智慧化的法律服务网络。加快"12348"热线平台省级统筹，打造一体化呼叫中心系统。整合现

---

[1] 参见澎湃新闻："最高法信息中心主任谈中国裁判文书网：访问量远超最初预期"，载搜狐网，http://www.sohu.com/a/312480649_260616，最后访问时间：2019 年 9 月 2 日。
[2] 公开平台主要包括：审判流程公开、庭审活动公开、裁判文书公开、执行信息公开四大平台。

有法律服务资源，因地制宜建设公共法律服务中心，选择具备条件的乡镇（街道）建立公共法律服务站、公共法律服务室，为社会公众提供方便、快捷的公共法律服务。二是提升欠发达地区公共法律服务能力。强化公共法律服务经费保障，增设欠发达地区法律服务扶贫项目。加大政府购买法律服务力度，推动社会力量参与提供法律服务。制定政府补贴、税费减免等优惠政策，支持欠发达地区律师事务所建设，鼓励发达地区法律服务机构到欠发达地区设立分支机构。加强在法律服务人才引进方面的政策上扶持，不断壮大法律服务人才队伍。三是加强公共法律服务队伍建设。调整、优化队伍人员构成，适度提升律师、仲裁员和公证员等专业人才在队伍中所占比例。加强政府法律顾问队伍建设，为政府决策提供更优质的法律服务，推进行政机关依法行政。加强专兼职调解员队伍建设，增加专职调解员数量，选任更多具有法律专业知识的社会公众担任兼职调解员。鼓励和引导律师、法律专家学者广泛参与公共法律服务，不断壮大公共法律服务队伍，拓展公共法律服务主体。

（五）加强司法工作监督

法国著名学者孟德斯鸠曾经指出："没有制约的权力，必然会走向腐败。"确保司法公正、提升司法公信力，必须加强对司法工作的监督。一是重视开展人大对司法工作的监督。各级人民代表大会常务委员会要加强对本行政区域内司法工作的监督，通过听取和审议专项工作报告、法律法规实施情况检查、询问和质询、特定问题调查、旁听庭审等方式，对司法机关及司法工作人员履行法定职责情况、司法体制综合配套改革贯彻落实情况、司法机关之间的工作衔接配合情况、错案及重大司法过错责任追究的情况等进行监督。二是推行人民陪审员参加审判。人民陪审员参加审判，是公民有序参与司法的重要渠道，对推进司法民主，监督和促进司法公正具有重要作用。司法行政机关、基层人民法院和公安机关等有关部门，应当根据《人民陪审员法》[1]的相关规定，从符合条件的公民中选任人民陪审员。人民陪审员依法

---

〔1〕　人民陪审员根据《人民陪审员法》规定的办法产生。该法第9条规定："司法行政机关会同基层人民法院、公安机关，从辖区内的常住居民名单中随机抽选拟任命人民陪审员数5倍以上的人员作为人民陪审员候选人，对人民陪审员候选人进行资格审查，征求候选人意见。"第10条规定："司法行政机关会同基层人民法院，从通过资格审查的人民陪审员候选人名单中随机抽选确定人民陪审员人选，由基层人民法院院长提请同级人民代表大会常务委员会任命。"第11条规定："因审判活动需要，可以通过个人申请和所在单位、户籍所在地或者经常居住地的基层群众性自治组织、人民团体推荐的方式产生人民陪审员候选人，经司法行政机关会同基层人民法院、公安机关进行资格审查，确定人民陪审员人选，由基层人民法院院长提请同级人民代表大会常务委员会任命。"

享有参加审判活动、独立发表意见、获得履职保障等权利。三是推行人民监督员对检察院办案进行监督。人民监督员对检察院办案进行监督，有利于防止和纠正检察院办案中的不公正现象。根据最高人民检察院颁布实施的《人民检察院办案活动接受人民监督员监督的规定》[1]，人民监督员对检察院的办案活动进行监督，依法、独立、公正履行监督职责，行使监督权受法律保护，检察院要积极配合、自觉接受人民监督员对其进行的监督[2]。除上述对司法工作监督形式之外，在实践中还应注重发挥新闻媒体、社会公众等监督渠道的作用，形成监督合力，促进司法公正。

第三节　大力推进公益诉讼

公益诉讼对于保障国家和社会公共利益、优化司法职权配置、推进社会治理法治化具有重要的意义和作用。关于公益诉讼，在我国的《民事诉讼法》[3]、《行政诉讼法》[4]、《环境保护法》[5] 等法律法规和有关司法解释中均有明确、具体的规定。在社会治理实践中，应充分发挥司法机关作用，

---

　　[1]　最高人民检察院 2019 年 8 月 27 日颁布的《人民检察院办案活动接受人民监督员监督的规定》第 5 条规定："人民监督员的选任和培训、考核等管理工作，依照相关规定由司法行政机关负责，人民检察院予以配合协助。"

　　[2]　根据最高人民检察院 2019 年 8 月 27 日颁布的《人民检察院办案活动接受人民监督员监督的规定》规定，人民监督员监督检察办案活动，依法独立发表监督意见，检察院应当如实记录在案，列入检察案卷；检察院应当认真研究人民监督员的监督意见并依法作出处理，监督意见的采纳情况应当及时告知人民监督员，未采纳监督意见的应当向人民监督员作出解释说明，人民监督员对于解释说明仍有异议的，相关部门或者检察官办案组、独任检察官应当报请检察长决定。

　　[3]　《民事诉讼法》第 55 条规定："对污染环境、侵害众多消费者合法权益等损害社会公共利益的行为，法律规定的机关和有关组织可以向人民法院提起诉讼。人民检察院在履行职责中发现破坏生态环境和资源保护、食品药品安全领域侵害众多消费者合法权益等损害社会公共利益的行为，在没有前款规定的机关和组织或者前款规定的机关和组织不提起诉讼的情况下，可以向人民法院提起诉讼。前款规定的机关或者组织提起诉讼的，人民检察院可以支持起诉。"

　　[4]　《行政诉讼法》第 25 条第 4 款规定："人民检察院在履行职责中发现生态环境和资源保护、食品药品安全、国有财产保护、国有土地使用权出让等领域负有监督管理职责的行政机关违法行使职权或者不作为，致使国家利益或者社会公共利益受到侵害的，应当向行政机关提出检察建议，督促其依法履行职责。行政机关不依法履行职责的，人民检察院依法向人民法院提起诉讼。"

　　[5]　《环境保护法》第 58 条规定："对污染环境、破坏生态，损害社会公共利益的为，符合下列条件的社会组织可以向人民法院提起诉讼：①依法在设区的市级以上人民政府民政部门登记；②专门从事环境保护公益活动连续 5 年以上且无违法记录。符合前款规定的社会组织向人民法院提起诉讼，人民法院应当依法受理。提起诉讼的社会组织不得通过诉讼牟取经济利益。"

大力推行公益诉讼活动，更好地保护国家利益和社会公共利益不受非法侵害，维护社会公平正义和良好的社会秩序。

一、公益诉讼概述

（一）公益诉讼的概念

公益诉讼是指特定的国家机关、组织和个人，根据法律的授权，对损害国家利益、社会公共利益的行为，依法向人民法院提起诉讼，由人民法院追究违法者相应法律责任的一种诉讼活动。

（二）公益诉讼的分类

公益诉讼主要分为民事公益诉讼和行政公益诉讼两种类型。

1. 民事公益诉讼。民事公益诉讼，主要是指国家机关、组织和个人，对于污染环境、侵害众多消费者合法权益等损害社会公共利益的行为，依法向人民法院提起的民事诉讼活动。

2. 行政公益诉讼。行政公益诉讼，主要是指人民检察院在履行职责中发现生态环境和资源保护、食品药品安全、国有财产保护、国有土地使用权出让等领域负有监督管理职责的行政机关违法行使职权或者不作为，致使国家利益或者社会公共利益受到侵害，依法向人民法院提起的行政诉讼活动。

二、公益诉讼的改革实践

近年来，我国公益诉讼改革在不断地探索和实践中取得了明显进展。党的十八届四中全会提出，探索建立检察机关提起公益诉讼制度。[1] 2015 年 7 月，全国人大常委会授权在北京等 13 个省、自治区、直辖市，围绕生态环境和资源保护、国有资产保护、国有土地使用权出让、食品药品安全等领域，开展为期 2 年的检察机关提起公益诉讼的试点[2]。在总结试点经验基础上，2017 年 6 月 27 日全国人大常委会通过修改《民事诉讼法》《行政诉讼法》的方式，从立法上明确了检察机关提起公益诉讼的权力。2018 年 3 月，最高人

---

〔1〕　参见"中共中央关于全面推进依法治国若干重大问题的决定"，载《求是》2014 年第 21 期。

〔2〕　2015 年 7 月 1 日全国人大常委会发布的《关于授权最高人民检察院在部分地区开展公益诉讼试点工作的决定》指出，为加强对国家利益和社会公共利益的保护，授权最高人民检察院在生态环境和资源保护、国有资产保护、国有土地使用权出让、食品药品安全等领域开展提起公益诉讼试点。试点地区确定为北京、内蒙古、吉林、江苏、安徽、福建、山东、湖北、广东、贵州、云南、陕西、甘肃 13 个省、自治区、直辖市。人民法院应当依法审理人民检察院提起的公益诉讼案件。提起公益诉讼前，人民检察院应当依法督促行政机关纠正违法行政行为、履行法定职责，或者督促、支持法律规定的机关和有关组织提起公益诉讼。试点期限为 2 年。

民法院、最高人民检察院联合发布《关于检察公益诉讼案件适用法律若干问题的解释》,进一步明确了检察院提起公益诉讼的规定。

从公益诉讼改革成效看,自 2017 年 7 月检察公益诉讼工作全面推开以来,全国检察机关共立案公益诉讼案件 99 441 件,提出检察建议和发布公告 87 385 件、提起诉讼 2793 件;其中 2018 年 1 月至 11 月,全国检察机关共立案公益诉讼案件 89 523 件,提出检察建议和发布公告 78 448 件、提起诉讼 2560 件;通过办理公益诉讼案件挽回直接经济损失 239 亿余元,其中收回国有土地出让金 165.9 亿元,收回人防易地建设费 10 亿元。地方检察机关在公益诉讼方面的积极探索,积累了不少改革实践经验。比如,云南检察机关 2018 年 8 月启动开展"金沙江流域(云南段)生态环境和资源保护专项监督行动",强化金沙江流域生态环境司法保障;重庆检察机关在全市部署开展为期 2 年的"保护长江母亲河"公益诉讼专项行动,推动长江流域生态环境质量不断改善,等等,均取得了较好的效果。[1]

同时也要看到,公益诉讼改革还有待于进一步深化。比如,按照目前的法律规定,公益诉讼的主体资格还有一定局限性。以环境公益诉讼为例,根据《行政诉讼法》《环境保护法》的规定,检察院和符合一定条件的社会组织具备环境公益诉讼的主体资格,可以提起环境公益诉讼。但是从对社会组织的要求来看,根据《环境保护法》的规定,具有提起环境公益诉讼主体资格的社会组织,只能是依法在设区市级以上政府民政部门登记、专门从事环境保护公益活动连续 5 年以上并且没有违法记录的社会组织,《环境保护法》的这项规定将大多数社会组织排除在环境公益诉讼主体资格之外。此外,法律也未授予普通公民提起环境公益诉讼的权利。法定的公益诉讼主体资格范围偏窄,其直接弊端就是导致对危害国家利益和社会公共利益的行为监督力度弱化,从而限制了公民在更深程度上参与环境监督和环境治理。

三、公益诉讼的域外经验

美国是世界上最早确立环境公益诉讼制度的国家[2]。20 世纪 70 年代开始,美国通过《清洁空气法》《清洁水法》《安全饮用水法》《有毒物质控制法》《防治船舶污染法》等法律法规,创立和完善了环境公益诉讼制度。经过

---

〔1〕 参见法制日报:"检察机关公益诉讼实现'全覆盖'",载人民网,http://legal.people. com.cn/n1/2019/0115/c42510-30538548.html,最后访问时间:2019 年 6 月 22 日。

〔2〕 环境公益诉讼在美国被称为"环境公民诉讼"(Environmental Citizen Suit)或"环境公共诉讼"(Environmental Public Law Litigation)。

多年的积累和不断努力，发展到 20 世纪 90 年代中期，环境公益诉讼制度体系在美国越来越完善，而且在世界范围内形成了比较广泛的影响，英国、加拿大、德国等许多国家都借鉴美国经验，先后建立起环境公益诉讼制度。

在美国的环境公益诉讼中，可以提起环境公益诉讼的主体规定的比较广泛，任何公民个人、团体、企业、组织或其他法人都有权提起环境公益诉讼。环境公益诉讼的被告可能是违反相关法律的公民个人、公司、社团、组织、机构，也可能是联邦政府、州政府或政府机构，或者是环境法律的实施或执行机构，比如环保局、商业部、内政部等部门。环境公益诉讼的可诉范围可以是违反污染防治义务的侵权行为，或者联邦环境行政执法机关环保署长、秘书长等环保官员怠于履行法定职责的不作为违法行为。

为鼓励公众参与到环境公益诉讼之中，美国法律规定，法院可以判令诉讼中的败诉方向赢得胜诉的一方支付律师费用，以此降低原告提起环境公益诉讼的成本和风险；也可以通过向原告方提供一些费用等方式，比如向原告方支付提起诉讼所需的专家鉴定费、技术服务费或者调查取证费，激励社会公众参与环境公益诉讼的热情。

四、公益诉讼的推进策略

推行公益诉讼，既要立足我国的基本国情，也要注重吸收、借鉴国外的有益经验。一是充分发挥检察院的公益诉讼职能作用。依托检察公益诉讼，大力整治懒政怠政、为官不为、违法乱为等不正之风。对于生态环境和资源保护、食品药品安全、国有财产保护、国有土地使用权出让等领域具有监管职责的行政机关，如果其履职过程中存在违法行使职权或不作为行为，因此侵害了国家利益、社会公共利益的，检察院应当及时通过向行政机关提出检察建议的方式，督促该机关切实履行职责。如果行政机关在接到检察建议后仍然不履行职责，检察院应向法院提出诉讼追究该机关的责任。二是积极扶持具备维护环境公共利益能力和条件的环保社会组织依法进行环境公益诉讼。通过政府购买服务、实行税收优惠、减免原告诉讼费用、设立环境保护公益基金等方式，支持引导社会组织发起环境公益诉讼。同时还要进一步扩大环境公益诉讼的主体范围，积极争取在法律层面赋予公民个人提起环境公益诉讼的主体资格，适当放宽社会组织提起环境公益诉讼的原告资格条件，以更好地发挥公益诉讼对公共利益的保护作用。[1] 三是加强公益诉讼的协作配合。各有关部门之间在公益诉讼案件的线索移送、信息共享、调查取证、司法鉴定等方面,要紧密协作、无缝衔接,进一步加大协调配合力度。推动建立跨省级行政区划公益诉讼工作机制,合力解决侵害国家利益和社会公共利益的跨区域违法行为。四是开展公益诉讼专项行动。各地方结合本地实际,针对社会普遍关心、关注的生态环境和资源保护、食品药品安全等领域的突出问题,组织开展公益诉讼专项行动,集中力量办理一批有影响的公益诉讼案件,最大限度地发挥公益诉讼在社会治理中的作用。

---

〔1〕 参见李坤轩:“生态文明建设视域下的环境监管转型路径探析——基于山东省环境监管执法调研的启示”,载《天津行政学院学报》2019 年第 5 期。

第六章

推动全社会牢固树立法治意识

只有铭刻在人们心中的法治，才是真正牢不可破的法治。[1] 法治的力量来源于公民对法律的信仰，正如法国著名学者卢梭在他的著作《社会契约论》中所言："一切法律之中最重要的法律，既不是刻在大理石上，也不是刻在铜表上，而是铭刻在公民的内心里。"社会治理工作的开展，离不开法治的重要保障和全社会法治观念的培育。全民法治意识的树立，良好法治环境的形成，是影响法治作用发挥的关键因素。法律要更好发挥作用，需要全民信仰法律，在内心深处树立牢固法治意识，真正做到依法办事，依法解决问题。

第一节　深入开展法治宣传教育

全民守法是法治国家、法治社会建设的基本要求，也是维护良好社会秩序，确保社会和谐稳定的现实基础。党的十八届四中全会提出，要坚持把全民普法和守法作为依法治国的长期基础性工作，深入开展法治宣传教育。[2]推动形成全民守法的良好氛围，必须增强全民法治观念，引导全社会树立起法治意识，高度重视抓好法治的宣传教育。

一、加大全民普法教育力度

全民普法教育是推动全社会树立法治意识的有力抓手。从历史轨迹看，以"五年规划"的形式开展全民普法教育，是中国法治建设的一大创举。1985 年 11 月，中共中央、国务院批转了中宣部、司法部《关于向全体公民基本普及法律常识的五年规划》，1986 年，我国正式拉开全民普及法律常识宣传

---

〔1〕　参见中共中央文献研究室编：《习近平关于全面依法治国论述摘编》，中央文献出版社 2015 年版，第 121 页。

〔2〕　参见"中共中央关于全面推进依法治国若干重大问题的决定"，载《求是》2014 年第 21 期。

教育的大幕，此后普法宣传教育活动，以每5年为一个时间单位，一直延续，从未间断，已经走过了三十多年历程。[1] 当前，全民普法教育面临着新的形势、任务和要求，必须统筹规划、科学安排、多措并举，以适应时代发展要求和全面推进依法治国的现实需要。

（一）建立法治宣传教育常态机制

法治宣传教育是一项系统工程，涉及范围广、普法周期长，需要常抓不懈、久久为功，推动宣传教育常态化开展。要加强党委、政府对普法工作的领导，健全完善党委领导、人大监督、政府实施的法治宣传教育工作领导体制，发挥宣传、文化、教育部门和人民团体等有关部门和单位在普法教育中的职能作用。国家机关实行"谁执法、谁普法"的普法责任制，负责制定法治宣传教育工作规划和普法责任清单，明确目标任务和具体措施。各行业、各单位落实"谁主管、谁负责"的普法责任，结合行业特点和特定群体的法律需求，采取公民易于接受的方式，开展法治宣传教育。法律服务工作主体按照"谁服务、谁普法"的要求，积极开展普法活动，推动普法与公共法律服务的有效衔接和相互融合。把法治宣传教育纳入社会主义精神文明创建内容，积极组织开展群众喜闻乐见、形式多样的法治文化活动。健全完善法治宣传教育工作考评指导标准和指标体系，对普法工作实行量化考核。引入第三方评估机制对普法宣传教育工作情况进行评估，促使各级各部门建立普法工作长效机制，不断提升普法效果。

（二）突出法治宣传教育重点内容

开展法治宣传教育，要紧紧围绕贯彻落实全面依法治国方略，普及宪法和法律、法规、规章的基本知识，弘扬社会主义核心价值观，建设社会主义法治文化，推动科学立法、严格执法、公正司法、全民守法，以及推进多层次、多领域依法治理等方面的有序进行。

当前和今后一段时期，需要重点抓好的法治宣传教育内容主要包括：一是学习宣传习近平同志关于全面依法治国的重要论述。学习宣传要结合当前的立法、执法、司法和守法等法治建设实际。通过深入系统的学习宣传，进一步了解和把握全面依法治国的重大意义、基本内涵和总体要求，坚定走中

---

[1] 中国普法教育从1986年正式开始的"一五普法"至今，已经接续不断地走过了三十多年历程，分别是：一五普法（1986~1990）、二五普法（1991~1995）、三五普法（1996~2000）、四五普法（2001~2005）、五五普法（2006~2010）、六五普法（2011~2015）、七五普法（2016~2020）。

国特色社会主义法治道路的自信心。二是切实抓好宪法的学习宣传。宪法是国家的根本大法，具有最高的法律效力。要通过开设专题讲座、举办报告会、召开学术研讨会、组织宪法知识竞赛等多种形式，在社会各界广泛开展宪法宣传教育，推动宪法真正入脑、入心，形成人人崇尚宪法、敬畏宪法、遵守宪法的浓厚法治氛围。三是开展中国特色社会主义法律体系学习宣传。在宣传教育活动中，要注重培育法治理念、弘扬法治精神，引导全民树立法治意识，做到自觉守法、依法办事。四是加强党内法规的学习宣传。以案说法、警钟长鸣，教育引导党员干部模范遵守党章、党规、党纪。加强党员学习党内法规的宣传教育和考核测评，定期组织党内法规知识学习情况测试。

（三）把法治宣传教育纳入国民教育体系

地方教育部门应按照国家要求，把法治教育纳入国民教育体系，建立对学校法治宣传教育工作的考核评价制度，定期进行指导、检查、监督和评估，加强法治教育师资的专门培训；根据国家有关部门发布的《青少年法治教育大纲》[1]，抓好法治课程的教材体系建设，统筹编制符合地方实际、具有针对性的法治教育读本，鼓励有条件的学校自行编制学校法律读本。坚持法治教育从青少年抓起，打造政府、学校、家庭、社会"四位一体"，以及校内校外、课内课外、线上线下相结合，理论学习与法治实践相促进的全方位、立体化的法治教育新格局。

法治宣传教育要突出重点，以法律常识、法治理念、法治原则、法律制度为核心，分阶段、系统化地宣传公民基本权利义务、家庭关系、社会活动、公共生活、行政管理、司法制度、国家机构等领域的主要法律法规以及我国签署加入的重要国际公约的核心内容；按照不同的层次和深度，根据不同学段的教学内容和教学特点，进行科学规划、统筹安排、循序推进，把自由平等、公平正义、民主法治等法治理念，法律至上、权利保障、权力制约、程序正义等法治原则，与法律常识教育紧密结合。在义务教育阶段，要使学生初步了解公民的基本权利义务、重要法治理念与原则以及必备的基本法律常识；在高中教育阶段，要使学生初步具备参与法治实践、正确维护自身权利的能力；在高等教育阶段，要使学生基本理解和掌握公民常用的法律知识，能够依法维护自身权益，运用法律来化解矛盾纠纷。

---

〔1〕　教育部、司法部、全国普法办于2016年6月28日联合发布《青少年法治教育大纲》，对国民教育体系中系统规划和科学安排法治教育的目标定位、原则要求和实施路径等作出了具体规定。

深入推动中国特色社会主义法治理论进教材、进课堂、进头脑，在中小学开设法治知识相关课程，在高等院校开设法治基础课作为必修课程。学校开展法治教育应当遵循教育教学规律，与学生的认知能力相适应，贴近青少年生活实际，将法治宣传教育与学生的日常生活相结合，注重采取以案说法、典型案例分析、体验式教学、现场观摩、实践模拟等方式组织学生开展法治教育和实践教育活动，持续增强中小学生的规则意识和法治观念，强化高等院校学生的法治素养和参与法治实践的能力。

（四）创新法治宣传教育方式方法

充分利用传统媒体和新兴媒体宣传平台，推进"互联网+普法"、智慧普法模式，深入开展法治宣传教育。实施精准普法、精细普法，根据青少年、农民工、贫困人口、企业经营管理人员等不同群体的特点，有针对性地开展特色法治教育，不断提高法治宣传工作的实效性。深化法律进机关、进乡村、进社区、进学校、进企业、进单位的"法律六进"主题活动，通过设立宣传展板、发放法律服务便民联系卡、赠阅法律图书等方式，融法于乐、融法于心，促进基层干部群众尊法、学法、守法、用法。村民委员会、居民委员会要将法治意识作为对村民、居民进行宣传教育的重要内容，引导村民、居民依法维护权益、化解纠纷，加强自我约束、自我管理。积极开展以案释法活动，完善法官、检察官、执法人员和律师等专业人员以案释法制度，及时面向社会发布司法、行政执法典型案例。在开展执法活动、司法办案、处理社会热点难点问题等工作中，积极履行普法责任，向社会公众开展普法宣传。加强和改进法治宣传教育，通过组织旁听庭审、法治讲座、法律咨询等方式方法，培育社会公众的法律信仰，引导全民树立依法办事、依法解决矛盾纠纷的法治理念。组织进行法治宣传教育情况评估，创建法治城市、法治县（市、区）、民主法治示范村（社区）、依法行政示范窗口、依法治校示范学校，发挥法治建设典型单位的示范引领、带动作用，激发法治宣传教育的活力和动力，不断提高社会治理法治化水平，增强法治宣传教育的实际效果。

为加强法治宣传教育，推动全社会树立法治意识，地方在法治宣传教育实践中进行了积极探索。比如，安徽省、山东省、湖南省、广东省、河北省、黑龙江省等省份，结合地方实际，分别制定了法治宣传教育地方性法规。其中，安徽省在2015年9月25日颁布的《安徽省法治宣传教育条例》（以下简称《教育条例》），是全国第一部法治宣传教育地方性法规，该《教育条例》明确了地方法治宣传任务、法治宣传教育责任、普法的重点对象，并且提出要加强法治文化建设，提升公民崇法、守法意识，鼓励开展法治宣传公益活动，加强新媒体新技术在普法中的运用，提高普法实效，等等。《教育条例》的出台，对安徽省法律知识的宣传普及、全民法律意识的提高，推动依法加强社会治理，起到了有效保障和促进作用。

二、培育社会主义法治文化

加强和改进社会治理，需要全社会的共同参与，在全社会培育尊崇法治、敬畏法治的文化理念。党的十八届四中全会指出，全面推进依法治国，必须弘扬社会主义法治精神，建设社会主义法治文化。[1] 法治文化作为一种文化形态，蕴含、体现、彰显着法治精神，是法治国家建设的文化基础、内生动力和重要支撑。只有做到法治理念内化于心、外化于行，逐步发展成为一种文化，发展成为一种生活方式和生活习惯，才能推动社会治理真正走向善治。

社会主义法治文化是中国先进文化的重要组成部分，吸收、积淀了人类法治文明的精髓，集中体现着人民主权、法律至上、公平正义、自由平等、尊重人权、权力制约、民主法治等法治的基本价值、基本理念和基本精神，体现了中国特色社会主义法律制度、法治思想和法治理论，反映了全民依法办事、自觉遵法守法的一种法治进步状态。

培育社会主义法治文化，要切实抓好公民意识教育和社会公德教育。

（一）加强公民意识教育

所谓公民意识教育，是指通过适当的教育手段和方式，提高公民对宪法规定的基本权利和义务的认知，提高对自己在国家、社会中的政治地位和法律地位的认知，从而更好地把握自己与国家之间的关系，增强国家主人翁责任感，积极参与社会公共事务的管理活动，养成良好的政治态度、法治意识和法治行为习惯。公民意识教育的内容主要包括国家意识教育、民族意识教育、自由平等意识教育、公平正义意识教育、民主法治意识教育、社会责任意识教育等诸多方面。

（二）加强社会公德教育

社会公德是每个公民应当遵循的基本道德准则。加强社会公德教育，对于维护良好的社会秩序具有重要意义。法治是一种"硬约束"的他律行为，德治是一种"软约束"的自律行为，在社会治理中法治与德治两者相辅相成、

---

〔1〕 参见"中共中央关于全面推进依法治国若干重大问题的决定"，载《求是》2014 年第 21 期。

相互促进。加强社会治理要坚持法治与德治相结合，既重视发挥法治在社会治理中的作用，也重视发挥德治在社会治理中的作用。

习近平同志指出，法律是成文的道德，道德是内心的法律，法律和道德都具有规范社会行为、调节社会关系、维护社会秩序的作用，在国家治理中都各有其地位和功能，法治和德治不可分离、不可偏废，国家治理需要法律和道德协同发力，要在道德教育中突出法治内涵，注重培育人们的法律信仰、法治观念、规则意识，引导人们自觉履行法定义务、社会责任、家庭责任，营造全社会都讲法治、守法治的文化环境。[1]

加强社会公德教育，必须重视抓好诚信建设，将诚信教育贯穿于公民道德建设全过程，在全社会推动形成"以诚实守信为荣、以见利忘义为耻"的良好风尚。要加快建立覆盖全社会的征信系统，健全公民、企业和社会组织的守法信用记录，破除各地区各部门之间以及国家机关与人民团体、社会组织、企事业单位之间的信用信息壁垒，依法推进信用信息互联互通和交换共享。完善守法诚信褒奖机制，对守法者、讲诚信者实行鼓励激励措施。加大诚信缺失者的惩治力度，健全跨部门协同监管和联合惩戒机制，对违法者、失信者实行约束惩戒[2]，使人不敢失信、不能失信、不愿失信。比如，信用约束是促使市场主体守法诚信经营的重要抓手，通过推进以信用监管为核心的新型市场监管，加强公共信用信息平台、征信服务平台建设，完善市场主体诚信档案、行业黑名单制度和市场退出机制，及时公示、共享信用信息，推动实施信用约束和部门联合惩戒，对存在严重违法失信行为、列入经营异常名录的市场主体，在政府采购、行政许可、银行信贷、授予荣誉称号等领域依法进行限制或禁止，形成"一处失信，处处受限"的效果，从而倒逼守法经营、提升诚信水平。[3]

---

〔1〕 参见新华社："习近平主持中共中央政治局第三十七次集体学习"，载中国政府网，http://www.gov.cn/xinwen/2016-12/10/content_5146257.htm，最后访问时间：2019年6月22日。

〔2〕 根据中共中央办公厅、国务院办公厅2016年9月颁布的《关于加快推进失信被执行人信用监督、警示和惩戒机制建设的意见》规定，对于失信被执行人，将受到从事特定行业或项目限制、政府支持或补贴限制、任职资格限制、准入资格限制、荣誉和授信限制、特殊市场交易限制、限制高消费及有关消费等多项联合惩戒。参见新华社："中共中央办公厅 国务院办公厅印发《关于加快推进失信被执行人信用监督、警示和惩戒机制建设的意见》"，载中国政府网，http://www.gov.cn/zhengce/2016-09/25/content_5111921.htm，最后访问时间：2019年6月23日。

〔3〕 参见李坤轩："新时代深化'放管服'改革的问题与对策"，载《行政管理改革》2019年第6期。

第二节 提升国家工作人员的法治素养

国家工作人员法治素养的高低，在法治国家、法治政府和法治社会建设进程中起着基础性、关键性作用，直接影响着社会治理的质量和效果。党的十八届四中全会明确指出，全民普法和守法是依法治国的长期基础性工作，要坚持把领导干部带头学法、模范守法作为树立法治意识的关键，把能不能遵守法律、依法办事作为考察干部重要内容，把法治建设成效作为衡量各级领导班子和领导干部工作实绩重要内容。[1] 国家工作人员特别是领导干部要充分发挥好表率作用，带头尊法、学法、守法、用法，任何组织和个人都不得有超越宪法和法律的特权，不能以言代法、以权压法、逐利违法、徇私枉法。

一、国家工作人员带头尊法、学法、守法、用法

国家工作人员作为公权力的掌握着和行使者，首先要强化法律底线意识，带头尊法、学法、守法、用法，提高法治思维和依法办事能力，自觉以现代法治精神、原则和规则来分析、判断和处理事务。要加强宪法学习[2]，尊重宪法权威，加强宪法的实施。深入学习习近平同志关于全面依法治国的新思想、新观点、新论断、新要求，强化厉行法治的自觉性、坚定性，推动依法治国各项部署要求全面落实。认真学习法律基础知识，结合实践进行学习，增强学习效果，促进学用结合，提高运用法律推动工作、解决问题的水平。坚持干什么学什么、缺什么补什么，有针对性地加强与履职相关法律知识的学习，切实提高依法办事能力。认真学习行政诉讼、复议、仲裁、调解、信访等方面的法律法规，练好依法化解社会矛盾纠纷的内功。坚持把法治实践成效作为检验学法用法工作的重要标准，结合岗位需求进行学法用法，严格按照法律规定履行职责，不断提高社会治理法治化水平，增强学法用法的实际效果。

二、推动国家工作人员学法用法常态化

确保学法用法取得实际效果，要在抓好国家工作人员自学基础上，立足

---

〔1〕 参见"中共中央关于全面推进依法治国若干重大问题的决定"，载《求是》2014 年第 21 期。

〔2〕 重点学习宪法确立的基本原则、国家的根本制度和根本任务、国体和政体、公民的基本权利和义务等内容。

实际、多措并举、内外结合，推动学法用法常态化，养成良好的学法用法习惯。一是健全日常学法用法制度。结合国家工作人员岗位实际，经常性地组织法治讲座、法治论坛、法治研讨、法治沙龙等研讨交流，积极开展以案释法、旁听庭审、警示教育等实践教学，注重微博、微信、微视、移动客户端等新技术在学法中的运用，建设网络学法学校、网络学法课堂，搭建和完善学法用法平台，不断丰富和拓展学法用法的渠道、方式，促使学习法律与运用法律解决问题紧密结合，增强学法的针对性和实效性，推动学法用法不断走向深入。二是加强法律法规知识培训。坚持把宪法法律和党内法规列为各级党校、行政学院、干部学院、社会主义学院和其他相关培训机构的培训必修课程。进一步加强法治课程体系建设，不断增强法治教育培训的针对性。把法治培训作为国家工作人员入职、晋职培训的重要内容。根据实际工作需要，定期或不定期地组织开展法治专题培训，把法治内容作为各类在职业务培训的必备内容，并且要适度增加所占内容比重。三是严格做到依法履行职责。坚持依法行政、依法办事，遵循"法无授权不可为、法定职责必须为"的基本要求，按照法律规定和法定程序切实履行职责。在行政执法过程中，执法人员必须持证上岗，未取得执法资格的，不得从事执法活动。积极推行信息公开，依法公开职责权限、法律依据、实施主体、流程进度、办理结果等事项，自觉接受社会各方面监督。加强执法案卷评查、案件质量跟踪评判，努力提高执法质量和执法水平。严格落实执法责任制，对失职者进行严肃责任追究。四是完善学法用法考察测试机制。按照"条块结合，以块为主"和"谁组织实施，谁负责"的原则，加强国家工作人员录用、招聘过程中法律知识的考察测试，增加公务员录用考试中法律知识的比重。实行国家工作人员法律知识考试制度，定期组织开展法律知识考试，测试成绩不合格者当年不能参加评先树优活动。完善国家工作人员任职法律考试制度，以此推动提升学习效果。对于行政执法人员，必须通过专门考试，才能授予其执法资格。

三、抓住领导干部这个"关键少数"

在全面推进依法治国进程中，领导干部肩负着重要职责，"作为具体行使党的执政权和国家立法权、行政权、司法权的人，在很大程度上决定着全面推进依法治国的方向、道路、进度。党领导立法、保证执法、支持司法、带头守法，主要是通过各级领导干部的具体行动和工作来体现、来实现。"〔1〕推动全民树立法治意识，领导干部具有带头和示范作用，必须抓住领导干部这个"关键少数"，着力提升领导干部的尊法、学法、守法、用法水平。

（一）领导干部要牢固树立法治思维

领导干部法治思维能力的提升，对于带动全社会树立法治意识，形成良好的法治氛围和发展环境，依法进行社会治理以及推进国家治理现代化的早日实现，具有十分重要意义。

1. 法治思维的概念。法治思维是指人们在想问题、作决策、办事情以及分析问题和处理问题时，能够自觉遵守现代法治精神、原则和规则，按照法律逻辑和法律价值理念来分析、判断和处理事务的一种思维方式。

2. 法治思维的内涵。法治思维具有导向、规范功能，以公平正义为价值引导，以合法用权为基本准则。法治思维的内涵，至少包含以下几个方面：①规则思维。法治思维要求国家和社会的治理必须遵循规则之治。②公平正义思维。法治思维要求处理任何事务都应当秉持公平正义的价值理念。③平等对待思维。法治思维要求无论何时何地都要平等地对待当事人。④权力制约思维。法治思维要求行政机关合法、合理行使行政权力。⑤程序思维。法治思维要求一切工作都要遵循法定程序和正当程序。⑥责任思维。法治思维要求行政机关依法履行职责，保障公民、法人和其他社会组织的合法权益。

3. 法治思维的提出。近年来特别是党的十八大以来，党和国家高度重视法治在国家治理和社会治理中的重要作用，在领导干部提升法治思维方面提出了明确要求。2010 年 10 月 10 日，国务院颁布的《关于加强法治政府建设的意见》首次提出"法治思维"，要求行政机关工作人员特别是领导干部要牢固树立社会主义法治理念，自觉养成依法办事的习惯，切实提高运用法治思维和法律手段解决经济社会发展中突出矛盾和问题的能力。习近平同志多次强调法治思维和法治方式的重要性，要求各级领导干部要提高运用法治思维和法治方式深化改革、推动发展、化解矛盾、维护稳定能力，努力推动形成办事依法、遇事找法、解决问题用法、化解矛盾靠法的良好法治环境，在法治轨道上推动各项工作。〔2〕

---

〔1〕 参见中共中央文献研究室编：《习近平关于全面依法治国论述摘编》，中央文献出版社 2015 年版，第 120 页。

〔2〕 参见习近平：《习近平谈治国理政》，外文出版社 2014 年版，第 142 页。

4. 法治思维的养成。法治作为治国理政的基本方式，要真正发挥在治国理政中的作用，需要各级领导干部把法治理念、法治的基本价值精神深入贯彻并落实到各项工作之中。领导干部能否坚持和运用好法治思维，以法治方式分析问题、处理问题和解决问题，这是衡量国家治理现代化水平和社会治理法治化水平的一项重要标准。

作为领导干部，必须在尊法、学法、守法、用法方面发挥好带头作用，要自觉学习法律知识，增强依法执政、依法行政、依法治理意识，带头维护宪法和法律权威，不搞以言代法、以权压法，要把对法治的尊崇、对法律的敬畏转化成思维方式和行为方式，做到在法治之下而不是法治之外，更不是法治之上想问题、作决策、办事情。

习近平同志指出："领导干部提高法治思维和依法办事能力，关键是要做到以下几点：一是要守法律、重程序，这是法治的第一位要求。二是要牢记职权法定，明白权力来自哪里、界线划在哪里，做到法定职责必须为、法无授权不可为。三是要保护人民权益，这是法治的根本目的。四是要受监督，这既是对领导干部行使权力的监督，也是对领导干部正确行使权力的制度保护。"[1]

（二）着力提升领导干部的法治水平

发挥好领导干部这个"关键少数"在全民守法中的表率作用，要采取有效措施，着力提升领导干部的法治素养和法治水平。

1. 坚持领导干部集体学法。健全完善党委（党组）理论学习中心组学法制度，党委（党组）理论学习中心组要把宪法法律、党内法规列入各级党委（党组）理论学习中心组年度学习计划，每年组织开展中心组集体学法活动。

2. 推动领导干部开展法治讲座。党委（党组）书记要认真履行第一责任人职责，充分利用召开常委会会议、政府办公会、党委（党组）扩大会议等适当时机，结合会议议题，在会上组织领导干部学习相关法律法规，定期开展法治讲座，做学法用法表率。

3. 严格执行依法决策。领导干部要带头遵守法律，做到依法决策、依法行政、依法管理。严格遵守宪法和法律规定决策，按照法定职权和程序开展工作。坚持重大决策前专题学法，凡是涉及经济发展、社会稳定和人民群众

---

〔1〕 参见中共中央文献研究室编：《习近平关于全面依法治国论述摘编》，中央文献出版社 2015 年版，第 125 页。

切身利益等重大问题，决策前应先行学习相关法律法规。严格按照法律规定确定"重大行政决策事项"[1]，遵循"重大行政决策法定程序"[2] 进行决策。完善重大事项决策法律咨询论证和合法性审查制度、重大决策集体讨论制度和决策依法公开制度。认真落实政府法律顾问制度，充分发挥法律专家在决策中的参谋助手作用。严格执行重大决策终身责任追究制度及责任倒查机制，对于违法决策以及滥用职权、怠于履职造成重大损失、恶劣影响的，依法追究法律责任。

4. 加强学法用法培训考核。完善领导干部法治教育培训制度，加大领导干部法治教育培训力度。建立"领导干部年终述法制度"[3]，与一年一度的领导干部述职述廉同时安排部署。考察领导干部时，要把领导干部的遵守、守法和依法办事情况作为重要指标。加强领导干部任职前的法律知识考查，组织进行依法行政能力测试，考查测评结果作为领导干部能否提拔使用的重要依据。

---

〔1〕　根据国务院《重大行政决策程序暂行条例》规定，重大行政决策事项包括：①制定有关公共服务、市场监管、社会管理、环境保护等方面的重大公共政策和措施；②制定经济和社会发展等方面的重要规划；③制定开发利用、保护重要自然资源和文化资源的重大公共政策和措施；④决定在本行政区域实施的重大公共建设项目；⑤决定对经济社会发展有重大影响、涉及重大公共利益或者社会公众切身利益的其他重大事项。法律、行政法规对该条第1款规定事项的决策程序另有规定的，依照其规定。财政政策、货币政策等宏观调控决策，政府立法决策以及突发事件应急处置决策不适用该条例。决策机关可以根据该条第1款的规定，结合职责权限和本地实际，确定决策事项目录、标准，经同级党委同意后向社会公布，并根据实际情况调整。

〔2〕　根据国务院《重大行政决策程序暂行条例》规定，重大行政决策法定程序主要包括公众参与、专家论证、风险评估、合法性审查、集体讨论决定五个环节。

〔3〕　述法制度应明确各级领导班子和领导干部在年度考核述职中要围绕法治学习情况、重大事项依法决策情况、依法履职情况等进行述法。

第七章

依法预防和化解社会矛盾纠纷

任何社会都不可能没有矛盾，人类社会在矛盾运动中不断发展进步。稳定是改革、发展的基础，预防和化解社会矛盾纠纷[1]是维护社会和谐稳定的前提，也是构建法治社会的重要内容。社会矛盾纠纷多是各种利益之争和法律纠纷，需要从源头上加强预防，强化法律在化解矛盾纠纷中的权威地位，积极引导矛盾纠纷当事人步入法治轨道，从法治视角看待问题、分析问题、解决问题，通过法治途径来依法有效化解各类纠纷。

第一节　社会矛盾纠纷的发展趋势及特点

纠纷是秩序的反义词，表现为冲突（confliet）的一种类型或一个层次。[2] 从本质上看，纠纷就是社会主体之间的利益博弈。[3] 当代中国正处于社会转型期、改革发展的深水区、跨越"中等收入陷阱"的关键期，社会结构、组织形式和利益格局发生深刻变动，各种利益主体之间相互交融、相互交织、相互交锋，社会资源的稀缺性导致利益群体和社会个体往往因为多

---

〔1〕 社会矛盾是指社会群体、阶层、组织之间的紧张关系，这种紧张关系通常是由资源占有或者利益分配的不均以及意识形态、价值观等差异造成的，通常表现为一方对另一方的负面情绪，并会因负面情绪而采取的一定形式的外显行为。从法律意义上看，社会矛盾往往表现为纠纷和争议。参见马怀德："预防化解社会矛盾的治本之策：规范公权力"，载《中国法学》2012 年第 2 期。

〔2〕 See Henry J. Brown, Arthur L. Marriott, "ADR Principles and Practise", *Sweet & Maxwell*, 1999, p. 12.

〔3〕 对于纠纷的性质，学术界有不同观点。比如，王成栋认为，纠纷的本质是指社会主体间的一种利益对抗状态。参见王成栋："多元纠纷解决机制中的政府作用"，载马怀德主编：《全面推进依法行政的法律问题研究》，中国法制出版社 2014 年版，第 309 页；顾培东认为，纠纷的本质是主体的行为与社会既定的秩序和制度，以及主流道德的不协调或对之的反叛，具有反社会性。参见顾培东：《社会冲突与诉讼机制》，四川人民出版社 1991 年版，第 2~7 页。

重原因、追逐各自利益而进行博弈，继而产生矛盾纠纷，甚至因此引发激烈冲突和群体性事件。

随着改革的不断深化和社会形势的发展变化，中国社会矛盾纠纷逐步进入高发期，社会矛盾纠纷数量居高不下并且有不断增多趋势，矛盾纠纷的解决难度也越来越大。社会矛盾纠纷如果长期积压，得不到及时、妥善的解决，势必会影响到改革的顺利推进、经济的健康发展以及社会的和谐稳定。

总体上看，中国社会矛盾纠纷主要表现为社会矛盾纠纷主体多元化、社会矛盾纠纷类型多样化、利益诉求方式网络化、群体性事件突发呈现高频化、信访问题高位运行常态化等发展趋势和基本特点。

一、社会矛盾纠纷主体多元化

当前，我国社会矛盾纠纷呈现多发易发、错综复杂的态势，社会矛盾纠纷参与主体多元化。[1] 社会矛盾纠纷涉及的纠纷主体包括行政机关、企事业单位、非法人团体和社会组织、党员干部、普通公民等多类主体，几乎涵盖社会主体的各个类型，涉及各行业各阶层。社会矛盾纠纷有可能发生在行政机关与企事业单位之间、行政机关与普通公民之间、公民与企事业单位之间、公民与非法人团体和社会组织之间，党员干部与普通公民之间，以及上述各类主体相互之间，等等。

二、社会矛盾纠纷类型多样化

社会矛盾纠纷类型多种多样，涉及领域比较广泛，主要包括以下几种类型：

（一）产权纠纷

产权纠纷是指利益主体因为维护自身产权利益引发的纠纷，比如因农村土地征收征用、城镇房屋拆迁安置等引发的纠纷。

（二）邻避纠纷

邻避纠纷是指居民因为担心在居住地周边建设垃圾焚烧处理厂、化工厂、殡仪馆、传染病医院等项目，可能会对身体健康、环境质量等带来不良影响，与政府部门、企业法人之间等产生的纠纷，比如近年来不少地方因建设 PX 项目而引发群众集体抗争。

---

〔1〕　参见李坤轩、邱丽莉："'互联网+'视域下基层信访工作的创新路径——基于山东省济宁市信访工作的实践"，载《理论导刊》2017 年第 3 期。

（三）劳资纠纷

劳资纠纷是指因为拖欠工资、降低薪酬、单位裁员以及社保待遇等产生的劳资双方之间的纠纷，比如建筑承包商拖欠农民工工资引发的纠纷。

（四）服务纠纷

服务纠纷是指因为服务对象对提供的服务不满意而引发的纠纷，比如业主与物业公司之间、医生与患者之间的纠纷。

（五）执法纠纷

执法纠纷是指因为执法对象对行政执法人员的执法行为不满而引发的执法对象与执法人员之间的纠纷，比如流动摊贩与城市管理者之间的纠纷。

（六）权利纠纷

权利纠纷是指因为社会主体主张自身权利所引发的纠纷，比如军队转业干部转业安置引发的纠纷。

（七）贫富纠纷

贫富纠纷是指因为贫富差距、财富分配等问题引起的纠纷。

（八）环境纠纷

环境纠纷是指因为环境治理不善引发环境污染，导致不同社会主体经济利益损失所引发的纠纷，比如因上游化工厂违法排污导致下游渔业养殖户鱼苗死亡引发的纠纷。

（九）官民纠纷

官民纠纷是指因领导干部、行政工作人员等工作方式简单粗放，拖延履行职责或不履行法定职责，以及行政决策的科学性、公共资源配置公平性、信息公开的透明度等方面引发的干部与群众之间的纠纷。

社会矛盾纠纷除上述几种常见的纠纷类型之外，还存在诸如教育、就业、住房、社会保障、金融投资、企业改制、交通运输、涉法涉诉等领域多种纠纷，基本上涉及社会治理的各个领域和各个方面。

三、利益诉求方式网络化

近年来，网络因其具有方便快捷、隐蔽性强、传播容量大等优势，逐步成为信息传播的重要载体。社会矛盾纠纷利益诉求表达方式随着互联网的发展与普及，愈发呈现出网络化新特点。据中国互联网信息中心统计，截至

2018 年 12 月，中国网民规模为 8.29 亿人，互联网普及率达 59.6%。[1] 在当今互联网时代，自媒体盛行，人人都可以成为麦克风，社会矛盾纠纷是传统媒体、新兴媒体和自媒体争相报道、传播的舆论焦点。社会公众往往通过网络论坛、手机短信、QQ、微信、微博等新媒体来表达自己的思想观点和利益诉求，这些信息依托互联网平台在短时间内快速扩散、迅速蔓延，很容易形成网上网下遥相呼应、相互放大的局面，一件事情在网络等新媒体的炒作下会不断扩大、升级，甚至酿成影响广泛的重大网络突发事件，最终引发更大范围的社会矛盾。比如，2014 年发生的海南美兰事件[2]，事件参与者就是借助了微信来表达利益诉求、组织集会，造成很大影响；又如，2018 年发生的滴滴网约车司机残害乘客、长春问题疫苗、重庆公交车坠桥事件等，均激起了社会公众的不满情绪，部分公众通过网络表达自己的观点，最终引发网络舆论热点事件。

四、群体性事件突发呈现高频化[3]

近年来，社会公众的权利意识不断增强，利益群体提起诉求的愿望日渐强烈，采取的诉求手段和方式方法趋于激烈化，社会矛盾纠纷的触点增多、燃点降低、敏感度升高，社会矛盾纠纷引发的群体性事件频繁爆发，已经成为影响社会和谐稳定的突出问题。据有关统计，中国群体性事件 1993 年 0.87万起，1994 年 1 万余起，1999 年 3.2 万起，2003 年 5.85 万起，2004 年 7.4万起，2005 年 8.7 万起，2006～2008 年均 9 万起，2009 年超过 10 万起，2010

---

〔1〕　参见中国互联网信息中心："第 43 次中国互联网络发展状况统计报告"，载 http://www.cac.gov.cn/2019-02/28/c_1124175677.htm，最后访问时间：2019 年 5 月 22 日。

〔2〕　2014 年 11 月 18 日，海口市美兰区三江镇部分村民聚集在海南康乐花园项目工地，拆除部分建筑围墙，并与工地员工、在场维持秩序的公务人员发生冲突争执。事件造成 5 名行政执法队员、1名公安民警和 2 名群众受轻伤，10 余台行政车辆和执法车辆车窗被砸并被掀翻。康乐花园项目是省市重点民生项目，由中央、省财政投资建设，项目包括省皮肤性病防治中心等 3 家职业病防治医院。居民担忧康乐花园项目在当地落户造成环境污染，影响生活。为了阻止工程建设，海口市美兰区三江镇群众被部分人士通过微信组织起来，进行罢市和集会示威，爆发群体性事件。参见："11·18 海口三江镇群体事件"，载百度百科网，https://baike.baidu.com/item/11%C2%B718%E6%B5%B7%E5%8F%A3%E4%B8%89%E6%B1%9F%E9%95%87%E7%BE%A4%E4%BD%93%E4%BA%8B%E4%BB%B6/16169728? fr=aladdin，最后访问时间：2019 年 6 月 7 日。

〔3〕　群体性事件是指由某些社会矛盾引发，特定或不特定的多数人聚合形成的偶合群体，为达到一定目的或者实现利益诉求，通过规模性聚集的方式，表达政策主张或者利益诉求，对社会秩序和社会稳定造成重大负面影响的事件。群体性事件表现形式多种多样，如集体上访、怠工、罢工、集会、游行等。

年以来每年达到 12 万起。[1]

社会矛盾纠纷的发生发展有一个不断变化演进的过程，特别是一些长期积累的深层次矛盾，如果在矛盾纠纷的早期不能及时排查、及早发现并采取有效措施，做好相应的预防和化解工作，就很有可能发展为破坏力极强的群体性事件。比如，2008 年发生的云南孟连胶农事件[2]，就是因为胶农与企业的经济利益纠纷长期积累，没有得到及时有效的化解，最后引发的一起群体性事件。

五、信访问题高位运行常态化[3]

信访制度作为党和政府密切联系群众的重要制度，在化解社会矛盾纠纷方面发挥着重要作用。"信访制度严格说并不是一种特定的纠纷解决程序，然而，从实践中的作用和效果来看，信访制度却在我国的纠纷解决系统中具有不可替代的地位。"[4] 信访工作事关社会稳定，事关人民群众切身利益，做好基层信访工作至关重要。目前，信访群体还比较普遍存在着"信访不信法、信上不信下""小闹小解决、大闹大解决、不闹不解决"的惯性思维。基层信访虽总体平稳可控，但信访上行压力较大，依然高位运行，形势比较严峻。[5] 作为行政救济手段，由于信访在解决纠纷方面，不受任何事实证据、期限、步骤、方式等确定性要求的限制，在个别时间和个别案件中又能够"一步到位"，甚至"突破法律底线"解决问题，成为越来越多当事人的首选。此外，大量的纠纷不能通过司法途径得到公正解决，当事人不得不通过信访寻求行政救济，导致信访案件剧增。[6] 每年全国因各种利益矛盾冲突引

---

〔1〕 参见徐汉明等：《社会治理法治研究》，法律出版社 2018 年版，第 3 页。

〔2〕 2008 年 7 月 19 日，云南省普洱市孟连县发生一起群体性突发事件，执行任务的公安民警被不明真相的 500 多名群众围攻、殴打，冲突过程中，民警被迫使用防暴枪自卫，2 人被击中致死。孟连县"7·19"事件，表面上看是警民冲突，实质上是胶农与企业的经济利益长期纠纷所引发的一起群体性事件。参见"孟连事件"，载 360 百科网，https：//baike.so.com/doc/5969474-6182431.html，最后访问时间：2019 年 6 月 6 日。

〔3〕 按照《信访条例》第 1 章第 2 条规定，信访是指"公民、法人或者其他组织采用书信、电子邮件、传真、电话、走访等形式，向各级人民政府、县级以上人民政府工作部门反映情况、提出建议、意见或者投诉请求，依法由有关部门机关处理的活动"。

〔4〕 参见范愉：《非诉讼纠纷解决机制研究》，中国人民大学出版社 2000 年版，第 561 页。

〔5〕 参见李坤轩、邱丽莉："'互联网+'视域下基层信访工作的创新路径——基于山东省济宁市信访工作的实践"，载《理论导刊》2017 年第 3 期。

〔6〕 参见马怀德："预防化解社会矛盾的治本之策：规范公权力"，载《中国法学》2012 年第 2 期。

发的来信上访近千万件，有的信访人漫天要价，以缠访、闹访要挟执法机关满足其要求，有的地方雇佣一些"黑保安"非法关押进京上访人员。[1] 总体上看，信访问题比较突出，信访生态环境不容乐观。

第二节　法治是预防和化解矛盾纠纷的关键

社会矛盾纠纷是经济社会发展的产物，依法预防和化解社会矛盾纠纷是加强社会治理、维护社会和谐稳定的必然要求。目前，社会矛盾的解决方式过分依赖行政手段，诉讼、仲裁、行政复议等法定救济渠道被架空或者虚置，信访、领导批示等行政方式过度膨胀，最终导致社会矛盾纠纷解决体系紊乱。[2] 在社会矛盾化解方面，应综合施策、多措并举，加强源头预防、依法化解，采用法律、经济、行政、调解、教育等多元手段，尤其要强化法律在化解矛盾中的权威地位，重视运用法治思维和法治方式来解决社会矛盾纠纷，引导公众理性表达利益诉求，通过法律途径维护自身的合法权益。

一、以法治方式化解社会矛盾纠纷

推进社会治理法治化，要求行政机关必须解决社会矛盾纠纷化解中法治手段运用不充分的问题，不断加大以法治思维和法治方式化解矛盾纠纷的工作力度。法治思维作为一种思想认知活动过程，其实质是指人们在想问题、作决策、办事情以及分析问题和处理问题时，能够自觉地以现代法治精神、原则和规则来分析、判断和处理事务的思维方式。法治方式则是人们运用法治思维处理问题、解决问题的一种行为方式。法治思维具有遵守规则、平等对待、公平正义、合法行政、合理行政、程序正当、信守承诺、履职尽责等基本要求，强调树立正确的权利义务观念，不能逾越法律的底线。

利益多元化是今天中国社会的基本特征，在利益多元化的社会，妥善调整多元利益关系的唯一机制就是法治，别无其他思维和方式。[3] 当前，一些领导干部和行政机关工作人员法治观念比较淡薄，依法办事能力不足。有的对法治建设重视不够，对依法行政"讲起来重要、做起来次要、忙起来不

---

〔1〕　参见徐汉明等：《社会治理法治研究》，法律出版社2018年版，第2页。

〔2〕　参见马怀德："预防化解社会矛盾的治本之策：规范公权力"，载《中国法学》2012年第2期。

〔3〕　参见胡锦光：《新时代党员干部的法治思维》，中国人民大学出版社2018年版，第27、30页。

要"；有的工作上"凭主观、靠经验"，运用法治思维和法治方式化解矛盾、解决问题的能力不强；有的官本位思想根深蒂固，以权代法、以职压法、徇私枉法、不按法定程序办事的现象仍然存在，以上这些问题，严重影响了官民关系、干群关系。

党的十八大强调，要提高领导干部运用法治思维和法治方式深化改革、推动发展、化解矛盾、维护稳定的能力。提高运用法治思维和法治方式化解社会矛盾的能力，要求领导干部和行政机关工作人员必须做学法守法用法的表率，既要学习履行职责必备的法律知识，也要学习法的基本原则、基本原理、基本价值、基本精神，以法治精神武装头脑；要求领导干部和行政机关工作人员必须依法履职尽责，明确权力边界、职责边界，坚守"法无授权不可为、法定职责必须为"的基本原则，不得法外设定权力，没有法律法规依据不得作出减损公民、法人和其他组织合法权益或者增加其义务的决定，勇于负责、敢于担责，抵制不作为、乱作为、慢作为、假作为等不正之风；要求领导干部和行政机关工作人员必须坚持依法行政，优化行政执法程序，落实行政执法岗位责任，规范行政许可、行政处罚、行政强制、行政征收、行政收费、行政检查等行政执法行为，严厉查处安全生产、食品药品、环境保护、社会治安等领域的违法案件；要求领导干部和行政机关工作人员必须充分尊重法律的权威，严格按照法律的规则和程序去调整社会矛盾纠纷，协调解决多元利益主体之间的利益冲突，推动形成办事依法、遇事找法、解决问题用法、化解矛盾靠法的良好社会氛围。

二、加强社会矛盾纠纷源头预防

防范社会矛盾纠纷，必须规范行政决策、推进信息公开、健全矛盾纠纷预防机制，从源头上预防和减少引发社会矛盾纠纷的隐患。

（一）依法规范行政决策

社会矛盾纠纷的产生与公权力有着密不可分的联系，公权力失范加剧了党群矛盾和官民冲突。[1] 公权力行使不规范是引发社会矛盾纠纷的一项主要因素，有效预防和化解社会矛盾纠纷，首先要加强对公权力的规制。行政决策是公权力行使的首要环节，直接关系着政府的形象和政府的公信力。规范行政决策特别是重大行政决策，是规范公权力的重点内容。近年来，各级行

---

〔1〕 参见马怀德："预防化解社会矛盾的治本之策：规范公权力"，载《中国法学》2012 年第 2 期。

政机关决策机制不断完善，领导干部决策水平不断提高，但实践中也有一些突出问题，比如，决策中不够尊重客观规律，没有充分听取群众意见，还存在违法决策、专断决策、拍脑袋决策现象。由于政府在行政决策中没有做到科学决策、依法决策、民主决策，特别是在事关公众切身利益的重大事项进行决策时缺少专家论证、公众参与等必要程序，难以得到公众的理解和支持，甚至成为引发社会矛盾纠纷以致群体性事件的导火索。

依法规范行政决策，需要采取以下措施：

1. 以制度建设推动行政决策法治化。加强行政决策相关立法和制度建设，进一步健全依法决策机制，完善行政决策流程，探索推行重大行政决策目录化管理、全过程记录制度，提高决策制度的可操作性。

2. 增强公众参与实效。以公众参与促进决策公开，事关群众切身利益、需要社会广泛知晓的重大行政决策事项，在决策前向社会公布决策草案、决策依据，通过听证座谈、调查研究、咨询协商、媒体沟通等方式广泛听取公众意见，及时反馈公众意见采纳情况和理由。完善重大行政决策公众参与程序，探索重大决策与公民互动的有效途径，加强公众参与平台建设，推行文化教育、医疗卫生、资源开发、环境保护、公用事业等重大民生决策事项民意调查制度，推动公民参与决策，促使其合理意见得到充分表达、合法诉求得到充分体现。

3. 提高专家论证和风险评估质量。建立行政决策咨询论证专家库，落实重大决策社会稳定风险评估机制，重视开展社会稳定风险评估、公共安全风险评估以及"互联网+"背景下的网络舆论风险评估等"新兴风险"评估。

4. 加强合法性审查。建立行政机关内部重大决策合法性审查机制，未经合法性审查或经审查不合法的，不得提交决策机关讨论。

5. 坚持集体讨论制度。行政决策要按照民主集中原则，经过会议充分讨论，参与讨论人员应充分发表意见并记录在案，在集体讨论的基础上方能作出决定。

6. 严格行政决策责任追究。按照"谁决策、谁负责"原则，强化决策主体的责任，定期对决策情况进行跟踪评估，实施重大决策终身责任追究及责任倒查机制，确保决策权和决策责任相统一。

7. 提升规范性文件法治化水平。严格执行规范性文件制定程序，对公民、法人或其他组织的权利义务有直接影响的规范性文件要公开征求意见，逐项说明涉及权利义务条款的法律依据。加强规范性文件监督管理，认真落实规范性文件统一登记、统一编号、统一印发和有效期制度，所有规范性文件都要实行合法性审查、备案审查。定期开展规范性文件清理和制定后评估，根据清理、评估结果及时修改或者废止。

依法规范行政决策，要求政府在作出重大行政决策时，必须严格遵循公众参与、专家论证、风险评估、合法性审查和集体讨论决定等法定程序，充分尊重社会公众的知情权、参与权、表达权和监督权，对于涉及公众切身利益、涉及面广、容易引发社会稳定风险的重大决策事项，如重大公共政策、重大管理措施、重大改革措施、重大公共项目等，要认真做好分析和评估，把评估的过程变成协调利益、取得共识的过程，提高行政决策的权威性和政府的公信力，避免陷入"塔西佗陷阱"[1]，最大限度地降低因行政决策不当引发社会矛盾纠纷的风险。

（二）全面推进政务公开

阳光是最好的防腐剂。推进政务公开可以提高政府工作的透明度，有效监督权力行使、制约权力滥用。总体上看，近年来各级政府在政务公开方面不断加大工作力度，取得了明显成效，但是政务公开信息数量不多、质量不高，公开信息碎片化比较严重，信息公开答复的规范化程度也需要加以改善和提升。在有些事项上，政府信息公开的力度明显不够，公众的意见比较集中，直接影响了社会治理的效果。比如，"环境保护、食品药品安全日益成为社会各界重点关注的问题，公众对于相关领域的信息公开需求呈现上涨趋势，但地方政府在信息主动公开方面存在的短板却与此形成鲜明矛盾，从而诱发因信息不对称所导致的公民利益受损，严重者甚至引发社会群体性事件"[2]。

全面推进政务公开，需要重点抓好以下几个方面工作：

1. 坚持以公开为常态、不公开为例外。政府和行政机关掌握着大量的行政管理、公共服务和行政决策等方面的信息，这些信息事关公民、法人和社会组织的生产、生活，应该本着能够主动公开的信息一律进行公开的理念，

---

〔1〕 "塔西佗陷阱"是古罗马历史学家塔西佗提出的一个理论，主要是指当公权力失去公信力时，无论政府发表什么言论、无论做什么事，社会都会给以负面评价。

〔2〕 参见王敬波、李帅："我国政府信息公开的问题、对策与前瞻"，载《行政法学研究》2017年第2期。

及时、准确地依法主动公开政府信息[1]，充分发挥政府信息对群众生产、生活和经济社会活动的服务作用。政府及相关部门应当建立健全本行政机关的政府信息公开工作制度，制定政府信息公开指南和信息公开目录，并且根据信息变化情况及早进行更新、做好动态调整，依法推进决策公开、执行公开、管理公开、服务公开、结果公开。本着推进行政权力公开化、透明化的原则，全面梳理行政许可、行政处罚、行政强制、行政征收、行政收费、行政检查等行政权力，明确政府及相关行政部门的职责范围，编制行政权力清单、政府责任清单并及时对外发布，全面公开政府职能、法律依据、实施主体、职责权限、运行流程、监督方式、联系方法等事项，推动行政权力在阳光下运行。与此同时，要把握好信息公开法定例外情况[2]，依法不能公开的不予公开。

2. 提升政务公开的质量和水平。充分运用信息科学技术手段，打造统一规范的政务信息服务平台，提高政务公开信息化、集中化水平和信息公开质量。拓展政府信息公开渠道，通过报刊、广播、电视、宣传栏等传统媒体，以及政府网站、政务微博、政务微信等新兴媒体或者召开新闻发布会等途径公开政务信息。提高依申请公开信息的服务意识，对于公民、法人或者其他组织申请获取的政府信息，要充分履行审查告知义务，依照法定的信息公开答复实体性和程序性规定，及时、全面、准确地向信息公开申请人作出回复。完善信息共享机制，推进信息在政府部门间的共享共用，打破信息垄断、信息壁垒，真正实现信息多跑路，群众和企业办事时少跑腿。根据实际需要设

---

[1] 根据《政府信息公开条例》规定，应当主动公开的信息主要有：涉及公众利益调整、需要公众广泛知晓或者需要公众参与决策的政府信息，行政机关职能、机构设置、办公基本信息，发展规划、专项规划、区域规划及相关政策，统计信息，办理行政许可和其他对外管理服务事项的依据、条件、程序以及办理结果，实施行政处罚、行政强制的依据、条件、程序以及行政机关认为需要公开的行政处罚决定，财政预算、决算信息，行政事业性收费项目及其依据、标准，政府集中采购项目的目录、标准及实施情况，重大建设项目的批准和实施情况，扶贫、教育、医疗、社会保障、促进就业等方面的政策、措施及其实施情况，突发公共事件的应急预案、预警信息及应对情况，环境保护、公共卫生、安全生产、食品药品、产品质量的监督检查情况，公务员招考事项及录用结果等。

[2] 根据《政府信息公开条例》规定，对于涉及国家秘密的政府信息，法律、行政法规禁止公开的政府信息，以及公开后可能危及国家安全、公共安全、经济安全、社会稳定的政府信息，不予公开；对于涉及商业秘密、个人隐私等公开会对第三方合法权益造成损害的政府信息不得进行公开，除非第三方同意公开或者不公开会对公共利益造成重大影响的予以公开；对于行政机关的内部事务信息，包括人事管理、后勤管理、内部工作流程等方面的信息可以不予公开；对于行政机关在履行行政管理职能过程中形成的讨论记录、过程稿、磋商信函、请示报告等过程性信息以及行政执法案卷信息可以不予公开，如果法律、法规、规章规定上述信息应当公开的要按照规定要求进行公开。

置政府信息查阅场所，并配备相应的设施、设备，为公民、法人和其他组织获取政府信息提供便利，积极回应群众普遍关心关注的热点信息。重点推进财政预算、公共资源配置、重大建设项目批准和实施、社会公益事业建设、乡村振兴等领域的政府信息公开。

（三）健全矛盾纠纷预防机制

党的十八届四中全会指出，要"构建对维护群众利益具有重大作用的制度体系，建立健全社会矛盾预警机制、利益表达机制、协商沟通机制、救济救助机制，畅通群众利益协调、权益保障法律渠道"[1]。目前，维护公民、法人和社会组织等合法权益的制度体系还不健全，由于机制不完善和渠道不通畅，利益主体的一些合理合法诉求难以及时有效解决，直接影响了社会和谐稳定。加强社会矛盾源头预防，必须重视完善社会矛盾纠纷预防机制。

1. 完善社会矛盾预警机制。加强社会矛盾纠纷排查，紧盯重点领域、重点地区、重点群体、重点人员，及时收集、研判和分析社会热点信息、敏感信息、复杂的矛盾纠纷信息。加强群体性事件和突发性事件的预警监测，针对容易引发社会矛盾纠纷的领域，比如征地拆迁、企业改制、涉农利益、环境保护、金融投资、教育医疗、转业安置等领域进行社会稳定风险评估，结合研判分析情况制定维护社会稳定应急预案和化解风险的具体措施，提高依法应对和处置群体性事件、突发性事件的应急管理能力。

2. 完善利益表达机制。畅通社会公众利益表达渠道，健全行政复议、仲裁、诉讼等法定利益诉求表达途径，充分发挥人大、政协、人民团体、行业协会以及大众媒体等利益表达功能，大力推进媒体问政、网络参政议政，搭建社会公众意见征集、反馈交流平台。

3. 完善协商沟通机制。基于协商于民、协商为民的出发点，注重组织开展政府与不同利益主体之间的协商对话。通过协商沟通，确保不同职业身份、不同利益群体，特别是弱势群体和利益相关方能够充分发表意见，促进政府与公众之间的良性互动，及时发现各种苗头性、倾向性、深层次的问题，以便统筹协调和处理社会矛盾纠纷。

4. 完善救济救助机制。救济救助是基本的社会保障制度，包括基本生活救助、专项困难救助、就业政策援助、社会互助等方面。救济救助机制的建

---

〔1〕 参见"中共中央关于全面推进依法治国若干重大问题的决定"，载《求是》2014年第21期。

立，有利于维护公平正义，维持社会秩序，化解社会风险，促进和谐社会的构建。目前，中国救济救助制度法治化程度比较低，救济救助的经费投入、对象认定、标准确定、管理体制等方面缺乏法治约束。从根本上讲，完善救济救助机制，应加快制定出台《社会救助法》，以法治建设推动救济救助规范化发展，更好地发挥相应作用。通过完善和实施基本生活救助，保障群众的基本生活权益；通过完善和实施专项困难救助，帮助群众解决教育、住房、医疗、养老等方面的困难；通过完善和实施就业政策援助，鼓励和支持有劳动能力的贫困群众实现就业；通过积极倡导社会互助，推动形成互爱互助、和谐融洽的良好社会氛围。

5. 完善权益保障机制。坚持以人民为中心的发展理念，尽最大努力解决教育、就业、医疗、住房、养老等群众关心的民生问题，促使改革发展成果真正惠及广大群众。同时要注重完善司法救助制度、法律援助制度和诉讼费用担保制度为基础的司法救助体系，加强民生领域法律服务，保证群众权利受到侵害时能够获得及时法律帮助，有效解决群众打官司难问题，维护司法公平正义。

三、依法多元化解社会矛盾纠纷

所谓多元化纠纷解决机制，是指基于诉讼途径或者非诉讼途径解决各种纠纷所形成的一种综合系统。[1]

从国外经验看，通过 ADR 机制[2]，即非诉讼程序解决纠纷是比较普遍的做法，也是有效解决纠纷的方式。比如英国政府非常重视采用 ADR 机制解决纠纷，2007 年的《行政裁判法》系统梳理了该国的非诉讼途径解决纠纷机

---

〔1〕　关于多元化纠纷解决机制的概念表述和内涵理解，中外学者在认识上有所差异。比如，国内学者范愉认为，多元化纠纷解决机制是指社会中的各种纠纷解决方式、程序或制度（包括诉讼方式与非诉讼方式两大类型）以其特定的功能共同存在、相互协调所构成的纠纷解决系统。参见范愉、李浩：《纠纷解决——理论、制度与技能》，清华大学出版社 2010 年版，第 21 页；日本学者小岛武司、伊藤真认为，多元化纠纷解决机制是指诉讼外纠纷解决制度，与审判和谈判并列，是一种民事纠纷的解决方法。参见〔日〕小岛武司、伊藤真编：《诉讼外纠纷解决法》，丁婕译，中国政法大学出版社 2005 年版，第 1~6 页。

〔2〕　ADR（Alternative Dispute Resolution）概念源起于美国，最初是指 20 世纪逐步发展起来的各种诉讼外纠纷解决方式，现已引申为对世界各国普遍存在着的、民事诉讼制度以外的非诉讼纠纷解决程序或机制的总称。参见雷虹、李平："能动和谐司法理念下我国法院附设 ADR 制度探析——与德国民事调解制度之比较研究"，载中国法院网，https://www.chinacourt.org/article/detail/2011/06/id/453982.shtml，最后访问时间：2019 年 6 月 10 日。

构——行政裁判所，以保证民众能够获得实用、便捷的救济途径。[1]

从中国情况看，诉讼方式是解决纠纷的主要渠道，和解、调解、仲裁、行政裁决、行政复议等非诉讼途径在解决社会矛盾纠纷中也发挥着重要作用。由于社会矛盾纠纷的复杂性、多样性，以及司法资源的有限性，使得采取"诉讼+非诉讼"模式实施多元化解纠纷成为一种现实需求。

推动依法多元化解社会矛盾纠纷，需要重点抓好以下工作：

（一）完善多元化纠纷解决机制

依法多元化解社会矛盾纠纷，要求充分发挥司法在多元化纠纷解决机制建设中的引领、推动和保障作用，有效利用诉讼、调解、仲裁、行政裁决、行政复议等各种化解矛盾纠纷途径。积极整合各类纠纷解决资源，努力在工作机制和运行制度上促进诉讼与调解、仲裁、行政裁决、行政复议等有机衔接、相互协调，实现各种化解矛盾途径功能互补、运转衔接、协调联动，推动纠纷解决机制覆盖社会各领域各环节，形成化解社会矛盾纠纷的合力，提升纠纷解决的效率和实际效果。

在完善多元化纠纷解决机制方面，可以通过地方立法形式推动这项工作。比如，2016 年山东省颁布实施《山东省多元化解矛盾纠纷促进条例》，提出要建立健全纠纷多元化解机制，合理配置纠纷化解资源，为当事人提供适宜的纠纷化解渠道；鼓励和引导当事人优先选择成本较低、对抗性较弱、有利于修复关系的途径以化解纠纷。这也是国内第一部关于完善纠纷多元化解机制、促进纠纷多元化解工作的省级地方性法规。此后，黑龙江、福建、安徽等地也相继出台多元化解纠纷地方法规，为进一步完善矛盾纠纷多元化解机制提供了法治保障。

（二）加快建设多元化纠纷解决平台

根据纠纷解决实际需要，加快建设集诉讼服务、立案登记、诉调对接、涉诉信访等多项功能为一体的综合服务平台，由各级法院配备专门人员负责诉调对接工作，通过诉前导诉、程序衔接、案件分流，把诉至法院的纠纷合理分流至诉讼、非诉讼解决纠纷渠道，对适宜调解的纠纷引导当事人选择非诉讼方式解决。各级法院应主动与行政机关、仲裁机构、公证机构，以及人民调解组织、商事调解组织、行业调解组织等非诉讼纠纷解决主体建立对接

---

〔1〕 See Sir Willam Wade, "Administrative Law（Tenth Edition）", *Oxford University Press*, 2009, pp. 776~800.

关系，推动诉讼与非诉讼纠纷解决方式在程序安排、效力确认、法律指导等方面的有机衔接，促使矛盾纠纷能够通过规范、中立、有效的非诉讼渠道得到妥善解决。

（三）充分发挥诉讼救济主渠道作用

诉讼是指法院按照法定程序，在当事人和其他诉讼参与人的参加下，依法进行裁决，解决讼争的活动。诉讼是社会矛盾纠纷解决的重要方式和主要渠道。从诉讼作用发挥看，通过诉讼来化解社会矛盾纠纷数量庞大，近年来立案数量、审结数量均有明显上升。2013 年至 2017 年，最高人民法院受理案件 82 383 件，审结 79 692 件，分别比前五年上升 60.6% 和 58.8%，制定司法解释 119 件，发布指导性案例 80 件，加强对全国法院审判工作监督指导；地方各级人民法院受理案件 8896.7 万件，审结、执结 8598.4 万件，结案标的额 20.2 万亿元，同比分别上升 58.6%、55.6% 和 144.6%；[1] 2018 年，最高人民法院受理案件 34 794 件，审结 31 883 件，同比分别上升 22.1% 和 23.5%；地方各级人民法院受理案件 2800 万件，审结、执结 2516.8 万件，结案标的额 5.5 万亿元，同比分别上升 8.8%、10.6% 和 7.6%。[2]

诉讼的类型主要包括刑事诉讼、民事诉讼和行政诉讼等。

1. 刑事诉讼。刑事诉讼是指法院、检察院和公安机关在当事人及其他诉讼参与人的参加下，依照法律规定的程序，查证、核实被告人是否实施了犯罪，是否应当追究刑事责任以及应当追究何种刑事责任的活动。2018 年，全国各级法院积极推进平安中国建设，努力保障社会安定有序，审结一审刑事案件 119.8 万件，判处罪犯 142.9 万人。[3]

2. 民事诉讼。民事诉讼是指法院在当事人和其他诉讼参与人参加下，依法审理和解决民事纠纷[4]的活动，以及由这些活动所发生的诉讼关系总和。民事诉讼是解决平等主体当事人之间民事纠纷的重要渠道，在化解因财产关

---

〔1〕 参见周强："最高法 5 年受理案件 82 383 件 比前五年上升 60.6%"，载中国网，http：//www. china. com. cn/lianghui/news/2018–03/09/content_50691025. shtml，最后访问时间：2019 年 6 月 15 日。

〔2〕 参见"最高人民法院工作报告（摘要）"，载中国网，http://www.china.com.cn/lianghui/news/2019–03/13/content_74564433. shtml，最后访问时间：2019 年 6 月 15 日。

〔3〕 参见"最高人民法院工作报告（摘要）"，载中国网，http://www.china.com.cn/lianghui/news/2019–03/13/content_74564433. shtml，最后访问时间：2019 年 6 月 15 日。

〔4〕 民事纠纷又称民事争议，是指平等主体之间发生的，以民事权利义务为内容的社会纠纷。民事纠纷主要分为财产关系方面的民事纠纷、人身关系方面的民事纠纷。

系和人身关系产生的民事纠纷方面具有重要作用。比如，2018 年全国各级法院依法审理涉民生案件，审结一审民事案件 901.7 万件；依法制裁恶意欠薪行为，帮助农民工追回劳动报酬 95.3 亿元；审结买卖合同案件 99.5 万件，促进了公平交易；审结房地产纠纷案件 60.8 万件，依法制裁违规销售、变相加价等行为。[1] 通过民事诉讼活动，有效化解了民事纠纷，维护了公民、法人和其他组织的合法权益。

3. 行政诉讼。行政诉讼是指公民、法人或其他组织认为行政机关的行政行为侵犯其合法权益，在法定期限内，依法向法院提起诉讼，由法院对行政行为进行审查、裁决的诉讼活动。行政诉讼是解决行政争议的重要渠道，保护当事人的合法权益是行政诉讼的首要目的。2018 年，全国各级法院积极促进行政争议依法化解，审结一审行政案件 25.1 万件。[2]

为切实发挥好诉讼在化解社会矛盾纠纷中的作用，应进一步深化司法体制改革，大力改善司法环境，不断提高诉讼审判质量和司法服务水平，促进审判体系和审判能力现代化，切实维护司法的公平正义。与此同时，要注重多渠道提升诉讼化解社会矛盾纠纷的效果。比如，在行政诉讼中，如何更好地发挥行政诉讼的功能作用，是值得关注的一个问题。实践表明，行政机关负责人积极出庭应诉，有利于缓解行政纠纷中行政相对人的对立情绪，有利于化解官民之间的矛盾，有利于行政纠纷的顺利解决。在行政应诉时，要贯彻"谁主管，谁负责；谁执行，谁出庭"的原则，由具体负责、具体执行的机关出庭应诉，认真落实行政机关负责人出庭应诉制度[3]，努力提高行政机关负责人的出庭率，被诉行政机关负责人不能出庭的，应当委托行政机关相应的工作人员出庭。以山东省为例，近年来山东有关部门和各地市通过组织领导干部观摩庭审、加强培训宣传、健全考核追究机制等多项措施推动行政

---

〔1〕 参见"最高人民法院工作报告（摘要）"，载中国网，http：//www.china.com.cn/lianghui/news/2019-03/13/content_74564433.shtml，最后访问时间：2019 年 6 月 15 日。

〔2〕 参见"最高人民法院工作报告（摘要）"，载中国网，http：//www.china.com.cn/lianghui/news/2019-03/13/content_74564433.shtml，最后访问时间：2019 年 6 月 15 日。

〔3〕 根据《最高人民法院关于适用〈中华人民共和国行政诉讼法〉的解释》（法释〔2018〕1 号）第 128 条规定，行政诉讼法第 3 条第 3 款规定的行政机关负责人，包括行政机关的正职、副职负责人以及其他参与分管的负责人。行政机关负责人出庭应诉的，可以另行委托 1~2 名诉讼代理人。行政机关负责人不能出庭的，应当委托行政机关相应的工作人员出庭，不得仅委托律师出庭。同时，该司法解释第 129 条规定，涉及重大公共利益、社会高度关注或者可能引发群体性事件等案件以及人民法院书面建议行政机关负责人出庭的案件，被诉行政机关负责人应当出庭。

机关负责人出庭应诉，"告官不见官"、行政机关负责人不愿出庭、不会应诉的被动局面得到扭转，行政机关负责人出庭应诉基本实现常态化。2018 年，山东省法院公开开庭审理行政案件 12 628 件，行政机关负责人出庭应诉 7448 件，出庭应诉率为 59.5%，同比上升 16.2 个百分点；其中，县处级以上行政机关负责人副职出庭 2547 人，正职出庭 71 人（见表 8-1）。[1] 通过加强行政机关出庭应诉工作，落实行政机关负责人出庭应诉制度，推动了行政矛盾纠纷的实质性化解。

表 8-1　2018 年山东省各市行政机关负责人出庭应诉情况统计表[2]

	应参加庭审的案件总数	负责人出庭案件数	负责人出庭应诉率	县处级以上负责人（正职）出庭案件数	市、县政府负责人出庭	职能部门负责人出庭
济南	2685	1113	41.5%	857（58 正职）	91	810
青岛	2036	652	32.0%	303	112	384
淄博	588	507	90.9%	96（1 正职）	89	418
枣庄	399	180	45.0%	10	6	174
东营	189	160	84.7%	39（5 正职）	1	159
烟台	676	367	45.4%	92	18	286
潍坊	659	531	80.6%	39	24	370
济宁	827	646	78.1%	193	167	385
泰安	473	198	42.0%	11	0	11
威海	310	291	93.9%	79	30	247
日照	397	257	64.7%	141	75	167

〔1〕　参见李立红："厅官出庭，'民告官'能见官！山东去年六成行政机关负责人出庭应诉"，载大众网，https://sd.dzwww.com/sdnews/201905/t20190520_18741019.htm，最后访问时间：2019 年 6 月 19 日。

〔2〕　参见李立红："厅官出庭，'民告官'能见官！山东去年六成行政机关负责人出庭应诉"，载大众网，https://sd.dzwww.com/sdnews/201905/t20190520_18741019.htm，最后访问时间：2019 年 6 月 19 日。

	应参加庭审的案件总数	负责人出庭案件数	负责人出庭应诉率	县处级以上负责人（正职）出庭案件数	市、县政府负责人出庭	职能部门负责人出庭
滨州	285	273	95.8%	41	41	232
德州	371	361	97.3%	135	164	254
聊城	611	382	62.5%	28	59	323
临沂	970	689	71.0%	21	21	459
菏泽	1152	841	73.0%	533（6正职）	538	147
全省	12628	7448	59.5%	2618（71正职）	1436	4826

（四）注重发挥非诉讼渠道在化解社会矛盾纠纷中的作用

虽然诉讼在化解社会矛盾纠纷中发挥着不可替代的主渠道作用，但是司法资源毕竟有限，"案多人少"问题比较突出，不可能通过诉讼途径化解所有的纠纷案件，这就需要重视发挥非诉讼途径的纠纷化解功能，促进纠纷能够通过适当的途径得到及时妥善解决。

1. 行政复议功能的发挥。行政复议是指行政相对人认为行政主体的行政行为侵犯了其合法权益，依法向行政复议机关提出复查该行政行为的申请，行政复议机关依照法定程序对该行政行为进行合法性、适当性审查，并作出行政复议决定的法律制度。行政复议是行政相对人行使行政救济权的一项重要法律制度，目的是纠正行政主体作出的违法或者不当的行政行为，保护行政相对人的合法权益。一方面，行政复议具有行政监督性质，是行政系统内部的行政机关实施的自我监督、审查纠错机制；另一方面，行政复议具有准司法性质，行政复议是由争议双方之外的第三方居间对行政争议进行审查并作出裁决。依据《行政复议法》的规定，行政复议机关可以根据不同情况，作出维持、责令履行、撤销、变更、确认违法、重作、驳回行政复议申请和请求、赔偿等决定。

从世界范围情况看，行政复议是人们解决行政争议时优先选择的纠纷解决途径。比如，英国、美国发生的行政争议，百分之九十几都由裁判所和行政法官解决；韩国近年来复议案件与行政诉讼案件为7：1，复议占88%，中国台湾地区为75%。[1]

从国内行政复议作用看，行政复议具有简便快捷、成本低廉，利于行政机关进行内部监督和及时纠正错误等优势，并且如果申请人认为被申请行政复议的行政行为作出的依据不合法，可以在申请行政复议时一并向行政复议机关提出对该规定进行审查。按照现行《行政复议法》和《行政复议法实施条例》的规定，只要公民、法人或者其他组织等行政相对人，认为行政机关及其他组织等行政主体实施的行政行为侵犯了自己的合法权益，均有权申请行政复议。近年来，随着行政争议当事人对行政复议制度的认识程度不断提高，越来越注重通过行政复议途径来维护自身合法权益，行政复议已逐渐成为维护社会稳定、化解社会矛盾的主要方式之一。

据统计，自1999年《行政复议法》实施以来到2018年底，全国行政复议机关共办理行政复议案件226万件；2018年，全国各级行政复议机关依法办理行政复议案件25.7万件，办结22.4万件。办结的案件中，符合法定受理条件，依法作出行政复议决定的19.7万件；不符合法定受理条件，依法作出相应处理的2.7万件。全国各级行政复议机关办结的受理案件中，作出撤销、变更、确认违法和责令履行等纠错决定的约3万件，纠错率15.1%；其中，司法部办理的国务院行政复议裁决案件纠错率18.7%。2018年发生的行政诉讼案件中，有68.4%的案件当事人没有选择行政复议，而是直接寻求司法救济。当年办结的行政复议案件中有34%又进入了行政诉讼程序，这表明，行政复议工作还需要继续加强和改进，行政复议的公信力还需要进一步提升。[2]

从全国31个省（区、市）和新疆生产建设兵团受理的行政复议案件看，2018年广东省受理的行政复议案件数量最多，达到31 395件（见表8-2）。2018年全国行政复议案件涉及的领域主要为：公安、土地、房屋征补（拆迁）、食品药品、劳动和社会保障、城乡规划、工商等行政管理领域（见表8-3）；行政复议案件涉及的事项主要为：行政处罚、行政强制、行政许可、行政征收、行政确权、行政确认、信息公开、举报投诉处理、行政不作为等申请事项（见表8-4）。

---

〔1〕　参见应松年："行政复议应当成为解决行政争议的主渠道"，载《行政管理改革》2010年第12期。

〔2〕　参见"2018年全国行政复议、行政应诉总体情况"，载中国宪治网，http://www.calaw.cn/article/default.asp？id=13118，最后访问时间：2019年6月12日。

表8-2　省区市和兵团受理行政复议案件情况（按数量降序排列）[1]

省份	数量	省份	数量	省份	数量	省份	数量
广东	31 395	安徽	7054	贵州	4289	甘肃	1889
辽宁	23 324	北京	6845	陕西	3933	海南	1576
河南	16 871	河北	6560	江西	3928	云南	1306
山东	13 471	湖北	6145	黑龙江	3788	宁夏	724
江苏	11 161	湖南	5735	重庆	3705	新疆	525
浙江	9884	福建	5705	天津	2780	青海	286
上海	9862	广西	4435	山西	2063	兵团	61
四川	7354	吉林	4412	内蒙古	1987	西藏	59
总计	203 112						

表8-3　行政复议案件涉及的领域（按数量降序排列）[2]

领域	公安	土地	房屋征补（拆迁）	食品药品	劳动和社会保障	城乡规划	工商	其他	总计
数量	85 644	21 634	17 335	13 936	12 547	8620	7931	43 411	211 058
百分比	40.58%	10.25%	8.21%	6.6%	5.94%	4.08%	3.76%	20.57%	100%

　　[1]　参见"2018年全国行政复议和行政应诉案件统计数据"，载司法部网，http://www. moj. gov. cn/organization/content/2019-05/09/560_234638. html，最后访问时间：2019年6月15日。

　　[2]　参见"2018年全国行政复议和行政应诉案件统计数据"，载司法部网，http://www. moj. gov. cn/organization/content/2019-05/09/560_234638. html，最后访问时间：2019年6月15日。

表8-4　行政复议案件涉及的事项（按数量降序排列）[1]

事项	行政处罚	政府信息公开	举报投诉处理	行政征收	行政确认	行政强制措施	行政不作为	行政确权	行政许可	其他	合计
数量	97 001	21 583	20 669	17 391	10 138	10 064	9886	8318	4414	11 594	211 058
百分比	45.96%	10.23%	9.79%	8.24%	4.8%	4.77%	4.68%	3.94%	2.09%	5.49%	100%

从地方受理的行政复议案件纠错率看，行政复议在化解行政争议方面发挥了重要作用。以山东省行政复议案件为例，2011年至2015年，山东省着力提升行政复议纠错能力，通过撤销、变更、确认违法、责令履行等方式纠错1.7万件，综合纠错比例超过1/3；其中省本级共办理案件2095件，纠错369件，综合纠错率为17.6%；每年通过行政复议化解的案件均在1万件左右，2015年达到1.1万件；行政复议案件约95%发生在市县两级，超过85%的案件在基层得到妥善处理。[2] 2017年，山东省各级行政复议机关共办理行政复议申请16 092件，审结13 901件，同比增长31.9%，创历史新高；在已审结的案件中，驳回复议请求2454件，维持原行政行为6082件；确认原行政行为违法593件，撤销1146件，责令履行425件，变更、调解和解等案件1716件，其他1485件，综合纠错率达到37.98%。[3]

基于行政复议在化解矛盾纠纷中的重要作用，应更加注重加强行政复议工作基础能力建设，切实提高行政复议工作水平，进一步强化行政复议纠错和层级监督功能。各级行政复议机关要坚持以事实为根据，以法律为准绳，依法办理行政复议案件，及时纠正违法或不当行政行为，争取尽早将行政争议化解在争议解决的初始阶段，化解在行政系统内部和行政程序中，避免矛盾纠纷进一步升级。行政复议机关在行政复议过程中要坚持以下几个原则：一是坚持合法性审查原则。严格按照宪法和法律规定的职责权限，依照法定

---

〔1〕　参见"2018年全国行政复议和行政应诉案件统计数据"，载司法部网，http：//www.moj.gov.cn/organization/content/2019-05/09/560_234638.html，最后访问时间：2019年6月15日。

〔2〕　参见马俊骥："山东行政复议五年纠错1.7万件 综合纠错比例超1/3"，载大众网，http：//jinan.dzwww.com/jryw/shandong/201602/t20160219_13856794.htm，最后访问时间：2019年6月12日。

〔3〕　参见"山东：2017年行政复议综合纠错率37.98%"，载大众网，http：//www.dzwww.com/shandong/sdnews/201804/t20180425_17301561.htm，最后访问时间：2019年6月12日。

程序受理行政复议申请，对被申请行政复议的行政行为进行事实、依据、程序、权限等方面的审查。二是坚持合理性审查原则。对被申请行政复议的行政行为的内容是否客观、适度，是否符合公平正义等法律理性进行审查。三是坚持公开原则。行政复议尽可能向当事人及社会公开，保障当事人和公众的知情权、监督权。四是坚持公正原则。对被申请行政复议的行政行为进行公正的评判、认定，保证行政复议过程的公正，保证行政复议结果的公正。五是坚持及时原则。行政复议机关处理案件应当尽量程序简单、时间短暂，以使行政争议较快得到解决，行政关系得到较快确定，行政秩序得到较快恢复。六是坚持便民原则。尽量使当事人在行政复议中以最少的付出获得最有效的权利救济。

2. 仲裁功能的发挥。仲裁是指各方当事人约定将发生的纠纷交由第三方进行评判，由第三方作出居中裁决，以此解决相互之间争议的一项制度。作为制度化的民间性非诉讼纠纷解决机制，仲裁相比诉讼而言，具有自愿性、专业性、灵活性、保密性、快捷性、经济性等特点。[1] 据统计，全国有行业协会、商会近 7 万个，商事仲裁委员会 230 多个，劳动仲裁委员会 3000 多个，每年仲裁案件超过 100 万件。有效利用仲裁途径化解矛盾，既可以减轻国家解决纠纷的成本，也便于当事人维护自身的合法权益。[2]

根据《仲裁法》[3] 的规定，平等主体的公民、法人和其他组织之间发生的合同纠纷和其他财产权益纠纷，均可以申请仲裁；劳动争议[4]和农业集体

---

〔1〕 参见范愉、李浩：《纠纷解决——理论、制度与技能》，清华大学出版社 2010 年版，第 148～149 页。

〔2〕 参见徐隽："人民日报金台锐评：多元化解，有助'胜败皆服'"。载人民网，http：//opinion. people. com. cn/n1/2016/0706/c1003-28527378. html，最后访问时间：2019 年 6 月 20 日。

〔3〕 仲裁实行一裁终局的制度。裁决作出后，当事人就同一纠纷再申请仲裁或者向人民法院起诉的，仲裁委员会或者人民法院不予受理。裁决被人民法院依法裁定撤销或者不予执行的，当事人就该纠纷可以根据双方重新达成的仲裁协议申请仲裁，也可以向人民法院起诉。

〔4〕 用人单位与劳动者发生的劳动争议，主要包括因确认劳动关系发生的争议，因订立、履行、变更、解除和终止劳动合同发生的争议，因除名、辞退和辞职、离职发生的争议，因工作时间、休息休假、社会保险、福利、培训以及劳动保护发生的争议，因劳动报酬、工伤医疗费、经济补偿或者赔偿金等发生的争议。按照《劳动争议调解仲裁法》的规定，发生劳动争议，当事人不愿协商、协商不成或者达成和解协议后不履行的，可以向调解组织申请调解；不愿调解、调解不成或者达成调解协议后不履行的，可以向劳动争议仲裁委员会申请仲裁。

经济组织内部的农业承包合同纠纷〔1〕的仲裁，另行规定。当事人采用仲裁方式解决纠纷的，应当在双方自愿的基础上形成仲裁协议。仲裁依法独立进行，不受行政机关、社会团体和个人的干涉。

实践中，为更好地发挥仲裁作用，应积极培育和发展仲裁组织，进一步完善仲裁调解制度，壮大仲裁调解队伍，提高仲裁调解的质量。为提升仲裁效果，方便当事人进行仲裁，可以探讨灵活多样的仲裁纠纷化解机制。比如，为有效处理劳动人事争议纠纷，山东省东营市探索了劳动争议"仲裁+法律援助"的办案模式〔2〕，实行案件快速受理、法律援助会商、农民工集体欠薪案件法律援助和快速审理机制，充分发挥了仲裁调解作用，促进了当地劳动关系的和谐稳定。

3. 调解功能的发挥。调解是指发生争议的当事人，在争议当事人以外的第三方主持、疏导下，围绕争议的实体权利和义务进行自愿协商，解决纠纷的行为和过程。作为非诉讼解决纠纷的方式，调解具有快捷便利、程序灵活、不收费用等优势。调解方式主要有人民调解、行政调解、司法调解等。

---

〔1〕　因农村土地承包经营产生的纠纷，主要包括因订立、履行、变更、解除和终止农村土地承包合同发生的纠纷，因农村土地承包经营权转包、出租、互换、转让、入股等流转发生的纠纷，因收回、调整承包地发生的纠纷，因确认农村土地承包经营权发生的纠纷，因侵害农村土地承包经营权发生的纠纷，适用《农村土地承包经营纠纷调解仲裁法》。按照《农村土地承包经营纠纷调解仲裁法》的规定，发生农村土地承包经营纠纷的，当事人可以自行和解，也可以请求村民委员会、乡（镇）人民政府等调解；当事人和解、调解不成或者不愿和解、调解的，可以向农村土地承包仲裁委员会申请仲裁，也可以直接向人民法院起诉。

〔2〕　"仲裁+法律援助"的办案模式：一是建立快速受理的机制。对于符合条件的法律援助案件，实行当场审核立案，由入驻援助律师帮助当事人办理援助手续。二是建立法律援助会商机制。对于涉及人数众多、社会影响较大的集体性争议案件，劳动争议仲裁机构和法律援助机构通过定期座谈等形式，及时通报交流案件情况，分析研究调处方案。三是建立农民工集体欠薪案件法律援助机制和快速审理机制。对于农民工群体欠薪案件，主动与市法律援助中心对接，引导、帮助劳动者申请法律援助；纳入法律援助的案件，仲裁机构开辟"绿色通道"，坚持"简案快审"与"繁案精审"并举，实现了法律援助案件的提速结案。参见闫雯雯："新模式！东营市建立'仲裁+法律援助'矛盾纠纷化解机制"，载鲁中网，http://news.lznews.cn/luzhong/dongying/201906/t20190610_11454675.html，最后访问时间：2019年6月19日。

（1）人民调解。人民调解是指人民调解委员会[1]通过说服、疏导等方法，促使当事人在平等协商的基础上自愿达成调解协议，解决民间纠纷的活动。根据《人民调解法》的规定，人民调解委员会调解纠纷应在当事人自愿、平等的基础上进行调解。经人民调解委员会调解达成调解协议的，可以制作调解协议书[2]，调解协议具有法律约束力，当事人应当按照约定履行。当事人之间就调解协议的履行或者调解协议的内容发生争议的，一方当事人可以向法院提起诉讼。

人民调解是社会稳定的"第一道防线"，近年来全国人民调解组织每年调解各类矛盾纠纷达900万件左右，调解成功率在96%以上，通过人民调解方式化解社会矛盾纠纷成效显著，为维护人民群众合法权益、维护社会和谐稳定、服务经济社会发展做出了积极贡献。目前，全国共有人民调解委员会76.6万个，村（社区）人民调解委员会65.7万个，行业性、专业性人民调解组织4.3万个，派驻有关部门调解室1.6万个；人民调解员367万人，其中专职调解员49.7万人，初步形成了一支专兼结合、优势互补的人民调解员队伍。[3] 总体来看，当前专职人民调解员的数量偏少，还不能满足人民调解工作的发展需要和化解社会矛盾纠纷的现实需求。

推动人民调解工作，需要从以下几个方面着力：

第一，要完善人民调解工作机制。健全调解体制机制，促进人民调解与行政调解、司法调解的衔接联动。落实人民调解工作经费保障，人民调解委

---

[1] 根据《人民调解法》的规定，人民调解委员会是依法设立的调解民间纠纷的群众性组织。村民委员会、居民委员会设立人民调解委员会。企业事业单位根据需要设立人民调解委员会。人民调解委员会由委员3~9人组成，设主任1人，必要时，可以设副主任若干人。人民调解委员会应当有妇女成员，多民族居住的地区应当有人数较少民族的成员。村民委员会、居民委员会的人民调解委员会委员由村民会议或者村民代表会议、居民会议推选产生；企业事业单位设立的人民调解委员会委员由职工大会、职工代表大会或者工会组织推选产生。人民调解委员会委员每届任期3年，可以连选连任。乡镇、街道以及社会团体或者其他组织根据需要可以参照《人民调解法》有关规定设立人民调解委员会，调解民间纠纷。

[2] 为增强调解协议的执行力，根据《人民调解法》的规定，双方当事人达成调解协议后，双方当事人认为有必要的，可以自调解协议生效之日起30日内共同向法院申请司法确认，法院应当及时对调解协议进行审查，依法确认调解协议的效力；法院依法确认调解协议有效，一方当事人拒绝履行或者未全部履行的，对方当事人可以向法院申请强制执行；法院依法确认调解协议无效的，当事人可以通过人民调解方式变更原调解协议或者达成新的调解协议，也可以向法院提起诉讼。

[3] 参见"司法部就人民调解员队伍建设举行新闻发布会"，载国务院新闻办公室网，http://www.scio.gov.cn/xwfbh/gbwxwfbh/xwfbh/sfb/Document/1628632/1628632.htm，最后访问时间：2019年6月20日。

员会设立单位和相关行业主管部门应依法为人民调解员开展工作提供场所、设施等办公条件和必要的工作经费。做好政府购买人民调解服务工作，拓宽和优化社会运用人民调解化解矛盾纠纷的渠道。

第二，要加强人民调解员队伍建设。一方面，要加强专职人民调解员队伍建设，注重选聘律师、公证员、仲裁员、基层法律服务工作者、医生、教师、专家学者等社会专业人士和退休法官、检察官、民警、司法行政干警以及相关行业主管部门退休人员担任人民调解员，不断提高人民调解员的专业化水平；另一方面，要加强兼职人民调解员队伍建设，广泛发动社会力量参与到调解工作中。此外，还要重视抓好人民调解员业务培训，通过岗前培训、年度轮训、观摩交流、旁听庭审、网络培训等形式多样的培训，逐步提升调解员的业务水平，确保调解工作质量。

第三，要培育发展人民调解组织。支持和鼓励医疗卫生、道路交通、劳动争议、物业管理、环境保护、知识产权等领域设立行业性、专业性人民调解组织，运用专业知识，借助专业力量，提高调解的权威性和公信力，依法及时化解相关行业、专业领域的矛盾纠纷。司法行政机关、行业主管部门要加强对行业性、专业性人民调解组织的指导帮助，建立健全纠纷受理、调解、履行、回访等工作制度，进一步规范调解行为、调解流程，完善行业性、专业性人民调解组织协作机制，推进调解组织之间信息资源共享、专业调解人才资源共用，最大限度形成调解合力。推动律师事务所、公证机构、司法鉴定机构、基层法律服务所等法律服务组织参与纠纷化解，积极推进个人调解工作室建设，不断完善人民调解组织网络。发挥好人民调解组织的自治功能，在调解中注重以案释法、明法析理，推进调解与普法宣传的深度融合，促进群众自我教育、自我服务、自我管理和自我监督。引导人民调解组织运用法律、道德和"村规民约"等来化解矛盾纠纷，促使自治、德治、法治有机融合，助力打造共建、共治、共享的社会治理格局。

第四，要坚持和发展"枫桥经验"[1]。20 世纪 60 年代浙江省枫桥镇的

---

　　[1]　20 世纪 60 年代初，浙江省诸暨市枫桥镇的干部群众创造了"发动和依靠群众，坚持矛盾不上交、就地解决"的"枫桥经验"。1963 年，毛泽东同志批示要求"各地仿效，经过试点，推广去做"。各地学习推广"小事不出村、大事不出镇、矛盾不上交"等经验做法，"枫桥经验"成为全国政法战线的典型经验。之后，"枫桥经验"得到不断发展，形成了具有鲜明时代特色的"党政动手，依靠群众，预防纠纷，化解矛盾，维护稳定，促进发展"的枫桥新经验，成为新时期把党的群众路线坚持好，贯彻好的典范。

干部群众创造的发动和依靠群众、矛盾不上交、就地解决的"枫桥经验"，历经各地的坚持和发展，逐步成为新时代做好基层社会治理的"金字招牌"。从人民调解视角看，在调解中重视运用法治思维和法治方式来化解矛盾纠纷，推进自治、法治、德治"三治融合"，是"枫桥经验"的鲜明时代特点。推进人民调解工作，必须适应新形势、新变化、新任务、新要求，把"枫桥经验"的精神贯穿于人民调解工作始终。近年来，各地坚持创新发展"枫桥经验"，在加强人民调解、化解社会矛盾纠纷、推进基层社会治理方面取得明显成效。比如，诸暨市坚持和发展"枫桥经验"，建立"大调解"[1] 工作体系，形成了以人民调解为基础、专业行业调解为依托，行政调解、司法调解、仲裁调解、信访调解等多种调解协调配合、分工合作的多元化解社会矛盾纠纷机制，主要做法：①推动人民调解与行政调解联动。为促进人民调解与行政调解的联动，诸暨市在公安派出所、交警队等机构，均设置了人民调解工作室，接受委托进行民事纠纷调处工作。②推动仲裁与调解衔接。为促进劳动争议及时妥善解决，诸暨市颁布实施了《劳动仲裁、调解、监察、法律援助相互衔接的实施办法》，规范并促进了仲裁、调解、监察、法律援助之间的相互衔接，对于未经调解申请仲裁的劳动者，仲裁委员会引导当事人到相关调解组织进行调解，或者委托相关调解组织先行调解，调解达成协议的可到仲裁委员会置换为仲裁调解书，调解不成功的由调解人员整理相关材料，以便于当事人及时提起仲裁；对劳动者确实无法获取相应证据的，监察部门先行调查取证；劳动仲裁、调解、监察等单位在办理案件过程中，应及时告知符合条件的人员可以申请法律援助。③推动信访与调解相结合。信访部门对于可以通过人民调解方式调处的信访案件，在当事人同意进行调解的情况下，及时分流移交给人民调解委员会先行调解；对于信访量大、群众性上访多、矛盾突出的信访问题，信访部门可以邀请相关调解机构参与信访接待或信访听证。④推动人民调解与检察工作互动。诸暨市检察院、司法局联合成立检调对接人民调解室，以检察环节轻微刑事案件和解、民事行政申诉案件和解、涉检信访息诉和解为主要工作内容，运用人民调解手段化解社会矛盾纠纷。

---

〔1〕 "大调解"工作体系，是指地方各级党委和政府充分发挥政治优势，构建政法、综治、维稳、信访部门综合协调，有关部门、单位各司其职，社会各界广泛参与、人民调解、行政调解、司法调解既充分发挥作用又相互协调配合的调解工作体系。参见陈叶军："'大调解'工作体系"，载中国长安网，http：//www.chinapeace.gov.cn/chinapeace/c54347/2016－07/18/content_11672225.shtml，最后访问时间：2019年6月30日。

⑤充分发动社会力量参与调解。注重发掘社会力量，广泛吸收调解志愿者、社会组织等参与到调解工作中，邀请社会专业人士协助做好重大疑难纠纷的联合会商和指导化解工作。诸暨市所有乡镇、街道均建立了调解志愿者队伍，如枫桥镇调解志愿者联合会、暨阳街道江新社区"江大姐"调解室、江藻镇詹大姐帮忙团、璜山镇开三村调解室等。

又如，青岛市坚持和发展"枫桥经验"，探索形成了"以人民调解组织建设为基础、多元化解纠纷体系为纽带、'1+1+N'社区人民调解机制为主体、实现矛盾不上交为目标"的多元化解矛盾纠纷体系，具体做法：①密织人民调解组织网络。一是构筑四级调解网络平台。结合公共法律服务体系建设，构建了市级公共法律服务大厅、区市人民调解中心、街镇和社村人民调解委员会四级人民调解工作实体平台，形成了市、区市、街镇、社村四级人民调解组织为主体和政府企事业单位、行业性专业性等其他人民调解组织为补充的"大调解"工作格局。全市建立调委会7376个，其中村居调委会6519个，街镇调委会141个，企事业单位、社会团体和其他组织调委会716个。二是发展专职专业调解队伍。积极打造各类优化营商环境人民调解组织，推动环境保护、劳动争议、消费权益、金融商务、保险等多个重点领域设立行业性专业性调解组织168个，年均排查化解矛盾纠纷六千余件，约占全部人民调解案件的20%。三是推行党员金牌特色调解品牌。充分发挥基层调解专家的引领示范作用，大力推动以个人命名的特色品牌人民调解工作室建设，先后建立特色品牌调解工作室151个。②创新"1+1+N"社区人民调解工作机制。每个社区建立1个社区司法行政工作室、配备1名法律顾问、组建N个调解小组，将矛盾纠纷排查调处的触角延伸到最基层，实现了由群防群治向共建共治共享升级。一是1个工作室延伸"前沿阵地"。在全市1358个社区按照群众周知的要求选址，建立社区司法行政工作室，内设人民调解、法治宣传、法律援助、法律咨询等窗口，认真落实公示公开、登记报告、值班工作三项制度，对排查出的矛盾纠纷和法律服务需求的特点和动向及时进行登记反馈，做到有人值班、有人"接事""管事""解决事"，真正实现司法行政职能整合、服务基层阵地前移，让老百姓遇到法律问题和纠纷，在家门口就能解决。二是1名法律顾问配强"法律助手"。以政府购买法律服务为基本保障方式，实施"一村（社区）一法律顾问"工程，每个社区（村居）全部配备法律顾问，明确信息公开、定时服务、工作日志、信息报告、考核评价等工作制度，推广集服务、管理、监督、测评于一体的"一村（社区）一法律顾问"在线管理平台，有效提升了对法律顾问服务、管理的信息化水平。三是"N"个调解小组打造"精兵团队"。结合城市和农村社区发展的差异性，构建以社区人民调解委员会为主体，以家庭纠纷、邻里纠纷、物业纠纷、治安纠纷等 N 个人民调解小组为分支的社区人民调解"精兵网络"。充分发挥人民调解员扎根基层、分布广泛、方便快捷等特点，深入基层、纵横交叉、源头预控，依法及时调处当前热点问题和重点人群发生的矛盾纠纷，促进源头治理，努力实现"小事不出村（居），大事不出镇（街），矛盾不上交"。③健全矛盾纠纷多元化解体系。充分发挥人民调解在多元化解纠纷机制中的基础性作用，实现由单一调解向多元化解升级。一是厘清职责定位。按照"谁主管谁负责""谁受益谁保障""谁使用谁管理"原则，由各部门、各单位、各行业，负责建立行业性、专业性人民调解组织或行政调解组织，分别承担矛盾纠纷多元化解责任。坚持在党委领导、政府主导、综治协调的前提下，司法行政部门负责指导、规范人民调解组织参与矛盾纠纷多元化解，建立健全由调解、行政裁决、行政复议、仲裁等途径有机衔接、协调联动、高效便捷的矛盾纠纷多元化解机制。二是坚持多元联动。深化人民调解、行政调解、司法调解"三调联动"，让矛盾纠纷在多元体系内快捷有效化解。与信访维稳办、法院巡回法庭、仲裁办、公安交警、派出所等单位"联署办公"，指导设立驻信访部门、法院、仲裁、公安派出所等联动调解组织 217 个，调解员 464 人，基本形成"警调联动、诉调联动、访调联动、裁调联动"等多元联动工作格局，年均化解矛盾纠纷四千余件。三是突出智慧协同。探索试点人民调解与社会治理中心平台联动，依托综治部门社会治理中心平台和网格员及早提供排查信息，实现纠纷信息排查与调解组织调处智能协同。网格员通过"社区 e 通"信息采集终端，以照片、文字、语音等方式，第一时间将排查出的民间纠纷隐患向所在街道网络平台报送，平台第一时间将纠纷信息流转至基层调解组织调处，并及时介入化解跟踪回访，有效提高了排查调处工作智能化水平。

（2）行政调解。行政调解是指行政主体[1]在实施行政管理过程中，依法对与本机关职权相关的争议纠纷，在争议各方当事人自愿的基础上主持调解纠纷，力求经过调解达成和解、形成调解协议，解决争议纠纷的行政活动。

目前，中国还未出台国家层面的行政调解专门立法，在有关的法律、法

---

[1] 行政调解的行政主体，包括行政机关和法律法规授权的具有公共管理职能的组织。

规和规范性文件中，可见关于行政调解的具体规定。比如，《治安管理处罚法》[1]、《道路交通安全法》[2] 中对公安机关的行政调解行为作出了明确规定；中共中央、国务院《法治政府建设实施纲要（2015-2020年）》[3] 等规范性文件，明确要求各级政府要建立和完善行政调解制度。地方层面，部分地区颁布实施了有关行政调解的地方性政府规章，比如，《贵阳市行政调解暂行规定》《无锡市行政调解实施办法》《潍坊市行政调解工作规定》等，对于推进行政调解的制度化、规范化、标准化起到了积极作用。

行政调解的范围主要包括：①行政主体行使职权过程中与公民、法人和其他组织之间产生的行政争议。②公民、法人和其他组织之间产生的与行政主体行使职权有关的民事纠纷。③行政主体依法进行裁决的民事纠纷。

行政调解具有快捷迅速、成本低廉、程序简便等特点，不需要当事人办理繁琐的手续，以尊重当事人的意思自治为原则，以国家法律、法规、规章及政策为依据，通过对争议各方当事人的说服与劝导，促使当事人互让互谅、平等协商、达成协议，有利于通过调解促进矛盾纠纷的化解。

行政调解协议依赖于当事人的自觉履行作为保障。经过行政调解达成的调解协议并不具有法律上的强制执行效力，对当事人的约束力存在不足。为保证调解协议的履行，提高行政调解的实际效果，可以借鉴人民调解协议效力的确认方式，探索通过相应的司法审核程序，由法院确认行政调解协议的效力。法院在审核调解协议时，除非认为调解协议存在违反法律规定或者违反当事人的自愿原则，否则就应当依法确认调解协议的效力。

（3）司法调解。司法调解是指各方当事人在法院法官的主持下，就争议的问题进行协商，解决纠纷的一种方式。

司法调解是一种法定的诉讼程序，调解的范围是法院受理的民事案件和

---

〔1〕《治安管理处罚法》第9条规定："对于因民间纠纷引起的打架斗殴或者损毁他人财物等违反治安管理行为，情节较轻的，公安机关可以调解处理。经公安机关调解，当事人达成协议的，不予处罚。经调解未达成协议或者达成协议后不履行的，公安机关应当依照本法的规定对违反治安管理行为人给予处罚，并告知当事人可以就民事争议依法向人民法院提起民事诉讼。"

〔2〕《道路交通安全法》第74条规定："对交通事故损害赔偿的争议，当事人可以请求公安机关交通管理部门调解，也可以直接向人民法院提起民事诉讼。经公安机关交通管理部门调解，当事人未达成协议或者调解书生效后不履行的，当事人可以向人民法院提起民事诉讼。"

〔3〕中共中央、国务院《法治政府建设实施纲要（2015-2020年）》规定，"健全行政调解制度，进一步明确行政调解范围，完善行政调解机制，规范行政调解程序""有关行政机关要依法开展行政调解、行政裁决工作，及时有效化解矛盾纠纷"。

刑事自诉案件。司法调解协议与法院作出的判决具有同等的法律效力，对双方当事人具有法律上的约束力和强制力。运用司法调解方式解决纠纷，有利于减小当事人之间的对抗性，有效节约司法资源，促进矛盾纠纷的实质性化解。

推动司法调解工作，一是要坚持"能调则调、当判则判、调判结合、案结事了"的审判原则，促使诉讼调解贯穿于案件审理的全过程。二是要建立健全司法调解与人民调解、行政调解等不同调解方式之间的联调联动机制，推动形成调解合力。三是要注意吸纳符合条件的人民调解员和调解组织参与司法调解，提升司法调解的影响力和公信力。四是要抓好调解与诉讼的对接工作，不断提高诉调对接的规范化、常态化和精细化水平。

4. 行政裁决功能的发挥。行政裁决是指行政机关根据当事人的申请，根据法律法规的授权，对与行政管理活动密切相关且与合同无关的民事纠纷进行审查并作出裁决的行政行为。行政裁决实质上是行政机关行使行政权的一种活动，具有准司法的性质。行政裁决效率高、成本低、专业性强、程序简便，有利于发挥行政机关管理相关领域的特长，从专业角度促成矛盾纠纷的快速解决。

行政裁决的受理范围是与行政管理活动密切相关的民事纠纷，主要集中在自然资源权属争议、知识产权侵权纠纷和补偿争议、政府采购活动争议等方面，合同纠纷等民事争议不属于行政裁决的受理范围。行政裁决结果具有非终局性，当事人不服行政裁决的，可以依法向法院提起诉讼。[1]

行政机关实施行政裁决权须由法律明文授权，应由行政机关裁决民事纠纷范围，须由法律明文规定。[2] 从中国现行法律法规看，目前还没有制定出统一的《行政裁决法》，行政机关的行政裁决权散见于不同的单行法律法规中。比如《土地管理法》第14条规定土地所有权和使用权争议，由当事人协商解决，协商不成的由人民政府处理。《专利法》第57条规定对于取得实施强制许可的单位或者个人向专利权人支付使用费的，其数额由双方协商，双方不能达成协议的由国务院专利行政部门裁决。其他如《森林法》《草原法》《矿产资源法》等法律规定了林地、草原、矿区等自然资源权属民事纠纷的行

---

〔1〕 例如，《土地管理法》第14条第1款规定"土地所有权和使用权争议，由当事人协商解决；协商不成的，由人民政府处理。"第3款规定："当事人对有关人民政府的处理决定不服的，可以自接到处理决定通知之日起30日内，向人民法院起诉。"

〔2〕 参见胡建淼：《行政法学》，法律出版社2015年版，第409页。

政裁决事项,《商标法》《植物新品种保护条例》《中药品种保护条例》《集成电路布图设计保护条例》等法律法规就知识产权侵权纠纷和补偿争议的行政裁决事项作出了规定,《政府采购法》等法律对政府采购活动争议的裁决处理作出了规定。《湖南省行政程序规定》《山东省多元化解纠纷促进条例》《安徽省多元化解纠纷促进条例》等地方性法规也对行政裁决进行了相应规范。

近年来,行政机关在解决民事争议方面发挥了一定作用,但也存在行政裁决范围不明确、程序不规范、制度不健全等一些现实问题。为切实发挥行政裁决化解社会矛盾纠纷的功能,国家层面应适时制定《行政裁决法》或者《行政裁决条例》,进一步明确行政裁决的内涵、原则、范围、程序、责任等规范,以此促进行政裁决的专业化、规范化和制度化。在不动产相邻关系纠纷、土地承包纠纷、山林纠纷等领域,可以推行行政裁决先行制度,对于未经乡镇调处的上述纠纷,法院不予受理。[1] 应全面梳理行政裁决事项权力清单并向社会公开,根据实际情况变化及时对权力清单作出动态调整。依法承担行政裁决职责的行政机关要积极履行裁决职责,进一步优化行政裁决程序,推广信息技术在行政裁决工作中的运用,在行政裁决纠纷多发领域探索建立"一站式"纠纷解决服务平台,为当事人提起行政裁决提供便利服务,减轻当事人依法维权中的负担。加强行政裁决与诉讼、调解等其他矛盾纠纷化解方式的衔接协调,建立健全行政裁决告知制度、行政裁决救济程序衔接机制。坚持行政机关裁决民事纠纷必须先行调解的制度,当事人经调解达成协议的由行政机关制作调解协议书,调解不能达成协议的由行政机关及时作出裁决。

第三节 推进信访问题依法化解[2]

信访工作是社会稳定的"晴雨表"和"风向标"。当前,信访形势比较严峻,地方政府在如何妥善解决信访问题方面,还面临着较大压力。新时期有效预防和化解信访矛盾纠纷,必须加强和改进信访工作,创新信访工作理念,改革信访工作制度,引导群众依法行使权利、表达诉求、解决纠纷,把

---

〔1〕 参见王成栋:"多元纠纷解决机制中的政府作用",载马怀德主编:《全面推进依法行政的法律问题研究》,中国法制出版社 2014 年版,第 358~359 页。

〔2〕 本节内容主要来自作者文章,并有相应修改。参见李坤轩、邱丽莉:"'互联网+'视域下基层信访工作的创新路径——基于山东省济宁市信访工作的实践",载《理论导刊》2017 年第 3 期。

信访纳入法治化轨道，保障合理合法的诉求依照法律规定和程序就能得到合理合法的结果。

一、创新化解信访问题理念思路

（一）树立抓信访就是抓民生的理念

做好信访工作必须坚持民生优先，把解决群众的基本生活需求问题放在首位，像抓经济建设一样抓民生保障，像落实发展指标一样落实民生任务。在工作布局上，将信访问题化解放在经济社会发展大格局中来统筹谋划、一体推进，把群众利益、群众满意度作为目标和主线，把信访工作链条向治本控源、修复警示延伸，把阳光信访、责任信访、法治信访作为基础性工作常抓不懈。

（二）强化依法化解信访问题的意识

牢固树立法治思维理念，坚持把信访纳入法治化轨道，按照"法定职责必须为，法无授权不可为"的原则，运用法治思维、法治手段开展工作，坚决摈弃脱离法治轨道的"维稳"思维，打破通过领导签批方式解决问题的传统模式，杜绝因人而异、因地而异、因事而异等不符合法治的工作方式。优化传统信访途径，组织开展信访政策宣传活动，引导群众在法治框架内解决矛盾纠纷，依法应当通过诉讼、仲裁、行政复议解决的信访诉求[1]，要积极教育引导群众通过法律途径去解决纠纷，同时要保障群众的合理合法诉求依照法律规定和程序就能够得到合理合法的结果。推进落实社会稳定风险评估工作，实行社会稳定风险评估领导签批备案制，从源头上预防和减少社会矛盾的产生。

（三）推动"互联网+信访"深度融合

信访诉求绝大多数是基层应该解决也可以解决的问题。有效化解信访问题，必须加强基层信访工作。要积极推广在村居（社区）设立信访事项代办室，在乡镇（街道）设立信访事项会商室，在县（市、区）设立信访事项听证室等方式方法，充分发挥信息化网络系统作用，打造可办理、可查询、可跟踪、可监督、可评价的"互联网+信访"工作模式，进一步拓展基层信访工作的新局面。

---

〔1〕 根据《依法分类处理信访诉求工作规则》（国信发〔2017〕19号）规定，依法应当通过诉讼、仲裁、行政复议解决的信访诉求，主要包括：根据法律规定应由人民法院、人民检察院、公安机关通过刑事立案处理的事项；行政相对人不服行政复议决定的事项；当事人达成有效仲裁协议的事项；其他只能通过诉讼、仲裁、行政复议等法定途径处理的事项。

二、构建大信访大联动工作格局

（一）发挥好信访联席会议作用

建立公安部门、检察院、法院、信访机构、司法部门以及社会矛盾纠纷调处中心等单位参加的信访联席会议制度，有利于对信访问题进行综合研判分析，形成化解信访问题的合力。要强化联席会议综合协调、组织推动、督导落实等职能作用，实现联席会实体化、常态化开展工作。联席会议严格落实例会制度，集中分析研判信访形势和一个时期内或某个领域的信访突出问题，研究解决方案和推进措施，及时妥善处理重大、复杂、疑难信访事项。

（二）建立党委政府办公例会制度

完善信访工作机制，把信访问题化解工作列为地方党委常委会、政府常务会、书记办公会固定研究议题，定期听取信访问题化解情况汇报，梳理分析当前热点难点，认真研究部署信访问题化解工作，形成研究推动信访工作的常态机制，推动各级各部门落实信访问题化解的工作责任。

（三）进一步健全部门联动机制

整合政法、综治、司法、维稳、信访等系统资源，在矛盾纠纷排查调处、信访信息预警工作中加强信息共享和有效联动。提升市、县、乡三级为民服务大厅建设，严格落实领导公开接访、部门联合接访制度，定期开展专项督查并及时通报。研究出台信访联治、矛盾联调、工作联动的工作办法，推动形成大信访、大联动工作格局。

三、打造网上信访受理平台体系

（一）逐步形成网上信访主渠道

健全网上受理信访制度，积极推广网上受理信访，推动信访问题及早受理、尽快解决，让数据多跑路、群众少跑腿，为信访群体依法提起信访诉求增加便利，节约信访问题的化解成本。加快政府和职能部门网上信访受理平台建设，在镇街信访场所设立网上信访自助服务区，有条件的村居配备相应设备或整合远程教育资源开展工作，推动"阳光信访"信息系统市县乡村四级建设全覆盖，为群众网上信访提供更多便利条件。将网上信访系统与领导信箱、市县长热线等平台全面整合，一个口径对外，一个平台处置，实现互联互通、数据共享大幅压缩网上信访受理办理周期，发挥网上信访的比较优势，让群众感受到网络平台的便捷优势，把网上信访打造成群众反映问题、解决问题、汇集社情民意的主渠道。

（二）实现网上信访大数据转化应用

加强对信访数据的综合分析和精准研判，使其转化成为信息资源，从农村农业、城乡建设、劳动社保等民生领域的信访突出问题中，从非法集资、房地产交易等涉众型利益群体的信访事项中，归纳出带有普遍性、倾向性的问题，定期生成工作"体检表"，为地方党委政府科学决策、改进工作、完善政策提供参考。

（三）推动领导干部网上接访常态化

借助信访信息系统，培育"信息网上录入、流程网上管理、活动网上督查、绩效网上考评"的信访工作新模式，办信、接访、网上投诉办理、督查督办等基本业务全覆盖、信访信息全录入、业务全流转、数据全生成、办理全公开。领导干部可以通过信访信息系统直接批转案件，信访人可以随时查询信访事项办理情况和处理结果，并对信访部门和责任单位作出满意度评价，形成良性互动，提高质量效率，防范工作风险。

四、落实信访问题化解责任主体

（一）严格执行诉讼与信访分离制度

厘清信访与诉讼、仲裁、行政复议等法定救济途径的边界。信访部门对于信访群众应依照法定途径提出的诉讼、仲裁和行政复议类信访事项不受理、不转送、不交办，同时要明确告知并引导信访群众向有权处理的机关反映诉求。

（二）大力推行责任清单制度

职能部门应进一步梳理本部门信访问题的法定解决途径，形成各自的分类处理清单，明确行政部门之间依法处理矛盾纠纷的责任，解决行政机关之间信访问题的"管辖"边界问题。落实各级的责任，强化村信访信息员承担的信访问题排查、化解、预警、上报、跟踪处访和落实上级问题处理意见的职责，大力推广矛盾不上交、就地解决的"枫桥经验"，争取在一线及时发现问题，就地解决问题。

（三）加大信访问题化解问责力度

加强对信访问题化解的督查督办，强化问责刚性，严肃追究责任，让失责必问成为常态。对思想不重视、工作不作为、问题不解决、责任不落实，造成信访问题频发，发生严重影响社会稳定重大信访案件的，进行严厉的责任倒查追究。

五、强化信访问题排查预警处置

（一）推行网格化管理模式

推行扁平化管理，每200~400户划分为一个网格，每个网格通过政府购买服务的形式，配备1~2名网格社工作为管理员，做好基础数据采集、收集社情民意、化解矛盾纠纷、服务居民群众、加强应急管理等基础工作。

（二）实行领导干部包案化解矛盾纠纷

领导干部要切实增强服务群众意识，按照工作分工，分头研究分管领域的信访突出问题，主动参加信访事项听证会，分级分类接访、定期接访、带案下访，对于排查出的重点信访事项，联系包保区域的1~2个重点信访案件，实行一包到底，直至矛盾纠纷解决。

（三）健全矛盾纠纷排查机制

实行镇村联动，落实矛盾纠纷"日报告""零报告"制度，管区干部、村干部每天深入所包片区、村居进行矛盾排查，并将矛盾排查情况逐级进行汇总上报，确保排查无死角，信息无错误。

（四）完善网络舆情监控机制

建立重大突发事件向网管办报送预警信息机制，对出现的网络舆情科学迅速作出反应，争取在"黄金四小时"内妥善处置，避免或缩小因突发事件造成的网络负面影响。

六、突出抓好信访基础保障工作

（一）积极主动联系服务群众

充分发挥各级驻村干部在做好信访问题化解工作方面的积极作用，探索由各村"第一书记"兼任所在村信访信息员，把信息员矛盾排查调处、信息预警等工作情况纳入干部考核和基层党建述职，作为干部选拔任用、激励表彰的重要依据。

（二）推动社会力量参与社会治理

注重发挥志愿服务组织、民间组织的作用，鼓励支持不同领域、不同行业具有专业知识和群众工作经验的人员参与到矛盾纠纷化解中来。探索通过政府购买服务，为区域群众提供法律咨询服务和援助，推广律师参与领导接访制度。结合村居群众服务中心，引导群众进行自我管理、自我服务。

（三）设立信访专项资金

地方财政每年应列支信访专项资金，与中央省市专项资金相配套，专门用于化解信访难题，减少信访问题存量。

七、加强基层信访干部队伍建设

加大市、县信访干部交流选拔使用力度，对政治上靠得住、工作上有本事、会做群众工作的信访干部大胆提拔重用，选派市、县优秀信访干部到县、乡挂职担任县、乡党委副书记，定期推动市、县信访干部在部门间的横向交流。县（市、区）信访部门配备1~2名信访督察专员，在各职能部门和各乡镇街道明确信访工作机构、配备专兼职信访干部，进一步充实信访工作力量。加强对信访干部的教育培训，不断提升信访干部化解社会矛盾纠纷的能力。

八、发挥信访考核的指挥棒作用

科学设计信访工作考核办法，坚持控制信访发生数量与提升工作质量效率"两手抓"，推动信访工作由"数量压力型"向"质量责任型"转化，把源头预防和解决问题作为核心要素，突出对信访信息排查预警率、信访事项及时受理率、按期办理率、群众满意率的考核，推动提高信访事项办理的质量和水平。加强对涉法涉诉信访工作的考核，加大考核权重，注重对考核结果的运用。

第四节　邻避冲突的预防和化解

近年来，中国各地邻避冲突频繁发生[1]，引起社会各界的广泛关注。据不完全统计，自2003年以来，我国城镇化进程中共发生典型意义的邻避冲突事件96件，于2014年左右达到峰值，目前仍处于高发期。[2] 2016年上半年，规模较大的环保类群体性事件至少有52起，其中千人以上规模的有12起。引发事件的诉因中，涉垃圾类的有19起，涉工业污染的19起，涉变电

---

〔1〕　近年来发生的典型邻避冲突事件，比如2007年厦门市民反对建设PX项目、2007年北京市民反对建设垃圾焚烧厂项目、2008年上海市民反对建设磁悬浮项目、2009年广州番禺、江苏吴江市民反对建设垃圾焚烧发电厂项目、2011年辽宁大连市民反对PX项目、2011年北京市民"散步"抗议西二旗筹建餐厨垃圾处理站、2012年天津市民"散步"抗议聚碳酸酯（PC）项目、2012年四川什邡公众抵制建设大型钼铜项目、2012年江苏启东公众抵制造纸污水管道排海项目、2012年浙江宁波镇海区村民反对建设PX项目、2012年沿线居民反对建设京沈高铁事件、2013年云南昆明民众反对建设千万吨炼油项目、2013年四川成都市民反对建设PX项目、2013年广东鹤山市民反对建设核燃料项目、2014年广东茂名市民抗议建设PX项目、2014年浙江杭州余杭区居民反对建设垃圾焚烧厂项目、2014年杭州朝晖九区居民反对建设"临终关怀中心"、2015年上海杨浦区居民反对建设养老院项目、2016年山东龙口居民反对建设大型化工项目，等等。

〔2〕　参见李佐军、陈健鹏、杜倩倩："城镇化过程中邻避事件的特征、影响及对策——基于对全国96件典型邻避事件的分析"，载《调查研究报告（专刊）》2016年第42期。

站的 6 起，涉污水处理的 1 起。[1] 邻避冲突不仅导致有关项目无法顺利推进，也使得公众与政府产生了严重的对立情绪，影响了社会和谐稳定。如何有效预防和妥善解决邻避冲突，已成为当前亟待解决的难题。

一、邻避冲突概述

（一）邻避冲突起源

"邻避"概念源自英语"Not in my back yard"（简称 NIMBY），意思是"别在我家后院"[2]，指公众不希望可能带来一些负外部效应的邻避设施项目建在自家周边，尽管这些设施能够为社会带来公共利益。

邻避冲突是指邻避设施选址建设中引发的一种社会冲突。邻避冲突起源于西方发达国家，是世界各国普遍存在的难题。以美国为例，美国民众反对建设有毒废弃物处理场、反对建设垃圾填埋场等污染性设施的邻避抗争运动，早在 20 世纪 60 年代就已经出现。随着工业化的快速推进，到了 20 世纪 70 年代，邻避冲突逐渐成为世界各国面临的共同挑战。由于邻避问题的出现，导致邻避设施项目无法顺利推进。例如，美国 1980 年~1987 年计划建设的 81 座毒性废弃物处理场，据美国 1987 年统计，实际上只有 8 座顺利建成，造成这一结果的主要原因就是民众的邻避主义思维触发了邻避冲突，影响了项目的建设进程；又如，2010 年反核人士阻挠运输核废料的列车驶往德国，许多参与者甚至将自己锁在列车行进的铁轨上以示抗议，法国出动宪兵和警察清场，抗议者和警察的冲突导致上百人受伤。

（二）邻避设施分类

邻避设施主要是指能够带来广泛的社会效益，但却会给设施周边居民带来不可描述的负外部性影响的公共基础设施。[3]

邻避设施大致可以分为三类：①污染类设施，主要是指存在空气、水、土壤、辐射、噪音等环境风险的设施，比如垃圾焚烧厂、炼油厂、磁悬浮线路、飞机场等。②心理不悦类设施，主要是指令周边居民心里感到不愉悦的

---

〔1〕　参见杨绍功："如何化'邻避效应'为'迎臂效应'"，载《决策探索（上半月）》2016年第 9 期。

〔2〕　"邻避"一词本身来源于一个经典场景：即某个社区的居民很容易对于安装垃圾箱的方案形成高度共识，却很难对垃圾箱装在社区中什么位置形成基本共识，因为每个居民都不希望垃圾箱在自己后院，也就是 Not In My Back Yard。

〔3〕　See O'Hare M.，"Not on My Back，You Don't：'Facility Sitting and the Strategic Important of Compensation'"，*Public Policy*，Vol. 25，No. 4，1977，pp. 407~458.

设施，比如火葬场、传染病医院、精神病医院等。③风险集聚类设施，主要是指周边居民承担的潜在风险远大于其获得利益的设施，比如核电站、化工厂、加油站等。

（三）邻避冲突特点

邻避冲突具有突发性、区域性、破坏性等群体性事件的一般性特征，同时呈现出的最显著特点是社会公众虽然反对邻避设施建在自己居住地周边地区，但是不排斥使用该项目产品或者接受项目提供的服务。

从现实情况看，并非所有的公共设施都会产生邻避问题，导致邻避冲突。邻避问题的诱发可能性可以通过对公共设施设置邻避问题指数的方式予以观察，如果在0~100之间设定邻避问题指数，则邻避问题指数越大，表明诱发邻避冲突风险的可能性越大（见表8-5）。

表8-5　公共设施诱发邻避冲突的风险等级

	邻避冲突风险	邻避问题指数	公共设施种类
一级	基本不存在邻避冲突风险	0	城市公园、博物馆、美术馆、科技馆、图书馆、音乐厅、文化宫等
二级	具有较低邻避冲突风险	0~20	学校、车站、社区医院、综合医院、大型超市、购物中心等
三级	具有中度邻避冲突风险	20~50	传染病医院、精神病医院、高速公路、立交桥、农贸市场、大型游乐场、通信基站、养老院、监狱等
四级	具有高度邻避冲突风险	50~100	核电站、化工厂、垃圾焚烧厂、垃圾填埋场、污水处理厂、火力发电厂、炼油厂、炼钢厂、磁悬浮线路、临终关怀中心、火葬场、公墓、飞机场、高速铁路、加油（加气）站等

二、邻避冲突产生的原因

从近年来发生的邻避冲突来看，公众反对邻避项目建设，主要是担心政府部门规划建设的公共设施建设在自己家的周边，会带来一些潜在的不良影响，这种邻避主义思想发展到一定程度，即表现为项目选址地周边居民通过不同方式进行反对、抗争，进而引发邻避冲突。

从近年来发生的典型邻避冲突事件看，产生邻避冲突的原因既有相同之处，也有各自的特点，政府部门采取了不同应对方式，其最终的结局大多不容乐观（见表8-6）。

表 8-6　邻避冲突事件诱发原因、政府应对策略与结局比较

序号	邻避冲突事件	诱发事件原因	政府应对策略	冲突最终结局
1	2007年厦门市民反对建设PX项目	居民担心项目建成后会造成环境污染，项目信息发布没有做到公开透明	举办新闻发布会发布相关信息、召开环评座谈会、邀请公众参与	项目迁址福建漳州
2	2007年北京六里屯市民反对建设垃圾焚烧厂	居民担心项目建成后会造成环境污染	与当地居民进行协商沟通	项目迁址苏家坨
3	2008年上海市民反对建设磁悬浮项目	沿线居民认为磁悬浮会产生高频磁场，对周围环境造成严重的电磁辐射、噪音、振动等不良影响，将会对人体健康造成损害，担心房价严重下跌，项目信息发布没有做到公开透明	组织环境风险评估、召开座谈会、扩大民意表达途径	项目搁置、暂缓建设
4	2009年广州番禺市民反对建设垃圾焚烧发电厂	居民担心项目造成生态环境、生命健康方面的影响，公众参与不够	承诺对项目重新进行评估，召开新闻通报会、专家论证会、居民座谈会	项目暂停，重新论证选址问题

序号	邻避冲突事件	诱发事件原因	政府应对策略	冲突最终结局
5	2011年辽宁大连市民反对PX项目	居民担忧项目的环境污染风险，政府信息公开不到位	成立由权威部门和专家组成的调查组，对PX项目的安全状况进行全面调查和评估，对PX项目搬迁问题进行论证，决定项目停产、搬迁	项目停产
6	2012年四川什邡市民抵制建设大型钼铜冶炼项目	居民担忧项目造成环境污染风险，政府信息公开不到位	承诺停止项目建设，今后也不再建设	项目停建
7	2012年江苏启东公众抵制造纸污水管道排海项目	居民担心项目对生态环境和渔业资源造成破坏	召开新闻发布会，暂停管道工程建设，进一步深入论证评估	永久取消项目
8	2012年浙江宁波镇海区村民反对建设PX项目	居民担忧项目造成环境污染风险	与村民代表广泛沟通，做出相关书面答复，最后承诺不上PX项目	停止推进炼化一体化项目
9	2012年沿线居民反对建设京沈高铁事件	居民担心项目造成噪音污染，产生电磁辐射，对环评报告提出质疑	与居民代表谈判，重新组织环境风险评估	项目停滞后"改线"

序号	邻避冲突事件	诱发事件原因	政府应对策略	冲突最终结局
10	2013 年四川成都市民反对建设 PX 项目	居民担忧项目造成环境污染风险，信息公开不充分	公开发表声明，正面表态	项目暂停
11	2013 年广东鹤山市民反对建设核燃料项目	居民认为存在安全风险，公众前期参与不足	召开座谈会，并与市民进行沟通	项目撤销
12	2014 年浙江杭州余杭区居民反对建设垃圾焚烧厂项目	居民担忧项目造成环境污染风险、政府监管不力、影响地方经济发展、房价降低，公众前期参与不足，信息公开不够	承诺项目没有履行完法定程序和征得群众理解支持的情况下不开工，邀请群众全程参与，组织专家解答疑惑，惩处违法者，与群众加强沟通协商，组织群众到外地参观已建成垃圾焚烧厂，给予当地 1000 亩土地空间指标	项目暂停
13	2014 年杭州朝晖九区居民反对建设临终关怀中心	居民认为在小区建临终关怀中心晦气，会造成房价下跌，产生医疗垃圾、噪音、废气污染	组织居民代表、项目方进行协调	项目撤销

序号	邻避冲突事件	诱发事件原因	政府应对策略	冲突最终结局
14	2016 年山东龙口居民反对建设大型化工项目	居民认为目前的环境污染已经影响了龙口市居民的健康，很难再去容忍一个可能带来更大危害和威胁的石化项目，信息公开力度不够	市政府在官网公开答复："根据公示期群众的意见建议，市政府决定环境评价论证工作停止。"此后有关部门又连续发布通告告知市民石化产业基地环境评价论证工作已经停止	项目紧急叫停

深入分析梳理近年来邻避设施项目引发邻避冲突的主要原因，总体上可以归结为以下几个方面：

（一）行政决策机制不健全

有的地方政府在行政决策上，仍然习惯性地采用行政主导型决策模式，决策的民主化程度偏低，行政决策程序不规范；有的政府机关在决策前，虽然也请了专家进行"咨询"，但往往只愿意听专家的顺耳之言，使得专家咨询流于形式，专家论证会成了"走过场"。此外，从公众参与上看，在邻避设施项目决策过程中，公众参与普遍不充分，参与人员的广泛性、代表性明显不足，参与的意见反馈不及时或者没有任何反馈，政府与公众之间交流沟通不畅。由于行政决策的不科学，往往导致邻避设施项目陷入"宣布上马—公众抗议—项目紧急叫停、延期、撤销或者迁址建设"的怪圈。

（二）政府信息缺乏有效公开

邻避设施项目相关信息的及时公开发布，既是政府阳光行政的基本要求，也是满足公众知情权、便于公众行使监督权的现实需要，同时也有利于争取更广大公众对政府决策的支持和理解。然而从引发邻避冲突的原因分析，多数情况下政府没有做到及时有效公开信息。公众对邻避设施有关信息提出质疑时，政府往往回应不及时、不全面，避重就轻、理由不足，这是导致邻避冲突发生的一项主要原因。

（三）公众权利意识不断增强

近年来，我国经济社会持续快速发展，人民生活水平日益提高，生活质量得到了很大改善，社会公众对美好生活有了新的期盼，环保意识不断增强，对生态环境问题也有了更多关注。在事关自身权益方面，社会公众的权利意识越来越强。邻避设施对项目周边居民存在潜在危险，如果政府部门不能做好宣传和解释工作，及时答疑解惑，化解潜在不稳定风险，在项目周边居民维权意识高涨的情况下，极有可能引发邻避冲突。

（四）利益补偿机制不明确

邻避设施项目周边居民承担着邻避设施带来的风险，而整个社会享受到了邻避设施带来的利益。从公平角度看，需要对项目周边居民的利益进行补偿。实践证明，利益补偿也是消除居民邻避阻力的有效方式。然而在邻避冲突事件发生时，多数情况下利益补偿方案或者补偿计划不明确、不充分，或者只是对邻避设施附近的居民进行拆迁补偿，缺少其他配套的利益补偿方案。居民关心的自身利益问题没有得到明确的答复，难免会表现出对抗情绪。

（五）冲突双方存在认知差异

政府与公众对于邻避设施的潜在风险，在认知上存在较大的差异，这是诱发邻避冲突的一项重要因素。邻避设施存在一定的风险，需要政府与公众进行有效的风险沟通，通过适当的风险沟通来消弭公众的恐慌或不满情绪。面对邻避设施潜在的风险，政府一方偏于理性，往往认为未来风险可以控制、可以接受，而公众一方偏于感性，期待邻避设施应保证绝对的安全。冲突双方认知上的差异，如果不能达到一个认知上的平衡点，就会导致矛盾纠纷逐步加剧。

（六）政府公信力有待于提高

近年来，由于行政机关在依法行政方面问题比较集中，尤其是行政执法领域问题突出，导致社会公众对地方政府的信任度普遍不高，政府在社会公众心目中的公信力有所下降，这是邻避设施项目频频遭遇抵制、继而陷入邻避冲突困局的重要原因。

三、邻避冲突预防和化解的域外经验

在邻避冲突的预防和化解方面，国（境）外有可资借鉴的经验做法。

（一）美国经验

美国在邻避冲突预防和化解方面，主要采取的措施是给予邻避设施项目附近的居民一定的经济补偿，或者实行多主体共同决策的模式。比如，弗吉尼亚州查尔斯市在建造固废填埋场时，就面向项目当地居民推出了降低财产税、完善教育系统、免费收取垃圾等一系列补偿措施，较好地避免了邻避问题；纽约州曾经为其所辖管的县、市提供了一个建设固废填埋场的机会，并且明确规定了利益补偿机制，同意建设固废填埋场的社区将会得到100万~200万美元的利益补偿，最终一个拥有1300名居民的社区自愿"投标"建设新的固废填埋场。

（二）德国经验

德国重视采用"共识会议"制度形式来化解邻避冲突。德国的地方政府在邻避设施选址建设之前，会积极主动与邻避设施当地的居民代表进行沟通对话，围绕项目选址的有关问题进行反复讨论。当地居民可以选择自己信赖的环评专家来主持环境风险评估，参与邻避设施的规划、补偿方案的制定等多个环节。通过实施"共识会议"制度直至达成共识，往往会经过1年时间，甚至会更长。从表面上看，"共识会议"制度导致花费了大量时间去沟通论证，但是由于双方已经达成了"共识"，邻避设施项目推进没有了阻力，比较好地避免了邻避冲突事件的发生。

（三）瑞典经验

在邻避设施的环境风险、核能安全风险等方面，瑞典比较重视与民众进行有效沟通。瑞典的核能安全机关和辐射保护局，专门设计了涵盖信息透明、风险评估、组织参与、公民参与等内容的风险沟通模式（RISCOM），以更好地体现政府工作的透明度，赢得瑞典公民的信任。在过去的10余年时间里，先后有5个欧盟国家借鉴瑞典的风险沟通模式（RISCOM）来解决核废弃物等邻避设施产生的争议。[1]

（四）新加坡经验

新加坡是一个面积只有719.1平方公里的岛国，化工产业是其经济支柱产业之一。新加坡政府采取了多项措施，来预防和化解邻避冲突。一是严格执行污染控制法律规定。加强对企业污染排放的监管，对环境违法企业实施重罚，使得企业的环境违法成本远高于其违法生产的实际收益。二是注重培塑政府的公信力。政府严格管理邻避设施项目，推进邻避设施项目相关信息公开透明，加强与公众的沟通，有序组织公众到项目设施内部参观，让公众

---

〔1〕 "Transparency and Public participation in Radioactive Waste Management. Swedish Nuclear Power Inspectorate," *RISCOM II Final Rport*, 2004.

真正了解风险，消除公众心理上的不安，从而逐步赢得公众对政府的信任和信心。三是对邻避项目周边的居民进行利益补偿。限于国土面积比较狭小，虽然新加坡将化工企业相对集中地建在裕廊岛，但裕廊岛距离新加坡岛也只有大约1公里之遥。新加坡政府通过在邻避项目周边地区建设养老公寓、绿地公园、儿童游乐园以及完善医疗设施等方式改善环境，给当地公众带来看得见的福利。

（五）日本经验

日本政府针对垃圾焚烧厂建设带来的邻避纠纷，采取的措施有：一是推行各区"自己处理"垃圾的理念。比如，东京提出各区应自行建设垃圾焚烧厂处理垃圾，逐步形成了公众对所在市区应当自己处理垃圾的认知，为垃圾处置场地的选址建设减小了阻力。二是通过立法严格规范环境保护标准。比如，日本的《废弃物管理法》明确规定了垃圾焚烧厂应达到的燃烧温度、建筑结构等技术标准条件，以及二恶英和废气、废水中有害物质的浓度检测要求。三是注重科普教育和环保宣传。通过加强与垃圾焚烧有关的科普教育和环保宣传，组织社会公众参观垃圾焚烧厂，消除社会公众对建设垃圾焚烧厂的心理恐惧。此外，政府和企业还采取在垃圾焚烧厂附近建设休闲场所、温水游泳池和健身场所等方式，改善当地居民的生活环境，提供相应的社会福利条件。

（六）意大利经验

意大利采取市场谈判的模式，通过市场化路子解决邻避问题。比如，意大利热电厂的选址建设多采用市场谈判的模式，由邻避设施项目承建企业直接与项目周边的社区进行谈判，既淡化了政府在选址中的邻避冲突，同时也将解决邻避项目选址冲突可能产生的费用内化为选址的成本。

（七）加拿大经验

针对邻避问题的预防和解决，加拿大建立了危险设施信息披露制度，明确了选址企业、技术专家和普通公众搜集使用相关证据的平等权利。[1]

（八）中国台湾地区经验

我国台湾地区处理邻避问题的主要做法有：一是消减邻避项目自身风险。比如，严格执行项目安全保证和环保标准，我国台湾地区的"环境影响评估

---

〔1〕　See Rabe, B. G., "Beyond NIMBY: Hazardous Waste Siting in Canada and the United states", *Washington*, *D. C.*: *The Brookings Institution*, 1994.

法"明确规定，公共设施审议过程中必须提交环境影响评估报告，并向当地民众进行说明；加强环境监测，允许社区居民委托专业团体、环保团体进行不定期的环境监测，及时发布环境监测信息，消除公众心理恐慌；政府与当地居民签订环保协定或者公害防止协定，明确环保标准、损害赔偿标准和企业违约处罚标准，以此加强对政府、企业的制约和监督。二是实行制度性的经济补偿。比如，明确规定垃圾焚烧厂每处理 1 吨垃圾就要支出 200 元新台币补偿邻避设施项目周边居民，对项目周边居民给予减免电费、减免土地税赋，兴建公园和健身场所等设施免费（或者打折）使用等。三是重视邻避设施建设中的公众参与。通过进行问卷调查、民意访谈、举行公众听证会、加强协商沟通、保证信息畅通等方式，促使公众广泛参与到项目建设中，赢得公众对项目建设的支持。

四、中国式邻避冲突的预防和化解路径

有效预防和化解邻避冲突，需要借鉴国（境）外有益的经验做法，从国情实际出发，构建具有中国特色的邻避冲突治理方法。可以采取的措施主要有：

（一）建立基层协商民主机制

分析近年来我国发生的邻避冲突事件，正如前文所述，行政决策上的不科学、公众参与不够都是其中的重要因素。解决这些问题，必须提高行政决策的科学性、民主性，重视加强政府与公众之间的协商。要健全民意表达机制，完善公众参与制度，通过加强宣传、信息公开、专家论证、民意征集、组织听证等方式，推动公众与地方政府之间的沟通交流。地方政府应认真、及时、全面地回应公众提出的问题，及早预防和化解邻避纠纷。政府部门在邻避设施建设初期如能主动征求公众意见，邀请项目周边的公众代表参与决策，将有助于消弭双方意见上的分歧，促使双方形成项目建设上的共识，可以有效避免后期陷于被动尴尬的局面，促进社会和谐稳定。

（二）完善邻避设施信息公开

预防和化解邻避冲突，必须建立透明、公正的邻避设施信息公开机制，要求政府有效地实施信息公开，保证公众对邻避设施建设的知情权、参与权、监督权。政府在作出邻避设施项目决策时，应预先将相关信息公开并进行有效说明，在政府网站、社交平台、社区公告栏、小区物业中心等公众容易知晓的媒介渠道，及时发布邻避设施环境影响报告书，把邻避设施的负外部性大小、专家观点、相关福利等信息及时告知公众，让公众来评判项目建设的利弊得失。在项目建设中、项目建成后，政府要加强对邻避设施的环境监管、监测，相关数据实时向公众公开，有效发挥社会监督的作用，不断提升政府的公信力。

（三）科学合理地回应利益诉求

邻避冲突一定程度上反映了由于风险分配的不公平所导致的"环境不正义"。从某种意义上讲，生存在地球这个大家园的每一个个体都享有免遭环境迫害、平等享受洁净空气和安全环境的权利。众所周知，大多数的邻避设施项目在满足社会公众的公共利益需求的同时，也给项目周边居民带来了潜在的风险。地方政府不能只考虑公共利益，忽略项目周边居民的权益，应积极主动地回应公众的利益诉求，以利益补偿来对冲邻避问题。实践证明，如果项目周边居民能够得到合理的补偿，则引发邻避冲突事件的概率会大大降低。为此，对于遭受邻避设施影响的居民，政府要及时给予必要的补偿，制定多元化的利益补偿方案，保障当地居民的合法利益，比如对邻避设施周边居民直接给付金钱、提供有关赋税的减免，建设绿地公园、健身场所、游乐设施等公众喜欢的公共设施，增加社区的教育、就业、医疗、养老等社会福利，等等，以此换取项目周边公众的理解和支持。

（四）建立多元主体治理机制

邻避冲突挑战的是传统的"自上而下"式的邻避设施建设管理模式，有效预防和化解邻避冲突必须创新治理模式，完善邻避冲突治理机制。邻避问题的解决，既需要政府依法履职，也需要企业承担相应责任。实践中，可以尝试引入市场谈判机制，鼓励和支持符合标准的企业与项目所在地周边居民进行谈判，将解决选址冲突可能产生的费用内化为选址成本，由企业与政府共同承担起邻避效应带来的风险。从近些年发生的一系列邻避冲突事件来看，邻避问题得以有效解决，不能仅靠政府决策和企业投资，必须发挥好社会协同作用，完善政府与社会的共同监管制度，比如引入第三方的专业公司针对邻避设施项目的建设和运营进行监督、监测，积极引导社区开展协同监督；与此同时，邻避设施项目的建设必须得到公众的认可和支持，对此可以探索由公众参与环境风险评估机构的选择，或者环境风险评估专家的选聘，消减公众对环境评估报告的疑虑和环境风险的恐惧心理。邻避设施与公众利益息息相关，并且为社会广泛关注，不能仅仅是"头疼医头、脚疼医脚""治表不治里"，必须建立"政府负责+市场投资+社会协同+公众参与"的多元主体治理机制，实现在邻避设施项目建设、运营中，政府、企业和社会公众多方面的良性互动与协同共治。

（五）完善项目风险评估机制

项目风险评估是指针对项目立项、建设、运营中可能引发的风险进行分析评价，在此基础上制定风险防控预案，从而有效预防、避免和减小项目实施过程中引发的风险。邻避设施项目实施之前，有计划地组织风险评估，这是降低邻避冲突事件概率行之有效的措施。在公众环境意识、权利意识日益高涨的当今社会，对于邻避设施建设，如果地方政府不顾公众意见，消极应对，就有很大可能激发公众的不满情绪，一旦这种情绪蔓延开来，公众就会采取不同的方式以示抗议，甚至由此引发邻避冲突事件。为此，必须完善项目风险评估机制，建立严格的环境风险管控制度，加强项目风险防范，从源头上预防邻避冲突、避免环境风险事故发生。

（六）加强公众科学普及教育

公众对于邻避设施的反应不同，主要是由主观上的社会风险认知差异导致的。由于政府部门和相关企业对涉及邻避设施项目的信息发布不及时、科普知识宣传不到位、正向引导不充分等原因，造成社会公众对于项目相关情况了解不深入。加之公众又缺乏相关的科学知识，当公众对未知风险产生恐慌心理、感觉到自身的利益会因为项目的开工建设而遭受不必要的损失时，心理情绪的燃点会急速降低，这种情况下很容易被一些别有用心的人员所煽动，进而失去自己的理性认知，在缺少法律常识的情况下，采取一些比较激烈的抗争手段来维护和争取利益。如果发生了邻避纠纷不能及时应对，无法得到有效的化解，则会愈演愈烈直至引发邻避冲突的群体性事件，造成不必要的损失。因此，政府应注重加大对社会公众的法律知识教育、相关科学知识的普及宣传，尽可能地减小由于公众风险认知上的偏差而诱发邻避冲突。

（七）加快推动相关立法建设

目前，我国还没有制定有关邻避设施项目建设的法律法规。邻避设施项目的选址、邻避冲突的解决缺少专门的法律依据，国家层面需要加快邻避冲突预防和化解方面的立法进程。在地方立法中，近年来出台有邻避设施选址和邻避冲突解决的相关法规。比如，广东省为解决垃圾处理邻避问题，于2016年颁布实施《关于居民生活垃圾集中处理设施选址工作的决定》，规范了垃圾处理设施选址，强调垃圾处理设施选址建设是全社会的共同责任，突出居民生活垃圾集中处理设施选址的科学性和公正性，要求坚持规划先行、区域统筹、联建共享、环境保护，加强规划引导，做好与土地利用总体规划、城乡规划、环境保护规划的衔接，并且规定政府应当完善垃圾处理设施周边居民的诉求表达机制，健全纠纷协商解决机制，建立生态补偿长效机制，回馈垃圾处理设施周边居民。公民、法人或者其他组织认为政府及有关部门关于垃圾处理设施选址的行为不当的，应当通过行政复议、诉讼等法定途径解决。借鉴广东省的做法，地方可以通过立法形式来规范邻避设施的项目建设，有效预防和化解邻避冲突。

第八章 社会组织参与社会治理的法治路径

党的十八届三中全会提出创新社会治理体制，将加强社会组织建设作为全面深化改革的重要内容。[1] 社会组织自此被赋予了新的历史定位，进一步确立了在社会治理多元体系中的主体地位。推进社会治理，要注重发挥社会组织在提供公共服务、化解社会矛盾等方面的积极作用。政府应积极转变治理公共事务的方式，鼓励公民社会组织参与公共事务的管理，形成政府与社会的良性互动与合作，提高公共管理的效率，促进公共利益的增长。[2]

第一节 社会组织参与社会治理现实问题及原因

目前，我国社会组织在打造多元共治的社会治理格局中取得了一定成绩，但社会组织参与社会治理的总体形势不容乐观，应有的功能发挥不够。社会组织的自治性、内部治理能力、专业化水平以及社会公信力等方面还存在比较突出的问题。问题存在的原因主要是政府对社会组织的发展推力不强、有关的法律法规不健全、社会组织的发展基础还相对薄弱等。

一、社会组织参与社会治理存在的主要问题

近年来，我国社会组织不断发展，社会组织的数量逐年增加，种类也在逐渐丰富，活动的领域和范围也在日益拓展，社会组织在社会治理中发挥着越来越重要的作用，比如在提供公共服务、社区治理、协调社会矛盾化解、

---

〔1〕 创新社会治理体制的目的就是实现政府治理和社会自我调节、居民自治的良性互动，充分发挥社会组织作用，进一步激发社会活力，真正实现从"依靠群众打天下"向"依靠群众治天下"的转变，政府逐渐由"全能政府"转为"有限政府"，从"撑船"转向"掌舵"，体现了一种积极的发展观。

〔2〕 参见俞可平：《地方政府创新与善治：案例研究》，社会科学文献出版社 2003 年版，第 86页。

环境保护、调和社会关系、探访留守儿童等领域日益发挥重要作用。深化社会体制改革，创新社会治理的模式，其目的就是将社会治理的成果惠及每一位公民。同时我们也应看到，我国正处于社会治理的转型时期，公民社会尚未完全成熟，社会组织起步相对较晚、底子相对薄弱，整体水平不够强大，参与社会治理的程度还不深，所以社会组织在参与社会治理的过程中仍存在许多问题与不足，需要我们认真梳理和反思。

（一）社会组织的自治性不足

由于我国存在"政社不分"的传统，使得我国缺乏培育社会组织自治性的环境。[1] 从我国社会组织管理体制的发展历程[2]可以看出，尽管市场经济的改革导向为社会组织的发展逐渐提供了相对宽松的宏观环境，但从政府与社会组织的微观层面而言，依然偏重于控制。[3] 在社会组织发展的早期，政府大多时候对其大包大揽，无论是社会组织的产生还是发展，几乎都由政府说了算，这就使得社会组织与政府有千丝万缕的联系。[4] 作为社会治理的主体之一，社会组织在社会治理的部分领域从事活动，比如在社会公益慈善活动等领域，承担了相应的社会公共责任。但在很多情况下，社会组织的作用更像是配合政府开展工作，它们参与社会治理的空间还是相对狭窄的。[5]

从社会组织的设立情况看，虽然当前社会组织的类别多种多样，但总体上官方或半官方的社会组织数量依然很大。有些官办的社会团体甚至可免于

---

〔1〕 从历史上看，我国社会缺乏社会自治和组织化的传统。我国传统的政治制度架构和秩序具有鲜明的帝国中心主义、规则国家主义、秩序单一主义和价值观的高度一元化特征，在这一制度架构和秩序下，任何鼓吹多中心秩序和规则的活动都被视为对现存秩序和规则的挑战，任何现代意义上的结社活动都是被严厉禁止的。参见周少青："析'结社权问题'"，载《吉林师范大学学报（人文社会科学版）》2008 年第 4 期。

〔2〕 虽然我国有着悠久的民间结社和民间公益活动的历史，但由于专制统治不受社会制约，并且可能随时干预社会组织的活动，使得社会组织处于不稳定状态，呈现出组织规模不大、组织结构相似、彼此不相联系的"蜂窝状结构"，其力量难以积累，缺乏真正的独立性和自主权。参见康宗基：《中国政府与社会组织关系研究——基于"国家与社会关系"的视角》，人民出版社 2017 年版，第 111 页。

〔3〕 参见俞可平等：《中国公民社会的制度环境》，北京大学出版社 2006 年版，第 26 页。

〔4〕 双重管理制度下，社会组织与政府部门的联系更为密切。由于受行政化的影响，中国民间组织处于"准政府组织"的境地。无论是在人员构成、经费来源、组织结构方面，还是在运作规范、活动方式等方面，中国民间组织都体现出强烈的行政色彩。参见孙发锋："去行政化：中国民间组织发展的必然要求"，载《理论与改革》2010 年第 4 期。

〔5〕 参见张雪："中国非政府组织参与社会治理的问题及对策研究"，西南大学 2015 年硕士学位论文。

登记，根据民政部门有关规定，可免于登记的有包括中国妇联在内的 8 大人民团体[1]，中国作协在内的 14 个社会团体[2]和 11 个中国文联所属的文艺家协会[3]。这些团体在全国设有分支机构，有的团体开展的工作内容更像是在行使行政职权。[4]

从社会组织的人事管理看，有时也会受到政府的诸多限制[5]，并不能完全独立于政府之外。虽然相关规定[6]明令禁止党政领导兼任社会组织的领导

---

〔1〕 根据《民政部关于对部分团体免予社团登记有关问题的通知》（2000 年 12 月 5 日民政部民发〔2000〕256 号）第 1 条规定，"参加中国人民政治协商会议的人民团体不进行社团登记。参加中国人民政治协商会议的人民团体有：中华全国总工会、中国共产主义青年团、中华全国妇女联合会、中国科学技术协会、中华全国归国华侨联合会、中华全国台湾同胞联谊会、中华全国青年联合会、中华全国工商业联合会"。

〔2〕 根据《民政部关于对部分团体免予社团登记有关问题的通知》（2000 年 12 月 5 日民政部民发〔2000〕256 号）第 2 条规定，"经国务院批准可以免予登记的社会团体有：中国文学艺术界联合会、中国作家协会、中华全国新闻工作者协会、中国人民对外友好协会、中国人民外交学会、中国国际贸易促进会、中国残疾人联合会、宋庆龄基金会、中国法学会、中国红十字总会、中国职工思想政治工作研究会、欧美同学会、黄埔军校同学会、中华职业教育社"。

〔3〕 根据《民政部关于对部分社团免予社团登记的通知》（2000 年 12 月 5 日民政部民发〔2000〕257 号）第 1 条规定，"中国文联所属的 11 个文艺家协会可以免予社团登记，即：中国戏曲家协会、中国电影家协会、中国音乐家协会、中国美术家协会、中国曲艺家协会、中国舞蹈家协会、中国民间文艺家协会、中国摄影家协会、中国书法家协会、中国杂技家协会、中国电视家协会"。

〔4〕 参见谢玥："我国社会组织参与社会治理中存在的问题及对策研究"，四川师范大学 2017 年硕士学位论文。

〔5〕 例如，社会组织部分人员调动要经过政府相关部门的最后同意，社会组织的领导层有的来自党政机关，由在职领导兼职，有的由业务主管单位的老领导、退休干部等担任。

〔6〕 如《中共中央办公厅、国务院办公厅关于党政机关领导干部不兼任社会团体领导职务的通知》〔中办发（1998）17 号 1998 年 7 月 2 日发布施行〕第 1、2 条明确规定，"县及县以上各级党的机关、人大机关、行政机关、政协机关、审判机关、检察机关及所属部门的在职县（处）级以上领导干部，不得兼任社会团体（包括境外社会团体）领导职务（含社会团体分支机构负责人）""因特殊情况确需兼任社会团体领导职务的，必须按干部管理权限进行审批，并按照所在社团的章程履行规定程序后，再到相应的社会团体登记管理机关办理有关手续"。

职务[1]，但实践中这种现象依然存在。[2] 社会组织人事任免的现状，一方面反映了社会组织与政府的关系，另一方面也反映了社会组织的治理结构及自治程度。[3]

从社会组织的运行模式看，社会组织在管理模式和决策方式上也一定程度受到政府的影响和制约。我国部分社会组织是自上而下成立的，其组织运作受到政府的制约。而且部分社会组织在资源的获得渠道上依赖于政府，这就使得其决策往往会参考政府意见，不能进行完全独立的决策。[4] 对于政府来讲，实现"小政府、大社会"这一宏伟目标要有一个战略规划，从思想观念上转变传统的不合时代要求的管理方式。[5]

（二）社会组织的内部治理能力不足

社会组织能否健康发展，其自身的内部治理水平是关键因素。社会组织内部治理能力的高低体现在很多方面，除去内部基本的管理制度外，社会组

---

[1] 根据《中共中央办公厅、国务院办公厅关于党政机关领导干部不兼任社会团体领导职务的通知》〔中办发（1998）17号1998年7月2日发布施行〕第3条规定，"社会团体领导职务是指社会团体的会长（理事长、主席）、副会长（副理事长、副主席）、秘书长，分会会长（主任委员）、副会长（副主任委员），不包括名誉职务、常务理事、理事"。

[2] 在基金会中，也存在类似情况，尤其是在公募基金中，有超过半数的公募基金，其理事长和监事会成员来自党政机关。根据基金会中心网的相关数据显示，公布了理事会和监事会构成情况的基金会有3100家，其中包括1408家公募基金会和1692家非公募基金会。在1408家公募基金会中，理事长人员来自行业协会、企业、专家学者、社会贤达和党政机关等行业领域。其中，理事长来自行业协会的基金会有179家，来自企业的有146家，来自专家学者的有106家，但来自党政机关的则有924家，也就是说，66%的基金会理事长来自党政机关。以上数据说明，在基金会中，尤其是公募基金会中，其人事上的"行政化"色彩较浓。理事长来自党政机关的比例已超过半数，比例的失衡难免会导致决策过程中受行政化思维的影响，偏离基金会运行目标。参见谢玥："我国社会组织参与社会治理中存在的问题及对策研究"，四川师范大学2017年硕士学位论文。

[3] 参见范小雨："政府与非营利组织合作关系的探析"，载《行政论坛》2006年第6期。

[4] 社会组织先天不足导致它们具有强烈的依附于国家或政府的冲动。在社会组织外部，社会组织因依附于国家或政府，没有独立自主性；在社会组织内部，国家或政府的行政运转模式内化于社会组织的日常运转职责，社会组织没有自治独立性。参见孔凡义、姜卫平、潘诗钰："社会组织去行政化：起源、内容和困境"，载《武汉科技大学学报（社会科学版）》2014年第5期。

[5] 尤其是政府如何"抓大放小"，即政府工作的重点是制定法律、法规、政策，把握宏观调控和依法监督执行现行的政策和目标。政府可建立与民间组织定期对话、交流和互动机制，民间组织可为政府决策提供来自基层的不同声音和意见，为政府正确决策提供准确的基础资料。政府也可以借助民间组织这一平台来宣传政府的方针和政策，校验其可行性，发现问题，解决问题，达到民间组织和政府的双赢。而行业协会也需要逐步转型，从传统的"二政府"地位退出，真正形成一个实现政府目标和服务于企业的新型行业协会治理框架。参见黄浩明："民间组织在统筹经济社会发展过程中的地位和作用"，载《学会》2006年第3期。

织的人力资源管理、财务管理都属于内部治理能力的方面。近年来，国家对社会组织的发展扶持力度逐步加大，在法律法规、政策制度、财力物力等方面给予不少支持，但由于我国社会组织发展较晚，目前尚处于起步阶段，加之相关立法不完善，社会组织内部治理结构还存在一些不规范的现象。部分社会组织的内部治理结构较为随意，存在很多不科学、不合理的地方，一定程度上阻碍了社会组织作用的发挥。因此，应从促进社会组织功能持续发挥、提高社会组织参与社会治理的能力和水平的角度出发，对社会组织内部结构予以重构，从而在治理体系和治理能力现代化背景下加快实现社会组织治理机构的法治化、科学化。[1]

治理作为目前较为流行的一个概念，它是一个动态过程，可以发生在不同社会层次上，如当地的或一国范围的组织机构、国际的或全球的组织机构，能够行使治理的组织包括政府、企业、社会组织等。总体而言，治理更强调政策和组织特性的问题，而不是日常项目实施的问题，也就是说，治理关注解决社会组织的前景、使命以及战略的问题，关注未来的方向和长期的战略考虑，它在考虑内部计划、资源配置、工作人员等情况下解决组织政策的问题。具体到一个社会组织而言，其治理首先是考虑该社会组织在社会中应如何行使有关职能、如何进行有效运作，从而完成其既定的义务，确立其在社会中的地位和功能，归根到底，就是如何实现社会组织内部治理的法治化。

近几年发生的社会组织舆论事件，引发了学术界对社会组织内部治理结构的大讨论。2011 年的"郭美美微博炫富事件"[2] 引发社会对中国红十字会的广泛关注，事件之后，中国慈善事业遭遇公信力危机。虽然中国红十字会随后采取了一系列措施，包括建立网上信息公开平台，仍然不能消除公众的质疑，公众不仅对红十字会产生怀疑，还对中国公益组织整体公信力产生质疑，质疑公益组织自身治理层面存在的诸多问题，如理事会有名无实、财务过程公开透明不够、公益和市场之间界限不清、监管主体不明、监管力度缺乏等。据报道，该事件发生后，深圳市红十字会接受的惟一社会捐款为

---

〔1〕 参见马玉丽：《社会组织与社会治理研究》，山东大学出版社 2019 年版，第 57 页。

〔2〕 2011 年 6 月 21 日，新浪微博上一个名叫"郭美美 baby"的网友自称"住大别墅，开玛莎拉蒂"的 20 岁女孩，其认证身份为"中国红十字会商业总经理"，在网络上引起轩然大波。根据警方的调查和郭美美本人的供述：她以及她的资金来源都与中国红十字会毫无关系。中国红十字会没有"红十字商会"机构，也未设有"商业总经理"的职位，更没有"郭美美"其人。参见 360 百科"微博炫富事件"词条。

100元，而佛山市红十字会系统包括医院、学校等则未收到任何捐款。在有人惊呼"中国红十字会倒掉"的同时，媒体又曝光了中华慈善总会违规预开1500万免税发票[1]的事件。之后，网络上又相继曝出中国青基会中非希望工程事件、河南宋庆龄基金会事件，对我国社会组织的慈善事业的发展都造成了极大的负面影响，加重了我国非营利组织的信任危机。上述系列事件引起社会各界对社会组织内部治理结构的高度关注。[2]

　　我国现行《社会团体登记管理条例》《民办非企业单位登记管理暂行条例》及《基金会管理条例》三部条例对应着三类社会组织的立法，但从条例规定来看，对社会组织内部治理结构的规定多为宏观的、原则性规定，可操作性比较弱。考察我国三类社会组织的内部治理结构状况，可以发现还存在一定的问题与不足。一是社会组织的内部治理结构存在行政化趋势。[3] 二是社会组织的内部管理制度不健全。部分社会组织在其日常管理、决策、会议召开、人事任免程序等方面还未建立完善的规章制度。[4] 这都不利于组织管理的秩序性、有效性和民主性，以致管理难以取得成效。三是社会组织的内

---

　　〔1〕 2011年8月，全球最大的光伏组件制造商——无锡尚德太阳能电力有限公司受到"诈捐"质疑，记者调查发现，让尚德公司"荣膺"当年2010中华慈善突出贡献奖的1700多万元捐赠品，受益者本该是参赛学校的师生，竟然已经被折价变卖，钱款去向不明。这场"慈善捐赠"却由于中华慈善总会开具了收货减税发票，让企业享受到了国家的减免税政策。参见"中华慈善总会被曝收钱开免税发票"，载新浪网，http://news.sina.com.cn/o/2011-08-18/044023008712.shtml，最后访问时间：2019年5月20日。

　　〔2〕 参见王名："破解中国公益组织的治理困境"，载中国改革论坛网，http://www.chinareform.org.cn/society/organise/Report/201109/t20110902_120657.htm，最后访问时间：2019年5月20日。

　　〔3〕 中华人民共和国成立以来社会组织发端于社会团体，在社会发展中，大多数社会团体由行政机关管理，社会团体内部机构也参照行政机关设置，后来兴起的民非组织也是如此，这种状况一直延续至今，社会团体与民非组织内部治理结构行政化导致这两类组织内部治理结构没有鲜明特色和优势，对政府的依赖性较强，独立从事社会事务能力较差，如这两类组织的主席或会长往往由某政府部门领导或退休领导兼职，会员大会或会员代表大会是决策机构，理事会及其下设的秘书处是执行机构。参见戚枝淬："社会组织内部治理结构法律问题研究"，载《理论月刊》2016年第8期。

　　〔4〕 有些社会组织即使制定了章程，也未经理事会表决通过，或者未经相关部门核准备案。在决策上，哪些事项需要理事会或会员大会决定，决定的有效条件是什么？在会议召开上，召开方式、召开的时间间隔、参会人数等要求是什么？在人事任免上，社会组织不同的管理人员如何产生，选举方式、投票方式等是怎样的？这些诸多方面的细节和规定还不全面、不完善。参见谢玥："我国社会组织参与社会治理中存在的问题及对策研究"，四川师范大学2017年硕士学位论文。

部结构分权制衡弱化。[1] 四是社会组织人力资源管理有待加强。[2] 2017 年 11 月 22 日，益宝[3] 发布《中国公益人保障状况专题调查报告 2017》，从中可以发现社会组织在人力资源管理等方面的不足之处。[4]

（三）社会组织的专业化水平不足

近年来，随着社会组织的不断发展壮大，社会组织的数量持续增长。截至 2017 年底，全国共有社会组织 76.2 万个，比上年增长 8.4%，全国持证社会工作者共计 32.7 万人，其中社会工作师 8.3 万人，助理社会工作师 24.3 万人。[5] 同时，社会组织种类日益增多，社会组织的结构不断优化，社会组织的服务水平也有了很大提高，在社会治理的各个领域发挥着越来越重要的作用。但是总体上社会组织专业化、职业化水平比较低。

从整个社会组织行业来看，整体水平不高且发展水平不均匀。大多数社会组织都存在专业化、职业化不足的缺陷，成员的专业水平不高，缺乏相应的专业理论知识与工作技能，不能很好地胜任社会组织工作的需要，工作实效较差，与预期目标存在一定差距。由于社会组织整体实力不高而且水平参

---

〔1〕 社会组织内部机构设置关系到其内部治理水平，也反映其管理水平，任何社会组织在权利、权力和责任之间均应达到公正的平衡，任何权力的行使都不能没有制衡。社会组织内部机构之间关系的松散性、任意性带来的后果要么是独揽大权，要么是一盘散沙，社会组织运作效率极其低下，甚至严重阻碍社会组织发展，如上例中的中国红十字会内部不设监督机构，从内部无法对中国红十字会理事会的决策与活动进行监督，为理事会滥用权力埋下隐患。参见戚枝淬："社会组织内部治理结构法律问题研究"，载《理论月刊》2016 年第 8 期。

〔2〕 由于公众对社会组织还不够了解，认知认同度低，再加上宣传力度不足等原因，以至于投身社会组织的人力数量不足，社会组织的参与基础不大，组织成员的薪酬待遇水平普遍较低，社会保险缴纳额度不足，不具有吸引力。公众参与到社会组织中的人员基数小，社会组织参与社会治理中所需的人力资源得不到有效的补给。参见谢玥："我国社会组织参与社会治理中存在的问题及对策研究"，四川师范大学 2017 年硕士学位论文。

〔3〕 益宝计划成立于 2014 年 11 月 1 日，最初立项于中国社会福利基金会，后于 2015 年 8 月独立注册转型为一家社会企业，为国内首家与保险公司、体检机构合作，专注提升国内公益人和中低收入人群保障水平的独立机构。

〔4〕 在机构年收入方面，近两年平均年收入 2 万元~5 万元的机构占较大比例，达到 24.66%，其次是年收入为 10 万元~100 万元，占总数的 22.33%，年收入 2 万元以下的机构占 15.75%，占比最小的是年收入 500 万元以上的机构，仅占 6.85%，年度收入在 10 万元及以下的机构占比为 57.26%，年度收入在 100 万元及以上的机构占比 21%。可以看出，大部分公益组织总体而言仍然年度收入非常少，同时公益行业的机构年度收入开始呈现两极分化的趋势。参见"益宝发布公益人保障状况调查报告 中国公益行业从业者保障状况中等偏下"，载新华网，http://www.xinhuanet.com/gongyi/2017-11/29/c_129752070.htm，最后访问时间：2019 年 5 月 22 日。

〔5〕 参见"2017 年社会服务发展统计公报"，载民政部网，http://www.mca.gov.cn/article/sj/tjgb/201808/20180800010446.shtml，最后访问时间：2019 年 5 月 22 日。

差不齐，导致在某些服务对接与合作中难以产生应有的效能，使得社会组织在提供优质服务、反映民众诉求、承担社会责任、规范行业自律、联络沟通信息等方面的作用大打折扣。

从社会组织人员组成上看，专职人员占比较小，尤其是专业素养高、技术水平强的复合型人才占比更小。[1] 由于很大一部分人员属于兼职，在人事上隶属于其他的部门，因此稳定性较差，很难形成一个长期稳定的人员结构，不利于社会组织内部工作的持续性。社会组织工作人员的专职性不足是影响其稳定发展的重要因素之一。

（四）社会组织的公信力不足

党的十八大以来，党和国家高度重视社会诚信建设工作，强调要建立健全社会征信体系，对诚信进行褒扬，对失信进行惩戒。党的十九大强调进一步推进诚信体系建设。社会组织信用体系建设即为社会诚信建设的重要组成部分。[2]

社会组织的公信力是其建设中最为根本的问题，也是评价一个社会组织建设成功与否的重要因素。从社会组织自身角度讲，公信力是其获得政府和社会信任的能力与水平，是社会组织本身信用水平的体现。与企业不同，社会组织具有非营利性，不以获得经济效益为终极目标，而是以为社会提供公共服务，进而促使公共利益最大化为目标。因此，社会组织的公信力主要来自于社会公众对其的信任，这也是社会组织参与社会治理的基础所在。

公信力既是一种财富，也是一种软实力，古希腊著名的哲学家赫拉克利特曾说："如果没有那些非公正的事情，人们就不知道公正的名字。"[3] 社会组织只有具备了足够的公信力，才能得到社会公众的认可与信任，才能持续不断地获得社会资源，推动工作有序开展。

---

〔1〕 从《中国公益人保障状况专题调查报告 2017》中可以看出，在全职从事公益行业的年限方面，全职从业 1～3 年的人占比 30%，其余依次是从业 5～10 年占 21.66%，从业 1 年及以下的人群占 21.27%，从业 3～5 年占 17.64%，从业 10 年及以上仅有 73 人。参见"益宝发布公益人保障状况调查报告 中国公益行业从业者保障状况中等偏下"，载新华网，http：//www.xinhuanet.com/gongyi/2017-11/29/c_129752070.htm，最后访问时间：2019 年 5 月 22 日。

〔2〕 2015 年 6 月，国务院批转国家发改委等部门制定的《法人和其他组织统一社会信用代码制度建设总体方案的通知》（国发〔2015〕33 号），确定在全国建立统一社会信用代码制度，要求包括社会组织在内的法人和其他组织由多码变成统一的社会信用代码，对于社会组织信用体系建设具有积极的推动作用。

〔3〕 转引自李巍："社会组织公信力问题探究"，载《行政与法》2017 年第 7 期。

随着社会组织的发展壮大，社会组织在社会治理方面的作用越来越突出。同时也要看到，当前社会组织在公信力方面还存在很多的不足，比如透明度低、自律性差等。近年来，部分社会组织因失信问题被媒体频频曝光，严重影响了社会组织的公信力。比如郭美美微博炫富事件，就对社会组织的公信力产生了极大的影响。[1] 社会公众的不信任必然会导致社会组织获得的支持力度减小，从而影响社会组织的正常发展，严重者甚至会影响社会组织的生存问题。

社会组织公信力下降主要表现在以下几方面：一是部分社会组织存在营利化现象。尤其是民办非企业单位，尽管其宗旨是为促进社会福利社会化，做了大量的工作，如兴建私立医院、公益性学校、养老机构、文体机构等，一定程度上有利于社会福利社会化，但实际运作中也出现了很多问题，比如部分组织者过分关注经济利益，脱离了非营利性的本质，在实践中寻求自身经济利益的最大化，背离了民办非企业单位的本质。也有部分组织者、创建者在创办之初，目的是提供公共服务，但由于缺乏充分的资金支持，会寻求社会资助，这时一些以获取经济利益为目标的企业会成为资助者，由于资助者具有较大的话语权，往往使得民办非企业单位逐渐营利化，造成民众的信任度下降。二是非政府部门的政府化现象。[2] 从目前来看，随着简政放权改革的推进，政府逐步把部分社会福利、经济协调等职能还权于社会，从而催生了大量的社会组织。但由于其社会自治水平不足，所以大量由政府扶植的社会团体成了政府职能转变的承载者。[3] 非政府部门的政府化，也使得社会组织公信力下降。三是公益组织的非公益化现象。部分公益组织名不副实，在其创办过程中，存在公益动机不足等现象，并逐渐沦为少数创办者获取经济利益和个人声誉地位的工具。还有部分公益组织，在招募成员时一味追求

---

〔1〕 参见张媛：“社会组织参与社会治理研究”，长春理工大学 2015 年硕士学位论文。

〔2〕 社会组织是联结各个社会单元的重要纽带，是社会成员自我组织的基本方式，社会组织的健康发展和积极作用的发挥是现代社会发展的一个重要特征。加强社会建设、创新社会治理，实质上是政府依托社会组织与社会互动共进的过程。当前社会发展中，社会成员个性化、生活方式多样化、利益诉求多元化、社会矛盾复杂化的特点日益凸显，这就需要我们积极探索多元共生的社会综合治理机制，充分认识到社会组织在社会治理和服务中的组织引领、协调整合、示范带动和排忧解难功能。

〔3〕 这些社会团体因为其部分权力来自于政府下放的公共权力，甚至有的一些活动资金也来源于政府拨款，所以其组织形式、管理模式和手段与政府机关相似，缺乏非政府组织应有的民间性和灵活性；在活动目标方面，往往主要对政府负责，而较少对服务对象负责，甚至一些社会团体在社会上被称为“二政府”。

既定的条件要求，忽视成员的多样性，招募到的成员往往具有相同或相近的学历生活背景、利益诉求等。这就使得有些公益组织在实践中难以充分了解不同服务对象的多样化利益诉求和公共服务需求，提供的公益活动难达到应有的社会效果，公益组织的公益性流于形式，社会认可度因此也比较低。

二、社会组织参与社会治理问题存在的原因

我国社会组织的出现是伴随着制度变迁而来的，社会组织的发展逐渐改变了国家与社会关系的格局。[1] 社会组织参与社会治理存在问题的背后，既有外界社会条件的制约和影响，也有自身缺陷所导致的发展不充分因素，主要体现在以下几个方面：

（一）有关社会组织发展的法治供给需要加强

传统观念认为政府才是社会治理的主体，社会治理主要依靠政府管理。近些年随着经济社会的发展，社会治理和社会心态语境都发生了巨大变化。在新时代语境下，应最大限度增加社会和谐的因素，激发社会组织发展活力。[2] 社会治理活动要遵循法治，社会组织参与社会治理更离不开法治的保障。由于我国社会组织起步较晚，发展历程较短，有关社会组织的相关法律法规并不健全，与社会组织发展的实际要求不相适应，很大程度上影响了社会组织作用的有效发挥。

法律是规范公民、法人和社会组织行为的最有效途径。只有在完善的法律制度以及健康的法治环境下，社会组织的发展才能具有良好的外部支撑。从现有的法律法规看，有关社会组织的立法层次不高，仅局限于行政法、部门规章等层次，关于社会治理以及社会组织的法律法规体系还没有形成，部分由于概念界限不清晰导致存在法律漏洞，部分由于理论性过高导致缺乏可行性，[3] 这些问题与不足需要在完善相关社会组织法律法规体系中重点关注。[4]

---

〔1〕　参见刘培峰：《结社自由及其限制》，社会科学文献出版社2007年版，第7~8页。

〔2〕　参见刘福刚、许伟："论社会治理的社会心态基础"，载《理论与改革》2014年第5期。

〔3〕　参见张媛："社会组织参与社会治理研究"，长春理工大学2015年硕士学位论文。

〔4〕　法律效力不高、层级低就不利于形成全国统一的管理格局。法律政策不够完善，就不能很好地保障社会组织在社会治理中的有效参与，参与的规范性和实效性不够，就不能保证公共利益得到最大化的实现。参见谢玥："我国社会组织参与社会治理中存在的问题及对策研究"，四川师范大学2017年硕士学位论文。

（二）社会组织发展基础还比较薄弱

与西方国家[1]不同，我国由于漫长的封建主义历史和文化传统，社会组织并非基于社会的充分发育而自然生成，其生存和发展更多依赖于国家和政府的介入。真正的现代意义的社会组织出现较晚，发展过程中也遇到了各种困难和障碍，整体实力比较弱。我国社会组织不仅在数量上明显低于一些国家，在社会组织的人力资源与组织模式上也明显处于较低的水平，如组织的规范化欠缺、制度化不够、运行模式不完善、组织结构不科学，缺乏专业化与职业化的社会组织人才，等等。这些都导致了社会组织在参与社会治理中处于一定劣势，要么治理经验不足，要么提供公共服务的水平跟不上社会发展的实际需要，因此在社会治理中的作用难以得到充分体现。

（三）政府对社会组织发展推力不够

在政府与社会组织关系上，虽然政府赋予了社会组织越来越多的发展空间，但绝大多数的公共服务依然由政府控制。目前，政府与社会组织之间的职责界限还不清晰，社会组织对政府有一定的依赖性。解决社会组织的依赖性问题，还需厘清政府与社会组织的责任分工，有效整合二者的治理能力，推动实现政府与社会组织的合作共治。

社会治理不能着眼于短期目标，应是在经历长期的治理过程后，通过不断地探索、总结，逐步成为一个与时俱进的、动态的、可延续的治理模式。换言之，社会治理不是一成不变的，而是随着政治经济社会的发展不断发展，同时鼓励多元主体参与社会治理的过程，善于发挥社会本身的自我调节能力去应对社会问题，这样就可以在社会治理中做到张弛有度，提高社会治理的效率和水平。[2] 政府在向社会购买公共服务的过程中，逐步让渡一些可以交由社会组织实现的社会职能，是政府放权的重要体现。但长期以来，政府管理中还是充斥着"全能政府"的惯性，社会组织的主体地位没有完全实现。政府应当进一步加大简政放权力度，充分激发社会组织的活力。

---

〔1〕 西方国家的社会组织主要是内生成长型，多是基于公民意识的兴起及公民社会的培育而产生发展的。

〔2〕 参见盛婷婷："我国社会组织参与社会治理中的政府责任研究"，长春工业大学 2018 年硕士学位论文。

第二节　推动社会组织参与社会治理的法治进路

推动社会组织参与社会治理，需要多措并举、内外结合，重视从法治视角入手，加快制定保障和促进社会组织健康发展的法律法规体系，健全社会组织的监管和治理机制，提高社会组织依法参与社会治理的能力，培育社会组织参与社会治理的良好法治环境。

一、完善社会组织发展的相关法律法规体系

完备的法律制度体系是社会组织参与社会治理的制度保障。在当前大力推进政府职能转换和简政放权的背景下，社会组织的发展已成为国家治理体系与治理能力现代化的重要支撑，但有关法律体系的滞后成为制约社会组织发展的瓶颈。目前，我国有关社会组织的法律法规不健全，调整社会组织的实体法较少，且不够明确具体，更多的是从程序上对社会组织的合法性予以确认。社会组织的"双重管理"制度主要强调社会组织合法性地位的确认条件，对社会组织的权利义务等缺乏实体性的规定。[1] 此外，因缺乏相应的法律规范，近年来许多公益项目成了负面舆情热点，比如"一元购画"涉嫌侵犯著作权、"同一天生日的你"因违反《慈善法》有关募捐信息发布的规定被民政部叫停等。

虽然我国先后颁布了《红十字会法》[2]、《公益事业捐赠法》[3]、《慈善法》[4] 等法律法规对公益类社会组织进行规范，但从社会组织发展的整体而言，尚未形成完整的法律体系，无法满足社会组织发展的实际需求。[5] 以民

---

〔1〕 现行法规规定的双重管理体制使许多社会组织不得不依附于行政机关；税收减免政策往往采取区别对待、个案审批，导致同类的社会组织享受的是不同的政策优惠；多次被媒体披露的社会组织乱评比、乱收费等失范行为，同样是因为缺乏针对性强的法律依据而无法有效监管⋯⋯这直接导致社会组织良莠不齐，公众对其信任度不高，既影响了社会组织自身发展，也影响了社会各界参与社会治理的积极性，进而对全面深化改革形成制约。参见郑功成："尽快制定《社会组织法》"，载公益时报网，http://www.gongyishibao.com/html/yaowen/13552.html，最后访问时间 2019 年 5 月 16 日。

〔2〕 1993 年 10 月 31 日第八届全国人民代表大会常务委员会第四次会议通过，2009 年 8 月 27 日第十一届全国人民代表大会常务委员会第十次会议《关于修改部分法律的决定》修正，2017 年 2 月 24 日第十二届全国人民代表大会常务委员会第二十六次会议修订，自 2017 年 5 月 8 日起施行，共 30 条。

〔3〕 1999 年 6 月 28 日第九届全国人民代表大会常务委员会第十次会议通过，1999 年 6 月 28 日中华人民共和国主席令第十九号公布，自 1999 年 9 月 1 日起施行，共 32 条。

〔4〕 2016 年 3 月 16 日第十二届全国人民代表大会第四次会议通过，自 2016 年 9 月 1 日起施行。

〔5〕 参见侯非："社会组织参与社会治理路径研究"，西南大学 2013 年硕士学位论文。

办幼儿园为例，目前我国现有的民办非企业性质的幼儿园已有 12 万余所，但针对民办幼儿园的设立条件、监管等方面的法律法规尚不完善[1]，导致对民办幼儿园的监管存在漏洞，对其规范与扶持力度不够，等等。国家还未制定针对社会组织的《社会组织法》，缺乏对社会组织的设立、性质、作用、地位等方面完整、规范的界定，也缺乏行业自律的良好环境，在社会组织成员的编制、职称、医疗保险等方面也没有相应的保障性政策法规，不利于社会组织人才队伍的稳定和壮大。随着社会组织的数量及规模急剧增加，社会组织的种类越来越丰富，亟需对现行调整社会组织的法律法规进行修订和完善，以此满足社会组织发展的实际需要。

总体上看，只有及时出台完整的涵盖整个社会组织发展的基本法，才能为社会组织的发展提供更为完善的法治保障，促进社会组织的有效运转，这也是回应十八届四中全会首次提出"加强社会组织立法，规范和引导各类社会组织健康发展"[2] 的时代要求。

目前，制定《社会组织法》的时机日益成熟。从国家层面看，有《慈善法》《公益事业捐赠法》《社会团体登记管理条例》《基金会管理条例》等法律法规；从省部层面看，二十多个省、市制定了有关行业协会等方面的地方性法规或政府规章，民政部发布的《基金会信息公布办法》《取缔非法民间组织暂行办法》等，都对某类社会组织或社会组织的某类业务活动作出了规范，这些都为制定《社会组织法》奠定了一定的基础。从部分西方国家社会组织发展状况来看，在国外有专门的法律来保障社会组织的权益，并规范其发展，特别是大陆法系国家，对社会组织（非营利组织）的立法明确而具体。虽然不同国家关于社会组织的涵盖范围规定不一，有关社会组织的法律法规也不相同，但相关的法律法规完全可以为我国社会组织立法提供一定的借鉴。比如，德国在《宪法》《民法典总则》有关规定的基础上，专门制定了《社团法》《公共协会权利法》《工商会法》等，还制定有《结社法》，在社会组织方面的法律框架相对完备。俄罗斯制定了《非商业组织法》《慈善

---

〔1〕《教育法》《民办教育促进法》等法律法规为我国民办教育的发展提供了基本法律框架，但总体来说，规范的多，扶持的少。有的地方政府和教育部门缺乏与时俱进的理念，对民办幼儿园持有偏见，这种偏见和由此产生的政策环境，成为制约民办幼儿园发展的重要因素。同时现有法律法规不能有效执行，成为制约民办幼儿园健康发展的另一个重要因素。

〔2〕参见"中共中央关于全面推进依法治国若干重大问题的决定"，载《求是》2014 年第 21 期。

活动和慈善组织法》《社会团体法》等一系列法律，对社会组织的活动予以规制。日本制定有《非营利组织法》、《特定非营利活动促进法》（NPO法）、《一般社团法人和一般财团法人法》等，为日本社会组织的发展提供了较好的法治保障。此外，我国现有的八十余万个社会组织在发展实践中均有自己的政策需求，这构成了《社会组织法》立法的实践源泉。[1] 为此，应加强立法顶层设计，加快推动《社会组织法》立法进程。

二、健全社会组织的依法监管和治理机制

（一）规范社会组织发展亟需依法加强监管

社会组织作为致力于社会公共服务事业的组织，是公共利益的集中代表，志愿性和非营利性是其显著特点。但根据经济学中"经济人"的假设，社会组织自身也有追求利益、地位的动机，也存在为了获取更多的社会资源及利益，损害公众利益的现象，这就使得对社会组织的监督成为必要。社会组织作为市场经济发展的产物，在几十年的快速发展过程中，对社会和公众都发挥了积极作用，但同时也存在一些不容忽视的问题，主要体现在以下几方面：

1. 有的社会组织遵纪守法意识不强，存在有法不依现象。部分社会组织违背国家法律法规的规定和社会组织章程规定，擅自开展活动，谋取经济利益，对市场秩序和社会经济秩序造成了干扰和破坏，影响了社会组织的公信力，不利于社会组织的健康运行。此外，部分社会组织不遵守监督检查的规定。例如，不按规定参加年度检查。登记管理机关对社会组织的年度检查是行使监督管理职权的一种手段，通过年度检查，登记管理机关可以了解社会组织的运行情况，对偏离社会组织章程规定的行为及时作出指导，对违反有关规定的社会组织进行规范，目的就是促进社会组织在合法的前提下健康有序发展。进行年度检查是登记管理机关的一项重要职责，也是社会组织应遵守的义务。实践中，有的社会组织对年度检查不重视，消极对待、回避甚至有时对抗检查，不按照实际情况填写《年度检查报告书》，虚报数字、弄虚作假，对一些社会组织的重大事项不及时履行变更登记手续，等等，这些都不利于登记管理机关对社会组织的监管，也不利于社会组织自身发展。

2. 有的社会组织内部制度不完善，自我治理能力较差。主要表现为制度不完善，或者有制度却不落实。有些社会组织没有制定相应的规章制度，比

---

〔1〕 参见郑功成："尽快制定《社会组织法》"，载公益时报网，http://www.gongyishibao.com/html/yaowen/13552.html，最后访问时间2019年5月16日。

如会员代表大会制度、理事会制度、监事会制度等，造成社会组织机构不健全，无法有效开展活动。有的社会组织人员结构不合理，缺乏专职人员，专业化、职业化水平较低，不能有效落实规章制度。此外，缺乏创新意识和服务精神，自我治理能力低下。有的社会组织在工作中缺乏干事创业的工作精神和服务大众意识，工作中缺少主动性，这部分组织对行政机关的依赖性较强，"等、靠、要"思想严重，自我治理、自我发展主要停留在口号上，在社会竞争中缺乏优势以至有些逐渐被淘汰。有的社会组织服务意识差，把精力放在谋取经济利益上，丧失了社会组织的特性。有的社会组织甚至进行虚假宣传、欺骗公众，这些都不利于社会组织的良性发展。

3. 有的社会组织自觉接受监督意识差，管理不公开、不透明。如果不对社会组织的社会事务进行应有的公开，就无法衡量其社会效益，不利于政府与公众对社会组织的了解与监督，也就无法获得政府与社会的信任和支持。有的社会组织尽管在章程中规定了要开展各种服务，但实践中多数服务工作并不到位。有的社会组织内部管理不透明，财务制度不完善，不及时制作财务审计报告，规范性不强、透明度不高。

以上这些问题，既影响了社会组织的健康发展，也影响了社会组织的公信力，亟待采取切实有效的措施加以解决。

（二）完善社会组织的监管体系

社会组织监管是指政府、同业机构、社会公众对社会组织的设立、运行、变更、终止等各方面活动进行的督促和管理。从监管的主体来看，可以分为政府监管、行业监管及社会监管；从监管的对象来看，可以分为社会团体监管、民办非企业单位监管及基金会监管等。总体而言，健全的监督管理体系既包括外部监管，也包括内部的自我监管。

1. 加强社会组织的外部监管。从外部监管来看，由于公众的监督渠道有限，监督意识有待提高，新闻媒体对社会组织的关注不充分，第三方评估监督尚处于起步阶段，因此主要依靠政府的行政监督。

在完善行政监督方面，应注重改进年检、抽查等行政监管手段，进一步提高监管的执行力。登记机关与业务主管单位之间要权责清晰、分工明确，落实到具体的岗位和负责人，避免推诿扯皮，落实管理问责制，必要时由政府牵头，组成多部门合作的联合执法。[1]《社会团体登记管理条例》[2] 对登记管理机关和业务主管单位的职责作了详细的规定，[3] 登记管理机关与业务主管单位的监督管理职责是不同的，只有分工明确才有利于各负其责，避免职责交叉，避免监管上的漏洞，从而提高监管的执行力和监管效果。

在完善社会监管方面，公众应加强主动监督和事前监督的意识。社会组织的健康发展仅靠社会组织自身很难实现，需要依靠社会各方的充分理解和大力支持。新闻媒体应关注社会组织发展，提高担当作为意识，采取多种形式对社会组织的发展进行广泛深入的宣传，积极宣传社会组织政策法规，让社会各界了解社会组织的政策及有关规定，挖掘、总结、推广实践中管理规范、功能到位的社会组织，展示新时期社会组织的良好社会形象。在充分发挥新闻媒体对社会组织监督作用的同时也为社会组织的发展营造良好的社会舆论环境。

2. 加强社会组织的内部监管。在抓好外部监管的同时，也要建立完善的社会组织自律机制，以严格有效、科学规范的内部管理制度保证社会组织的各项工作健康运行。

（1）进一步完善社会组织的章程和机构。社会组织应以章程为依据，进一步健全其组织机构，如权力机构——会员大会或会员代表大会，执行机构——理事会或董事会，办事机构——秘书处、办公室、财务部、宣传部等，这些机构的设置都要遵循相关法律法规的规定，服务于社会组织的章程和宗旨。同时，还要注重监事会的作用，在理事会或董事会之外设立监事会，积极发挥监事会的监督作用，及时监督社会组织的年度计划、年度财务审计报告以及日常经济活动。此外，社会组织具备建立党组织条件的，应当建立党的基层组织，保证社会组织活动正确的政治方向。

---

〔1〕　参见谢玥："我国社会组织参与社会治理中存在的问题及对策研究"，四川师范大学 2017 年硕士学位论文。

〔2〕　1998 年 10 月 25 日国务院令第 250 号发布，根据 2016 年 2 月 6 日国务院令第 666 号《国务院关于修改部分行政法规的决定》修订，共 37 条。

〔3〕　例如，《社会团体登记管理条例》第 24 条规定："登记管理机关履行下列监督管理职责：①负责社会团体的成立、变更、注销的登记；②对社会团体实施年度检查；③对社会团体违反本条例的问题进行监督检查，对社会团体违反本条例的行为给予行政处罚。"第 25 条规定："业务主管单位履行下列监督管理职责：①负责社会团体成立登记、变更登记、注销登记前的审查；②监督、指导社会团体遵守宪法、法律、法规和国家政策，依据其章程开展活动；③负责社会团体年度检查的初审；④协助登记管理机关和其他有关部门查处社会团体的违法行为；⑤会同有关机关指导社会团体的清算事宜。"

（2）进一步完善社会组织内部制度。内部制度是社会组织健康发展的基础保障。社会组织的内部制度建设是一项系统工程，需要从以下几方面进行设计和完善：一是建立科学的民主决策制度。社会组织代表民意，民主决策对社会组织而言尤其重要。社会组织应充分发挥会员代表大会、理事会等内设机构的作用，加强民主协商，及时协调内部事务，做到公开、公正、透明。在行业组织带头人的选举上，应严格遵守民主原则，让会员公开选举、自主选举行业内有能力的人员担任。注重办事机构的作用，进一步发挥秘书处的作用，健全社会组织内部民主决策程序，完善内部会议制度、通报制度，激发组织成员参与社会组织内部决策并对社会组织的内部活动进行监督，做到重大决策必须召开会员大会，由理事会（或常务理事会）决定，依法民主决策。完善理事会议事规则，发挥理事会对社会组织重大事项的决策功能。二是规范社会组织从业人员的行为准则和职业道德。各个行业都应制定与本行业的功能、地位、权利、义务相匹配的行为准则与道德规范，规范和指导从业人员的行为。对社会组织来说，尤其要制定主要负责人行为准则，提高其遵纪守法意识和道德规范，促使其发挥领导带头作用，引导社会组织自觉遵守法律法规和行业规范，逐渐向制度化发展。三是进一步完善社会组织的财务管理制度。财务制度是社会组织的重要制度之一，完善的财务制度也是树立社会组织公信力的基础，缺乏公开、透明、科学的财务制度，社会组织的廉洁性无从保证，也难以取得公众信任。社会组织应制定严格的财务会计制度，认真执行，做到收支规范、合理。在收取诸如会费以及其他服务性费用时要做到账目清楚，坚持合理、公开原则，据实开具票据，不得弄虚作假。社会组织的经费管理也要规范，社会组织依据法律、法规、政策、规定取得的合法收入，应按照组织章程规定用于合法业务活动，社会组织接受公众、企业捐赠等，也要按照捐赠协议或当事人约定的使用方法、途径、期限等进行使用。社会组织财务报告是财务管理制度的一项重要内容，应严格依据规定制作，由专人负责，并按照规定予以适度公开，保证公众的知情权和监督权。[1]四是进一步健全社会组织行规行约。行规行约是社会组织良性竞争和自律的重要保证，它以维护行业的竞争秩序、确保公平竞争为出发点，是加

---

〔1〕 例如，《社会团体登记管理条例》第27条规定："社会团体必须执行国家规定的财务管理制度，接受财政部门的监督；资产来源属于国家拨款或者社会捐赠、资助的，还应当接受审计机关的监督。社会团体在换届或者更换法定代表人之前，登记管理机关、业务主管单位应当组织对其进行财务审计。"

强自律、防止恶性竞争的基础。社会组织应建立会议、管理、监督等方面的自律制度，完善行规行约，以制度管人管事，促进行业的健康有序发展。五是建立社会组织内部考核奖惩机制。科学合理的考核奖惩机制是激发社会组织内部活力的有效手段，能够充分调动社会组织成员的工作积极性与主动性。社会组织要建立健全绩效考核制度、内部通报批评制度等考核奖惩制度，加强对从业人员的日常管理、监督检查和激励约束；建立自我检查、自我评价机制，认真对照社会组织的章程、自律公约等，有序开展自查、自评活动，以查促改、以评促建。此外，社会组织还应注重抓好诚信建设，建立诚信记录和评估制度，加强对从业人员的诚信观念教育，不断提升社会公信力和社会影响力。

（三）优化社会组织依法治理机制

1. 明确社会治理主体的角色定位。党的十九大报告[1]为我国"打造共建共治共享的社会治理格局"指明了方向，作出了全新的部署和安排。当前，我国社会建设滞后于经济建设，治理领域各种矛盾交织，新旧问题叠加，制约经济社会发展的因素较多。从国内来看，社会发展面临一系列挑战，如能源资源紧张、就业压力增大、生态环境保护不力等，这些都需要创新社会治理方式予以解决。从国际层面看，随着全球经济、政治、社会、文化等领域的不断变化，引发了一系列国家安全问题和全球性的危机，这对我国社会治理也提出了新的挑战。面对国际国内新形势，需要广泛凝聚公众的智慧和力量，进一步完善社会治理方式，全面提升社会治理水平。

推进社会治理工作，需要党委政府和社会力量的协同共治，共同维护好国家长治久安、社会和谐稳定、人民安居乐业的大好局面。任何政治系统的运作必须依赖一定的治理资源，以此保证治理体系的正常和高效运行。治理强调的是多元的、民主的、合作的公共管理的有机结合，因此治理资源可以理解为在治理空间内的多元治理主体为实现其治理理念和治理目标，以民主、合作的形式进行有效运用的手段或资源，是维持治理有效性、合法性的基础和源泉。社会治理系统的有效运作离不开治理资源的有力保障，创新社会治

---

〔1〕　党的十九大报告明确指出，"坚持人人尽责、人人享有，坚守底线、突出重点、完善制度、引导预期，完善公共服务体系，保障群众基本生活，不断满足人民日益增长的美好生活需要，不断促进社会公平正义，形成有效的社会治理、良好的社会秩序，使人民获得感、幸福感、安全感更加充实、更有保障、更可持续""加强社会治理制度建设，完善党委领导、政府负责、社会协同、公众参与、法治保障的社会治理体制，提高社会治理社会化、法治化、智能化、专业化水平"。

理体系需要对治理资源进行科学合理的有效配置,[1] 进一步明确政府、社会组织在治理中的角色定位。

2. 厘清社会治理主体的主要功能。进一步理顺政府与社会组织之间的关系，对推进社会治理具有重要意义。能否准确定位政府与社会组织在社会治理中的功能，决定着新时期社会治理的状态和水平。从当前现状来看，我国社会治理既不能完全依靠政府的强制性管理，也不能完善依靠社会组织的自治性力量，而应该形成多元主体共同治理的模式。现阶段，我国政府与社会组织之间的关系尚未理顺。一方面，由于长期的计划经济体制的影响，大量社会事务由政府承担，社会各层面各领域都渗透着政府的指导与规划，政府过于注重自身的作用，对社会组织的功能关注不够。实践中政府职能缺位、越位、不作为、乱作为的现象时有发生。另一方面，社会组织独立性不足，对政府过于依赖，存在政社不分的现象。政社不分既影响了社会组织的公信力和代表性，也使得少数领导干部与社会组织之间产生利益勾连，滋生腐败。独立性不足也导致社会组织创新性不强，影响了其参与社会治理作用的发挥。

重新定位不同治理主体在社会治理中的角色定位，目标是促进公共问题的解决。政府、社会组织等通过合作方式组成社会治理的网络系统，突出了社会治理的多元化，在多方合作过程中，政府主要通过制定相关政策和下放部分资金进行扶持，促使企业和社会组织不断提高公共服务的能力和水平，以满足公众多样化的公共服务需求，从而达到社会治理资源的优化。社会组织除了提供公共服务，还能为政府决策提供参考，甚至主动参与政府决策的制定，致力于社会组织研究的美国阿斯平研究所对此总结出六个方面的现实意义：一是使公共的注意力集中到关键的社会问题及其解决办法上面去；二是增进形成健全、革新的政策所据以形成的知识基础；三是为新的、未曾听到过的声音开放通道；四是培育政府对公民的负责任性；五是促进诸如言论自由、多元主义以及由对公益的建设所形成的自我牺牲等民主价值；六是给予公民以作为民主进程中的角色对治理效能的自我认知，并增进其隶属于社会的感觉。[2]

社会治理既是对全社会的治理，也是需要全社会共同参与的治理。事实

---

〔1〕 参见李永洪、张海洋："治理资源对创新社会治理体系的价值功能及其有效配置路径"，载《南都学坛》2015 年第 4 期。

〔2〕 参见李培林、徐崇温、李林："当代西方社会的非营利组织——美国、加拿大非营利组织考察报告"，载《河北学刊》2006 年第 2 期。

表明，社会共治是科学有效的社会治理机制。[1] 社会治理需要不同主体间的通力合作、良性互动。[2] 现代政治学认为，一个成熟的社会，是政府、企业和社会组织三种力量基本均衡的社会。[3] 政府和市场都存在着固有的缺陷与不足，二者之间并非零和关系，因此，我们有必要在政府与市场之外寻求建立一种缓冲力量，即社会组织。政府、企业、社会组织所追求的社会目标是相同的，通过创新社会治理体制，打破了政府在公共服务上的垄断地位，促进了不同组织积极作用的发挥，实现了不同组织间的功能耦合，从而推进社会治理的效能提升和公共服务供给的全面优化。社会组织作为重要的社会力量主体，能够有效整合社会资源，协助政府应对社会治理中的一些问题。例如，社会组织援助下岗职工、空巢老人、留守儿童；社会组织成员探访弱势群体并提供帮助；中国扶贫基金会为贫困地区建立校园和宿舍；慈善机构开展的爱心义举活动；等等。[4]

从社会治理主体的各自功能作用分析，政府、社会组织在社会治理中的地位都是非常重要的，二者之间应相辅相成、发挥合力，共同促进经济社会的健康快速发展。同时，我们也应合理定位它们在社会治理中的地位与作用。从社会组织的角度来看，社会组织不是万能的，自身也存在若干局限，它一方面不能代替政府而享有合法的强制权力，另一方面也不能代替市场对社会资源进行有效的配置。社会组织在社会治理中的作用发挥离不开政府与市场，必须建立在政府和市场的基础之上。从政府的角度来看，社会组织具有一定的自我管理和处理公共事务的能力，因此政府应赋予社会组织必要的独立性和自治性，充分发挥社会组织作为社会治理主体的作用，避免过多干扰。在这一过程中，政府应发挥好监督、服务的作用，帮助社会组织克服其自身存在的短板。例如，英国政府与非营利组织在 1998 年共同签署了《英国政府和

---

〔1〕 参见谢舜等："发挥社会组织在社会治理中的重要作用"，《广西日报》2014 年 4 月 22 日，第 11 版。

〔2〕 "不论是公共部门还是私人部门，没有一个个体行动者能够拥有解决综合、动态、多样化问题所需的那部分知识与信息，也没有一个个体行动者有足够的知识与能力去应用所有的工具。" 参见〔美〕B. 盖伊·彼得斯：《政府未来的治理模式》，吴爱明等译，中国人民大学出版社 2001 年版，第 68 页。

〔3〕 参见廖鸿、石国亮："中国社会组织发展管理及改革展望"，载《四川师范大学学报（社会科学版）》2011 年第 5 期。

〔4〕 参见盛婷婷："我国社会组织参与社会治理中的政府责任研究"，长春工业大学 2018 年硕士学位论文。

志愿及社会部门关系的协议》，该协议明确规定了各方的义务与责任[1]，以制度化的方式来保障各方的合作伙伴关系。从长远来看，政府、市场与社会组织应各司其职，因此必须推进政社分开。2016 年 8 月 21 日，《关于改革社会组织管理制度促进社会组织健康有序发展的意见》由国务院办公厅发布，明确规定，"推进社会组织政社分开……从严规范公务员兼任社会团体负责人，因特殊情况确需兼任的，按照干部管理权限从严审批，且兼职一般不得超过 1 个"。今天我们强调的"善治"，其实质就是国家权力向社会的回归，善治的过程说到底就是一个还政于民的过程。[2] 善治意味着政府与社会之间的良好合作，公民信赖政府并积极参与公共事务。

3. 持续深化简政放权改革。源自西方发达国家的政府改革浪潮，自 20 世纪 70 年代以来卷席全球。转变政府职能，重新定位政府与社会的关系，为公众提供优质、高效的公共服务，成为世界各国政府共同面临的重大治理问题。[3]

社会治理的最终目标是实现善治，达到社会的公正公平、和谐有序、利益平衡，这一目标仅凭政府的力量难以完成。当前，我国正处于社会转型关键期，政府治理对象面临社会利益主体多元化、社会结构阶层多样化、社会关系复杂化的深刻变化，进一步扩展了社会的多元需求，激化了政府财政资源稀缺的压力。这在客观上要求深化行政体制改革，为民众提供参与公共决策过程的机会，使政府提供的公共服务更好地满足公众的新需求。我国政府推进社会组织参与社会治理的一个直接表现即推进政府职能转变，政府职能转变意味着政府要在社会治理中清楚自己应该做什么，不应该做什么。[4] 尤

---

〔1〕 该协议规定的政府责任主要包括：承认和支持志愿及社会部门的独立性；以参与、明确、透明的原则提供资助，并需要就融资方式、签署合同、承包等方面征询志愿及社会部门的意见；对可能影响志愿及社会部门的政策制定需要征询他们的意见；促进互惠的工作关系；政府和志愿及社会部门一起建立评估系统；每年对协议的实施情况进行评估。志愿及社会部门的责任包括：保持高度的治理与责任；遵守法律和相应规范；在参与政策制定过程中与服务对象和其他利益相关者进行协商；促进互惠的工作关系；同政府一起对协议的实施情况进行评估。参见吴文洁："国外非营利组织的发展及启示"，载《商业时代》2006 年第 29 期。

〔2〕 参见闫娟："21 世纪政府、市场与公民社会的三足鼎立——来自治理理论的启示"，载《成都行政学院学报（哲学社会科学）》2002 年第 1 期。

〔3〕 参见何炜："跨界治理的三种理论模式、价值诉求及其实现机制"，载《中共四川省委党校学报》2016 年第 4 期。

〔4〕 参见盛婷婷："我国社会组织参与社会治理中的政府责任研究"，长春理工大学 2018 年硕士学位论文。

其要注重解决不同利益群体的需求，缩小社会的矛盾分歧，尽最大努力让每一位社会公众都能共享发展成果。

深化简政放权改革是转变政府职能的重要突破口。"简政放权"，就是政府简化行政管理事务，下放手中权力。[1] "简政放权"的目的是推动政府加快实现职能转变。当前，简政放权改革还存在不少问题，简政放权质量尚有较大提升空间，比如"官本位"思想根深蒂固、工作协调联动不顺畅、审批环节多、耗时长等问题，都影响了政府在社会治理中作用的有效发挥。[2] 深入推进简政放权改革，进一步转变政府职能，完善政府机构设置和职能配置，是新时期党和国家机构改革的重要任务，也是更好发挥政府在社会治理中作用的必然要求。行政体制改革的突出亮点，就是在简政放权、转变政府职能的过程中充分发挥市场机制与社会力量的积极作用，将应该由市场配置资源的事情交由市场去实现，将适合由社会组织承接的职能放手交由社会组织去承担。通过简政放权将部分职能移交给社会组织去承担，让其充分发挥自身优势，更好地发挥参与社会治理的作用。[3] 简政放权要与国家治理体系和治理能力现代化的要求相结合，[4] 通过持续深化简政放权，才能为市场、社会增添活力，进一步激发社会组织发展的内生动力。

4. 进一步改进社会组织监管方式。近年来，社会组织不断发展壮大，呈

---

〔1〕 参见李坤轩："新时代深化'放管服'改革的问题与对策"，载《行政管理改革》2019年第6期。

〔2〕 参见李坤轩："新时代深化'放管服'改革的问题与对策"，载《行政管理改革》2019年第6期。

〔3〕 党的十九届三中全会以国家治理体系和治理能力现代化为导向，提出"形成职责明确、依法行政的政府治理体系"的重大任务，为转变政府职能、提高效率效能、建设人民满意的服务型政府指明了方向。当前，中国特色社会主义进入新时代，我国社会主要矛盾已经转化为人民日益增长的美好生活需要和不平衡不充分的发展之间的矛盾，经济已由高速增长阶段转向高质量发展阶段。面对新时代新任务提出的新要求和人民群众的新期盼，通过改革使政府机构设置和职能配置适应经济社会的发展变化，进一步理顺政府与市场、政府与社会的关系，才能切实解决发展不平衡不充分的问题，更好地满足人民对美好生活的需要。

〔4〕 这就需要根据时代发展要求健全管理体制、创新监管方式，完善市场监管和执法体制，改革自然资源和生态环境管理体制，完善公共服务管理体制，强化事中事后监管。要坚持放管结合、优化服务的原则，进一步做好简政放权的"减法"、加强监管的"加法"和优化服务的"乘法"，加大力度补上加强监管和优化服务的突出短板，啃下政府职能转变的"硬骨头"，真正做到审批更简、监管更强、服务更优。把该管的事管好管到位、该放的权放足放到位、该提供的服务提供到位，就能为大众创业、万众创新营造良好政策环境和社会氛围，不断推动高质量发展迈上新台阶。参见新华社评论员："转变政府职能　深化简政放权——三论学习贯彻党的十九届三中全会精神"，载中国政府网，http：//www.gov.cn/xinwen/2018-03/02/content_5270246.htm，最后访问日期：2019年5月23日。

现出多元化、多样化发展趋势。现行的社会组织监管体系尚不能有效地对社会组织进行监管，一些非法社会组织借机发展，损害了社会公众利益。比如，2018 年北京市就依法取缔了"中国能源装备协作会""中国数字信息与安全产业联盟""中国体育企业家俱乐部""土壤环境修复产业技术创新战略联盟"等四家非法社会组织。经查实，上述组织未在任何部门登记，却擅自以社会团体名义进行活动，扰乱了社会组织管理秩序。[1]

促进社会组织健康发展，需要进一步改进监管方式。政府不仅要在治理的水平和结构上实现现代化，还应在方式方法手段上实现现代化，根据不同的主体制定多元化、多样化的监管模式，提高治理效率，实现良性治理。[2]现代政府管理强调"便民"为核心，致力于打造服务型政府，鼓励多元主体参与社会治理。政府在社会治理中应及时转变、调整、完善监管的方式和方法，提高社会治理效率。完善的监管模式既强调政府的责任，也注重监管责任的落实，以确保公共利益的实现。明确政府责任，就需要明确政府的职责内容，避免社会治理过程中发生责任纠纷，尤其是政府与社会组织在社会治理的某些问题上发生纠纷时，应及时确定各方相应的责任，避免政府过度治理现象的发生。

三、提高社会组织依法参与社会治理的能力

（一）加强社会组织发展的党建引领

作为政治体制改革的产物，我国社会组织建设的先决条件就是党不断深化对社会组织在经济社会发展中地位和作用的认识，并在此基础上给予社会组织生存和发展的活动空间。[3] 加强社会组织发展的党建引领，就是要通过基层党组织建设带动社会组织的发展，提升社会组织参与社会治理的实际效果。"社会组织是党的工作和群众工作的重要阵地，是党的基层组织建设的重要领域。"[4]

在社会治理的实践中，应坚持党的领导、坚持政府的主导力量与社会的基础力量之间的有机统一，坚持依法治理的主线，让社会治理既有领导，又

---

〔1〕 参见蒋若静："擅自以社会团体名义进行活动 四家非法社会组织被取缔"，载央广网，ht-tp://news.cnr.cn/native/gd/20180210/t20180210_524131396.shtml，最后访问日期：2019 年 5 月 23日。

〔2〕 参见张媛："社会组织参与社会治理研究"，长春理工大学 2015 年硕士学位论文。

〔3〕 参见赵黎青："关于中国非政府组织建设的几个问题"，载《江苏社会科学》2000 年第 4 期。

〔4〕 姚秀霞："山东烟台：推动社会组织党建工作新探索"，载《中国民政》2018 年第 14 期。

有基础和保障。〔1〕党的十八大报告强调，要加大社会组织党建力度。〔2〕社会组织的成立与发展，依赖于党在"领导与执政"活动中能动作用的发挥。〔3〕加强社会组织党建工作，具有重要意义。〔4〕

党建工作是完善社会组织的组织管理模式，提高其组织活动能力的一个重要途径。加强社会组织的党建工作，必须增强党对社会组织的影响力、吸引力。党组织在社会组织中具有政治核心作用，要保证党组织在政治上、思想上对社会组织的指导，加大在社会组织中建立党组织的工作力度，这是社会组织坚持正确发展方向的前提。

（二）健全社会组织内部管控制度

社会组织的内部管理有序进行可以保障其规范、有序、高效运转，从日常事务到财物资产、人才资源、决策和社会资源等方面都要有系统的规划。〔5〕如前所述，社会组织在实践中取得了一定的成就，但也存在一定的缺陷与不足。比如，社会组织内部结构与社会组织在新时期承担的使命不相适应、组织员工的保障及晋升制度不完善、人力资源管理不专业、财务制度不健全、专业人才匮乏，等等。加强社会组织内部管理是个系统工程，需要从多方面着力。

1. 增强社会组织的服务意识。在社会组织实际运行中，服务意识不足是影响社会组织参与社会治理实效的重要原因。例如，社会组织在进行公共服务时选择服务对象，会更加偏向于选择优势群体进行服务从而获得有偿回报，

〔1〕　参见谢玥："我国社会组织参与社会治理中存在的问题及对策研究"，四川师范大学2017年硕士学位论文。

〔2〕　党的十八大报告指出："加大非公有制经济组织、社会组织党建工作力度，全面推进各领域基层党建工作，扩大党组织和党的工作覆盖面，充分发挥推动发展、服务群众、凝聚人心、促进和谐的作用"。参见中共中央文献研究室：《十八大以来重要文献选编（上）》，中央文献出版社2014年版，第42页。

〔3〕　参见张媛："社会组织参与社会治理研究"，长春理工大学2015年硕士研究生论文。

〔4〕　2015年9月，中共中央办公厅发布的《关于加强社会组织党的建设工作的意见（试行）》中指出："加强社会组织党建工作，对于引领社会组织正确发展方向，激发社会组织活力，促进社会组织在国家治理体系和治理能力现代化进程中更好发挥作用；对于把社会组织及其从业人员紧密团结在党的周围，不断扩大党在社会组织的影响力，增强党的阶级基础、扩大党的群众基础、夯实党的执政基础，都具有重要意义。"参见"中共中央办公厅印发《关于加强社会组织党的建设工作的意见（试行）》"，载中国政府网，http://www.gov.cn/xinwen/2015-09/28/content_2939936.htm，最后访问日期：2019年5月25日。

〔5〕　参见教军章等："社会组织内部管理优化途径研究——以黑龙江大学为例"，载《黑龙江教育（理论与实践）》2018年第3期。

结果就是忽略了最需要帮助的弱势群体,损害了社会组织的公信力,也损害了政府在公民心中的形象。[1] 因此,社会组织应积极参与社会治理,树立服务理念,积极发挥其自身优势。

2. 规范社会组织的内部管理。内部管理是否科学顺畅,直接影响着社会组织的生存能力和发展能力。社会组织的健康发展需要完善的内部治理机制。社会组织内部治理的内容主要包括以下方面:一是科学、民主的议事规则机制和决策程序。二是完善的内部治理结构[2]。如设立会员代表大会、理事会、监事会等机构,明确不同机构的职能,促进不同机构之间的协调与监督,明确会长、副会长、常务理事、理事、监事、秘书长等组织管理人员的职责、职权分工。三是规范的财务监督制度。对有关项目要认真把关,控制成本,制定详细的资金使用管理办法,降低项目成本,缓解资金压力和使用风险。四是科学的绩效评估机制。要完善对社会组织参与社会治理绩效的第三方评估体系。五是运转高效的内部质量控制机制。要建立内部治理控制的规则与程序,提高社会组织提供公共服务的治理和水平。

3. 加强社会组织的资金保障。资金不足是制约社会组织发展的重要因素。总体来说,我国社会组织资金来源的渠道相对较窄,部分与政府有紧密联系的社会组织能获得一定的经费支持,如共青团、宋庆龄基金会、妇联等大型社会组织。[3] 大多数社会组织主要依靠会费、捐赠等,而我国的民间捐赠并不发达,这就使得很多社会组织缺乏有力的资金来源保障,影响了活动的正常开展,有些社会组织甚至是名存实亡的状态。作为非营利性组织,社会组织离不开政府的扶持,但政府的扶持又不能惠及全部的社会组织,这就导致一部分社会组织经营营利性业务来维持自身的发展,甚至有的社会组织采取违法手段获取利益。[4] 加强社会组织的资金保障,需要提升社会组织的筹资能力。一方面,从社会组织自身来说,应加强宣传,进一步扩大筹资渠

---

〔1〕 参见盛婷婷:"我国社会组织参与社会治理中的政府责任研究",长春工业大学 2018 年硕士学位论文。

〔2〕 社会组织的内部治理结构主要指社会组织的决策者、执行者、监督者之间的角色定位与关系,主要借鉴于公司模式。当前社会组织内部治理结构上的问题主要体现在对监事会的设立有时形同虚设,难以发挥监督作用,使得部分社会组织结构失衡、治理失范。

〔3〕 参见谢玥:"我国社会组织参与社会治理中存在的问题及对策研究",四川师范大学 2017 年硕士学位论文。

〔4〕 参见盛婷婷:"我国社会组织参与社会治理中的政府责任研究",长春工业大学 2018 年硕士学位论文。

道，减少对政府的依赖，依靠自身的服务质量和水平获得公众和社会的信任，构建筹资为导向的社会关系网络，从而获得更多的支持，增强社会组织自我发展的能力，促进社会组织的良性循环。另一方面，从政府层面而言，应继续增强对社会组织的扶持力度，对部分处于初创期和成长期的社会组织，提供一定的补贴和扶持。例如，根据《财政部、民政部关于印发〈中央财政支持社会组织参与社会服务项目资金使用管理办法〉的通知》和《民政部办公厅关于印发〈2018 年中央财政支持社会组织参与社会服务项目实施方案〉的通知》，2018 年中央财政支持社会组织参与社会服务项目共立项 463 个，[1] 这对于进一步提升社会组织能力和专业化水平，发挥社会组织优势，提升社会组织整体实力，助力社会治理创新，改善公共服务供给等均起到了积极的推动作用。同时，政府可以采取补贴社会组织就业人员的社会保障、增加岗位类型、通过社会福利彩票事业资助社会组织、减免税费、媒体宣传等方式来优化社会组织的发展环境，为社会组织的良性运转提供有力支持。

4. 抓好社会组织的队伍建设。人才是社会组织最为宝贵的资源。社会组织的成员要求具备较高的志愿精神和社会使命感，以确保顺利实现服务于公共利益的目标。总体上看，我国社会组织成员的素质偏低，大多数成员没有受过专业的培训，缺乏职业素养和决策能力。同时，少数社会组织成员由于自律性差，法治意识淡薄，在工作中存在违法乱纪的现象，寻租、贿赂、挪用公款等现象时有发生。因此，社会组织人才队伍建设对于社会组织的存续来说具有重要意义，应积极构建学习型团队，针对员工的专业化、职业化不足的问题，建立健全外部学习交流机制以及内部培训机制、激励竞争机制、有利于人才开发和使用的管理机制，[2] 着重提高社会组织人员在知识、技能、思维上的专业化与职业化水平，提升员工工作技能的多样性，赋予员工一定的灵活性与自主性，为社会组织成员设计好职业规划，提供规范、合理的晋升渠道，调动员工的积极性与主动性，发挥其特长，将员工个人的发展目标与社会组织的目标结合起来，实现社会组织人力资源管理的规范化。同时，社会组织人才的发展也需要政策的支持和保障。目前，我国关于社会组织在人力资源方面的法律和政策尚不完善。《国家中长期人才发展规划纲要

---

〔1〕　参见王学军："2018 年中央财政支持社会组织参与社会服务项目共立项 463 个"，载新华网，http://www.xinhuanet.com/gongyi/2018-05/17/c_129874578.htm，最后访问时间：2019 年 5 月 25 日。

〔2〕　参见周定财："探索社会组织参与社会治理的新途径"，载《开放导报》2016 年第 6 期。

（2010-2020）》《社会工作专业人才队伍建设中长期规划（2011-2020）》等主要为指导性原则，缺乏可操作性。各级政府应结合社会组织发展的实际，制定符合社会组织人才发展需要的政策，纳入政府工作规划，进一步解决社会组织在职称、福利、户籍等方面存在的问题，为社会组织人才培育和成员权益保障提供政策上的支撑。

5. 推动社会组织的多元参与。目前，我国社会组织进入了快速发展时期，已经形成了类别齐全的体系，在社会治理中发挥着越来越重要的作用，并且在一定程度上承担了政府转移的公共服务职能。作为一种多元社会力量载体的社会组织，以合理的方式和渠道参与政策制定及执行过程，是发挥其在社会治理中积极作用的重要方式。

社会组织成员来自社会的各个层面和领域，具有服务范围广、灵活性强的优势，能够尽早感受到公众的需求，从而迅速应对社会治理中出现的问题与矛盾。同时，社会组织成员的组成结构决定了社会组织具有服务公众的意识，这有利于在政府与民众之间搭建沟通交流的平台。[1]

加强和创新社会治理，要重视政府与社会组织之间的协同治理。社会组织既参与公共服务提供、矛盾纠纷解决，也参与政府相关政策的制定，社会组织参与政策决定的过程有不同的方式，[2] 公众作为政府政策的作用对象和政策制定的参与者，其利益表达和诉求对政府公共政策的影响很大。社会组织参与政策制定有利于拓宽公民政策参与的深度，推动政策制定的科学化、民主化、协调社会利益关系、缓解社会纠纷，促进社会秩序的稳定。

由于我国几千年封建文化的影响，传统文化中的保守思想影响深远，[3] "政治只是少数人的事，多数社会成员不能也不愿参与政治，即使政治体系提

---

〔1〕 参见盛婷婷："我国社会组织参与社会治理中的政府责任研究"，长春工业大学 2018 年硕士学位论文。

〔2〕 根据 NGO 参与政策过程的制度化与否，NGO 对政策过程的参与方式可分为制度化参与和非制度化参与。制度化参与是指通过合法程序参与政策过程或影响政策的参与方式。制度化参与包括直接参与方式和一些间接参与方式。比如，NGO 参与一项政策过程为社会成员提供公共物品是制度化直接参与方式，参加政府听证会而提出意见是制度化间接参与政策过程的一种方式。非制度化参与方式是指 NGO 通过非正式的方式影响政策的参与方式。非制度化参与方式包括合法性间接参与方式和非法性参与方式。合法性间接参与方式有合法性集会或示威、研讨会等。非法性间接参与方式有非法示威、暴动等。非法性参与方式容易导致社会混乱或动荡。参见郑准镐："非政府组织的政策参与及影响模式"，载《中国行政管理》2004 年第 5 期。

〔3〕 参见何振锋："社会组织参与公共政策制定存在问题的成因分析"，载《社团管理研究》2011 年第 3 期。

供了参与政治的途径，民众也会因为其参与政治的能力与愿望的低下而使政治参与难以实现。"[1] 受这一思想的影响，社会组织还存在参与意识不强、深度和广度不够、参与渠道单一、信息不对称等问题。在当前的社会转型期，社会的利益结构发生了分化与重组，[2] 从当前社会组织发展的现状来看，社会组织作为社会治理的主体之一，其业务活动主要还是社会公益、慈善、社区服务，等等。从推进治理体系和治理能力现代化的层面看，要发挥社会组织在社会治理中的最佳效能，除了健全的法律法规保障外，还需要从资金扶持、人员培训、媒介宣传、合作方式等方面予以探索，在这个意义上，我国社会组织要有效参与社会治理，须进一步思考各种制度化和非制度化的参与社会治理的方式方法。与此同时，随着社会组织参与社会治理的深入，应进一步强化社会组织的参与理念，激励社会组织积极参与政策制定、提供公共服务，发挥其社会治理主体的积极性和主动性。

四、培育社会组织参与社会治理的法治环境

（一）营造社会组织参与社会治理的良好氛围

社会治理最早出现在西方国家，是作为政府解决社会问题而产生的新的治理模式而出现。在传统的管理模式中，政府毫无疑问占据着绝对的社会权力与地位。社会治理则不同，它更加强调运用多元主体的力量进行社会治理，一定程度上减轻了政府社会治理的压力。[3] 社会治理不仅仅意味着社会管理方式的转变，更意味着一种全新的思想理念和价值诉求。社会共治理念强调共同治理，治理主体在涵盖范围上变大，既包括传统的治理主体——政府，也包括社会组织、公民和各市场主体。不同的治理主体之间相互制约、相互补充、相互协调，共同满足不断增长的公共服务需求。改革开放四十多年来，我国社会已经发生了深刻的结构性变化。在这一过程中，市场系统与社会系

---

[1]　参见王惠岩主编：《政治学原理》，高等教育出版社1999年版，第235页。

[2]　社会利益结构的分化与重组，主要表现为原有的一体化社会利益格局被逐渐打破，新的利益群体和利益阶层正在形成。同时，公民的权利意识和维权意识在逐渐加强，其政策参与意识也在增强。在现代民主政治社会，相对于公民个人的直接参与，以社会组织为载体的组织参与是一种更为合理、有效的政策参与方式。社会组织作为政府和社会公众之间的中介机构，其目的在于向政府转达民众利益和要求，或者提出各种政策诉求和建议，协助政府改进公共政策，以维护本集团或社会的公共利益，实现国家、集体和个人利益的整合。参见高红、朴贞子："我国社会组织政策参与及其制度分析"，载《中国行政管理》2012年第1期。

[3]　参见盛婷婷："我国社会组织参与社会治理中的政府责任研究"，长春工业大学2018年硕士学位论文。

统的力量正在迅速地成长，对我国的社会政治生活发生着不可替代的作用。伴随着社会力量的不断增强，国家将不断地还政于民、还权于民，这是一个不可逆转的社会政治过程。[1]

由于不同时期的政治、经济、文化等都有不同的发展变化，因此社会治理的模式不是一成不变的，需要根据整个社会大环境的改变而改变，社会治理的模式需要与时俱进，结合实践的发展进行不断的创新。当前我国社会治理尚处于初步探索阶段，需要结合我国国情来制定出符合现实发展需要的社会治理模式。从我国社会发展的现状来看，单靠政府是无法解决全部社会问题的，政府没有足够的精力去应对所有社会事务，这就需要激发社会组织的活力和潜能，通过发挥社会组织的力量进一步解决社会矛盾。政府与社会组织需要形成合作关系，由政府引导社会组织发展的大方向，给予社会组织一定的帮助和扶持，充分发挥社会组织自身的优势，从而共同解决社会问题，保证社会治理模式的有效运行。

党的十九大报告对新时期社会治理的内涵作了丰富的表述和发展，在"提高保障和改善民生水平，加强和创新社会治理"部分明确提出"打造共建共治共享的社会治理格局"的新要求，这是对社会治理体制认识上的进一步升华。相比党的十八届五中全会提出的"构建全民共建共享的社会治理格局"，在"共建"与"共享"之间增加了"共治"，不仅进一步完善了社会治理格局的体系，也更加契合社会治理工作的本质内涵，为加强和创新我国社会治理工作指明了方向、提供了指导。新时代需要以共建共治共享新思维来推进社会治理创新，这既符合满足人们需求的初衷，也可以增加群众对政府的信任。

（二）培养社会公众的志愿精神和互助品质

现代社会组织的实践是一种志愿精神，这其中也包含自治、自主等精神，其影响的不仅是组织成员，它对于社会公众也有感化、示范、教育的作用。[2] 社会组织有效参与社会治理不仅需要自身的科学建设，还需要有益于其存在和发展的文化和社会环境，营造社会组织参与社会治理的良好氛围。我国民间结社和民间公益的历史源远流长，生活中更是随处可见爱心义举。因此，应进一步培养公众的志愿精神和互助的品质，为我国社会组织的发展

---

〔1〕 参见俞可平："重构社会秩序，走向官民共治"，载《国家行政学院学报》2012 年第 4 期。

〔2〕 参见张媛："社会组织参与社会治理研究"，长春理工大学 2015 年硕士学位论文。

提供良好的社会土壤。现代志愿服务的三大基本特征就是自愿性、无偿性、公益性，而这三个特征的精髓就是奉献精神。我国有组织的志愿服务活动出现于 20 世纪 80 年代后期，但从中华人民共和国成立至今 70 年的发展历程来看，中国共产党人与生俱来的奉献精神却是现代志愿服务的文化基因。[1]

公众志愿精神的加强有利于公众参与社会组织，有利于形成社会治理中良好的社会文化认同。这种良好的社会氛围，不是公民个人或政府一方所能完成的，也不是在短期内就是形成的，它需要政府、公民、企业、社会组织长期互动和互相协作。[2] 同时，志愿服务与社会主义核心价值观是辩证统一的，二者在理论与实践上都有高度契合点。因此，培育志愿服务精神应进一步培养和践行社会主义核心价值观。在社会组织发展过程中应进一步高扬主流价值、厚植主流文化，培养民众的志愿精神与互助的品质。

（三）构建具有中国特色的社会组织法治文化

改革开放四十多年来，中华民族实现了伟大飞跃，中华文化也实现了从文化自觉到文化自信[3]、文化自强的转变。坚定文化自信，既是改革开放的历史性成果与经验，也为新时代全面深化改革提供了重要的精神保障。[4]

文化是一个民族的灵魂。一个国家的民族凝聚力、民族自信就蕴含在民族文化之中。大到一个国家，小到一个社团，只有文化的吸引力才能聚拢人心、凝聚力量。在社会组织管理中，每个社会组织自身大多有自己的使命和核心理念。理念是行动的先导，参与公益事业的志愿者们都是怀着对世界的热爱和对生命的尊重投身于公益活动，应将这种公益精神放大传播下去。社

---

〔1〕 中国人民心中一直有奉献精神。特别是在共青团的推动下，20 世纪 90 年代以来，青年志愿服务发挥了引领作用，志愿服务事业获得飞速发展，成为党和国家现代化事业的重要组成部分。"奉献、友爱、互助、进步"被凝练为中国志愿服务精神。习近平同志致中国志愿服务联合会第二届会员代表大会的贺信肯定了广大志愿服务组织、志愿服务工作者的奉献精神和工作成效，表扬他们"走进社区、走进乡村、走进基层，为他人送温暖、为社会作贡献，充分彰显了理想信念、爱心善意、责任担当"。参见张祖平："奉献精神是中国特色志愿服务的文化内核"，载《中国青年报》2019 年 8 月 8 日，第 5 版。

〔2〕 参见贾霄锋编著：《社会转型加速时期社会组织介入社会问题治理研究》，西南交通大学出版社 2016 年版，第 86~87 页。

〔3〕 党的十九大报告指出，"文化自信是一个国家、一个民族发展中更基本、更深沉、更持久的力量""培育和践行社会主义核心价值观""推动中华优秀传统文化创造性转化、创新性发展"。参见习近平：《决胜全面建成小康社会 夺取新时代中国特色社会主义伟大胜利——在中国共产党第十九次全国代表大会上的报告》，人民出版社 2017 年版，第 23 页。

〔4〕 参见高飞："增强文化自信，实现文化自强——改革开放 40 周年文化思想浅谈"，载《第十六届沈阳科学学术年会论文集（经营社科）》，第 678 页。

会组织正是在这种奉献精神的基础上建立起来的，但是在实际工作中，只有热爱和奉献还不足以支撑社会组织的发展。优秀的社会组织内部文化[1]不仅可以凝聚人心，营造轻松的工作环境，让社会组织的运作更加高效，还可以衍生出严谨的社会组织理念，有助于社会组织的自律管理。[2]

社会组织在发展初期，大多是精英管理模式，也存在社会组织管理上的个人崇拜状况。依靠某个或某些领导人的人格魅力将众多公益志愿者聚集到一起，达成一个志同道合的目标，这是社会组织发展的初始状态。当社会组织发展到一定规模时，则需要改革以往简单的结合模式，将凝聚组织的文化理念渗透到团队的协作模式中。因此，培育社会组织的文化核心价值观是一个润物细无声的过程。每个社会组织都有其专门的服务方向，这就需要在进行员工培训时不能只注重专业技能培训，要将社会组织所共有的平等、志愿、奉献精神渗透到专业培训中去，带着感情去服务社会。同时，结合自身业务特点，形成社会组织特有的文化核心价值观，从而激发员工的积极性和使命感。[3]

在社会组织文化建设中，要重视加强社会主义法治文化建设。党的十八届四中全会指出，全面推进依法治国，必须弘扬社会主义法治精神，建设社会主义法治文化。[4]法治文化蕴含、体现、彰显着法治精神，是法治国家建设的文化基础，也是推动社会治理走向善治的文化保障。社会主义法治文化是中国先进文化的重要组成部分，它吸收、积淀了人类法治文明的精髓，集中体现着人民主权、法律至上、公平正义、自由平等、尊重人权、权力制约、民主法治等法治的基本价值、基本理念和基本精神，体现了中国特色社会主义法律制度、法治思想和法治理论，反映了全民依法办事、自觉尊法守法的一种法治进步状态。社会主义法治文化的精髓与社会主义核心价值观的主要

---

〔1〕 作为组织文化，主要是"共同思想、价值观念、作风和行为准则的集中体现，组织内部的互信、互动和经常的沟通，以及民主、透明和公正的管理政策，是激发员工士气、形成团队精神的重要条件。"参见王名编著：《非营利组织管理概论》，中国人民大学出版社 2002 年版，第 71 页。

〔2〕 参见贾霄锋编著：《社会转型加速时期社会组织介入社会问题治理研究》，西南交通大学出版社 2016 年版，第 87 页。

〔3〕 参见贾霄锋编著：《社会转型加速时期社会组织介入社会问题治理研究》，西南交通大学出版社 2016 年版，第 88 页。

〔4〕 参见"中共中央关于全面推进依法治国若干重大问题的决定"，载《求是》2014 年第 21 期。

内容[1]高度吻合，体现了其核心要义。

培育社会组织的法治文化，必须注重发挥社会主义核心价值观的引领作用。社会主义核心价值观是我国全面深化改革实践中必须牢牢坚守的主流价值观。党的十九大报告指出："社会主义核心价值观是当代中国精神的集中体现，凝聚着全体人民共同的价值追求。"[2] 社会主义核心价值观倡导的价值准则，是当代中国社会公众精神品格的集中体现和基本特质。[3] 缺少了社会主义核心价值观的引导，社会组织的法治文化建设就会失去方向，也只有通过社会主义核心价值观的统领，才能找到培育社会组织法治文化的根本和归宿。

随着我国社会主义市场经济的不断深入，部分社会组织工作人员由于受到利益驱动和各种思潮的影响，价值趋向逐渐功利化，在工作中重利益轻付出、重物质轻奉献，这些都不利于良好的积极向上的社会组织法治文化的建设。此外，社会组织成员并不与直接的经济利益挂钩，所以单纯的物质激励效果并不突出，这就需要在价值感、认同度、志愿精神、社会责任感方面下功夫，突出奉献、服务、公益、合作、平等、公平等价值理念，而这些理念都蕴含于社会主义核心价值观当中。从上述社会组织的法治文化建设基础看，亟需发挥社会主义核心价值观的引领作用，对社会组织工作人员中存在的错误思想及时进行匡正，同时大力培塑积极向上的文化理念，以此促进社会组织法治文化建设，以法治文化引领社会组织发展的新风尚。

---

[1]　社会主义核心价值观的主要内容包括：富强、民主、文明、和谐，自由、平等、公正、法治，爱国、敬业、诚信、友善。

[2]　参见习近平：《决胜全面建成小康社会 夺取新时代中国特色社会主义伟大胜利——在中国共产党第十九次全国代表大会上的报告》，人民出版社 2017 年版，第 42 页。

[3]　凝聚改革共识，必须以社会主义核心价值观为引导。通过社会主义核心价值观对社会思潮的引领和对社会个体利益诉求的整合，从而实现改革道路和利益共识的建构，不断推进改革进程。参见宋周尧："论以社会主义核心价值观凝聚改革共识"，载《攀登》2019 年第 3 期。

第
九
章

DIJIUZHANG

公众参与社会治理的法治路径

　　法治是治国理政的基本方略，社会治理作为国家治理的重要内容，在社会领域实现着国家治理的要求和价值取向，体现了国家治理的状况和水平，也必然要求以法治作为基本方式。公众是社会治理中最基本的单位，公众全面、高效地参与社会治理具有重要意义。为使公众更好地参与到社会治理中，应将其提升到法治的高度，用法治来保护、支持、激励和规范公众参与。[1]

第一节　公众参与社会治理的基本逻辑

　　公共治理模式是当前建设服务型政府最为理想的模式，其核心和宗旨即公共性，其本质特征在于政府与社会对公共生活的共同治理，是国家权力与公民权利的持续互动过程。[2]"公众参与"是社会治理的重要内容，其前提是公众对治理方式高度认同。随着国家治理改革的逐渐兴起及发展，政府的很多特征也随之发生变化。当前，政府作为公共决策、公共生活的主体，其功能越来越表现为一种公共行政机构，与传统的管理模式不同，政府不再是国家管理的唯一主体，在部分领域甚至并不是最高效的治理主体。治理背景下，公众在社会治理中的地位和作用逐渐得到认识和深化。[3] 习近平同志强

---

〔1〕　法治对公众参与社会治理起着两方面的作用：一是保护和促进公民的参与权利，消除阻碍公众参与的障碍；二是约束和规范公民的参与行为，维护良好的公众参与秩序。参见武小川：《公众参与社会治理的法治化研究》，中国社会科学出版社 2016 年版，第 3、14 页。

〔2〕　参见汪斯坦："公众参与加快城市治理法治化"，载《中国管理信息化》2017 年第 13 期。

〔3〕　随着治理实践的不断深入，越来越多的公共行动是由企业、公民社会组织以及个人发动、协调和承担。其中，公众参与的作用日益凸显，逐渐成为政府公共决策与执行科学化、规范化的有效资源，公众参与社会治理已经成为衡量一个国家或地区社会有效治理与否的重要标准之一。参见贡太雷："公众参与社会治理与法治中国建设"，载《南海法学》2018 年第 3 期。

调，要"提高人民群众依法管理国家事务的能力"。[1] 而提高人民群众依法管理国家事务的能力，就要求在新的历史时期，更加重视公众参与社会治理的功能与价值，充分调动公众参与社会治理的积极性与创造性。[2]

一、公众参与社会治理的内涵

公众一般是指社会上的大多数人，与其相对的概念是私人。在日常用语中，公众和人民、群众相比，具有较少的政治性；和公民相比，具有较少的法律性。[3] 公众参与社会治理，是指公众为维护或促进自身利益及社会公共利益的发展，采取适当的、合法的途径与方式，积极表达各种利益诉求，以此对公共治理及公共决策产生影响的活动与行为。

公众参与社会治理的领域和范围并不是固定的，而是伴随着社会丰富的实践而不断变化调整的。改革开放以来，市场经济取得巨大成就，全面深化改革也逐渐深入，由此带来公众参与社会治理内容的丰富和拓展。[4] 自 20 世纪 70 年代以来，源于西方发达国家的政府改革浪潮卷席全球。转变政府职能，重新定位政府与社会的关系，为公众提供优质、高效的公共服务，成为世界各国政府共同面临的重大治理问题。[5] 在我国四十多年改革开放过程中，社会的阶层、结构、运转方式乃至人们思想观念都产生了深刻变化。在此背景下，政府治理对象面临社会利益主体多元化、社会结构阶层多样化、社会关系复杂化的深刻变化，这在客观上要求深化行政体制改革，为公众提供参与公共决策过程的机会，也使得公众的功能得到更加方便有效的发挥。

---

〔1〕 2014 年 2 月，习近平同志在省部级主要领导干部学习贯彻党的十八届三中全会精神全面深化改革专题研讨班开班式上指出，"必须适应国家现代化总进程，提高党科学执政、民主执政、依法执政水平，提高国家机构履职能力，提高人民群众依法管理国家事务、经济社会文化事务、自身事务的能力"。参见"习近平在省部级主要领导干部学习贯彻十八届三中全会精神全面深化改革专题研讨班开班式上发表重要讲话"，载人民网，http：//cpc. people. com. cn/shipin/n/2014/0217/c243284-24385147. html，最后访问时间：2019 年 6 月 10 日。

〔2〕 参见黄品嘉等："提升公众参与社会治理创新的积极性"，载《光明日报》2016 年 9 月 25 日，第 6 版。

〔3〕 参见武小川：《公众参与社会治理的法治化研究》，中国社会科学出版社 2016 年版，第 50 页。

〔4〕 目前，公众参与社会治理的范围广泛，覆盖了政治、经济、文化、社会、生态等诸多领域，如参与立法、参与决策、规范行政、参与惩戒、参与环境保护、参与企业管理与决策、参与救灾扶贫助学、参与社区治理等。参见贡太雷："公众参与社会治理与法治中国建设"，载《南海法学》2018 年第 3 期。

〔5〕 参见何炜："跨界治理的三种理论模式、价值诉求及其实现机制"，载《中共四川省委党校学报》2016 年第 4 期。

在我国，公众参与社会治理具有宪法和法律依据。《宪法》第 2 条规定："中华人民共和国的一切权力属于人民。人民行使国家权力的机关是全国人民代表大会和地方各级人民代表大会。人民依照法律规定，通过各种途径和形式，管理国家事务，管理经济和文化事业，管理社会事务。"这为公众参与社会治理提供了根本法上的保障。宪法的基本原则之一就是人民主权原则。人民是我们国家的主人，是国家权力的所有者。从法理层面来看，公众参与社会治理是人民主权原则在社会领域的进一步丰富和延伸[1]，反映了人民作为国家权力所有者的主人翁地位。

当前，公众参与社会治理已积累了一定的实践和经验。鼓励、吸引公众参与社会治理是当前创新社会治理的一种积极探索，是对政府职能的必要和有益补充。例如，成都市温江区涌泉街道的"积极型社区"治理模式[2]，就是发动公众参与社区治理的典型，辖区居民牢固树立了"我为人人，人人为我"的志愿服务理念，形成了互帮、互助、互敬、互爱的良好治理氛围。这种治理机制以城乡社区为基础，注重社会治理中的公众参与，转变传统的管理模式[3]，扩大了社会治理的资源，让公众自我参与、自我发展，提高了公众对公共事务的信任与支持。

二、公众参与社会治理的基础

治理理论于 20 世纪 90 年代，从西方兴起并逐渐发展。"治理"（governance）最早起源于希腊语（kybernan）与拉丁语（gubernare），原意主要指控制、指导或操纵。[4] 20 世纪后半期以来，市场经济获得飞速发展，新科技革命出现，社会利益格局出现多元化趋势，随着社会公共领域的形成，公众的自主意识也日益增强。面对日益复杂的社会、经济问题，政府开始在市场之外寻求新的解决途径，作为与传统的"统治"（government）概念相对应的

---

〔1〕 如近年来各地探索的群防群治模式、人民调解模式、社区网格化管理等，都是从充分保障公众的知情权、参与权、监督权出发，吸收公众参与社会治理的成功经验。

〔2〕 参见"温江区涌泉街道：'积极型社区'治理模式"，载蓉城先锋网，http://cdzzb.chengdu.gov.cn/Website/contents/60/7741.html，最后访问时间：2019 年 6 月 12 日。

〔3〕 传统管理模式注重政府自身的作用，将政府作为社会管理的唯一主体。而社会治理把对公共事务的治理交给社会和公民自身，发挥公众自身的智慧和积极性，一方面，降低了政府社会治理成本，另一方面，通过自下而上的公众参与，提高了社会治理的综合效果。

〔4〕 参见［英］鲍勃·杰索普、漆蕉："治理的兴起及其失败的风险：以经济发展为例的论述"，载《国际社会科学杂志（中文版）》1999 年第 1 期。

概念范畴，"治理"理念被广泛应用到政治、经济以及社会等各领域。[1] 20世纪 90 年代，联合国全球治理委员会进一步发展了治理理论。[2] 在治理理论下，合作乃最重要的机制，其价值基础是"多元、分散和相互竞争的价值的共存"，"多元主体共同致力于公共服务的提供，多元价值的共存成为常态"。[3] 从当前推进治理体系和治理能力现代化的背景来看，多元价值的共存更有利于促进公共价值的生成，不同于以往的"管制国家"理论。[4] 在治理理论框架下，政府为主导的权威式、命令式和控制式管理模式已经不能适应社会发展需求，应该逐步予以淡化消除，社会公众有能力将自身的事务处理好。[5]

公众参与社会治理既需要理论基础，也需要实践基础，即社会发展的实际需要。[6] 经济发展水平一定程度上决定了公众参与社会治理的内容、层次和条件。当前，我国几十年市场经济的高速发展和累积也带来了社会利益主体的分化，不同利益主体之间的诉求日益多样化，社会的利益整合出现困难，特别是在经济社会高速发展过程中造成的社会治理领域的诸多问题，仅仅依靠政府和公共部门已经难以满足公众的实际需求。这些变化促进了公众自主意识和参与意识的形成，为公众参与社会治理提供了动力。同时，市场经济的发展孕育了具有平等理念和契约精神的市场主体以及相对公平的市场环境，直接推动了公众理性、有序地参与社会治理。[7]

---

〔1〕 参见陶希东等：《共建共享：论社会治理》，上海人民出版社 2017 年版，第 2 页。

〔2〕 该委员会关于治理提出了四项特征：其一，治理并非一套规章条例，也非一种活动，而是一个过程；其二，治理的建立乃以调和为基础，而非支配；其三，治理的过程同时涉及了公、私部门；其四，治理并不意味着一种正式的制度，但它却是有赖于持续的相互作用。参见［法］玛丽-克劳德·斯莫茨：《治理在国际关系中的正确运用》，肖孝毛译，载《国际社会科学杂志（中文版）》1999 年第 1 期。

〔3〕 参见包国宪、赵晓军："新公共治理理论及对中国公共服务绩效评估的影响"，载《上海行政学院学报》2018 年第 2 期。

〔4〕 See Robert W. C., "RESTRAINING THE REGULATORY STATE", *Regulation*, Vol. 4, 2017, pp. 44~46.

〔5〕 参见孙涛："以扩大公众参与推进社会治理体制创新"，载《理论导刊》2015 年第 11 期。

〔6〕 亨廷顿认为："高水平的政治参与总是与高水平的发展相伴随，而且社会和经济更发达的社会，也趋向于赋予政治参与更高的价值。"参见［美］塞缪尔·P. 亨廷顿、琼·纳尔逊：《难以抉择——发展中国家的政治参与》，汪晓寿等译，华夏出版社 1989 年版，第 102 页。

〔7〕 参见宋煜萍："公众参与社会治理：基础、障碍与对策"，《哲学研究》2014 年第 12 期。

党的十五大首次提出依法治国的基本方略之后，党的十六大[1]、十七大[2]、十八大[3]、十九大[4]都根据中国特色社会主义实践的新发展、新实践，从依法治国战略视角对公众参与这一问题进行了与时俱进的理论概括。这为我们在新的历史条件下加强和创新社会治理指明了方向、明确了路径。

公众参与是社会治理的基础，缺乏公众参与的社会治理如无源之水、无本之木。公众参与是社会治理中的重要一环，也是社会主义民主政治的重要方面；公众参与是我国社会转型的必然要求，也是新时期完善社会治理体制的应有之义。[5] 对公众参与的逐步规范化、法治化和程序化，是全面推进依法治国，发展社会主义民主政治和完善社会治理体制的重要任务。

三、公众参与社会治理的功能与价值

在全球化背景下，世界各国政府都面临内部和外部行政环境的深刻变化，传统的地方性公共事务变得日趋复杂，社会矛盾时有分化，需要由多元治理主体进行合理化解。随着经济社会的快速发展，公民的需求日益复杂化和多样化，加之社会民主化进程不断推进，我国公共服务由传统的"政府单一供给"向"多元主体合作供给"转变，[6] 公众参与社会治理的需求日益迫切。这与当前公民社会不断成熟以及国家治理能力不断完善有关。从我国治理情况看，公众是社会治理的基本主体，在社会治理中发挥着重要的影响和作用。

---

〔1〕 党的十六大首次提出了"有序的政治参与"。参见江泽民："全面建设小康社会，开创中国特色社会主义事业新局面——在中国共产党第十六次全国代表大会上的报告（2002 年 11 月 8 日）"，载《求是》2002 年第 22 期。

〔2〕 党的十七大提出要"从各个层次、各个领域扩大公民有序政治参与，最广泛地动员和组织人民依法管理国家事务和社会事务、管理经济和文化事业"，要"健全党委领导、政府负责、社会协同、公众参与的社会管理格局"。参见胡锦涛："高举中国特色社会主义伟大旗帜 为夺取全面建设小康社会新胜利而奋斗——在中国共产党第十七次全国代表大会上的报告"，载《求是》2007 年第 21 期。

〔3〕 党的十八大提出要"完善协商民主制度和工作机制，推进协商民主广泛、多层、制度化发展"，在社会管理体制中增加了"法治保障"的内容，并且提出要"充分发挥群众参与社会管理的基础作用"。参见胡锦涛："坚定不移沿着中国特色社会主义道路前进 为全面建成小康社会而奋斗——在中国共产党第十八次全国代表大会上的报告"，载《求是》2012 年第 22 期。

〔4〕 党的十九大首次提出要"打造共建共治共享的社会治理格局"，"加强社会治理制度建设，完善党委领导、政府负责、社会协同、公众参与、法治保障的社会治理体制，提高社会治理社会化、法治化、智能化、专业化水平"。参见习近平：《决胜全面建成小康社会 夺取新时代中国特色社会主义伟大胜利——在中国共产党第十九次全国代表大会上的报告》，人民出版社 2017 年版，第 49 页。

〔5〕 参见马玉丽：《社会组织与社会治理研究》，山东人民出版社 2019 年版，第 47~48 页。

〔6〕 参见许玉镇：《公众参与政府治理的法治保障》，社会科学文献出版社 2015 年版，总序。

（一）公众参与社会治理有利于提升政府社会治理的效能

近年来，顺应我国城镇化的快速发展，在经济体制转型和社会转型的进程中，强化简政放权、改变传统的全能政府治理模式，构建公共服务型政府，始终是全面深化改革的一项重点工作。政府职能转变历经多次改革，虽然取得了明显成效，但改革仍然没有到位。政府的服务能力、治理能力还存在很大的提升空间。公众参与社会治理，一方面能通过参与程序对政府管理运作实施监督和制约，防止政府权力的滥用，实现权力在阳光下运行，促进行政权力的合法、公开行使；另一方面能通过参与政府决策增进对政府的理解、支持与认同，促进政府改革不断深化，提高政府供给公共服务的针对性，增强政府与公众二者之间的良性互动，从而促进社会利益有机整合，提升政府的治理效能。

（二）公众参与社会治理有利于提升公民素质和国家治理能力

中华人民共和国成立以来，尤其是改革开放以来，市场经济取得举世瞩目的发展，为社会治理创新打下了坚实的物质基础，公众参与社会治理能力不断提升。公众参与社会治理的效果、程度源于良好的公民素质。公众是社会治理的基本主体和主要参与者，对社会公共权利和义务更具有感知力，参与社会治理有利于提高其素质，更好地发挥其在社会治理中的基础性作用。[1] 公众参与社会治理，要求政府尊重公众的意见并加以吸收借鉴，及时对公众予以回应，这凸显了政府在公共管理方面的政策理性和公众更好地维护合法利益的双向统一，因此既有利于提升公众素质，也有利于提升各主体的治理能力。

第二节　公众参与社会治理的法治困境

法治是公众参与社会治理的前提，也是公众参与社会治理的目标，公众参与社会治理在法理上具有毋庸置疑的正当性与合法性。社会、政府和国家的法治一体化建设[2]，要求健全公众参与社会治理的相关法律制度，推进公

---

〔1〕　发挥公众参与的基础性作用并不意味着公共管理者要将所有权力让渡给公众。参见［美］约翰·克莱顿·托马斯：《公共决策中的公民参与》，孙柏瑛等译，中国人民大学出版社2010年版，第49~50页。

〔2〕　建设法治中国，必须坚持依法治国、依法执政、依法行政共同推进，坚持法治国家、法治政府、法治社会一体化建设。

众参与社会治理的法治化。但在社会治理实践中，公众参与却遭遇着一定程度的法治保障困境。[1] 法治保障主要是善于用法治思维和法治方式治理社会，坚持以法律、制度为准绳，解决问题，化解矛盾，推进社会和谐发展，充分发挥法律在政治生活中的作用。[2] 从现实情况看，在公众参与方面，目前还存在比较薄弱的环节，制约了公众参与社会治理的效果。

一、公众参与社会治理的法治供给不足

法律制度是保障公众参与社会治理的根本条件。法治的核心价值在于保障公民的自由与权利，实现法律面前人人平等。法治的根本目标就在于通过一系列制度的构建，实现对公权力的制约与对公民权利和自由的保障。在这个意义上，法治实际上反映了人们对社会的一种制度设计与安排，这个制度设计包含权利、权力、责任、义务、自由等诸多方面，从整体上构建了社会的基本结构和运行机制，从而实现社会生活的有序化。[3]

社会治理法治化要求进一步明确社会公众在社会治理中的法律地位和主体地位。[4] 当前，我国公众参与社会治理的各项规定正在逐步建立、完善，但具体的公众参与方式、渠道、程序等并不健全，公众参与社会治理活动存在无序化、形式化。[5] 公众参与社会治理的法律制度建设方面的不足，主要体现在对权利的设置及其法律内容的规定上。[6] 法律制度的不健全影响了公众知情权、参与权、监督权的实现。目前公众关于行使知情权、监督权的需求越来越高，但政府信息公开还存在很多不足，二者之间矛盾突出，在很大程度上削弱了公众知情权与监督权的行使。[7]

二、公众参与社会治理的渠道保障不畅

1. 政府在决策与治理中不够重视公共参与作用。部分地方政府习惯以管理者的身份进行社会治理活动，未能充分考虑各方利益，既降低了政府在公

---

〔1〕 参见吴纪树："公众参与基层治理的法治保障"，载《劳动保障世界》2018年第27期。

〔2〕 参见马玉丽：《社会组织与社会治理研究》，山东大学出版社2019年版，第49页。

〔3〕 参见王人博、程燎原：《法治论》，山东人民出版社1989年版，第249页。

〔4〕 参见胡仙芝："公众参与制度化是我国社会治理法治化的必由之路"，载《理论研究》2015年第3期。

〔5〕 参见高斌："公众参与社会治理的路径选择和政策激励"，载《世纪桥》2018年第10期。

〔6〕 具体表现为：我国宪法尚未有较为明确的条款规定公众的参与权，因而抽象的宪法条款无法为公众参与提供明确具体的法律依据，无法对公众参与社会治理的范围、权利和途径等依法规范，难以确保公众参与程序的民主化、法治化，从而制约了公众参与社会治理基础性作用的发挥。

〔7〕 参见吴纪树："公众参与基层治理的法治保障"，载《劳动保障世界》2018年第27期。

众心目中的信任程度，也影响了政府与公众之间的合作水平。以大连市 PX 项目为例，就经济意义来说，该项目是在国家实施振兴东北老工业基地的战略背景下，作为辽宁省"五点一线"对外开放新格局中的重大项目，但该项目在引进之前，大连市并没有进行广泛的社会调研，起初大多数大连市民并不知情。2011 年 8 月，受热带风暴影响，该项目附近防波堤被冲毁，对附近两个装载有毒化工原料的罐体产生威胁。万名大连市民集聚在人民广场大连市政府门前，要求福佳大化 PX 项目搬出大连，之后大连市政府决定将项目搬迁。[1] 这起事件就是政府在现代化治理过程中，因为缺乏与公众的交流合作而导致的社会问题。[2]

2. 公众参与社会治理的渠道不顺畅，导致公众参与社会治理的积极性不高。主要表现在：一是政府与公众之间存在信息不对称。对于事关公众切身利益的政府重大行政决策，公众参与率低，有时甚至是事后才知晓，导致社会矛盾和危机时有发生，有时会酿成群体性事件，不利于社会的和谐稳定。二是公众参与缺乏完善的制度渠道。制度渠道不畅就导致公众参与社会治理缺乏有效的表达意见、建议的依据和保障，限制了公众参与社会治理的程度和水平。

三、公众参与社会治理的机制建设不顺

公众参与社会治理的机制建设不顺主要表现在：一是政府信息公开的效能有待进一步提升。满足公众的知情权，是其有效参与社会治理的基础和前提。目前信息公开还不充分，信息垄断、信息壁垒现象还比较突出。规范化、制度化的公开渠道、范围和程序依然匮乏，各类监督体系依然缺位。[3] 二是公众参与的程序制度及第三方监督机制尚未普遍建立。社会发展的根基在于人民，社会治理的实现需要社会公众的积极、有序参与及监督。社会的和谐稳定发展也需要公众推动。[4] 当前，公众参与社会治理的程序机制尚不完善，主要体现在参与主体的代表性不足、参与人员有时被人为限定、参与代表产生机制不健全、公众参与的方式不够丰富等。三是意见建议反馈机制尚

---

〔1〕　参见周太友："市民强烈反对 PX 项目 大连决定搬迁"，载中国经济网，http://www.ce.cn/cysc/newmain/yc/jsxw/201108/15/t20110815_21021184.shtml，最后访问时间：2019 年 6 月 12 日。

〔2〕　参见王丽："公众参与背景下治理现代化能力提升"，载《人民论坛》2016 年第 5 期。

〔3〕　参见王名扬：《美国行政法》（下册），中国法制出版社 1995 年版，第 959 页。

〔4〕　参见胡燕："我国社会治理中的公众参与：必要性、问题与对策"，载《哈尔滨师范大学社会科学学报》2016 年第 2 期。

待完善。公众参与的意见建议是否得到采纳及反馈，都缺乏及时的回应反馈机制，对不采纳的公众建议缺少必要的说明程序，影响了公众参与的积极性。

第三节　健全公众参与社会治理的法治保障

今天的中国比以往任何时期都重视法治，法治正成为中国社会发展的目标模式。[1] 在中国特色社会主义发展的新时代，利益主体出现了分化，形成了很多新的阶层和群体。一方面，不同阶层和群体的利益诉求和主张都不相同，对诸如自由、平等、公平、正义等价值体系也有不完全相同的理解，有时甚至存在深刻的分歧和对立，利益整合变得困难，这是当前社会治理极其复杂、极有难度的重要原因。另一方面，由于法治在保障公民权利和自由方面的独特作用，因此不同阶层和群体对于法治的分歧是最少的，也最易达成共识。法治被形容为一种良好的社会治理状态。[2]"法治应当是一种社会治理的目标，即建成法治国家、法治政府、法治社会，实现国家长治久安，社会和谐有序，人民生活幸福。"[3] 由此可见，法治是现代社会的重要特征，在凝聚共识、推动改革，实现中国社会的和平转型方面具有不可替代的作用，社会治理目标的实现离不开良好法治的必要支持。[4]

一、抓好公众参与社会治理的顶层设计

公众参与社会治理，不应是无组织、杂乱无章的，而是有序地参与。[5] 必要的顶层设计是公众有序参与社会治理的必备条件。一是在法律上明确公众的参与权。实现公众作为参与主体的权利保障，须在法律上对公众的参与权进行明确，只有从法律制度上进行设计，才能保障公众参与的权利。因此，应以法律法规等形式将公众参与纳入社会治理体系，明确公众参与社会治理的程序、目的、范围、效力等，通过法律法规形式予以保障。同时，社会公众在社会改革当中并不是置身事外的，社会公众的参与程度影响着社会改革

---

〔1〕 参见马玉丽：《美国宪法的正当法律程序研究——从程序到实质的演变》，山东人民出版社2016年版，第186页。

〔2〕 参见邓少君："公众参与社会治理：理论逻辑及现实路径"，载《法治社会》2018年第1期。

〔3〕 参见王利明："法治是我们追求的目标"，载《光明日报》2016年9月5日，第14版。

〔4〕 参见胡仙芝："公众参与制度化：社会治理创新的突破点"，载《人民论坛》2014年S1期。

〔5〕 参见胡仙芝、曹胜："公众参与社会治理制度化创新的思考"，载《中国国情国力》2014年第9期。

的进程和成败。[1] 在进行制度设计时，应广纳民意、凝聚共识，积极完善有关的法律法规。二是进一步推进政府职能转变。政府职能主要指政府为实现国家利益和满足社会发展的需要而负有的职责和所发挥的功能。公众参与社会治理是公共事务领域的一种解决机制，具有独特的优势与功能。公众有效参与社会治理离不开政府职能的转变，只有政府对公众予以积极的引导和支持，公众才能在社会治理中发挥更充分的作用。三是完善政府与公众之间的互动格局。社会治理主张多元合作共治，是多元主体之间的协同治理。协同治理才能最终实现政府治理、社会调节和居民自治之间的良性互动，因此应进一步建立健全协商沟通机制，完善利益协调保护机制，建立政府与公众之间的合作沟通机制，从而在矛盾化解、纠纷处理、危机应对等方面发挥应有作用。四是推进覆盖城乡的公共法律服务体系建设。[2] 要深入贯彻党的十九大精神，坚持把服务民生、保障权利作为工作的出发点和落脚点，不断拓展公共法律服务事项，切实建立起符合我国国情、覆盖城乡、结构合理、服务优良、惠及全民的公共法律服务体系，为社会公众提供便利的基本公共法律服务，加强公众参与社会治理的法律服务保障。

二、完善公众参与社会治理的制度体系

推进公众参与社会治理，要加快配套制度建设，健全完善制度保障体系。

1. 完善政府信息公开制度。"正义不仅应得到实现，而且要以人们看得见的方式加以实现。"[3] 在社会治理领域，尤其应注重信息的公开与透明。信息公开制度有利于提升服务型政府的形象，提高工作效率，同时降低公众获取信息的成本，从而提升公众对政府的理解与信任程度，提高公众参与社会治理的积极性。只有充分保障公众的知情权，使其了解法律法规政策的制定过程及执行情况，才能缩短公众对政策的认知和接受过程，[4] 降低参与门槛，并对政府的权力行使进行监督。为此，要提升政府信息公开的工作能力，

---

〔1〕　参见周进萍："社会治理中公众参与的意愿、能力与路径探析"，载《中共南京市委党校学报》2014 年第 5 期。

〔2〕　目的是通过法律供应服务的多元化，满足社会公众的法律服务需求。参见郭伟："公众参与社会治理：理论逻辑与实践路径"，载《邢台学院学报》2018 年第 4 期。

〔3〕　参见陈瑞华：《看得见的正义》，中国法制出版社 2000 年版，第 2 页。

〔4〕　参见赵刚印："公众参与的应然与实然——增强公众参与社会治理有效性的路径选择"，载《理论探讨》2006 年第 3 期。

进一步贯彻落实新修订的《政府信息公开条例》[1]，保障公众依法获取政府信息，提高政府工作的透明度，督促政府依法行政。

2. 进一步健全听证制度。近年来，听证制度越来越多地被运用到立法和决策程序中，在保障程序公正、扩大公众参与公共事务管理的权利、提高行政效率等方面发挥了重要作用。听证制度有利于在实现公平的基础上，为公众合理表达诉求和意见建议搭建一个平台。听证有利于提高公众参与治理的积极性，提高政府决策的科学性和民主性。当前，听证主要集中在涉及民生的诸多行业，如水、电、油、气等领域。完善听证制度须扩大目前我国听证的范围、健全听证程序规则、强化听证结果运用等。例如，进一步完善立法，提高听证工作的规范化和程序化，通过制定并完善相应的法规对听证程序作进一步规定；扩大听证的透明度、提高听证组织者的素质和水平，以开放的心态和宽广的胸怀接纳来自不同方面的各种意见；适当扩大听证制度的适用范围，目前各类听证主要集中于政策方案的规划阶段，随着实践发展的需要，可逐渐在政策执行、实施效果评估等阶段也引进这一制度；积极吸纳听证参与人的意见建议，将行政听证程序真正融入行政决策过程中，避免行政听证流于形式，等等。

3. 优化公众参与的反馈机制。建立公众参与制度，其意义在于赋予公众表达个人需求、提出利益主张的渠道，这就要求在社会治理中政府应给予公众参与以法律上和制度上的充分保障，同时政府应对公众参与的结果进行积极回应与反馈。善治的本质就在于政府与公众对社会生活的合作治理，公共参与得不够，会影响治理中的有效合作。当前，公众意见建议得不到重视是影响公众参与社会治理积极性的重要原因。因此应从法律上规定政府对公众参与的反馈义务及责任，完善公众的利益表达机制，对公众的意见和行动进行及时负责的反馈。如果对公众意见建议不及时予以反馈，则应设立相应的处罚措施及问责机制，倒逼行政机关提高回应公众参与的主动性和积极性。

4. 进一步发展协商民主。社会治理不仅仅意味着社会管理方式的转变，更意味着一种全新的思想理念和价值诉求。伴随着社会力量的不断增强，国

---

〔1〕《政府信息公开条例》于 2007 年 4 月 5 日经中华人民共和国国务院令第 492 号公布，自 2008 年 5 月 1 日起施行，2019 年 4 月 3 日，经中华人民共和国国务院令（第 711 号）修订，自 2019 年 5 月 15 日起施行。此次修订的原因之一即人民群众参与公共决策、关心维护自身权益的积极性增强，对政府信息公开的广度、深度提出了更高要求，但有的行政机关存在信息公开内容不全、公开深度不够现象，不能满足群众的需要。

家将不断地还政于民、还权于民。协商民主是我国社会主义民主政治的特有形式和独特优势，公众参与的实质就是将民主应用于公共行政领域。协商民主有利于缩小社会利益群体因不同诉求产生的偏见和矛盾，提升法律、制度和社会政策的合法性，改善社会治理的质量并降低社会治理的成本。因此，公众参与不仅是法律权利，更是一种政治文明的体现，也是党的群众路线在政治领域的重要体现。[1] 当前协商民主的重点应放在各种社会政策的协商方面，这对于社会公众与政府增进沟通、协商与合作，提高公众对政府的信任具有重要意义。要加快建立以利益调节为核心的社会协商和对话机制，通过谈判、对话等方式，加强政府、公众、社会组织等不同社会治理主体之间的互动，通过积极有效的协商化解矛盾冲突，推动实现社会公平正义。政府制定公共政策的目的是促进社会矛盾与问题的解决，同时对社会公共利益进行协调。这就需要发挥公众的智慧和力量，吸引公众广泛参与政府公共决策制定过程，以弥补政府获取信息的不足，增加政策的针对性和实用性，降低政府公共决策的成本，提高政府决策的科学化、民主化与法治化水平。

三、加强公众参与社会治理的权利救济

推动公众参与社会治理，须全面落实依法治理的各项重大举措。公众参与社会治理的法治化要求充分保障公民的合法权益，健全的权利救济体系有利于提高公众参与社会治理的程度。如果公众参与社会治理的程度不高，将对社会治理现代化建设不利，对社会的发展形成消极影响。[2]

将救济权作为公民的基本权利写进宪法之中，并加快公众权利救济的法律制度构建，这是保护公众参与权利的根本保证。关于这一制度可从三个方面予以设计：一是进一步推进合宪性审查工作，及时纠正涉嫌侵害公众权利的法律、法规、规范性文件以及司法解释。合宪性审查[3]有利于破解积弊已久的"部门立法""红头文件乱法"问题，实现依法治国的正本清源，发挥《宪法》的定海神针功能。二是保障公民获得赔偿的权利，依法保护知情权、参与权、监督权等受到损害的权利人能够获得有效的赔偿与救济。[4] 三是注

---

〔1〕 参见陈蔚涛："公众参与在社会治理中的基础性作用"，载《大连干部学刊》2014 年第 1 期。

〔2〕 参见许玉镇：《公众参与政府治理的法治保障》，社会科学文献出版社 2015 年版，第 249～250 页。

〔3〕 党的十九大报告提出："加强宪法实施和监督，推进合宪性审查工作，维护宪法权威。"这是"合宪性审查"第一次出现在党的正式文件中。推动合宪性审查工作，建立完善的合宪性审查制度，对于加强宪法实施和监督、树立宪法权威和维护国家法制统一，具有极其重要的现实意义。

〔4〕 参见柳经纬："从权利救济看我国法律体系的缺陷"，载《比较法研究》2014 年第 5 期。

重正当法律程序原则，以程序正义推动公众参与社会治理制度化。"正当法律程序"原则集中体现了制约权力、保障权利这一核心命题，并在这一过程中实现对正义与公平的理想追求。在社会治理中，应不断创新政务公开、听证、社会评议、公示等制度规范，保障公众参与社会治理权利在规范的程序中得以实现。

四、拓展公众参与社会治理的有效途径

公众参与社会治理体现了公众的知情权、监督权和管理权发展的需要，体现了公众权利意识的增强。公众参与社会治理的渠道及平台制约着公众参与的程度及水平。拓展公众参与渠道是社会治理的"基础工程"。

1. 扩大公众参与社会治理的范围。在立法、执法、司法、行政等关键领域上积极吸引公众参与，扩大公众在上述领域的参与范围，为公众提供充分的自治空间，鼓励公众全面参与社会治理。

2. 规范公众参与社会治理的程序。科学、合理的程序是实现公平正义的有效保证。新时期实现社会治理的法治化尤其要注重正当程序的功能和价值。要在现有法律法规的框架下，梳理、总结、整合公众参与社会治理的形式，查找存在的不足，进一步建立健全公众参与的程序机制，尽可能全面地让公众明确自己在参与社会治理过程中的地位、步骤、方式、时限等。例如，及时告知公众享有听证的权利、获得救济的权利，优化听证会代表结构、实现遴选程序公开透明、畅通主体间的信息获取与传递等。

3. 提升公众参与社会治理的效力和水平。对政府吸纳公众参与社会治理的效果要制定科学合理的评价机制和体系，完善公众参与结果的运用，将其作为立法和决策的重要依据，对不采纳的公众意见或建议应当予以正当说明，并向社会及时公布公众参与事项的情况报告。[1]

五、增强公众参与社会治理的法治意识

法治是社会治理的重要方式，是治理现代化的标志。公民的法治意识[2]是建设法治国家的基础。同样，增强公民法治意识也是推进社会治理法治化

---

〔1〕 参见武小川:《公众参与社会治理的法治化研究》，中国社会科学出版社 2016 年版，第 149~159 页。

〔2〕 法治意识简单来说就是社会成员在实践中形成的关于法治的心态、观念、知识和思想体系的总称，是符合法治社会建设要求的法律意识，是人们对法律和法律现象的看法以及对法律规范的认同的自觉程度最高的一种意识。参见邸杨、陈连军:"公民法治意识培养的思考"，载《经济研究导刊》2015 年第 14 期。

的先决条件。公众参与社会治理的法治意识强弱，直接影响着社会公众参与社会治理的具体行为方式。在创新社会治理的新时期，应从促进市场经济发展和维护公民合法利益的高度去培养公众法治意识。公众依法参与社会治理是法治社会的重要组成部分，也是公民法治意识的体现，推进社会善治的基础。

1. 要重视开展普法宣传。我国公民的法治意识，主要表现为自觉尊法、学法、守法、用法，积极参与社会主义法治国家建设。如果公众缺乏法定权利的有关知识，就会因不了解法律赋予了公民哪些权利而对法律持消极态度。如果群众不懂什么是合法的权利，如何享有这些权利，在自身合法权利遭到侵害时，就难以合理运用法律武器保护自身权利，继而也会影响他们在社会治理中作用的发挥。党的十八大以来，党和国家对法治宣传教育提出了新的更高要求，明确了法治宣传教育的基本定位、重大任务和重要措施。2016年3月，中共中央、国务院转发了《中央宣传部、司法部关于在公民中开展法治宣传教育的第七个五年规划（2016-2020年）》（以下简称"七五"普法规划），并发出通知要求各地区各部门结合实际认真贯彻执行。"七五"普法规划指出："全民普法和守法是依法治国的长期基础性工作。深入开展法治宣传教育，是贯彻落实党的十八大和十八届三中、四中、五中全会精神的重要任务，是实施'十三五'规划、全面建成小康社会的重要保障。"深入开展全民法治宣传教育，大力推进普法活动，特别要注重针对城乡居（村）民宣传居（村）民自治方面的法律法规，增强基层各类社会治理参与主体的法治观念。

2. 要注重抓好培训工作。加强公众参与社会治理方面的培训统筹规划，建立健全科学的培训体系，把法治理念贯穿干部教育培训全过程。通过加强培训，提升基层政府及其工作人员依法有序引导公众参与社会治理的能力。针对基层政府组织开展公众参与社会治理培训的情况进行考核，建立符合实际的考核机制，重视考核结果的运用，以此提高政府主动吸收公众参与社会治理的积极性。

附　录

中华人民共和国突发事件应对法

（2007 年 8 月 30 日第十届全国人民代表大会常务委员会第二十九次会议通过）

第一章　总则

第一条　为了预防和减少突发事件的发生，控制、减轻和消除突发事件引起的严重社会危害，规范突发事件应对活动，保护人民生命财产安全，维护国家安全、公共安全、环境安全和社会秩序，制定本法。

第二条　突发事件的预防与应急准备、监测与预警、应急处置与救援、事后恢复与重建等应对活动，适用本法。

第三条　本法所称突发事件，是指突然发生，造成或者可能造成严重社会危害，需要采取应急处置措施予以应对的自然灾害、事故灾难、公共卫生事件和社会安全事件。

按照社会危害程度、影响范围等因素，自然灾害、事故灾难、公共卫生事件分为特别重大、重大、较大和一般四级。法律、行政法规或者国务院另有规定的，从其规定。

突发事件的分级标准由国务院或者国务院确定的部门制定。

第四条　国家建立统一领导、综合协调、分类管理、分级负责、属地管理为主的应急管理体制。

第五条　突发事件应对工作实行预防为主、预防与应急相结合的原则。国家建立重大突发事件风险评估体系，对可能发生的突发事件进行综合性评估，减少重大突发事件的发生，最大限度地减轻重大突发事件的影响。

第六条　国家建立有效的社会动员机制，增强全民的公共安全和防范风险的意识，提高全社会的避险救助能力。

第七条　县级人民政府对本行政区域内突发事件的应对工作负责；涉及两个以上行政区域的，由有关行政区域共同的上一级人民政府负责，或者由各有关行政区域的上一级人民政府共同负责。

突发事件发生后，发生地县级人民政府应当立即采取措施控制事态发展，组织开展应急救援和处置工作，并立即向上一级人民政府报告，必要时可以越级上报。

突发事件发生地县级人民政府不能消除或者不能有效控制突发事件引起的严重社会危害的，应当及时向上级人民政府报告。上级人民政府应当及时采取措施，统一领导应急处置工作。

法律、行政法规规定由国务院有关部门对突发事件的应对工作负责的，从其规定；地方人民政府应当积极配合并提供必要的支持。

第八条　国务院在总理领导下研究、决定和部署特别重大突发事件的应对工作；根据实际需要，设立国家突发事件应急指挥机构，负责突发事件应对工作；必要时，国务院可以派出工作组指导有关工作。

县级以上地方各级人民政府设立由本级人民政府主要负责人、相关部门负责人、驻当地中国人民解放军和中国人民武装警察部队有关负责人组成的突发事件应急指挥机构，统一领导、协调本级人民政府各有关部门和下级人民政府开展突发事件应对工作；根据实际需要，设立相关类别突发事件应急指挥机构，组织、协调、指挥突发事件应对工作。

上级人民政府主管部门应当在各自职责范围内，指导、协助下级人民政府及其相应部门做好有关突发事件的应对工作。

第九条　国务院和县级以上地方各级人民政府是突发事件应对工作的行政领导机关，其办事机构及具体职责由国务院规定。

第十条　有关人民政府及其部门作出的应对突发事件的决定、命令，应当及时公布。

第十一条　有关人民政府及其部门采取的应对突发事件的措施，应当与突发事件可能造成的社会危害的性质、程度和范围相适应；有多种措施可供选择的，应当选择有利于最大程度地保护公民、法人和其他组织权益的措施。

公民、法人和其他组织有义务参与突发事件应对工作。

第十二条　有关人民政府及其部门为应对突发事件，可以征用单位和个人的财产。被征用的财产在使用完毕或者突发事件应急处置工作结束后，应当及时返还。财产被征用或者征用后毁损、灭失的，应当给予补偿。

第十三条　因采取突发事件应对措施，诉讼、行政复议、仲裁活动不能正常进行的，适用有关时效中止和程序中止的规定，但法律另有规定的除外。

第十四条 中国人民解放军、中国人民武装警察部队和民兵组织依照本法和其他有关法律、行政法规、军事法规的规定以及国务院、中央军事委员会的命令，参加突发事件的应急救援和处置工作。

第十五条 中华人民共和国政府在突发事件的预防、监测与预警、应急处置与救援、事后恢复与重建等方面，同外国政府和有关国际组织开展合作与交流。

第十六条 县级以上人民政府作出应对突发事件的决定、命令，应当报本级人民代表大会常务委员会备案；突发事件应急处置工作结束后，应当向本级人民代表大会常务委员会作出专项工作报告。

第二章 预防与应急准备

第十七条 国家建立健全突发事件应急预案体系。

国务院制定国家突发事件总体应急预案，组织制定国家突发事件专项应急预案；国务院有关部门根据各自的职责和国务院相关应急预案，制定国家突发事件部门应急预案。

地方各级人民政府和县级以上地方各级人民政府有关部门根据有关法律、法规、规章、上级人民政府及其有关部门的应急预案以及本地区的实际情况，制定相应的突发事件应急预案。

应急预案制定机关应当根据实际需要和情势变化，适时修订应急预案。应急预案的制定、修订程序由国务院规定。

第十八条 应急预案应当根据本法和其他有关法律、法规的规定，针对突发事件的性质、特点和可能造成的社会危害，具体规定突发事件应急管理工作的组织指挥体系与职责和突发事件的预防与预警机制、处置程序、应急保障措施以及事后恢复与重建措施等内容。

第十九条 城乡规划应当符合预防、处置突发事件的需要，统筹安排应对突发事件所必需的设备和基础设施建设，合理确定应急避难场所。

第二十条 县级人民政府应当对本行政区域内容易引发自然灾害、事故灾难和公共卫生事件的危险源、危险区域进行调查、登记、风险评估，定期进行检查、监控，并责令有关单位采取安全防范措施。

省级和设区的市级人民政府应当对本行政区域内容易引发特别重大、重大突发事件的危险源、危险区域进行调查、登记、风险评估，组织进行检查、监控，并责令有关单位采取安全防范措施。

县级以上地方各级人民政府按照本法规定登记的危险源、危险区域，应当按照国家规定及时向社会公布。

第二十一条　县级人民政府及其有关部门、乡级人民政府、街道办事处、居民委员会、村民委员会应当及时调解处理可能引发社会安全事件的矛盾纠纷。

第二十二条　所有单位应当建立健全安全管理制度，定期检查本单位各项安全防范措施的落实情况，及时消除事故隐患；掌握并及时处理本单位存在的可能引发社会安全事件的问题，防止矛盾激化和事态扩大；对本单位可能发生的突发事件和采取安全防范措施的情况，应当按照规定及时向所在地人民政府或者人民政府有关部门报告。

第二十三条　矿山、建筑施工单位和易燃易爆物品、危险化学品、放射性物品等危险物品的生产、经营、储运、使用单位，应当制定具体应急预案，并对生产经营场所、有危险物品的建筑物、构筑物及周边环境开展隐患排查，及时采取措施消除隐患，防止发生突发事件。

第二十四条　公共交通工具、公共场所和其他人员密集场所的经营单位或者管理单位应当制定具体应急预案，为交通工具和有关场所配备报警装置和必要的应急救援设备、设施，注明其使用方法，并显著标明安全撤离的通道、路线，保证安全通道、出口的畅通。

有关单位应当定期检测、维护其报警装置和应急救援设备、设施，使其处于良好状态，确保正常使用。

第二十五条　县级以上人民政府应当建立健全突发事件应急管理培训制度，对人民政府及其有关部门负有处置突发事件职责的工作人员定期进行培训。

第二十六条　县级以上人民政府应当整合应急资源，建立或者确定综合性应急救援队伍。人民政府有关部门可以根据实际需要设立专业应急救援队伍。

县级以上人民政府及其有关部门可以建立由成年志愿者组成的应急救援队伍。单位应当建立由本单位职工组成的专职或者兼职应急救援队伍。

县级以上人民政府应当加强专业应急救援队伍与非专业应急救援队伍的合作，联合培训、联合演练，提高合成应急、协同应急的能力。

第二十七条　国务院有关部门、县级以上地方各级人民政府及其有关部门、有关单位应当为专业应急救援人员购买人身意外伤害保险，配备必要的防护装备和器材，减少应急救援人员的人身风险。

第二十八条　中国人民解放军、中国人民武装警察部队和民兵组织应当有计划地组织开展应急救援的专门训练。

第二十九条　县级人民政府及其有关部门、乡级人民政府、街道办事处应当组织开展应急知识的宣传普及活动和必要的应急演练。

居民委员会、村民委员会、企业事业单位应当根据所在地人民政府的要求，结合各自的实际情况，开展有关突发事件应急知识的宣传普及活动和必要的应急演练。

新闻媒体应当无偿开展突发事件预防与应急、自救与互救知识的公益宣传。

第三十条　各级各类学校应当把应急知识教育纳入教学内容，对学生进行应急知识教育，培养学生的安全意识和自救与互救能力。

教育主管部门应当对学校开展应急知识教育进行指导和监督。

第三十一条　国务院和县级以上地方各级人民政府应当采取财政措施，保障突发事件应对工作所需经费。

第三十二条　国家建立健全应急物资储备保障制度，完善重要应急物资的监管、生产、储备、调拨和紧急配送体系。

设区的市级以上人民政府和突发事件易发、多发地区的县级人民政府应当建立应急救援物资、生活必需品和应急处置装备的储备制度。

县级以上地方各级人民政府应当根据本地区的实际情况，与有关企业签订协议，保障应急救援物资、生活必需品和应急处置装备的生产、供给。

第三十三条　国家建立健全应急通信保障体系，完善公用通信网，建立有线与无线相结合、基础电信网络与机动通信系统相配套的应急通信系统，确保突发事件应对工作的通信畅通。

第三十四条　国家鼓励公民、法人和其他组织为人民政府应对突发事件工作提供物资、资金、技术支持和捐赠。

第三十五条　国家发展保险事业，建立国家财政支持的巨灾风险保险体系，并鼓励单位和公民参加保险。

第三十六条　国家鼓励、扶持具备相应条件的教学科研机构培养应急管理专门人才，鼓励、扶持教学科研机构和有关企业研究开发用于突发事件预防、监测、预警、应急处置与救援的新技术、新设备和新工具。

第三章　监测与预警

第三十七条　国务院建立全国统一的突发事件信息系统。

县级以上地方各级人民政府应当建立或者确定本地区统一的突发事件信息系统，汇集、储存、分析、传输有关突发事件的信息，并与上级人民政府及其有关部门、下级人民政府及其有关部门、专业机构和监测网点的突发事件信息系统实现互联互通，加强跨部门、跨地区的信息交流与情报合作。

第三十八条　县级以上人民政府及其有关部门、专业机构应当通过多种途径收集突发事件信息。

县级人民政府应当在居民委员会、村民委员会和有关单位建立专职或者兼职信息报告员制度。

获悉突发事件信息的公民、法人或者其他组织，应当立即向所在地人民政府、有关主管部门或者指定的专业机构报告。

第三十九条　地方各级人民政府应当按照国家有关规定向上级人民政府报送突发事件信息。县级以上人民政府有关主管部门应当向本级人民政府相关部门通报突发事件信息。专业机构、监测网点和信息报告员应当及时向所在地人民政府及其有关主管部门报告突发事件信息。

有关单位和人员报送、报告突发事件信息，应当做到及时、客观、真实，不得迟报、谎报、瞒报、漏报。

第四十条　县级以上地方各级人民政府应当及时汇总分析突发事件隐患和预警信息，必要时组织相关部门、专业技术人员、专家学者进行会商，对发生突发事件的可能性及其可能造成的影响进行评估；认为可能发生重大或者特别重大突发事件的，应当立即向上级人民政府报告，并向上级人民政府有关部门、当地驻军和可能受到危害的毗邻或者相关地区的人民政府通报。

第四十一条　国家建立健全突发事件监测制度。

县级以上人民政府及其有关部门应当根据自然灾害、事故灾难和公共卫生事件的种类和特点，建立健全基础信息数据库，完善监测网络，划分监测区域，确定监测点，明确监测项目，提供必要的设备、设施，配备专职或者兼职人员，对可能发生的突发事件进行监测。

第四十二条　国家建立健全突发事件预警制度。

可以预警的自然灾害、事故灾难和公共卫生事件的预警级别，按照突发事件发生的紧急程度、发展势态和可能造成的危害程度分为一级、二级、三级和四级，分别用红色、橙色、黄色和蓝色标示，一级为最高级别。

预警级别的划分标准由国务院或者国务院确定的部门制定。

第四十三条　可以预警的自然灾害、事故灾难或者公共卫生事件即将发生或者发生的可能性增大时，县级以上地方各级人民政府应当根据有关法律、行政法规和国务院规定的权限和程序，发布相应级别的警报，决定并宣布有关地区进入预警期，同时向上一级人民政府报告，必要时可以越级上报，并向当地驻军和可能受到危害的毗邻或者相关地区的人民政府通报。

第四十四条　发布三级、四级警报，宣布进入预警期后，县级以上地方各级人民政府应当根据即将发生的突发事件的特点和可能造成的危害，采取下列措施：

（一）启动应急预案；

（二）责令有关部门、专业机构、监测网点和负有特定职责的人员及时收集、报告有关信息，向社会公布反映突发事件信息的渠道，加强对突发事件发生、发展情况的监测、预报和预警工作；

（三）组织有关部门和机构、专业技术人员、有关专家学者，随时对突发事件信息进行分析评估，预测发生突发事件可能性的大小、影响范围和强度以及可能发生的突发事件的级别；

（四）定时向社会发布与公众有关的突发事件预测信息和分析评估结果，并对相关信息的报道工作进行管理；

（五）及时按照有关规定向社会发布可能受到突发事件危害的警告，宣传避免、减轻危害的常识，公布咨询电话。

第四十五条　发布一级、二级警报，宣布进入预警期后，县级以上地方各级人民政府除采取本法第四十四条规定的措施外，还应当针对即将发生的突发事件的特点和可能造成的危害，采取下列一项或者多项措施：

（一）责令应急救援队伍、负有特定职责的人员进入待命状态，并动员后备人员做好参加应急救援和处置工作的准备；

（二）调集应急救援所需物资、设备、工具，准备应急设施和避难场所，并确保其处于良好状态、随时可以投入正常使用；

（三）加强对重点单位、重要部位和重要基础设施的安全保卫，维护社会治安秩序；

（四）采取必要措施，确保交通、通信、供水、排水、供电、供气、供热等公共设施的安全和正常运行；

（五）及时向社会发布有关采取特定措施避免或者减轻危害的建议、劝告；

（六）转移、疏散或者撤离易受突发事件危害的人员并予以妥善安置，转移重要财产；

（七）关闭或者限制使用易受突发事件危害的场所，控制或者限制容易导致危害扩大的公共场所的活动；

（八）法律、法规、规章规定的其他必要的防范性、保护性措施。

第四十六条　对即将发生或者已经发生的社会安全事件，县级以上地方各级人民政府及其有关主管部门应当按照规定向上一级人民政府及其有关主管部门报告，必要时可以越级上报。

第四十七条　发布突发事件警报的人民政府应当根据事态的发展，按照有关规定适时调整预警级别并重新发布。

有事实证明不可能发生突发事件或者危险已经解除的，发布警报的人民政府应当立即宣布解除警报，终止预警期，并解除已经采取的有关措施。

第四章　应急处置与救援

第四十八条　突发事件发生后，履行统一领导职责或者组织处置突发事件的人民政府应当针对其性质、特点和危害程度，立即组织有关部门，调动应急救援队伍和社会力量，依照本章的规定和有关法律、法规、规章的规定采取应急处置措施。

第四十九条　自然灾害、事故灾难或者公共卫生事件发生后，履行统一领导职责的人民政府可以采取下列一项或者多项应急处置措施：

（一）组织营救和救治受害人员，疏散、撤离并妥善安置受到威胁的人员以及采取其他救助措施；

（二）迅速控制危险源，标明危险区域，封锁危险场所，划定警戒区，实行交通管制以及其他控制措施；

（三）立即抢修被损坏的交通、通信、供水、排水、供电、供气、供热等公共设施，向受到危害的人员提供避难场所和生活必需品，实施医疗救护和卫生防疫以及其他保障措施；

（四）禁止或者限制使用有关设备、设施，关闭或者限制使用有关场所，中止人员密集的活动或者可能导致危害扩大的生产经营活动以及采取其他保护措施；

（五）启用本级人民政府设置的财政预备费和储备的应急救援物资，必要时调用其他急需物资、设备、设施、工具；

（六）组织公民参加应急救援和处置工作，要求具有特定专长的人员提供服务；

（七）保障食品、饮用水、燃料等基本生活必需品的供应；

（八）依法从严惩处囤积居奇、哄抬物价、制假售假等扰乱市场秩序的行为，稳定市场价格，维护市场秩序；

（九）依法从严惩处哄抢财物、干扰破坏应急处置工作等扰乱社会秩序的行为，维护社会治安；

（十）采取防止发生次生、衍生事件的必要措施。

第五十条　社会安全事件发生后，组织处置工作的人民政府应当立即组织有关部门并由公安机关针对事件的性质和特点，依照有关法律、行政法规和国家其他有关规定，采取下列一项或者多项应急处置措施：

（一）强制隔离使用器械相互对抗或者以暴力行为参与冲突的当事人，妥善解决现场纠纷和争端，控制事态发展；

（二）对特定区域内的建筑物、交通工具、设备、设施以及燃料、燃气、电力、水的供应进行控制；

（三）封锁有关场所、道路，查验现场人员的身份证件，限制有关公共场所内的活动；

（四）加强对易受冲击的核心机关和单位的警卫，在国家机关、军事机关、国家通讯社、广播电台、电视台、外国驻华使领馆等单位附近设置临时警戒线；

（五）法律、行政法规和国务院规定的其他必要措施。

严重危害社会治安秩序的事件发生时，公安机关应当立即依法出动警力，根据现场情况依法采取相应的强制性措施，尽快使社会秩序恢复正常。

第五十一条　发生突发事件，严重影响国民经济正常运行时，国务院或者国务院授权的有关主管部门可以采取保障、控制等必要的应急措施，保障人民群众的基本生活需要，最大限度地减轻突发事件的影响。

第五十二条　履行统一领导职责或者组织处置突发事件的人民政府，必要时可以向单位和个人征用应急救援所需设备、设施、场地、交通工具和其他物资，请求其他地方人民政府提供人力、物力、财力或者技术支援，要求生产、供应生活必需品和应急救援物资的企业组织生产、保证供给，要求提供医疗、交通等公共服务的组织提供相应的服务。

履行统一领导职责或者组织处置突发事件的人民政府，应当组织协调运输经营单位，优先运送处置突发事件所需物资、设备、工具、应急救援人员和受到突发事件危害的人员。

第五十三条　履行统一领导职责或者组织处置突发事件的人民政府，应当按照有关规定统一、准确、及时发布有关突发事件事态发展和应急处置工作的信息。

第五十四条　任何单位和个人不得编造、传播有关突发事件事态发展或者应急处置工作的虚假信息。

第五十五条　突发事件发生地的居民委员会、村民委员会和其他组织应当按照当地人民政府的决定、命令，进行宣传动员，组织群众开展自救和互救，协助维护社会秩序。

第五十六条　受到自然灾害危害或者发生事故灾难、公共卫生事件的单位，应当立即组织本单位应急救援队伍和工作人员营救受害人员，疏散、撤离、安置受到威胁的人员，控制危险源，标明危险区域，封锁危险场所，并采取其他防止危害扩大的必要措施，同时向所在地县级人民政府报告；对因本单位的问题引发的或者主体是本单位人员的社会安全事件，有关单位应当按照规定上报情况，并迅速派出负责人赶赴现场开展劝解、疏导工作。

突发事件发生地的其他单位应当服从人民政府发布的决定、命令，配合人民政府采取的应急处置措施，做好本单位的应急救援工作，并积极组织人员参加所在地的应急救援和处置工作。

第五十七条 突发事件发生地的公民应当服从人民政府、居民委员会、村民委员会或者所属单位的指挥和安排，配合人民政府采取的应急处置措施，积极参加应急救援工作，协助维护社会秩序。

第五章 事后恢复与重建

第五十八条 突发事件的威胁和危害得到控制或者消除后，履行统一领导职责或者组织处置突发事件的人民政府应当停止执行依照本法规定采取的应急处置措施，同时采取或者继续实施必要措施，防止发生自然灾害、事故灾难、公共卫生事件的次生、衍生事件或者重新引发社会安全事件。

第五十九条 突发事件应急处置工作结束后，履行统一领导职责的人民政府应当立即组织对突发事件造成的损失进行评估，组织受影响地区尽快恢复生产、生活、工作和社会秩序，制定恢复重建计划，并向上一级人民政府报告。

受突发事件影响地区的人民政府应当及时组织和协调公安、交通、铁路、民航、邮电、建设等有关部门恢复社会治安秩序，尽快修复被损坏的交通、通信、供水、排水、供电、供气、供热等公共设施。

第六十条 受突发事件影响地区的人民政府开展恢复重建工作需要上一级人民政府支持的，可以向上一级人民政府提出请求。上一级人民政府应当根据受影响地区遭受的损失和实际情况，提供资金、物资支持和技术指导，组织其他地区提供资金、物资和人力支援。

第六十一条 国务院根据受突发事件影响地区遭受损失的情况，制定扶持该地区有关行业发展的优惠政策。

受突发事件影响地区的人民政府应当根据本地区遭受损失的情况，制定救助、补偿、抚慰、抚恤、安置等善后工作计划并组织实施，妥善解决因处置突发事件引发的矛盾和纠纷。

公民参加应急救援工作或者协助维护社会秩序期间，其在本单位的工资待遇和福利不变；表现突出、成绩显著的，由县级以上人民政府给予表彰或者奖励。

县级以上人民政府对在应急救援工作中伤亡的人员依法给予抚恤。

第六十二条 履行统一领导职责的人民政府应当及时查明突发事件的发生经过和原因,总结突发事件应急处置工作的经验教训,制定改进措施,并向上一级人民政府提出报告。

第六章 法律责任

第六十三条 地方各级人民政府和县级以上各级人民政府有关部门违反本法规定,不履行法定职责的,由其上级行政机关或者监察机关责令改正;有下列情形之一的,根据情节对直接负责的主管人员和其他直接责任人员依法给予处分:

(一)未按规定采取预防措施,导致发生突发事件,或者未采取必要的防范措施,导致发生次生、衍生事件的;

(二)迟报、谎报、瞒报、漏报有关突发事件的信息,或者通报、报送、公布虚假信息,造成后果的;

(三)未按规定及时发布突发事件警报、采取预警期的措施,导致损害发生的;

(四)未按规定及时采取措施处置突发事件或者处置不当,造成后果的;

(五)不服从上级人民政府对突发事件应急处置工作的统一领导、指挥和协调的;

(六)未及时组织开展生产自救、恢复重建等善后工作的;

(七)截留、挪用、私分或者变相私分应急救援资金、物资的;

(八)不及时归还征用的单位和个人的财产,或者对被征用财产的单位和个人不按规定给予补偿的。

第六十四条 有关单位有下列情形之一的,由所在地履行统一领导职责的人民政府责令停产停业,暂扣或者吊销许可证或者营业执照,并处五万元以上二十万元以下的罚款;构成违反治安管理行为的,由公安机关依法给予处罚:

(一)未按规定采取预防措施,导致发生严重突发事件的;

(二)未及时消除已发现的可能引发突发事件的隐患,导致发生严重突发事件的;

(三)未做好应急设备、设施日常维护、检测工作,导致发生严重突发事件或者突发事件危害扩大的;

(四)突发事件发生后,不及时组织开展应急救援工作,造成严重后果的。

前款规定的行为,其他法律、行政法规规定由人民政府有关部门依法决定处罚的,从其规定。

　　第六十五条　违反本法规定，编造并传播有关突发事件事态发展或者应急处置工作的虚假信息，或者明知是有关突发事件事态发展或者应急处置工作的虚假信息而进行传播的，责令改正，给予警告；造成严重后果的，依法暂停其业务活动或者吊销其执业许可证；负有直接责任的人员是国家工作人员的，还应当对其依法给予处分；构成违反治安管理行为的，由公安机关依法给予处罚。

　　第六十六条　单位或者个人违反本法规定，不服从所在地人民政府及其有关部门发布的决定、命令或者不配合其依法采取的措施，构成违反治安管理行为的，由公安机关依法给予处罚。

　　第六十七条　单位或者个人违反本法规定，导致突发事件发生或者危害扩大，给他人人身、财产造成损害的，应当依法承担民事责任。

　　第六十八条　违反本法规定，构成犯罪的，依法追究刑事责任。

第七章　附　则

　　第六十九条　发生特别重大突发事件，对人民生命财产安全、国家安全、公共安全、环境安全或者社会秩序构成重大威胁，采取本法和其他有关法律、法规、规章规定的应急处置措施不能消除或者有效控制、减轻其严重社会危害，需要进入紧急状态的，由全国人民代表大会常务委员会或者国务院依照宪法和其他有关法律规定的权限和程序决定。

　　紧急状态期间采取的非常措施，依照有关法律规定执行或者由全国人民代表大会常务委员会另行规定。

　　第七十条　本法自 2007 年 11 月 1 日起施行。

全国人民代表大会常务委员会
关于加强社会治安综合治理的决定

（1991 年 3 月 2 日第七届全国人民代表大会常务委员会第十八次会议通过）

　　为了维护社会治安秩序，维护国家和社会的稳定，保障改革开放和社会主义现代化建设的顺利进行，为全面实现国民经济和社会发展的十年规划及"八五"计划创造良好的社会治安环境，必须加强社会治安综合治理。为此，特作如下决定：

　　一、加强社会治安综合治理，是坚持人民民主专政的一项重要工作，也是解决我国社会治安问题的根本途径。社会治安问题是社会各种矛盾的综合反映，必须动员和组织全社会的力量，运用政治的、法律的、行政的、经济的、文化的、教育的等多种手段进行综合治理，从根本上预防和减少违法犯罪，维护社会秩序，保障社会稳定，并作为全社会的共同任务，长期坚持下去。

二、社会治安综合治理必须坚持打击和防范并举，治标和治本兼顾，重在治本的方针。其主要任务是：打击各种危害社会的违法犯罪活动，依法严惩严重危害社会治安的刑事犯罪分子；采取各种措施，严密管理制度，加强治安防范工作，堵塞违法犯罪活动的漏洞；加强对全体公民特别是青少年的思想政治教育和法制教育，提高文化、道德素质，增强法制观念；鼓励群众自觉维护社会秩序，同违法犯罪行为作斗争；积极调解、疏导民间纠纷，缓解社会矛盾，消除不安定因素；加强对违法犯罪人员的教育、挽救、改造工作，妥善安置刑满释放和解除劳教的人员，减少重新违法犯罪。

三、要善于运用法律武器，搞好社会治安综合治理。全国人民代表大会及其常委会通过的刑事的、民事的、行政的、经济的等方面的法律，为社会治安综合治理提供了有力的法律武器和依据。各级国家机关、社会团体、企业、事业单位必须严格依法办事。全体公民要学法、知法、守法，学会运用法律武器同各种违法犯罪行为作斗争。要进一步完善促进社会治安综合治理的法律、法规，把社会治安综合治理包含的打击、防范、教育、管理、建设、改造等各方面的工作纳入法制轨道。

四、各部门、各单位必须建立综合治理目标管理责任制，做到各尽其职、各负其责、密切配合、互相协调。各级人民政府要把社会治安综合治理纳入两个文明建设的总体规划，切实加强对社会治安综合治理工作的领导。要从人力、物力、财力上给予支持和保障。人民法院、人民检察院和政府的公安、安全、司法行政等职能部门，特别是公安部门，应当在社会治安综合治理中充分发挥骨干作用。要采取有效措施，充实维护社会治安的力量，改进预防和惩治犯罪活动的技术装备，切实提高国家执法队伍的素质。各机关、团体、企业、事业单位应当落实内部各项治安防范措施，严防发生违法犯罪和其他治安问题。各部门应当督促下属单位，结合本身业务，积极参与社会治安的综合治理，充分发挥各自的作用。

五、加强社会治安综合治理，必须发动和依靠广大人民群众。各级人民政府应当动员和组织城镇居民和农村村民以及机关、团体、企业、事业单位的职工、学生，建立群众性自防自治的治安保卫组织，开展各种形式的治安防范活动和警民联防活动。市、县人民武装部门要积极组织民兵参与维护社会治安。要加强基层组织建设和制度建设，把各项措施落实到基层单位，形成群防群治网络。要充分发挥村民委员会、城市居民委员会维护社会治安的积极作用。地方各级人民政府要切实加强对群众性治安保卫组织的指导和监督。治安保卫组织应严格依法办事，保护公民的合法权益。

六、要把社会治安综合治理的责任与单位和个人的政治荣誉、经济利益紧密结合起来，建立奖惩制度。对参与社会治安综合治理工作成绩显著的单位和个人以及与违法犯罪分子斗争的有功人员给予表彰奖励；对与违法犯罪分子斗争中负伤、致残人员要妥善治疗和安置；对与违法犯罪分子斗争中牺牲人员的家属给予抚恤。对因社会治安综合治理措施不落实而发生重大刑事案件和重大治安事件，致使国家利益和人民生命财产遭受重大损失的单位，应当依法追究其直接负责的主管人员的责任。

七、社会治安综合治理工作由各级人民政府统一组织实施，各部门、各方面齐抓共管，积极参与。各级人民政府应当采取组织措施，协调、指导有关部门、方面做好社会治安综合治理工作。

各级人大常委会对社会治安综合治理工作应当经常进行监督检查。要听取政府、法院、检察院关于综合治理工作的汇报，要组织代表、委员督促检查综合治理工作的开展和落实的情况，积极关心社会治安综合治理，提出意见、建议，以保证社会治安综合治理工作健康深入地开展。

北京市社会治安综合治理条例

（1992 年 9 月 19 日北京市第九届人民代表大会常务委员会第 36 次会议通过；根据 2010 年 12 月 23 日北京市第十三届人民代表大会常务委员会第 22 次会议《关于修改部分地方性法规的决定》修正）

第一章　总则

第一条　为了维护社会治安秩序和社会稳定，保障改革开放和社会主义现代化建设的顺利进行，根据《中华人民共和国宪法》、《全国人民代表大会常务委员会关于加强社会治安综合治理的决定》和有关法律、法规，结合本市实际情况，制定本条例。

第二条　本市行政区域内的机关、团体、部队、企业事业单位和其他组织及公民，都应当遵守本条例。

第三条　社会治安综合治理是全社会的共同任务，必须动员和组织全社会力量，运用政治、法律、行政、经济、文化、教育等手段进行综合治理，落实打击、防范、教育、管理、建设、改造等各项工作任务。

第四条　社会治安综合治理必须坚持打击和防范并举，治标与治本兼顾，重在治本的方针，实行专门机关工作与群众路线相结合的原则。

第五条　本市社会治安综合治理工作由市人民政府统一组织实施，各部门、各方面齐抓共管，积极参与。

人民法院、人民检察院和公安、司法行政等部门，应当在社会治安综合治理中发挥骨干作用。

<h3 style="text-align:center">第二章　组织机构与职责</h3>

第六条　市、区、县、乡、镇和街道设立社会治安综合治理委员会。

各级社会治安综合治理委员会下设办公室，负责处理日常工作。

社会治安综合治理工作所需经费，由各级人民政府列入财政预算。

第七条　机关、团体、企业事业单位，负责本部门、本单位的社会治安综合治理工作，根据需要设立社会治安综合治理委员会或者领导小组，或者配备专职、兼职人员。

各单位的社会治安综合治理工作，应当执行上级主管部门的部署，接受所在地社会治安综合治理委员会的指导、协调和检查。

第八条　市、区、县社会治安综合治理委员会的职责：

（一）宣传贯彻社会治安综合治理的方针、政策和有关法律、法规、规章；

（二）贯彻执行同级人民政府和上级社会治安综合治理委员会的决定和部署，根据本地区的社会治安情况作出相应的安排并督促实施；

（三）指导、协调、推动辖区内各部门、各单位落实社会治安综合治理的各项任务；

（四）开展调查研究，总结推广社会治安综合治理的经验，决定表彰、批评事项或者向有关主管部门、单位提出奖惩建议；

（五）办理同级人民政府和上级社会治安综合治理委员会交办的事项。

第九条　乡、镇、街道社会治安综合治理委员会的职责：

（一）贯彻执行上级有关社会治安综合治理工作的部署，制定本地区的工作计划，并组织实施；

（二）推动法制宣传教育工作；

（三）检查、推动辖区内的社会治安综合治理各项措施的落实，开展各种形式的治安防范活动；

（四）指导、帮助居民委员会、村民委员会做好社会治安综合治理工作；

（五）协调辖区内其他单位社会治安综合治理方面的工作。

第十条　机关、团体、企业事业单位在社会治安综合治理工作中的任务：

（一）组织开展法制宣传教育工作；

（二）组织实施本单位的治安责任制，落实安全防范和治安管理措施，维护内部安全；

（三）根据公安、检察、审判机关的要求，协助调查与本单位有关的违法犯罪案件；

（四）调解本单位内部或者与本单位有关的民间纠纷；

（五）办理社会治安综合治理的其他事项，并参加所在地社会治安综合治理活动。

第十一条　居民委员会、村民委员会在社会治安综合治理工作中的任务：

（一）宣传法律、法规、规章，进行防盗、防火、防破坏、防治安灾害事故等安全教育；

（二）加强对治安保卫委员会、人民调解委员会的领导，组织居民、村民搞好治安防范，调解民间纠纷，协助政府有关部门管理常住人口和暂住的外来人口；

（三）组织制定居民公约、村规民约，并监督执行；

（四）及时向人民政府有关部门反映社会治安情况和居民、村民对社会治安综合治理工作的意见、要求。

第三章　打击违法犯罪

第十二条　公安、检察、审判机关应当根据各自的职责，依法打击各种危害社会的违法犯罪活动，严惩严重危害社会治安的刑事犯罪分子。

第十三条　公安机关应当加强侦查破案工作，提高发现、查获犯罪分子的能力；组织以人民警察为骨干的多种力量参加的治安巡逻，依法取缔违法活动，打击现行犯罪。

第十四条　公安机关和政府其他有关部门应当根据突出的社会治安问题，适时组织专项治理或者由公安机关组织集中打击违法犯罪的统一行动。

第十五条　公安、检察、审判机关对公民控告、检举或者扭送的犯罪嫌疑人，应当接受，及时依法处理，并保护控告、检举和扭送人的安全。

第四章　治安防范和群防群治

第十六条　机关、团体、企业事业单位应当贯彻落实市人民政府颁发的治安防范、治安保卫责任制和交通安全、消防安全责任制等规定，积极采用技术防范措施，确保安全。

第十七条　检察、审判机关对在办理案件中发现的社会治安隐患，应当及时向有关单位提出检察建议、司法建议。有关单位对前述建议应当认真研究，改进工作，并且回告发出建议的机关。

第十八条 乡、镇人民政府、街道办事处应当加强治安保卫委员会、人民调解委员会和治安联防、交通安全、消防安全以及护路、护线等群防群治组织的建设，开展军民、警民共建精神文明活动，动员、组织人民群众维护社会治安和社会秩序。群防群治组织应当严格依法办事，保护公民的合法权益。

人民武装部门应当组织民兵积极参加维护社会治安的群防群治活动。

受益单位对所在地区的群防群治活动，应当从人力、物力上给予支持。

第十九条 公安机关应当加强对保安服务公司的指导，发挥其在治安防范中的作用。

第二十条 城乡规划建设部门应当将公共场所、城镇居民楼院的治安防范设施和公安、法院派出机构的办公用房纳入城乡建设规划。居民区应当推广公寓式管理办法。

第五章 行政管理

第二十一条 工商行政、税务、环卫、商业、文化、旅游、园林等部门应当对繁华地区、商场、集贸市场、公园、风景游览区，以及饮食服务、文化娱乐和体育活动等公共场所加强管理，完善管理制度，配合公安机关依法查处取缔扰乱社会秩序、经济秩序、妨害公共安全等行为，维护社会安定。

第二十二条 文化、广播电视、新闻出版等部门应当与公安机关密切配合，共同对影剧院、歌舞厅、电子游艺厅、营业性台球室、录像放映室、书店、书报摊等场所加强管理，严禁制作、播放、出版、出售反动、淫秽或者其他有害的读物和音像制品。

第二十三条 公安机关与政府其他有关部门应当加强对旅店、废旧金属回收、旧货业、印刷、刻字、复印、小件寄存、修配钥匙、出租汽车以及汽车修理等行业的管理，防范和打击违法犯罪活动。

第二十四条 生产、运输、储存、使用枪支弹药、爆炸物品、剧毒物品、放射性物质等危险物品以及麻醉药品的单位，应当对上述物品严格管理，防止丢失、被盗和发生事故。上级主管部门和公安机关应当加强监督、检查。

第二十五条 乡、镇人民政府、街道办事处和公安、工商行政、税务、商业、劳动、环卫、城建、房管、卫生防疫等部门应当密切配合，按照市人民政府的有关规定，加强对外地来京务工、经商人员的管理和教育，保护其合法权益，制止和取缔违法行为。

第二十六条 外地来京暂住人员租赁本市城乡私人合法所有房屋，租赁双方都应当遵守本市有关加强对暂住人员租赁私有房屋管理的规定。乡、镇人民政府、街道办事处、房管部门和所在地公安派出所应当加强管理和监督。

第二十七条　民政部门应当做好优抚安置、救灾救济、社会福利工作。民政、公安、卫生等部门应当做好精神病人和流浪乞讨人员的救助工作。

第六章　思想教育与法制教育

第二十八条　各部门、各单位应当认真开展各种形式的法制宣传教育和尊重社会公德的教育；认真做好思想政治工作，采取各种措施，积极疏导社会矛盾；正确调处民间纠纷，防止矛盾激化。

第二十九条　学校、社会和家庭应当互相配合，加强对青少年的理想、道德、纪律教育和法制教育。教育部门应当办好工读学校。

第三十条　工会、共青团、妇联应当根据各自的特点，加强对职工、青少年、妇女的思想教育和法制教育。

第三十一条　个体劳动者协会应当加强对个体劳动者的职业道德和法制教育，增强他们遵纪守法的意识。

第七章　改造与安置

第三十二条　全社会都应当支持劳动改造、劳动教养工作。劳动改造、劳动教养机关应当认真履行职责，加强对违法犯罪人员的教育、挽救、改造工作，减少重新犯罪。

劳动改造、劳动教养机关应当对劳动改造、劳动教养人员进行文化、技术培训，有关部门应当积极配合，为刑满释放、解除劳动教养人员就业、就学创造条件。

第三十三条　劳动部门和有关部门应当通过介绍就业、组织起来就业、自谋职业、原单位安置等办法，妥善安置刑满释放、解除劳动教养人员。各单位在招工时，对刑满释放、解除劳动教养人员不得歧视。

第三十四条　居民委员会、村民委员会和有关单位应当协助公安、检察、审判、司法行政机关对被剥夺政治权利、管制、缓刑、假释、暂予监外执行、保外就医的犯罪人员和所外执行、领外就医的劳动教养人员，做好监督、考察和教育工作。

第八章　目标管理与考核

第三十五条　市、区、县、乡、镇人民政府和街道办事处应当把社会治安综合治理纳入两个文明建设的总体规划，制定社会治安综合治理计划，并实行目标管理。

第三十六条 各部门、各单位应当根据本部门、本单位在社会治安综合治理中的任务、职责，建立综合治理目标管理责任制和考核、奖惩办法。

第九章　奖惩与保障

第三十七条 认真执行本条例，符合下列条件之一的单位和个人，由其上级主管部门或者所在单位给予表彰、奖励；有特殊贡献的，由市、区、县社会治安综合治理委员会推荐，报请同级人民政府批准，给予记功或者授予荣誉称号：

（一）落实社会治安综合治理目标管理责任制成绩突出的；

（二）在治安防范、调解民间纠纷、安置帮教、交通安全、消防安全、法制宣传教育等工作中，做出显著成绩的；

（三）单位主管负责人和治安责任人，在社会治安综合治理工作中尽职尽责，做出优异成绩的；

（四）见义勇为，同违法犯罪作斗争事迹突出的；

（五）保护、抢救国家、集体财产和人民生命财产有功的；

（六）在社会治安综合治理工作中有其他突出贡献的。

第三十八条 机关、团体、企业事业单位及其他组织，凡是未达到本地区或者上级主管部门规定的社会治安综合治理目标的，不得评为年度精神文明单位；其单位主管负责人和直接责任人，当年不得升职，不得评为先进个人。

市、区、县社会治安综合治理委员会对前款规定的执行情况进行监督和检查。

第三十九条 违反本条例规定，有下列情形之一的，由有关行政主管部门对单位主管负责人和直接责任人给予批评教育或者行政处分；违反治安管理的，由公安机关依法处理；构成犯罪的，依法追究刑事责任：

（一）社会治安综合治理措施不落实，发生重大刑事案件或者重大治安事件，致使国家利益和人民生命财产遭受重大损失的；

（二）对内部矛盾和纠纷，不及时消除、化解，处置不力，造成严重后果的；

（三）疏于防范和管理，连续发生案件，又不积极采取措施改进的；

（四）由于管理、教育、防范措施不落实而发生重大、特大交通事故或者火灾事故的；

（五）对本单位发生的犯罪案件和存在的重大治安隐患隐瞒不报、置之不理的；

（六）在社会治安综合治理工作中，不认真履行职责、玩忽职守、徇私舞弊、弄虚作假的。

第四十条　公民为维护社会治安，同违法犯罪行为作斗争壮烈牺牲的，依照《革命烈士褒扬条例》规定授予烈士称号，并对其家属进行抚恤。

第四十一条　国家工作人员和企业事业单位的职工因同违法犯罪行为作斗争误工的，视同出勤；负伤致残的，由所在单位按因公负伤致残处理；死亡但不符合批准烈士条件的，按因公牺牲处理。

其他公民因同违法犯罪行为作斗争负伤致残符合评残条件的，由民政部门参照国家有关参战残废民兵民工的规定办理；死亡但不符合批准烈士条件的，由民政部门参照《民兵民工伤亡抚恤暂行条例》的规定办理。

对同违法犯罪行为作斗争作出贡献的待业人员，当地人民政府应当优先推荐和介绍其就业。

第四十二条　公民因同违法犯罪作斗争负伤、致残或者死亡的，其医疗、丧葬、生活补助等费用，依法由侵害人或者其监护人承担；侵害人或者其监护人确实无力承担的，由当地人民政府按照有关规定解决。

第四十三条　公民在同违法犯罪行为和治安灾害事故作斗争以及在调解民间纠纷中人身受到伤害的，医疗单位应当及时抢救、治疗。

第十章　附　则

第四十四条　本条例具体应用中的问题，由市人民政府负责解释。

第四十五条　本条例自公布之日起施行。

浙江省社会治安综合治理条例

（2002年12月20日浙江省第九届人民代表大会常务委员会第四十次会议通过 2007年7月26日浙江省第十届人民代表大会常务委员会第三十三次会议第一次修订 2017年11月30日浙江省第十二届人民代表大会常务委员会第四十五次会议第二次修订）

第一章　总　则

第一条　为了维护社会治安秩序和社会稳定，建设平安浙江和法治浙江，提高社会治理社会化、法治化、智能化、专业化水平，根据有关法律、行政法规，结合本省实际，制定本条例。

第二条　本省行政区域内国家机关、团体、企业事业单位、其他组织和个人，开展或者参与社会治安综合治理工作，适用本条例。

本条例所称的社会治安综合治理，是指动员和组织全社会力量，运用政治、法律、行政、经济、文化、教育、科技等多种手段，打防结合、预防为主、标本兼治，提升社会风险管控能力，化解社会矛盾纠纷，预防和减少违法犯罪，维护公共安全，保障社会和谐稳定。

第三条　社会治安综合治理坚持中国共产党的领导，坚持依法治理、源头治理、系统治理、专项治理，注重联动融合、社会共治，实行谁主管谁负责和属地管理的原则。

第四条　县级以上人民政府应当将社会治安综合治理工作纳入国民经济和社会发展规划，制定社会治安综合治理年度工作计划，建设社会治安防控体系，并将所需经费纳入本级财政预算。

社会治安综合治理实行目标管理责任制和领导责任制，并定期进行考核评价。国家机关、团体、企业事业单位和其他组织的法定代表人或者主要负责人，为本地区、本系统、本单位的社会治安综合治理第一责任人。

第五条　对社会治安综合治理工作成绩突出的国家机关、团体、企业事业单位、其他组织和个人，以及为维护社会治安秩序制止违法犯罪行为事迹突出的人员，按照国家和省有关规定给予表彰奖励。

第二章　综治组织

第六条　省、设区的市、县（市、区）、乡（镇）、街道社会治安综合治理委员会，负责组织、协调、指导、监督本行政区域内的社会治安综合治理工作。

社会治安综合治理委员会由相关成员单位组成。各成员单位应当根据本系统、本行业的特点，加强社会治安综合治理工作，定期组织开展社会治安综合检查，及时督促整改社会治安隐患，落实社会治安综合治理责任和措施。

第七条　省、设区的市、县（市、区）、乡（镇）、街道社会治安综合治理委员会履行下列具体职责：

（一）宣传、组织实施社会治安综合治理的法律、法规和政策；

（二）执行本级人民政府和上级社会治安综合治理委员会的决定和部署；

（三）组织、协调、指导、监督各部门、各单位落实社会治安综合治理任务；

（四）对社会治安综合治理目标管理责任制和领导责任制的落实情况进行检查、考核；

（五）研究辖区内社会治安综合治理重大问题，提出加强和创新社会治安综合治理的政策建议；

（六）定期分析辖区内社会治安形势，评估辖区内社会治安风险，及时向本级人民政府和上级社会治安综合治理委员会报告；

（七）总结、推广社会治安综合治理工作经验；

（八）完成社会治安综合治理的其他任务。

各级社会治安综合治理委员会办公室负责处理社会治安综合治理委员会的日常工作。

第八条　省、设区的市、县（市、区）、乡（镇）、街道和村（社区）社会治安综合治理中心（综治工作平台），应当整合现有资源、人员、设施，运用信息技术，创新社会治理方式，为提高社会治安综合治理能力提供支撑。

第九条　县（市、区）社会治安综合治理委员会根据地域面积、人口分布、产业布局、社会发展等因素，制定网格划分和管理的具体办法，明确相应标准、程序和管理措施。乡（镇）人民政府、街道办事处应当按照网格划分和管理的具体办法，在村（社区）划分网格、配备网格管理人员。

网格管理人员协助做好网格管理区域内的基础信息收集、社会治安巡防、安全隐患排查、矛盾纠纷化解、有关法律法规和政策宣传等工作。

第十条　国家机关、团体、企业事业单位应当明确责任机构或者专（兼）职人员，负责治安保卫工作。

第三章　体制机制与措施

第十一条　社会治安综合治理实行党委领导、政府负责、综治组织协调、部门共管、社会力量参与的工作体制机制。

县级以上人民政府应当加强社会治安防控体系建设，组织制定相应规划，并将社会治安防控体系建设情况纳入综治工作考核评价指标体系。

第十二条　省人民政府应当依托省电子政务网建立全省统一的综治工作信息化平台。

各级人民政府及有关部门应当按照国家和省有关规定开展社会治安综合治理业务信息采集、交换、共享、加工、研判等工作，保障信息安全，并及时向综治工作信息化平台提供相关信息数据资料。具体办法由省人民政府制定。

各级社会治安综合治理委员会和有关部门应当推进互联网、物联网、大数据、人工智能和社会治安综合治理的深度融合，加强公共安全视频监控系统的建设和联网应用，提高社会治安综合治理智能化水平。

第十三条　有关部门和单位应当加强海上治安综合治理。沿海地区可以根据法律、法规和国家有关规定，整合执法资源，建立海上综合执法机制。

第十四条　各级人民政府及有关部门应当建立健全重大决策社会稳定风险评估制度，对事关经济社会发展、涉及公民重大利益、容易引发社会稳定问题的重大决策，在作出决策前进行社会稳定风险评估，并明确评估操作程序。

第十五条　各级人民政府及有关部门和单位应当加强矛盾纠纷排查调处工

作，建立健全协商、调解、仲裁、行政裁决、行政复议、诉讼等衔接协调的矛盾纠纷多元化解机制，完善人民调解、行政调解、司法调解联动工作体系。

司法行政部门应当加强对人民调解委员会的指导与规范，发展行业性、专业性人民调解组织，发挥人民调解组织在化解矛盾纠纷中的作用。

第十六条 司法机关在工作中发现有关单位工作制度不健全、管理不规范，存在重大治安隐患的，应当及时向本级社会治安综合治理委员会报告，并依法向有关单位提出整改建议，被建议单位应当按照规定研究、整改、反馈。

第十七条 司法行政部门应当组织制定、实施普法工作规划。其他部门和单位应当根据谁执法谁普法、谁主管谁负责的原则，加强其服务管理领域法律、法规的宣传和普及工作。开展法治宣传教育应当增强针对性和实效性。

报刊、广播电视、互联网等媒体应当加强法律、法规、政策和维护社会治安秩序先进典型的宣传，营造社会治安综合治理的舆论环境。

第十八条 房屋租赁和民宿入住、邮件和快件寄递、散装汽油和瓶装燃气购买、公路长途客运和水上长途客运购票、机动车租赁以及电话和网络用户，实行实名登记制度。

公安、住房城乡建设等部门应当督促房屋出租人、中介机构实行房屋租赁实名登记，公安、旅游等部门应当督促民宿经营者实行入住实名登记制度。

邮政管理、交通运输、海关、工商行政管理、铁路、民航、公安等部门和单位应当按照各自职责，督促寄递企业实施实名登记、收寄验视和其他安全检查制度。

商务、安全生产监督管理、住房城乡建设、工商行政管理、公安等部门应当按照各自职责，督促成品油、燃气销售者实施散装汽油、瓶装燃气实名购买制度。

交通运输、铁路、民航、海事、公安等部门和单位应当按照各自职责，加强铁路、民航、公路、水路安全监管，督促实行公路长途客运、水上长途客运实名购票制度和机动车实名租赁制度。

网信、公安、通信管理等部门应当建立健全信息网络管理体系，加强网络空间治理，保障公民个人信息安全，督促实行电话和网络用户实名登记制度。

第十九条 各地区、部门和单位应当加强重点区域、重点行业、重点人员、重点公共设施的社会治安综合治理，并对社会治安重点区域和社会治安突出问题开展专项治理。

卫生计生、民政等有关部门应当建立对生活失意、心态失衡、行为失常人群的社会心理预警、疏导机制，加强心理辅导、心理危机干预、跟踪帮扶，防范和降低社会风险。肇事肇祸精神障碍患者，经司法鉴定确认为无刑事责任能力或者限制刑事责任能力的，县级以上人民政府应当采取措施予以救治救助。

第二十条　公安、新闻出版广电、通信管理、金融管理部门应当依法加强对电信企业、金融机构、支付机构、互联网企业等的监管，加强网络平台管理，预防和打击利用电信网络实施诈骗、盗窃、违法销售、非法集资等违法犯罪行为。

第二十一条　工会、共产主义青年团、妇女联合会应当依照法律、法规和章程，做好化解劳动争议、预防和减少青少年犯罪、预防和制止家庭暴力等工作，并协助有关部门做好社会治安综合治理相关工作。

第四章　社会参与

第二十二条　鼓励、支持社会力量参与社会治安综合治理工作，形成共建共治共享的社会治理格局。

第二十三条　村（居）民委员会应当建立自治、法治、德治相结合的社会治安综合治理工作机制，依照法律、法规和省有关规定，协助各级人民政府及有关部门开展社会治安综合治理工作。

村（居）民委员会可以建立群防群治组织，建立日常治安防范制度，采取有效措施，掌握重点人群、流动人口、出租房屋等社情动态，调处化解矛盾纠纷。

村（居）民委员会可以将社会治安综合治理的内容纳入村规民约、居民公约。

第二十四条　企业事业单位和其他组织应当履行社会责任，落实单位主要负责人治安保卫责任制度，完善本单位治安保卫制度，并参与所在地区社会治安综合治理工作。

物业服务企业应当协助公安机关和其他有关部门做好其服务区域内的安全防范工作，并依照物业服务合同履行维护公共秩序的职责。

业主大会、业主委员会应当与居民委员会相互协作，配合公安机关和其他有关部门，维护本居民区的社会治安秩序。

第二十五条　鼓励公民参与社会治安综合治理工作，协助各级人民政府及有关部门和单位维护社会治安秩序。

公民应当遵守国家法律和社会公德，教育未成年子女遵纪守法，保持和谐的家庭和邻里关系，通过接受教育、培训等方式，增强自我防护意识，提高安全防范能力。

第二十六条　鼓励各类志愿服务组织和志愿者参与社会治安综合治理工作。各级社会治安综合治理委员会和有关部门，应当建立志愿服务组织和志愿者参与社会治安综合治理工作的机制和渠道，为志愿服务提供便利。

第五章　责任追究

第二十七条　违反本条例规定的行为，法律、行政法规已有法律责任规定的，从其规定。

第二十八条　有关地区、部门和单位违反本条例规定，未履行或者未正确履行社会治安综合治理职责，有下列情形之一的，由县级以上社会治安综合治理委员会予以通报、约谈、挂牌督办，并责令限期整改：

（一）社会治安综合治理工作措施不落实，基层基础工作薄弱，致使社会治安秩序混乱的；

（二）在较短时间内连续发生较大的危害国家安全事件、群体性事件、刑事犯罪案件、生产安全事故、公共安全事件、网络安全事件的；

（三）发生重大和特别重大的危害国家安全事件、群体性事件、刑事犯罪案件、生产安全事故、公共安全事件、网络安全事件的；

（四）平安建设和社会治安综合治理工作考核评价不合格、不达标的；

（五）对社会治安重点地区和突出公共安全、治安问题等，没有采取有效措施治理的；

（六）各级人民政府及社会治安综合治理委员会认为需要追究的其他事项。

第二十九条　有关地区、部门和单位有下列情形之一的，经县级以上社会治安综合治理委员会决定，在规定期限内取消其评选综合性荣誉称号的资格，其主要负责人、主管负责人、分管负责人和直接责任人不得评优评先和晋职晋级，并按照国家和省有关规定予以处理：

（一）受到挂牌督办的，自挂牌督办之日起六个月内；

（二）受到挂牌督办后未在规定期限内达到整改目标的，自整改期限届满之日起一年内；

（三）有本条例第二十八条所列情形且危害特别严重或者影响特别重大的，自该情形发生之日起一年内。

第三十条　企业事业单位和其他社会组织违反本条例规定，未履行或者未正确履行社会治安综合治理职责，造成影响社会治安秩序不良后果，其他法律、法规没有规定法律责任的，其主管部门或者社会治安综合治理委员会办公室可以予以通报，并责令限期整改。

第三十一条　从事社会治安综合治理工作的国家机关、团体及其工作人员，在社会治安综合治理工作中玩忽职守、滥用职权、徇私舞弊、弄虚作假的，由有权机关对直接负责的主管人员和其他直接责任人员依法给予处分。

第六章　附　则

第三十二条　本条例所称的重点区域,是指学校、医院、娱乐场所、运动场所、公园、商场、机场、车站、码头等区域及其周边区域。

本条例所称的重点行业,是指危险化学品、旅馆、食品药品、机动车改装、机动车租赁、娱乐服务等行业。

本条例所称的重点人员,是指社区服刑人员、社区戒毒人员、涉邪教人员、肇事肇祸精神障碍患者等人员。

本条例所称的重点公共设施,是指铁路、公路、油气管道、轨道交通、水库、电力、通信、广播电视等公共设施。

第三十三条　本条例自 2018 年 1 月 1 日起施行。

全国人民代表大会常务委员会关于修改《中华人民共和国民事诉讼法》和《中华人民共和国行政诉讼法》的决定

(2017 年 6 月 27 日第十二届全国人民代表大会常务委员会第二十八次会议通过)

第十二届全国人民代表大会常务委员会第二十八次会议决定:

一、对《中华人民共和国民事诉讼法》作出修改

第五十五条增加一款,作为第二款:"人民检察院在履行职责中发现破坏生态环境和资源保护、食品药品安全领域侵害众多消费者合法权益等损害社会公共利益的行为,在没有前款规定的机关和组织或者前款规定的机关和组织不提起诉讼的情况下,可以向人民法院提起诉讼。前款规定的机关或者组织提起诉讼的,人民检察院可以支持起诉。"

二、对《中华人民共和国行政诉讼法》作出修改

第二十五条增加一款,作为第四款:"人民检察院在履行职责中发现生态环境和资源保护、食品药品安全、国有财产保护、国有土地使用权出让等领域负有监督管理职责的行政机关违法行使职权或者不作为,致使国家利益或者社会公共利益受到侵害的,应当向行政机关提出检察建议,督促其依法履行职责。行政机关不依法履行职责的,人民检察院依法向人民法院提起诉讼。"

本决定自 2017 年 7 月 1 日起施行。

最高人民法院 最高人民检察院
关于检察公益诉讼案件适用法律若干问题的解释

（2018 年 2 月 23 日最高人民法院审判委员会第 1734 次会议、
2018 年 2 月 11 日最高人民检察院第十二届检察委员会
第 73 次会议通过，自 2018 年 3 月 2 日起施行）

一、一般规定

第一条 为正确适用《中华人民共和国民事诉讼法》《中华人民共和国行政诉讼法》关于人民检察院提起公益诉讼制度的规定，结合审判、检察工作实际，制定本解释。

第二条 人民法院、人民检察院办理公益诉讼案件主要任务是充分发挥司法审判、法律监督职能作用，维护宪法法律权威，维护社会公平正义，维护国家利益和社会公共利益，督促适格主体依法行使公益诉权，促进依法行政、严格执法。

第三条 人民法院、人民检察院办理公益诉讼案件，应当遵守宪法法律规定，遵循诉讼制度的原则，遵循审判权、检察权运行规律。

第四条 人民检察院以公益诉讼起诉人身份提起公益诉讼，依照民事诉讼法、行政诉讼法享有相应的诉讼权利，履行相应的诉讼义务，但法律、司法解释另有规定的除外。

第五条 市（分、州）人民检察院提起的第一审民事公益诉讼案件，由侵权行为地或者被告住所地中级人民法院管辖。

基层人民检察院提起的第一审行政公益诉讼案件，由被诉行政机关所在地基层人民法院管辖。

第六条 人民检察院办理公益诉讼案件，可以向有关行政机关以及其他组织、公民调查收集证据材料；有关行政机关以及其他组织、公民应当配合；需要采取证据保全措施的，依照民事诉讼法、行政诉讼法相关规定办理。

第七条 人民法院审理人民检察院提起的第一审公益诉讼案件，可以适用人民陪审制。

第八条 人民法院开庭审理人民检察院提起的公益诉讼案件，应当在开庭三日前向人民检察院送达出庭通知书。

人民检察院应当派员出庭，并应当自收到人民法院出庭通知书之日起三日内向人民法院提交派员出庭通知书。派员出庭通知书应当写明出庭人员的姓名、法律职务以及出庭履行的具体职责。

第九条　出庭检察人员履行以下职责：

（一）宣读公益诉讼起诉书；

（二）对人民检察院调查收集的证据予以出示和说明，对相关证据进行质证；

（三）参加法庭调查，进行辩论并发表意见；

（四）依法从事其他诉讼活动。

第十条　人民检察院不服人民法院第一审判决、裁定的，可以向上一级人民法院提起上诉。

第十一条　人民法院审理第二审案件，由提起公益诉讼的人民检察院派员出庭，上一级人民检察院也可以派员参加。

第十二条　人民检察院提起公益诉讼案件判决、裁定发生法律效力，被告不履行的，人民法院应当移送执行。

二、民事公益诉讼

第十三条　人民检察院在履行职责中发现破坏生态环境和资源保护、食品药品安全领域侵害众多消费者合法权益等损害社会公共利益的行为，拟提起公益诉讼的，应当依法公告，公告期间为三十日。

公告期满，法律规定的机关和有关组织不提起诉讼的，人民检察院可以向人民法院提起诉讼。

第十四条　人民检察院提起民事公益诉讼应当提交下列材料：

（一）民事公益诉讼起诉书，并按照被告人数提出副本；

（二）被告的行为已经损害社会公共利益的初步证明材料；

（三）检察机关已经履行公告程序的证明材料。

第十五条　人民检察院依据民事诉讼法第五十五条第二款的规定提起民事公益诉讼，符合民事诉讼法第一百一十九条第二项、第三项、第四项及本解释规定的起诉条件的，人民法院应当登记立案。

第十六条　人民检察院提起的民事公益诉讼案件中，被告以反诉方式提出诉讼请求的，人民法院不予受理。

第十七条　人民法院受理人民检察院提起的民事公益诉讼案件后，应当在立案之日起五日内将起诉书副本送达被告。

人民检察院已履行诉前公告程序的，人民法院立案后不再进行公告。

第十八条　人民法院认为人民检察院提出的诉讼请求不足以保护社会公共利益的，可以向其释明变更或者增加停止侵害、恢复原状等诉讼请求。

第十九条　民事公益诉讼案件审理过程中，人民检察院诉讼请求全部实现而撤回起诉的，人民法院应予准许。

第二十条 人民检察院对破坏生态环境和资源保护、食品药品安全领域侵害众多消费者合法权益等损害社会公共利益的犯罪行为提起刑事公诉时，可以向人民法院一并提起附带民事公益诉讼，由人民法院同一审判组织审理。

人民检察院提起的刑事附带民事公益诉讼案件由审理刑事案件的人民法院管辖。

三、行政公益诉讼

第二十一条 人民检察院在履行职责中发现生态环境和资源保护、食品药品安全、国有财产保护、国有土地使用权出让等领域负有监督管理职责的行政机关违法行使职权或者不作为，致使国家利益或者社会公共利益受到侵害的，应当向行政机关提出检察建议，督促其依法履行职责。

行政机关应当在收到检察建议书之日起两个月内依法履行职责，并书面回复人民检察院。出现国家利益或者社会公共利益损害继续扩大等紧急情形的，行政机关应当在十五日内书面回复。

行政机关不依法履行职责的，人民检察院依法向人民法院提起诉讼。

第二十二条 人民检察院提起行政公益诉讼应当提交下列材料：

（一）行政公益诉讼起诉书，并按照被告人数提出副本；

（二）被告违法行使职权或者不作为，致使国家利益或者社会公共利益受到侵害的证明材料；

（三）检察机关已经履行诉前程序，行政机关仍不依法履行职责或者纠正违法行为的证明材料。

第二十三条 人民检察院依据行政诉讼法第二十五条第四款的规定提起行政公益诉讼，符合行政诉讼法第四十九条第二项、第三项、第四项及本解释规定的起诉条件的，人民法院应当登记立案。

第二十四条 在行政公益诉讼案件审理过程中，被告纠正违法行为或者依法履行职责而使人民检察院的诉讼请求全部实现，人民检察院撤回起诉的，人民法院应当裁定准许；人民检察院变更诉讼请求，请求确认原行政行为违法的，人民法院应当判决确认违法。

第二十五条 人民法院区分下列情形作出行政公益诉讼判决：

（一）被诉行政行为具有行政诉讼法第七十四条、第七十五条规定情形之一的，判决确认违法或者确认无效，并可以同时判决责令行政机关采取补救措施；

（二）被诉行政行为具有行政诉讼法第七十条规定情形之一的，判决撤销或者部分撤销，并可以判决被诉行政机关重新作出行政行为；

（三）被诉行政机关不履行法定职责的，判决在一定期限内履行；

（四）被诉行政机关作出的行政处罚明显不当，或者其他行政行为涉及对款额的确定、认定确有错误的，判决予以变更；

（五）被诉行政行为证据确凿，适用法律、法规正确，符合法定程序，未超越职权，未滥用职权，无明显不当，或者人民检察院诉请被诉行政机关履行法定职责理由不成立的，判决驳回诉讼请求。

人民法院可以将判决结果告知被诉行政机关所属的人民政府或者其他相关的职能部门。

四、附则

第二十六条　本解释未规定的其他事项，适用民事诉讼法、行政诉讼法以及相关司法解释的规定。

第二十七条　本解释自 2018 年 3 月 2 日起施行。

最高人民法院、最高人民检察院之前发布的司法解释和规范性文件与本解释不一致的，以本解释为准。

中华人民共和国信访条例

（2005 年 1 月 5 日国务院第 76 次常务会议通过）

第一章　总　则

第一条　为了保持各级人民政府同人民群众的密切联系，保护信访人的合法权益，维护信访秩序，制定本条例。

第二条　本条例所称信访，是指公民、法人或者其他组织采用书信、电子邮件、传真、电话、走访等形式，向各级人民政府、县级以上人民政府工作部门反映情况，提出建议、意见或者投诉请求，依法由有关行政机关处理的活动。

采用前款规定的形式，反映情况，提出建议、意见或者投诉请求的公民、法人或者其他组织，称信访人。

第三条　各级人民政府、县级以上人民政府工作部门应当做好信访工作，认真处理来信、接待来访，倾听人民群众的意见、建议和要求，接受人民群众的监督，努力为人民群众服务。

各级人民政府、县级以上人民政府工作部门应当畅通信访渠道，为信访人采用本条例规定的形式反映情况，提出建议、意见或者投诉请求提供便利条件。

任何组织和个人不得打击报复信访人。

第四条　信访工作应当在各级人民政府领导下，坚持属地管理、分级负责，谁主管、谁负责，依法、及时、就地解决问题与疏导教育相结合的原则。

第五条　各级人民政府、县级以上人民政府工作部门应当科学、民主决策，依法履行职责，从源头上预防导致信访事项的矛盾和纠纷。

县级以上人民政府应当建立统一领导、部门协调，统筹兼顾、标本兼治，各负其责、齐抓共管的信访工作格局，通过联席会议、建立排查调处机制、建立信访督查工作制度等方式，及时化解矛盾和纠纷。

各级人民政府、县级以上人民政府各工作部门的负责人应当阅批重要来信、接待重要来访、听取信访工作汇报，研究解决信访工作中的突出问题。

第六条　县级以上人民政府应当设立信访工作机构；县级以上人民政府工作部门及乡、镇人民政府应当按照有利工作、方便信访人的原则，确定负责信访工作的机构（以下简称信访工作机构）或者人员，具体负责信访工作。

县级以上人民政府信访工作机构是本级人民政府负责信访工作的行政机构，履行下列职责：

（一）受理、交办、转送信访人提出的信访事项；

（二）承办上级和本级人民政府交由处理的信访事项；

（三）协调处理重要信访事项；

（四）督促检查信访事项的处理；

（五）研究、分析信访情况，开展调查研究，及时向本级人民政府提出完善政策和改进工作的建议；

（六）对本级人民政府其他工作部门和下级人民政府信访工作机构的信访工作进行指导。

第七条　各级人民政府应当建立健全信访工作责任制，对信访工作中的失职、渎职行为，严格依照有关法律、行政法规和本条例的规定，追究有关责任人员的责任，并在一定范围内予以通报。

各级人民政府应当将信访工作绩效纳入公务员考核体系。

第八条　信访人反映的情况，提出的建议、意见，对国民经济和社会发展或者对改进国家机关工作以及保护社会公共利益有贡献的，由有关行政机关或者单位给予奖励。

对在信访工作中做出优异成绩的单位或者个人，由有关行政机关给予奖励。

第二章　信访渠道

第九条　各级人民政府、县级以上人民政府工作部门应当向社会公布信访工作机构的通信地址、电子信箱、投诉电话、信访接待的时间和地点、查询信访事项处理进展及结果的方式等相关事项。

各级人民政府、县级以上人民政府工作部门应当在其信访接待场所或者网站公布与信访工作有关的法律、法规、规章，信访事项的处理程序，以及其他为信访人提供便利的相关事项。

第十条　设区的市级、县级人民政府及其工作部门，乡、镇人民政府应当建立行政机关负责人信访接待日制度，由行政机关负责人协调处理信访事项。信访人可以在公布的接待日和接待地点向有关行政机关负责人当面反映信访事项。

县级以上人民政府及其工作部门负责人或者其指定的人员，可以就信访人反映突出的问题到信访人居住地与信访人面谈沟通。

第十一条　国家信访工作机构充分利用现有政务信息网络资源，建立全国信访信息系统，为信访人在当地提出信访事项、查询信访事项办理情况提供便利。

县级以上地方人民政府应当充分利用现有政务信息网络资源，建立或者确定本行政区域的信访信息系统，并与上级人民政府、政府有关部门、下级人民政府的信访信息系统实现互联互通。

第十二条　县级以上各级人民政府的信访工作机构或者有关工作部门应当及时将信访人的投诉请求输入信访信息系统，信访人可以持行政机关出具的投诉请求受理凭证到当地人民政府的信访工作机构或者有关工作部门的接待场所查询其所提出的投诉请求的办理情况。具体实施办法和步骤由省、自治区、直辖市人民政府规定。

第十三条　设区的市、县两级人民政府可以根据信访工作的实际需要，建立政府主导、社会参与、有利于迅速解决纠纷的工作机制。

信访工作机构应当组织相关社会团体、法律援助机构、相关专业人员、社会志愿者等共同参与，运用咨询、教育、协商、调解、听证等方法，依法、及时、合理处理信访人的投诉请求。

第三章　信访事项的提出

第十四条　信访人对下列组织、人员的职务行为反映情况，提出建议、意见，或者不服下列组织、人员的职务行为，可以向有关行政机关提出信访事项：

（一）行政机关及其工作人员；

（二）法律、法规授权的具有管理公共事务职能的组织及其工作人员；

（三）提供公共服务的企业、事业单位及其工作人员；

（四）社会团体或者其他企业、事业单位中由国家行政机关任命、派出的人员；

（五）村民委员会、居民委员会及其成员。

对依法应当通过诉讼、仲裁、行政复议等法定途径解决的投诉请求，信访人应当依照有关法律、行政法规规定的程序向有关机关提出。

第十五条　信访人对各级人民代表大会以及县级以上各级人民代表大会常务委员会、人民法院、人民检察院职权范围内的信访事项，应当分别向有关的人民代表大会及其常务委员会、人民法院、人民检察院提出，并遵守本条例第十六条、第十七条、第十八条、第十九条、第二十条的规定。

第十六条　信访人采用走访形式提出信访事项，应当向依法有权处理的本级或者上一级机关提出；信访事项已经受理或者正在办理的，信访人在规定期限内向受理、办理机关的上级机关再提出同一信访事项的，该上级机关不予受理。

第十七条　信访人提出信访事项，一般应当采用书信、电子邮件、传真等书面形式；信访人提出投诉请求的，还应当载明信访人的姓名（名称）、住址和请求、事实、理由。

有关机关对采用口头形式提出的投诉请求，应当记录信访人的姓名（名称）、住址和请求、事实、理由。

第十八条　信访人采用走访形式提出信访事项的，应当到有关机关设立或者指定的接待场所提出。

多人采用走访形式提出共同的信访事项的，应当推选代表，代表人数不得超过5人。

第十九条　信访人提出信访事项，应当客观真实，对其所提供材料内容的真实性负责，不得捏造、歪曲事实，不得诬告、陷害他人。

第二十条　信访人在信访过程中应当遵守法律、法规，不得损害国家、社会、集体的利益和其他公民的合法权利，自觉维护社会公共秩序和信访秩序，不得有下列行为：

（一）在国家机关办公场所周围、公共场所非法聚集，围堵、冲击国家机关，拦截公务车辆，或者堵塞、阻断交通的；

（二）携带危险物品、管制器具的；

（三）侮辱、殴打、威胁国家机关工作人员，或者非法限制他人人身自由的；

（四）在信访接待场所滞留、滋事，或者将生活不能自理的人弃留在信访接待场所的；

（五）煽动、串联、胁迫、以财物诱使、幕后操纵他人信访或者以信访为名借机敛财的；

（六）扰乱公共秩序、妨害国家和公共安全的其他行为。

第四章　信访事项的受理

第二十一条　县级以上人民政府信访工作机构收到信访事项，应当予以登记，并区分情况，在 15 日内分别按下列方式处理：

（一）对本条例第十五条规定的信访事项，应当告知信访人分别向有关的人民代表大会及其常务委员会、人民法院、人民检察院提出。对已经或者依法应当通过诉讼、仲裁、行政复议等法定途径解决的，不予受理，但应当告知信访人依照有关法律、行政法规规定程序向有关机关提出。

（二）对依照法定职责属于本级人民政府或者其工作部门处理决定的信访事项，应当转送有权处理的行政机关；情况重大、紧急的，应当及时提出建议，报请本级人民政府决定。

（三）信访事项涉及下级行政机关或者其工作人员的，按照"属地管理、分级负责，谁主管、谁负责"的原则，直接转送有权处理的行政机关，并抄送下一级人民政府信访工作机构。

县级以上人民政府信访工作机构要定期向下一级人民政府信访工作机构通报转送情况，下级人民政府信访工作机构要定期向上一级人民政府信访工作机构报告转送信访事项的办理情况。

（四）对转送信访事项中的重要情况需要反馈办理结果的，可以直接交由有权处理的行政机关办理，要求其在指定办理期限内反馈结果，提交办结报告。

按照前款第（二）项至第（四）项规定，有关行政机关应当自收到转送、交办的信访事项之日起 15 日内决定是否受理并书面告知信访人，并按要求通报信访工作机构。

第二十二条　信访人按照本条例规定直接向各级人民政府信访工作机构以外的行政机关提出的信访事项，有关行政机关应当予以登记；对符合本条例第十四条第一款规定并属于本机关法定职权范围的信访事项，应当受理，不得推诿、敷衍、拖延；对不属于本机关职权范围的信访事项，应当告知信访人向有权的机关提出。

有关行政机关收到信访事项后，能够当场答复是否受理的，应当当场书面答复；不能当场答复的，应当自收到信访事项之日起 15 日内书面告知信访人。但是，信访人的姓名（名称）、住址不清的除外。

有关行政机关应当相互通报信访事项的受理情况。

第二十三条　行政机关及其工作人员不得将信访人的检举、揭发材料及有关情况透露或者转给被检举、揭发的人员或者单位。

第二十四条 涉及两个或者两个以上行政机关的信访事项，由所涉及的行政机关协商受理；受理有争议的，由其共同的上一级行政机关决定受理机关。

第二十五条 应当对信访事项作出处理的行政机关分立、合并、撤销的，由继续行使其职权的行政机关受理；职责不清的，由本级人民政府或者其指定的机关受理。

第二十六条 公民、法人或者其他组织发现可能造成社会影响的重大、紧急信访事项和信访信息时，可以就近向有关行政机关报告。地方各级人民政府接到报告后，应当立即报告上一级人民政府；必要时，通报有关主管部门。县级以上地方人民政府有关部门接到报告后，应当立即报告本级人民政府和上一级主管部门；必要时，通报有关主管部门。国务院有关部门接到报告后，应当立即报告国务院；必要时，通报有关主管部门。

行政机关对重大、紧急信访事项和信访信息不得隐瞒、谎报、缓报，或者授意他人隐瞒、谎报、缓报。

第二十七条 对于可能造成社会影响的重大、紧急信访事项和信访信息，有关行政机关应当在职责范围内依法及时采取措施，防止不良影响的产生、扩大。

第五章　信访事项的办理和督办

第二十八条 行政机关及其工作人员办理信访事项，应当恪尽职守、秉公办事，查明事实、分清责任，宣传法制、教育疏导，及时妥善处理，不得推诿、敷衍、拖延。

第二十九条 信访人反映的情况，提出的建议、意见，有利于行政机关改进工作、促进国民经济和社会发展的，有关行政机关应当认真研究论证并积极采纳。

第三十条 行政机关工作人员与信访事项或者信访人有直接利害关系的，应当回避。

第三十一条 对信访事项有权处理的行政机关办理信访事项，应当听取信访人陈述事实和理由；必要时可以要求信访人、有关组织和人员说明情况；需要进一步核实有关情况的，可以向其他组织和人员调查。

对重大、复杂、疑难的信访事项，可以举行听证。听证应当公开举行，通过质询、辩论、评议、合议等方式，查明事实，分清责任。听证范围、主持人、参加人、程序等由省、自治区、直辖市人民政府规定。

第三十二条 对信访事项有权处理的行政机关经调查核实，应当依照有关法律、法规、规章及其他有关规定，分别作出以下处理，并书面答复信访人：

（一）请求事实清楚，符合法律、法规、规章或者其他有关规定的，予以支持；

（二）请求事由合理但缺乏法律依据的，应当对信访人做好解释工作；

（三）请求缺乏事实根据或者不符合法律、法规、规章或者其他有关规定的，不予支持。

有权处理的行政机关依照前款第（一）项规定作出支持信访请求意见的，应当督促有关机关或者单位执行。

第三十三条　信访事项应当自受理之日起 60 日内办结；情况复杂的，经本行政机关负责人批准，可以适当延长办理期限，但延长期限不得超过 30 日，并告知信访人延期理由。法律、行政法规另有规定的，从其规定。

第三十四条　信访人对行政机关作出的信访事项处理意见不服的，可以自收到书面答复之日起 30 日内请求原办理行政机关的上一级行政机关复查。收到复查请求的行政机关应当自收到复查请求之日起 30 日内提出复查意见，并予以书面答复。

第三十五条　信访人对复查意见不服的，可以自收到书面答复之日起 30 日内向复查机关的上一级行政机关请求复核。收到复核请求的行政机关应当自收到复核请求之日起 30 日内提出复核意见。

复核机关可以按照本条例第三十一条第二款的规定举行听证，经过听证的复核意见可以依法向社会公示。听证所需时间不计算在前款规定的期限内。

信访人对复核意见不服，仍然以同一事实和理由提出投诉请求的，各级人民政府信访工作机构和其他行政机关不再受理。

第三十六条　县级以上人民政府信访工作机构发现有关行政机关有下列情形之一的，应当及时督办，并提出改进建议：

（一）无正当理由未按规定的办理期限办结信访事项的；

（二）未按规定反馈信访事项办理结果的；

（三）未按规定程序办理信访事项的；

（四）办理信访事项推诿、敷衍、拖延的；

（五）不执行信访处理意见的；

（六）其他需要督办的情形。

收到改进建议的行政机关应当在 30 日内书面反馈情况；未采纳改进建议的，应当说明理由。

第三十七条　县级以上人民政府信访工作机构对于信访人反映的有关政策性

问题，应当及时向本级人民政府报告，并提出完善政策、解决问题的建议。

第三十八条 县级以上人民政府信访工作机构对在信访工作中推诿、敷衍、拖延、弄虚作假造成严重后果的行政机关工作人员，可以向有关行政机关提出给予行政处分的建议。

第三十九条 县级以上人民政府信访工作机构应当就以下事项向本级人民政府定期提交信访情况分析报告：

（一）受理信访事项的数据统计、信访事项涉及领域以及被投诉较多的机关；

（二）转送、督办情况以及各部门采纳改进建议的情况；

（三）提出的政策性建议及其被采纳情况。

第六章 法津责任

第四十条 因下列情形之一导致信访事项发生，造成严重后果的，对直接负责的主管人员和其他直接责任人员，依照有关法律、行政法规的规定给予行政处分；构成犯罪的，依法追究刑事责任：

（一）超越或者滥用职权，侵害信访人合法权益的；

（二）行政机关应当作为而不作为，侵害信访人合法权益的；

（三）适用法律、法规错误或者违反法定程序，侵害信访人合法权益的；

（四）拒不执行有权处理的行政机关作出的支持信访请求意见的。

第四十一条 县级以上人民政府信访工作机构对收到的信访事项应当登记、转送、交办而未按规定登记、转送、交办，或者应当履行督办职责而未履行的，由其上级行政机关责令改正；造成严重后果的，对直接负责的主管人员和其他直接责任人员依法给予行政处分。

第四十二条 负有受理信访事项职责的行政机关在受理信访事项过程中违反本条例的规定，有下列情形之一的，由其上级行政机关责令改正；造成严重后果的，对直接负责的主管人员和其他直接责任人员依法给予行政处分：

（一）对收到的信访事项不按规定登记的；

（二）对属于其法定职权范围的信访事项不予受理的；

（三）行政机关未在规定期限内书面告知信访人是否受理信访事项的。

第四十三条 对信访事项有权处理的行政机关在办理信访事项过程中，有下列行为之一的，由其上级行政机关责令改正；造成严重后果的，对直接负责的主管人员和其他直接责任人员依法给予行政处分：

（一）推诿、敷衍、拖延信访事项办理或者未在法定期限内办结信访事项的；

（二）对事实清楚，符合法律、法规、规章或者其他有关规定的投诉请求未予支持的。

第四十四条　行政机关工作人员违反本条例规定，将信访人的检举、揭发材料或者有关情况透露、转给被检举、揭发的人员或者单位的，依法给予行政处分。

行政机关工作人员在处理信访事项过程中，作风粗暴，激化矛盾并造成严重后果的，依法给予行政处分。

第四十五条　行政机关及其工作人员违反本条例第二十六条规定，对可能造成社会影响的重大、紧急信访事项和信访信息，隐瞒、谎报、缓报，或者授意他人隐瞒、谎报、缓报，造成严重后果的，对直接负责的主管人员和其他直接责任人员依法给予行政处分；构成犯罪的，依法追究刑事责任。

第四十六条　打击报复信访人，构成犯罪的，依法追究刑事责任；尚不构成犯罪的，依法给予行政处分或者纪律处分。

第四十七条　违反本条例第十八条、第二十条规定的，有关国家机关工作人员应当对信访人进行劝阻、批评或者教育。

经劝阻、批评和教育无效的，由公安机关予以警告、训诫或者制止；违反集会游行示威的法律、行政法规，或者构成违反治安管理行为的，由公安机关依法采取必要的现场处置措施、给予治安管理处罚；构成犯罪的，依法追究刑事责任。

第四十八条　信访人捏造歪曲事实、诬告陷害他人，构成犯罪的，依法追究刑事责任；尚不构成犯罪的，由公安机关依法给予治安管理处罚。

第七章　附　则

第四十九条　社会团体、企业事业单位的信访工作参照本条例执行。

第五十条　对外国人、无国籍人、外国组织信访事项的处理，参照本条例执行。

第五十一条　本条例自 2005 年 5 月 1 日起施行。1995 年 10 月 28 日国务院发布的《信访条例》同时废止。

依法分类处理信访诉求工作规则

（国家信访局 2017 年 7 月 12 日印发，国信发〔2017〕19 号）

第一条　为了进一步规范依法分类处理信访诉求工作，保障合理合法诉求依照法律规定和程序就能得到合理合法的结果，根据《信访条例》和相关法律法规，制定本规则。

第二条　本规则适用于各级行政机关对信访诉求的分类处理，但已经、正在或者依法应当通过诉讼、仲裁、行政复议解决的除外。

前款所指依法应当通过诉讼、仲裁、行政复议解决的信访诉求，主要包括：根据法律规定应由人民法院、人民检察院、公安机关通过刑事立案处理的事项；行政相对人不服行政复议决定的事项；当事人达成有效仲裁协议的事项；其他只能通过诉讼、仲裁、行政复议等法定途径处理的事项。

第三条　县级以上人民政府信访工作机构对收到的信访诉求，应当在国家信访信息系统中予以登记，甄别处理，对属于本规则第二条分类处理范围的信访诉求，在 15 日内直接或者通过下级信访工作机构转送、交办至有权处理机关，并告知信访人转送、交办去向；对属于本规则第二条除外情形的信访诉求，不予受理，但应当告知信访人依照有关法律、行政法规规定程序向有关机关提出。

转送时可以在国家信访信息系统中提出适用信访程序或者其他法定途径处理的建议。

第四条　县级以上人民政府信访工作机构以外的行政机关收到信访人直接提出的信访诉求，应当对是否属于职责范围进行甄别，按情形分别作出以下处理：

（一）属于本机关职责范围的，应当受理；

（二）属于所属下级机关职责范围的，应当自收到该诉求之日起 15 日内转送、交办至有权处理机关，并告知信访人转送、交办去向；

（三）不属于本机关及所属下级机关职责范围的，应当自收到该诉求之日起 15 日内告知信访人不予受理，并告知信访人向有权的机关提出。

第五条　有关行政机关收到上级或者本级人民政府信访工作机构、上级机关转送、交办的信访诉求，应当进行甄别，按情形作出以下处理：

（一）不属于本机关以及所属下级机关职责范围的，应当自收到该诉求之日起 5 个工作日内向转送、交办机关提出异议，并详细说明理由，经转送、交办机关核实同意后，交还相关材料；

（二）转送、交办机关分类处理建议需要调整的，可以变更原分类处理建议，选择信访或者其他法定途径处理；

（三）不属于以上情形的，依照本规则第四条规定处理。

第六条　对属于本机关职责范围的信访诉求，有权处理机关应当根据诉求的具体情况分别采用以下相应程序处理：

（一）属于申请行政机关查处违法行为、履行保护人身权或者财产权等合法权益法定职责的，行政机关应当依法履行或者答复；

（二）属于《信访条例》以外的其他法律、法规或者规章调整范围，能够适用其他法律、法规、规章或者合法有效的规范性文件设定程序处理的，应当适用相应规定和程序处理；

（三）不属于以上情形的，适用《信访条例》规定的程序处理。

对前款规定中信访人提出的诉求，同时可以通过诉讼解决的，行政机关在受理前可以告知诉讼权利及法定时效，引导其向人民法院提起诉讼，但不得以信访人享有诉讼权利为由免除履行自身法定职责的义务。

第七条　有权处理机关负责信访工作的机构收到转送、交办或者信访人直接提出的诉求，认为应当适用信访程序以外其他法定途径办理的，应当与本机关对该诉求负有办理责任的部门（以下简称责任部门）进行会商，确定处理途径和程序。

有权处理机关应当自收到诉求之日起15日内制作包含以下内容的告知书，加盖机关印章或者业务办理专用印章，告知信访人：

（一）拟适用的其他法定途径及依据；

（二）查询或者联系方式；

（三）其他需要告知的内容。

除告知以上内容外，需要依申请启动的，还应当告知其申请需要提供的相关材料。

法律、法规或者规章对受理的时间和告知的形式、内容另有规定的，从其规定。

第八条　有权处理机关认为应当适用信访程序办理的，应当在收到诉求之日起15日内出具信访事项受理告知书，加盖信访业务专用章送达信访人。

第九条　有权处理机关负责信访工作的机构与本机关责任部门经会商无法就分类处理信访诉求达成一致意见的，由负责信访工作的机构会同本机关法制工作机构提出处理意见后报请本机关负责人决定。

第十条　对涉及多个行政机关或者涉及多个法定程序的重大、疑难、复杂诉求，县级以上人民政府信访工作机构可以组织有关行政机关协商合议，提出解决问题的方案和工作分工。各方无法达成一致意见时，由县级以上人民政府信访工作机构会同同级政府法制工作机构提出方案、分工后，报请本级人民政府决定。

第十一条　有权处理机关和县级以上人民政府信访工作机构应当建立完善社会力量参与信访工作机制，充分发挥法律顾问和律师在依法分类处理工作中的作用。

第十二条　适用信访程序以外其他法定途径办理的诉求，有权处理机关应当依据相应的规定及程序做出行政处理，并告知信访人救济途径和期限，送达信访人。

对申请行政机关查处违法行为、履行保护人身权或者财产权等合法权益法定职责，但有关法律法规规章和规范性文件中没有具体程序和期限规定的，应当在接到申请之日起两个月内履行或者答复。

对欠缺形式要件的诉求，可以根据情况要求提出该诉求的公民、法人或者其他组织补充。

有权处理机关负责信访工作的机构对适用其他法定途径处理的诉求，应当跟踪处理进展，并将诉求的处理结果录入国家信访信息系统。

第十三条　适用信访程序办理的诉求，有权处理机关可以运用教育、协商、听证等方法，及时妥善处理，按照《信访条例》规定的时限、程序做出信访处理意见书，加盖信访业务专用章并送达信访人。

信访处理意见书及有关材料应当录入国家信访信息系统。

第十四条　行政机关在处理信访诉求过程中，可以通过与信访人和解或对产生争议双方当事人进行调解的方式处理诉求。

行政机关可以在不违反法律、法规强制性规定的情况下，在自由裁量权范围内，与信访人自愿和解；可以经争议双方当事人同意进行调解。经和解、调解达成一致意见的，应当制作和解协议书或调解协议书。

第十五条　信访复查（复核）机关在信访复查（复核）中，发现诉求应当适用信访程序以外其他法定途径而未适用，以信访处理代替行政处理，以信访处理意见代替应当适用信访程序以外其他法定途径作出的行政处理决定或者行政履职行为的，应当区分情况，撤销信访处理（复查）意见，要求原办理机关适用其他法定途径重新处理，或者变更原处理（复查）意见。

第十六条　对有权处理机关正在或者已经适用信访程序以外其他法定途径处理的诉求，信访人再次通过信访渠道反映的，区分下列情形作出相应处理：

（一）以同一事实和理由再次提出同一诉求的，各级人民政府信访工作机构和有权处理机关不再重复处理；

（二）对同一诉求提出新的事实和理由的，各级人民政府信访工作机构应当按照本规则第三条有关规定处理，由有权处理机关认定是否属于新的事实和理由；有权处理机关认定属于新的事实和理由的，按照本规则第七条规定处理；不属于新的事实和理由的，按照本条第一款第（一）项规定处理。

适用信访程序办理的诉求，信访人重复提出信访事项的，按照《信访条例》规定办理。

第十七条　县级以上人民政府信访工作机构发现本级人民政府工作部门或者下级行政机关在分类处理工作中有下列情形的，可以进行督办，并提出改进工作的建议：

（一）应受理而未受理的；

（二）应适用信访程序以外其他法定途径办理而未适用的；

（三）未按规定的期限处理的；

（四）未及时在国家信访信息系统中录入相关信息和材料的；

（五）未按规定反馈交办事项相关情况的；

（六）其他需要督办的情形。

收到改进建议的机关应在30日内书面反馈情况，采纳建议的，应列出落实措施和期限；未采纳建议的，应说明理由。

县级以上人民政府信访工作机构发现本级人民政府工作部门或者下级行政机关及其工作人员在分类处理工作中因出现本条第一款规定情形，造成严重后果的，可以根据职责权限提出追责建议。

有权处理机关负责信访工作的机构对本机关责任部门、实行垂直管理的行政机关对所属下级部门可以将本条第一款规定的情形纳入督办范围，并按照本条第三款规定提出追责建议。

第十八条　县级以上人民政府信访工作机构和有权处理机关应当将依法分类处理信访诉求情况纳入信访工作绩效考核范围。

适用信访程序以外其他法定途径办理的诉求，考核及时受理率按照《信访条例》规定的时限计算，考核按期办理率按照相关法律、法规、规章或者本规则第十二条第二款规定的办理期限计算。

第十九条　各级人民政府信访工作机构应当定期统计本部门和同级有权处理机关依法分类处理信访诉求工作情况，及时汇总和反映工作中的问题，并于每年第一季度向上一级人民政府信访工作机构提交上年度依法分类处理信访诉求工作报告。

第二十条　本规则中的送达，属于信访程序的，适用《信访事项网上办理工作规程（试行）》的规定；属于相关法定途径的，适用相关规定。

本规则第三条、第十二条中规定的告知，可以采用短信、信息网络或者提供自行查询方式等形式。

第二十一条　本规则自印发之日起施行。

山东省多元化解纠纷促进条例

（2016年7月22日山东省第十二届人民代表大会常务委员会第二十二次会议通过）

第一章　总　则

第一条　为了促进纠纷多元化解，保障当事人合法权益，增进社会和谐，维护公平正义，根据有关法律、行政法规，结合本省实际，制定本条例。

第二条　本条例适用于本省行政区域内与促进纠纷多元化解有关的工作和活动。

第三条　本省建立健全由和解、调解、行政裁决、行政复议、仲裁、诉讼等途径有机衔接、协调联动、高效便捷的纠纷多元化解机制，合理配置纠纷化解资源，为当事人提供适宜的纠纷化解渠道。

第四条　纠纷多元化解促进工作应当遵循下列原则：

（一）尊重当事人意愿；

（二）遵守法律、法规，尊重公序良俗，坚持公平公正；

（三）和解调解优先，多方衔接联动；

（四）预防与化解相结合。

第五条　各级人民政府和有关部门、社会治安综合治理部门、人民法院、人民检察院、人民团体、基层群众性自治组织和其他社会组织，应当按照各自职责建立健全重大决策风险评估、矛盾纠纷排查调解处理等制度，推进纠纷多元化解机制建设，共同做好纠纷化解工作。

鼓励和支持公道正派、群众认可的社会人士和其他社会力量依法参与纠纷化解。

第二章　职责分工

第六条　县级以上人民政府应当将纠纷多元化解机制建设纳入当地国民经济和社会发展规划。

各级人民政府应当加强预防和化解矛盾纠纷能力建设，提供必要的公共财政保障，支持各类纠纷化解组织发展。

第七条　各级社会治安综合治理部门负责纠纷多元化解工作的组织协调、调查研究、督导检查和考核评估，推动人民调解、行政调解、司法调解协调联动，促进各种纠纷化解途径的有机衔接。

第八条　人民法院应当依法履行审判职责，建立健全诉讼与非诉讼对接的纠纷化解机制，促进在程序适用、效力确认、法律指导等方面的有机衔接，推动纠纷多元化解。

基层人民法院对人民调解委员会调解民间纠纷进行业务指导。

第九条　人民检察院应当依法履行法律监督职责，健全检察建议、检察宣告等制度，建立完善参与纠纷化解工作机制，做好相关工作。

第十条　公安机关在办理治安案件中，应当依法加强治安调解工作。公安派出所按照职责参与乡镇、街道社会治安综合治理中心矛盾纠纷调解处理工作。

公安机关交通管理部门加强交通事故损害赔偿争议调解工作，促使当事人达成和解或者调解协议。

第十一条　司法行政部门负责指导人民调解工作，推动设立行业性、专业性人民调解组织，加强人民调解组织网络化建设，完善人民调解工作机制，促进人民调解与行政调解、司法调解的衔接联动，推动律师事务所、公证机构、司法鉴定机构、基层法律服务所等法律服务组织参与纠纷化解。

第十二条　县级以上人民政府法制工作机构负责本级人民政府行政调解、行政裁决的综合协调和指导工作，会同有关部门健全行政调解制度，完善行政裁决、行政复议、民事商事仲裁等工作机制；依法办理行政复议案件，畅通行政复议渠道，推动行政争议在行政系统内部化解。

第十三条　县级以上人民政府信访工作机构应当指导、督促有关单位依法开展信访工作，协调处理重要信访事项，会同有关单位推动信访事项办理与调解、行政裁决、行政复议、仲裁、诉讼等途径有机衔接，促进矛盾纠纷依法、及时化解。

第十四条　县级以上人民政府人力资源社会保障、卫生和计划生育、国土资源、农业、市场监督管理、民政、住房城乡建设、环境保护、金融监督管理等有关部门和机构，应当按照各自职责依法开展行政调解、行政裁决，培育和推动本系统行业性调解组织建设。

第十五条　村民委员会、居民委员会应当坚持村民会议、居民会议、村民代表会议、居民代表会议制度，健全人民调解组织，积极预防和化解矛盾纠纷。

第十六条　工会、共产主义青年团、妇女联合会、残疾人联合会、工商业联合会和消费者协会、法学会等团体应当按照各自职责，参与纠纷多元化解机制建设，共同做好纠纷化解工作。

第十七条　对跨行政区域、跨部门、跨行业，涉及人数众多、社会影响较大的纠纷，负有纠纷化解职责的国家机关和社会组织应当加强协调配合，形成工作联动，共同予以化解。

第三章　化解途径

第十八条　当事人可以依法自主选择下列纠纷化解途径：

（一）和解；

（二）调解；

（三）行政裁决；

（四）行政复议；

（五）仲裁；

（六）诉讼；

（七）法律、行政法规规定的其他途径。

第十九条　鼓励和引导当事人优先选择成本较低、对抗性较弱、有利于修复关系的途径化解纠纷。

第二十条　有关国家机关和社会组织接受纠纷化解申请，有关法律工作者接受法律咨询、委托代理，应当告知当事人纠纷多元化解途径，引导其作出合理选择。

第二十一条　鼓励和引导当事人在法律、法规规定的范围内就纠纷化解先行协商，达成和解。对达成的和解协议，当事人应当履行。

律师、基层法律服务工作者或者其他人员根据当事人的委托，可以代表或者协助当事人参与协商。

第二十二条　当事人可以向调解组织或者有关人员申请调解，调解组织和有关人员也可以主动调解。一方当事人明确拒绝调解的，不得强制调解。

第二十三条　经调解达成调解协议的，调解组织可以制作调解协议书。当事人就部分争议事项达成调解协议的，调解组织可以就该事项制作调解协议书。

第二十四条　当事人未达成调解协议的，调解组织可以在征得其同意后，对没有争议的事实作出书面记载，由双方当事人签字确认并记录在卷，也可以根据当事人要求，如实记载调解的起止时间、调解不成的原因等情况。

第二十五条　对与履行行政管理职责有关的民事商事纠纷或者行政争议，行政机关或者法律、法规、规章授权的组织，可以根据当事人的申请，依法进行行政调解。

对法律、法规、规章规定应当由行政机关调解的民事商事纠纷、行政争议，行政机关或者法律、法规、规章授权的组织应当主动进行调解；调解不成的，依法作出行政处理决定。

行政调解的具体办法，由省人民政府制定。

第二十六条　对法律、法规规定的与履行行政管理职责有关的民事商事纠纷或者行政争议，行政机关或者法律、法规、规章授权的组织，应当依据法定职权进行行政裁决。

经省人民政府批准或者决定，县级以上人民政府可以集中行使行政裁决职权，集中处理各类行政裁决事项。

行政裁决的具体办法，由省人民政府制定。

第二十七条　行政复议机关对当事人提出的行政复议申请，应当依法予以受理，对被申请人作出行政行为的合法性和适当性进行全面审理，并依法作出决定。

第二十八条　民事商事仲裁机构对纠纷作出裁决前，当事人自愿调解的，应当进行调解；调解不成的，应当及时作出裁决。

劳动人事争议仲裁机构和农村土地承包仲裁机构对受理的争议或者纠纷应当先行调解；调解不成的，应当及时作出裁决。

第二十九条　人民法院在登记立案前应当进行诉讼风险告知，引导当事人选择适宜的纠纷化解途径；对当事人符合法律规定条件的起诉，应当予以登记立案，及时审理，依法作出裁判。

第三十条　律师、基层法律服务工作者或者其他中立第三方可以根据当事人的共同委托，对纠纷事实、法律适用进行评估，或者对纠纷事实依法进行调查。评估意见和调查结果作为纠纷化解的参考依据。

第三十一条　鼓励利用互联网和其他新技术，通过在线咨询、在线协商、在线调解等方式，实现纠纷网上化解。

第四章　程序衔接

第三十二条　社会治安综合治理部门和政府其他有关部门、人民法院、人民检察院、调解组织、仲裁机构应当加强协调配合，推动程序衔接，促进纠纷多元化解。

第三十三条　有关国家机关和人民团体收到当事人纠纷化解申请后，应当按照职责及时予以处理；对不属于其职责范围的，应当告知当事人向有权处理的单位提出申请。对涉及多个单位职责范围的，由首先收到该申请的单位会同其他有关单位共同办理。

第三十四条　调解组织根据需要，征得当事人同意，可以邀请有关行政机关、社会组织、人民代表大会代表、政治协商会议委员、具有专门知识或者特定经验的人员，以及当事人的亲属、邻里、同事等参与调解。

第三十五条　对不适宜调解或者调解不成的纠纷，调解组织应当为当事人提供咨询意见，在法律规定的范围内引导其通过其他适宜的途径化解纠纷。

第三十六条　行政机关在作出行政裁决前可以先行调解；在作出行政复议决定前，对符合法定条件的，可以进行调解。调解不成的，依法作出裁决、复议决定。

当事人对行政机关作出的裁决、复议决定不服的，可以依法申请行政复议或者向人民法院提起诉讼，法律另有规定的除外。

第三十七条　民事商事仲裁裁决被人民法院依法裁定撤销或者不予执行的，当事人就同一纠纷可以根据双方重新达成的仲裁协议申请仲裁，也可以依法向人民法院提起诉讼。

当事人对劳动人事争议和农村土地承包经营纠纷仲裁裁决不服的，可以依法向人民法院提起诉讼，法律另有规定的除外。

第三十八条　人民检察院办理符合当事人和解法定条件的公诉案件、民事行政申诉案件，可以建议或者引导当事人达成和解；经当事人同意，也可以邀请相关组织参与协商和解。

第三十九条　当事人起诉的民事商事纠纷，人民法院认为适宜调解的，先行调解，但是当事人拒绝调解的除外。

经双方当事人同意，前款规定的纠纷可以通过在人民法院调解组织名册和调解员名册中的组织或者个人进行调解。

第四十条　对以给付为内容的民事和解协议或者调解协议，当事人可以共同向公证机关申请办理具有强制执行效力的债权文书公证。

对公证机关依法赋予强制执行效力的债权文书，一方当事人不履行的，对方当事人可以向有管辖权的人民法院申请执行。接受申请的人民法院应当依法执行。

第四十一条　当事人可以根据具有民事合同性质的和解协议、调解协议中约定的仲裁条款，或者事后达成的仲裁协议，在法律规定的范围内向选定的民事商事仲裁机构申请确认和解协议、调解协议的效力。

劳动人事争议、农村土地承包经营纠纷经调解组织调解达成的协议，当事人可以共同向有管辖权的劳动人事争议仲裁机构、农村土地承包仲裁机构申请确认其效力。

对仲裁机构制作的发生法律效力的调解书、裁决书，一方当事人逾期不履行的，对方当事人可以依法向有管辖权的人民法院申请执行。接受申请的人民法院应当依法执行。

第四十二条　对符合法律规定的调解协议，当事人可以依法共同向人民法院申请确认其法律效力。对人民法院裁定有效的调解协议，一方当事人拒绝履行或者未全部履行的，对方当事人可以依法向人民法院申请执行。接受申请的人民法院应当依法执行。

第五章　组织建设

第四十三条　村民委员会、居民委员会设立人民调解委员会，县（市、区）、乡镇、街道和企业事业单位、社会团体、其他组织根据需要设立人民调解委员会，调解民间纠纷。

第四十四条　行业主管部门应当指导、支持成立本领域的行业性调解组织。

鼓励有条件的商会、行业协会、民办非企业单位、民事商事仲裁机构等设立商事调解组织。

第四十五条　人力资源社会保障部门应当加强对劳动人事争议调解工作的指导，会同工会、企业方面代表完善协调劳动关系三方机制，推动劳动人事争议调解组织建设。

县级以上总工会应当督促、帮助用人单位依法设立劳动人事争议调解组织，推动乡镇、街道以及行业性、区域性劳动人事争议调解组织建设。

第四十六条　负有市场监督管理职责的部门应当推动消费者协会和其他消费者权益保护组织建设，支持其发挥在调解消费争议中的作用。

第四十七条　妇女联合会应当充分发挥在婚姻家庭方面的工作优势，会同司法行政部门推动建立婚姻家庭纠纷人民调解委员会，参与调解涉及妇女合法权益的纠纷。

第四十八条　残疾人联合会应当依托乡镇、街道、社区社会治安综合治理平台，设立残疾人法律救助组织，完善保障残疾人合法权益的工作机制，参与调解处理涉及残疾人合法权益的纠纷。

第四十九条　鼓励和支持人民调解员、律师、基层法律服务工作者、社会志愿者设立调解工作室。调解工作室可以起字号。

第五十条　鼓励和支持律师协会、律师事务所建立律师调解员队伍，为纠纷化解提供服务。

第五十一条　省人民政府根据需要依法决定设立劳动人事争议仲裁委员会，设区的市、县（市、区）人民政府根据需要依法指导设立农村土地承包仲裁委员会，及时化解劳动人事争议和农村土地承包经营纠纷。

第六章 保障措施

第五十二条 设区的市、县（市、区）、乡镇人民政府和街道办事处、社区管理机构根据需要，构建纠纷多元化解综合性服务平台，为纠纷化解提供便利条件。

县（市、区）人民政府或者有关部门根据需要，在道路交通、医疗卫生、劳动人事、消费者权益、农村土地承包、建筑工程、物业服务、环境资源以及其他纠纷多发领域，推进构建专业性纠纷多元化解公共服务平台。

第五十三条 中级人民法院、基层人民法院应当构建诉讼与非诉讼对接平台。调解组织可以在该平台设立调解工作室。

第五十四条 各级人民政府应当对纠纷多元化解工作所需经费给予必要的支持和保障，对社会组织设立的人民调解委员会、公益性调解组织及其人员给予适当经费补助和补贴。

县（市、区）、乡镇、街道设立的人民调解委员会所需工作经费，由本级人民政府列入财政预算。

第五十五条 国家机关、人民团体可以通过购买社会服务方式，将适合的纠纷化解工作委托社会力量办理，所需社会服务纳入本级人民政府购买服务指导性目录。

第五十六条 纠纷当事人符合司法救助条件的，人民法院在审理、执行案件过程中，应当依法提供司法救助；符合法律援助条件的，法律援助机构应当依法提供法律援助。

第五十七条 有关国家机关、人民团体和其他社会组织应当完善调解员培训机制，定期组织业务培训，提高其职业道德水平，推动调解员专业化建设。

鼓励建立发展专业化、职业化的社会调解培训机构。鼓励高等学校加强纠纷多元化解理论研究和人才培养。

第五十八条 县级以上人民政府有关部门和乡镇人民政府、街道办事处，人民法院、人民检察院应当加强信息化建设，推进大数据运用，完善信息共享平台，实现在线办理、咨询、监督以及联网核查，提高纠纷预防和化解工作效率。

第五十九条 各级人民政府和有关部门、人民法院、人民检察院以及新闻媒体应当按照各自职责开展法治宣传教育，弘扬崇德尚礼文化，普及纠纷多元化解法律知识，增进公众对纠纷多元化解的理解和认同。

第七章 监督考核和责任追究

第六十条 各级人民政府和有关部门、人民法院、人民检察院应当制定和执行纠纷化解工作责任制度与奖惩机制。

各级人民政府应当将纠纷多元化解工作纳入年度工作考核。县级以上人民政府监察机关应当对负有纠纷化解职责的行政机关及其相关人员实施监察。

各级社会治安综合治理委员会应当将纠纷多元化解工作纳入社会治安综合治理工作考核体系，对做出显著成绩的单位和个人按照有关规定给予奖励；对不认真履行纠纷化解职责，导致发生影响社会稳定事件的单位和个人，按照有关规定追究责任。

第六十一条　有关国家机关和人民团体应当建立健全调解组织名册和调解员名册管理制度，加强对调解组织和调解员的监督管理。

第六十二条　行政机关、人民调解组织、劳动人事争议仲裁机构、农村土地承包仲裁机构以及人民团体化解纠纷，不得向当事人收取任何费用，法律、法规另有规定的除外。

没有政府资金支持、实行市场化运作的调解，可以适当收取费用。

第六十三条　有关国家机关和人民团体未履行本条例规定职责的，由有关主管机关责令限期改正；逾期未改正的，对直接负责的主管人员和其他直接责任人员，依法给予处分。

村民委员会、居民委员会等基层组织未履行本条例规定职责的，由有关主管机关取消其社会治安综合治理先进评选资格。

第六十四条　对违反本条例的行为，法律、法规对责任追究已有规定的，适用其规定。

第八章　附　则

第六十五条　本条例自 2016 年 10 月 1 日起施行。

社会团体登记管理条例

（1998 年 10 月 25 日中华人民共和国国务院令第 250 号发布根据 2016 年 2 月 6 日《国务院关于修改部分行政法规的决定》修订）

第一章　总　则

第一条　为了保障公民的结社自由，维护社会团体的合法权益，加强对社会团体的登记管理，促进社会主义物质文明、精神文明建设，制定本条例。

第二条　本条例所称社会团体，是指中国公民自愿组成，为实现会员共同意愿，按照其章程开展活动的非营利性社会组织。

国家机关以外的组织可以作为单位会员加入社会团体。

第三条　成立社会团体，应当经其业务主管单位审查同意，并依照本条例的规定进行登记。

社会团体应当具备法人条件。

下列团体不属于本条例规定登记的范围：

（一）参加中国人民政治协商会议的人民团体；

（二）由国务院机构编制管理机关核定，并经国务院批准免于登记的团体；

（三）机关、团体、企业事业单位内部经本单位批准成立、在本单位内部活动的团体。

第四条　社会团体必须遵守宪法、法律、法规和国家政策，不得反对宪法确定的基本原则，不得危害国家的统一、安全和民族的团结，不得损害国家利益、社会公共利益以及其他组织和公民的合法权益，不得违背社会道德风尚。

社会团体不得从事营利性经营活动。

第五条　国家保护社会团体依照法律、法规及其章程开展活动，任何组织和个人不得非法干涉。

第六条　国务院民政部门和县级以上地方各级人民政府民政部门是本级人民政府的社会团体登记管理机关（以下简称登记管理机关）。

国务院有关部门和县级以上地方各级人民政府有关部门、国务院或者县级以上地方各级人民政府授权的组织，是有关行业、学科或者业务范围内社会团体的业务主管单位（以下简称业务主管单位）。

法律、行政法规对社会团体的监督管理另有规定的，依照有关法律、行政法规的规定执行。

第二章　管　辖

第七条　全国性的社会团体，由国务院的登记管理机关负责登记管理；地方性的社会团体，由所在地人民政府的登记管理机关负责登记管理；跨行政区域的社会团体，由所跨行政区域的共同上一级人民政府的登记管理机关负责登记管理。

第八条　登记管理机关、业务主管单位与其管辖的社会团体的住所不在一地的，可以委托社会团体住所地的登记管理机关、业务主管单位负责委托范围内的监督管理工作。

第三章　成立登记

第九条　申请成立社会团体，应当经其业务主管单位审查同意，由发起人向登记管理机关申请登记。

筹备期间不得开展筹备以外的活动。

第十条　成立社会团体，应当具备下列条件：

（一）有 50 个以上的个人会员或者 30 个以上的单位会员；个人会员、单位会员混合组成的，会员总数不得少于 50 个；

（二）有规范的名称和相应的组织机构；

（三）有固定的住所；

（四）有与其业务活动相适应的专职工作人员；

（五）有合法的资产和经费来源，全国性的社会团体有 10 万元以上活动资金，地方性的社会团体和跨行政区域的社会团体有 3 万元以上活动资金；

（六）有独立承担民事责任的能力。

社会团体的名称应当符合法律、法规的规定，不得违背社会道德风尚。社会团体的名称应当与其业务范围、成员分布、活动地域相一致，准确反映其特征。全国性的社会团体的名称冠以"中国"、"全国"、"中华"等字样的，应当按照国家有关规定经过批准，地方性的社会团体的名称不得冠以"中国"、"全国"、"中华"等字样。

第十一条　申请登记社会团体，发起人应当向登记管理机关提交下列文件：

（一）登记申请书；

（二）业务主管单位的批准文件；

（三）验资报告、场所使用权证明；

（四）发起人和拟任负责人的基本情况、身份证明；

（五）章程草案。

第十二条　登记管理机关应当自收到本条例第十一条所列全部有效文件之日起 60 日内，作出准予或者不予登记的决定。准予登记的，发给《社会团体法人登记证书》；不予登记的，应当向发起人说明理由。

社会团体登记事项包括：名称、住所、宗旨、业务范围、活动地域、法定代表人、活动资金和业务主管单位。

社会团体的法定代表人，不得同时担任其他社会团体的法定代表人。

第十三条　有下列情形之一的，登记管理机关不予登记：

（一）有根据证明申请登记的社会团体的宗旨、业务范围不符合本条例第四条的规定的；

（二）在同一行政区域内已有业务范围相同或者相似的社会团体，没有必要成立的；

（三）发起人、拟任负责人正在或者曾经受到剥夺政治权利的刑事处罚，或者不具有完全民事行为能力的；

（四）在申请筹备时弄虚作假的；

（五）有法律、行政法规禁止的其他情形的。

第十四条 社会团体的章程应当包括下列事项：

（一）名称、住所；

（二）宗旨、业务范围和活动地域；

（三）会员资格及其权利、义务；

（四）民主的组织管理制度，执行机构的产生程序；

（五）负责人的条件和产生、罢免的程序；

（六）资产管理和使用的原则；

（七）章程的修改程序；

（八）终止程序和终止后资产的处理；

（九）应当由章程规定的其他事项。

第十五条 依照法律规定，自批准成立之日起即具有法人资格的社会团体，应当自批准成立之日起 60 日内向登记管理机关提交批准文件，申领《社会团体法人登记证书》。登记管理机关自收到文件之日起 30 日内发给《社会团体法人登记证书》。

第十六条 社会团体凭《社会团体法人登记证书》申请刻制印章，开立银行账户。社会团体应当将印章式样和银行账号报登记管理机关备案。

第十七条 社会团体的分支机构、代表机构是社会团体的组成部分，不具有法人资格，应当按照其所属于的社会团体的章程所规定的宗旨和业务范围，在该社会团体授权的范围内开展活动、发展会员。社会团体的分支机构不得再设立分支机构。

社会团体不得设立地域性的分支机构。

第四章 变更登记、注销登记

第十八条 社会团体的登记事项需要变更的，应当自业务主管单位审查同意之日起 30 日内，向登记管理机关申请变更登记。

社会团体修改章程，应当自业务主管单位审查同意之日起 30 日内，报登记管理机关核准。

第十九条 社会团体有下列情形之一的，应当在业务主管单位审查同意后，向登记管理机关申请注销登记：

（一）完成社会团体章程规定的宗旨的；

（二）自行解散的；

（三）分立、合并的；

（四）由于其他原因终止的。

第二十条　社会团体在办理注销登记前，应当在业务主管单位及其他有关机关的指导下，成立清算组织，完成清算工作。清算期间，社会团体不得开展清算以外的活动。

第二十一条　社会团体应当自清算结束之日起 15 日内向登记管理机关办理注销登记。办理注销登记，应当提交法定代表人签署的注销登记申请书、业务主管单位的审查文件和清算报告书。

登记管理机关准予注销登记的，发给注销证明文件，收缴该社会团体的登记证书、印章和财务凭证。

第二十二条　社会团体处分注销后的剩余财产，按照国家有关规定办理。

第二十三条　社会团体成立、注销或者变更名称、住所、法定代表人，由登记管理机关予以公告。

第五章　监督管理

第二十四条　登记管理机关履行下列监督管理职责：

（一）负责社会团体的成立、变更、注销的登记；

（二）对社会团体实施年度检查；

（三）对社会团体违反本条例的问题进行监督检查，对社会团体违反本条例的行为给予行政处罚。

第二十五条　业务主管单位履行下列监督管理职责：

（一）负责社会团体成立登记、变更登记、注销登记前的审查；

（二）监督、指导社会团体遵守宪法、法律、法规和国家政策，依据其章程开展活动；

（三）负责社会团体年度检查的初审；

（四）协助登记管理机关和其他有关部门查处社会团体的违法行为；

（五）会同有关机关指导社会团体的清算事宜。

业务主管单位履行前款规定的职责，不得向社会团体收取费用。

第二十六条　社会团体的资产来源必须合法，任何单位和个人不得侵占、私分或者挪用社会团体的资产。

社会团体的经费，以及开展章程规定的活动按照国家有关规定所取得的合法收入，必须用于章程规定的业务活动，不得在会员中分配。

社会团体接受捐赠、资助，必须符合章程规定的宗旨和业务范围，必须根据与捐赠人、资助人约定的期限、方式和合法用途使用。社会团体应当向业务主管单位报告接受、使用捐赠、资助的有关情况，并应当将有关情况以适当方式向社会公布。

社会团体专职工作人员的工资和保险福利待遇，参照国家对事业单位的有关规定执行。

第二十七条　社会团体必须执行国家规定的财务管理制度，接受财政部门的监督；资产来源属于国家拨款或者社会捐赠、资助的，还应当接受审计机关的监督。

社会团体在换届或者更换法定代表人之前，登记管理机关、业务主管单位应当组织对其进行财务审计。

第二十八条　社会团体应当于每年3月31日前向业务主管单位报送上一年度的工作报告，经业务主管单位初审同意后，于5月31日前报送登记管理机关，接受年度检查。工作报告的内容包括：本社会团体遵守法律法规和国家政策的情况、依照本条例履行登记手续的情况、按照章程开展活动的情况、人员和机构变动的情况以及财务管理的情况。

对于依照本条例第十五条的规定发给《社会团体法人登记证书》的社会团体，登记管理机关对其应当简化年度检查的内容。

第六章　罚　则

第二十九条　社会团体在申请登记时弄虚作假，骗取登记的，或者自取得《社会团体法人登记证书》之日起1年未开展活动的，由登记管理机关予以撤销登记。

第三十条　社会团体有下列情形之一的，由登记管理机关给予警告，责令改正，可以限期停止活动，并可以责令撤换直接负责的主管人员；情节严重的，予以撤销登记；构成犯罪的，依法追究刑事责任：

（一）涂改、出租、出借《社会团体法人登记证书》，或者出租、出借社会团体印章的；

（二）超出章程规定的宗旨和业务范围进行活动的；

（三）拒不接受或者不按照规定接受监督检查的；

（四）不按照规定办理变更登记的；

（五）违反规定设立分支机构、代表机构，或者对分支机构、代表机构疏于管理，造成严重后果的；

（六）从事营利性的经营活动的；

（七）侵占、私分、挪用社会团体资产或者所接受的捐赠、资助的；

（八）违反国家有关规定收取费用、筹集资金或者接受、使用捐赠、资助的。

前款规定的行为有违法经营额或者违法所得的，予以没收，可以并处违法经营额 1 倍以上 3 倍以下或者违法所得 3 倍以上 5 倍以下的罚款。

第三十一条　社会团体的活动违反其他法律、法规的，由有关国家机关依法处理；有关国家机关认为应当撤销登记的，由登记管理机关撤销登记。

第三十二条　筹备期间开展筹备以外的活动，或者未经登记，擅自以社会团体名义进行活动，以及被撤销登记的社会团体继续以社会团体名义进行活动的，由登记管理机关予以取缔，没收非法财产；构成犯罪的，依法追究刑事责任；尚不构成犯罪的，依法给予治安管理处罚。

第三十三条　社会团体被责令限期停止活动的，由登记管理机关封存《社会团体法人登记证书》、印章和财务凭证。

社会团体被撤销登记的，由登记管理机关收缴《社会团体法人登记证书》和印章。

第三十四条　登记管理机关、业务主管单位的工作人员滥用职权、徇私舞弊、玩忽职守构成犯罪的，依法追究刑事责任；尚不构成犯罪的，依法给予行政处分。

第七章　附　则

第三十五条　《社会团体法人登记证书》的式样由国务院民政部门制定。

对社会团体进行年度检查不得收取费用。

第三十六条　本条例施行前已经成立的社会团体，应当自本条例施行之日起 1 年内依照本条例有关规定申请重新登记。

第三十七条　本条例自发布之日起施行。1989 年 10 月 25 日国务院发布的《社会团体登记管理条例》同时废止。

河北省环境保护公众参与条例

（2014 年 11 月 28 日河北省第十二届人民代表大会常务委员会第十一次会议通过）

第一章　总　则

第一条　为保障公众对环境保护的知情权、参与权和监督权，推进生态文明建设，创造良好的生产生活环境，根据《中华人民共和国环境保护法》等有关法律、行政法规，结合本省实际，制定本条例。

第二条 本省行政区域内环境保护公众参与活动及相关管理工作，适用本条例。

第三条 本条例所称公众参与，是指公民、法人和其他组织为了保护和改善环境，维护自身环境权益或者社会公共环境利益，依法获取环境信息、参与环境决策、监督环境执法和促进环境法律、法规实施等活动。

第四条 环境保护公众参与应当遵循依法、有序、公开、便利的原则。

第五条 公众依法享有获取相关环境信息，对环境决策、行政许可以及环境执法表达意见和建议，对环境违法行为和环境保护工作中不依法履行职责的行为进行举报，寻求行政或者司法救济、提起环境公益诉讼等权利。

第六条 公众应当主动接受环境保护教育，增强环境保护意识，采取绿色、低碳、节俭的生活方式，自觉履行环境保护义务。

公众参与本条例规定的事项或者活动，不得损害国家利益、社会公共利益和他人的合法权益。

第七条 企业应当依法公开环境信息，自觉履行企业环境责任，主动接受公众的监督。

第八条 县级以上人民政府及其有关部门应当依法公开环境信息，征求公众意见，及时答复公众的意见、建议和举报，为公众参与和监督环境保护提供便利。

县级以上人民政府应当建立健全相关协调和奖励机制，鼓励和支持公众积极参与环境保护。

第九条 县级以上人民政府环境保护主管部门负责本行政区域内的环境保护公众参与工作。

发展改革、国土资源、交通运输、住房城乡建设、工业和信息化、农业、林业、水利、商务、公安等其他负有环境保护监督管理职责的部门，应当在各自职责范围内做好环境保护公众参与工作。

第二章 环境信息的公开与获取

第十条 负有环境保护监督管理职责的部门应当依法公开环境保护法规、规章及其他规范性文件，生态环境功能区划、自然资源开发利用状况，环境质量、环境监测、突发环境事件、行政许可、行政处罚、重点排污单位和违法企业名单、排污费的征收和使用情况，生态环境保护目标完成情况的考核结果等环境信息。

负有环境保护监督管理职责的部门应当依照国家和本省有关规定，编制本部门的政府环境信息公开指南和政府环境信息公开目录，并及时更新。政府环境信息公开指南应当明确政府环境信息公开的范围、形式、内容、申请程序和监督方式等事项。

　　第十一条　负有环境保护监督管理职责的部门对属于依法主动公开范围内的政府环境信息，应当自该信息制作或者变更之日起二十个工作日内予以公开，公开的时间不得少于三十个工作日。法律、法规对政府环境信息公开的时间和期限另有规定的，从其规定。

　　负有环境保护监督管理职责的部门应当通过政府网站、公报、资料索取点、电子显示屏、广播、电视、报刊等途径以便于公众知晓的方式主动公开政府环境信息，并提供信息检索、查阅和下载等服务。

　　县级以上人民政府及其负有环境保护监督管理职责的部门应当建立健全新闻发言人制度，针对社会舆论普遍关注的环境问题定期或者根据情况及时发布政府环境信息。

　　第十二条　公众可以采取信函、传真和电子邮件等书面形式向负有环境保护监督管理职责的部门申请提供政府环境信息。

　　负有环境保护监督管理职责的部门收到申请后，能够即时答复的，应当即时答复；不能即时答复的，应当自收到申请之日起十五个工作日内答复；因特殊情况不能按期答复的，经本部门负责人同意，可以延长答复期限，并书面告知申请人。延长期限不得超过十五个工作日。

　　第十三条　重点排污单位应当依法向公众如实公开以下环境信息，接受公众监督：

　　（一）单位名称、地址、法定代表人；

　　（二）主要污染物的名称、排放方式、排放浓度和排放总量；

　　（三）超过排放标准排放污染物、超过总量控制指标排放污染物等环境违法行为记录；

　　（四）环境保护投资、环境保护技术开发利用以及环境保护设施的建设和运行情况；

　　（五）生产、建设过程中产生废物的处置和综合利用等情况；

　　（六）环境污染事故应急预案、发生过污染事故以及事故造成的损失情况；

　　（七）开展自行监测工作情况及监测结果；

　　（八）排污费（税）的缴纳、企业履行环境社会责任的情况；

　　（九）对职工进行的环境保护培训状况；

　　（十）法律法规规章规定的其他环境信息。

危险化学品生产使用企业应当依法向公众公布生产使用的危险化学品品种、危害特性、相关污染物排放及事故信息、污染防控措施等情况。

第十四条 鼓励重点排污单位以外有污染物排放的企业、事业单位和其他生产经营者公开其主要污染物的名称、成份、排放方式、排放浓度、排放总量、超标排放情况，污染防治设施建设和运行情况，突发环境事件应急预案等信息。

第十五条 重点排污单位应当在县级以上人民政府环境保护主管部门公布重点排污单位名单之日起三十日内，通过环境保护主管部门统一建立的企业环境信息公开平台公开有关环境信息。

鼓励重点排污单位采取在其网站以及厂区出入口设置显示屏、展板等方式向公众公开有关环境信息。

第十六条 新建、改建、扩建建设项目的建设单位、规划编制机关或者其委托的环境影响评价机构，应当依法采取下列方式发布信息公告：

（一）在建设项目所在地或者规划实施地的公共媒体上发布公告；

（二）公开发放包含有关公告信息的印刷品；

（三）在直接受到规划或者建设项目影响的公众居住地的公告栏、出入口等地方张贴公告，或者召开信息公告会议；

（四）其他便利公众知情的信息公告方式。

前款第三项规定的公告时间不得少于十个工作日。

第十七条 县级以上人民政府及其负有环境保护监督管理职责的部门，应当通过广播、电视、报刊和信息网络等媒体调查了解舆情，对发现涉及本部门职责范围的虚假或者不完整的环境信息及时予以澄清，并适时发布准确、完整的政府环境信息。

第十八条 在发生或者可能发生突发环境事件，造成或者可能造成环境污染，影响公众健康和环境安全时，有关责任单位和个人应当立即采取应对措施，及时通报可能受到危害的单位和个人，并向当地人民政府及其负有环境保护监督管理职责的部门报告。

当地人民政府及其负有环境保护监督管理职责的部门，应当依法进行应急处置，并通过广播、电视、互联网、移动终端等方式及时向公众传达事态进展、处理状况和应对建议或者要求。

第十九条 鼓励从事环境保护公益活动的社会组织依法监督信息公开情况，收集整理已经公开的环境信息，开展调查评估活动。

第三章　公众参与的范围和途径

第二十条　环境保护公众参与的范围：

（一）环境立法、环境保护规划编制、可能对环境造成影响的开发利用规划及经济、技术政策制定和建设项目环境影响评价文件的编制；

（二）调查了解当地环境状况，向当地人民政府及其有关部门提出保护和改善环境的建议；

（三）受聘担任环境保护社会监督员，依法参与环境保护工作；

（四）开展环境保护宣传教育和志愿服务；

（五）举报环境违法行为和国家机关及其工作人员不依法履行环境保护职责的行为；

（六）对污染环境、破坏生态，损害社会公共利益的行为，向人民法院提起诉讼；

（七）法律、法规规定的其他活动或者事项。

前款第六项规定向人民法院提起诉讼的公众是指符合法定条件的社会组织。

第二十一条　制定环境保护地方性法规、规章、政策、规划、标准或者可能对环境造成影响的开发利用规划及经济、技术政策，起草机关及审查机关应当采取公众评议、召开专家论证会、公众代表座谈会、听证会等方式充分征求公众意见。征求公众意见的时间不得少于十五个工作日。

公众也可以采取信函、传真、电话、电子邮件和网站留言等方式提出意见和建议。

第二十二条　有下列情形之一的，国家机关应当组织召开听证会听取公众意见：

（一）法律、法规、规章有关环境影响规定应当听证的；

（二）拟制定可能导致重大环境影响的政策或者规划的；

（三）拟对具有重大环境影响的建设项目进行立项的；

（四）建设项目涉及重大环境影响，应当进行听证的；

（五）对国家机关拟作出有关环境影响的决定有较大争议的；

（六）国家机关认为有关环境影响应当召开听证会的其他情形。

第二十三条　征求有关环境影响公众意见的国家机关、企业在决策过程中应当充分考虑公众意见，并将其作为修改和完善决策的重要依据。对于未采纳的相对集中的意见和建议，可以通过官方网站说明不予采纳的理由。

第二十四条　公众可以依法向当地人民政府及其有关部门提出保护和改善环

境的建议。接到公众提出的保护和改善环境的建议后，当地人民政府及其有关部门应当认真研究，并自接到建议之日起三十个工作日内，向公众反馈采纳或者不予采纳的意见。不予采纳的，应当说明理由。

第二十五条　县级以上人民政府环境保护主管部门应当选聘具有行业、专业代表性以及热心环境保护公益事业的人员担任环境保护社会监督员，定期对社会监督员进行培训，制定社会监督工作方案，为社会监督员开展工作提供必要条件。

环境保护社会监督员应当根据当地实际情况，开展环境保护普法工作，及时收集公众对保护和改善环境的意见和建议，并按照社会监督工作方案的要求，监督检查当地污染物排放情况和负有环境保护监督管理职责的部门及其工作人员履行环境保护职责的情况。

第二十六条　鼓励公众参加环境保护社会组织，从事环境保护志愿服务活动。

县级以上人民政府及其有关部门应当加强环境保护志愿服务的引导、组织和培训工作，并提供必要的信息支持和安全保障。

第二十七条　公众有权向县级以上人民政府及其负有环境保护监督管理职责的部门举报污染环境、破坏生态的行为，或者向上级人民政府及其有关部门举报下级人民政府及其负有环境保护监督管理职责的部门及其工作人员不依法履行环境保护职责的行为。

第二十八条　县级以上人民政府及其负有环境保护监督管理职责的部门或者其他有关部门应当向社会公布举报受理办法、投诉电话、处理情况及反馈信息，并确定机构或者人员受理举报的事项。

对举报的事项，受理举报的人民政府或者有关部门应当登记，并按下列规定处理，法律、行政法规另有规定的，从其规定：

（一）对属于本部门职责范围内的举报事项，予以受理，依法调查处理，并在规定期限内将处理结果以书面形式告知举报人；

（二）对不属于本级政府或者本部门职责范围内的举报事项，应当及时告知举报人依法向有关人民政府或者有关部门举报；

（三）举报的事项应当通过行政复议和诉讼等途径解决的，应当及时告知举报人依法向行政复议机关或者人民法院提起行政复议或者诉讼。

第二十九条　符合法定条件的社会组织对污染环境、破坏生态，损害社会公共利益的行为，向人民法院提起诉讼获取的赔偿、补偿资金，应当用于环境治理、生态恢复和诉讼救济等。

第四章 公众参与的保障和促进措施

第三十条 省、设区的市人民政府环境保护主管部门根据当地环境保护工作需要，可以委托从事环境保护公益活动的合法社会团体，组织各阶层、各行业有代表性且具有较高社会公信力、热心环境保护公益事业的公众和具备环境、法律等相关知识的专家学者，对环境立法、环境政策制定以及环境保护区域协作等提出咨询意见，为公众提供咨询服务，应公众要求向有关部门、单位、企业表达诉求和意见，参与对环境保护、环境资源开发利用的调研并提出意见或建议。

第三十一条 县级以上人民政府环境保护、教育、文化、新闻出版广播电视、司法等行政主管部门应当在各自的职责范围内，对公众进行环境保护宣传和教育，推动公众依法、有序参与环境保护事务。

新闻媒体应当开展环境保护法律法规和环境保护知识的宣传，对环境违法行为进行舆论监督。

第三十二条 幼儿园、中小学校、中等专业技术学校和高等院校应当将环境教育纳入教学内容，采取多种形式组织学生参加环境教育实践活动，增强环境保护意识。

第三十三条 县级以上人民政府及其有关部门主要负责人、重点排污单位负责人、被依法处罚的环境违法企业负责人及相关责任人员，应当接受环境教育培训，增强环境保护意识。

第三十四条 公众对破坏生态、污染环境的单位和个人举报情况属实的，县级以上人民政府环境保护主管部门和其他负有环境保护监督管理职责的部门，应当对举报人予以奖励。

受理举报的部门对举报人的姓名、工作单位、家庭住址等有关情况及举报的内容应当严格保密。

任何单位和个人不得以任何借口和手段打击报复举报人及其亲属。

第三十五条 县级以上人民政府及其有关部门应当在财政预算中安排经费，用于环境保护公众参与工作。

第三十六条 县级以上人民政府环境保护主管部门应当建立健全环境保护公众参与的管理制度和工作程序，明确机构或者人员具体负责环境保护公众参与的管理工作，并定期对工作情况进行考核评价。

第三十七条 提起环境公益诉讼的社会组织向有关国家机关申请提供法律援助的，有关国家机关可以予以支持。

社会组织申请负有环境保护监督管理职责的部门为其提起环境公益诉讼提供

污染损害取证等方面协助的，负有环境保护监督管理职责的部门应当予以支持。

第三十八条 县级以上人民政府及其有关部门可以通过购买社会组织服务或者其他方式，支持、引导和鼓励社会组织参与环境政策、法规、规划和标准的制定与实施，开展环境保护宣传教育、咨询、培训服务、法律援助以及对环境违法行为进行监督等活动。

第五章 法律责任

第三十九条 国家机关及其工作人员违反本条例规定，有下列行为之一的，对直接负责的主管人员和其他直接责任人员依法给予处分；构成犯罪的，依法追究刑事责任：

（一）应当依法公开政府环境信息而未公开的；

（二）篡改、伪造或者指使篡改、伪造应予依法公开监测数据的；

（三）未及时澄清虚假环境信息导致事件扩大的；

（四）未依照本条例规定受理或答复举报信息，造成不良社会影响的；

（五）泄露控诉、检举人信息，致使控诉、检举人合法权益受到侵害的。

第四十条 重点排污单位未依照本条例规定的方式公开企业环境信息的，由县级以上人民政府环境保护主管部门处四万元以上十万元以下罚款，并责令限期公开。逾期不公开的，可以按照原处罚数额按日连续处罚。

企业篡改、伪造监测数据的，依照有关法律法规规定予以处罚。

第四十一条 环境影响评价机构、环境监测机构以及从事环境监测设备和防治污染设施维护、运营的机构，在公众参与和信息公开中弄虚作假，对造成的环境污染和生态破坏负有责任的，除依照有关法律法规规定予以处罚外，还应当与造成环境污染和生态破坏的其他责任者承担连带责任。

第六章 附 则

第四十二条 本条例所称重点排污单位，是指国家级、省级、市级重点监控企业，污染物超标或者超总量排放的企业，发生过重大、特大环境污染事件的企业以及被环境保护主管部门挂牌督办的企业。

第四十三条 本条例自 2015 年 1 月 1 日起施行。

参考文献

一、中文著作

1. 习近平:《习近平谈治国理政》,外文出版社 2014 年版。

2. 习近平:《习近平治国理政》(第二卷),外文出版社 2017 年版。

3. 习近平:《决胜全面建成小康社会 夺取新时代中国特色社会主义伟大胜利——在中国共产党第十九次全国代表大会上的报告》,人民出版社 2017 年版。

4. 中共中央马克思恩格斯列宁斯大林著作编译局编译:《马克思恩格斯选集》(第 4 卷),人民出版社 2012 年版。

5. 俞可平:《地方政府创新与善治:案例研究》,社会科学文献出版社 2003 年版。

6. 俞可平:《论国家治理现代化》,社会科学文献出版社 2015 年版。

7. 俞可平主编:《治理与善治》,社会科学文献出版社 2000 年版。

8. 魏礼群:《社会建设与社会管理》,人民出版社 2011 年版。

9. 魏礼群主编:《创新社会治理 决胜全面小康》,红旗出版社 2017 年版。

10. 江必新、王红霞:《国家治理现代化与社会治理》,中国法制出版社 2016 年版。

11. 王东京等编著:《国家治理——中国政府转型》,重庆大学出版社 2019 年版。

12. 王利明:《法治:良法与善治》,北京大学出版社 2015 年版。

13. 胡建淼:《行政法学》,法律出版社 2015 年版。

14. 王浦劬:《国家治理现代化:理论与策论》,人民出版社 2016 年版。

15. 顾培东:《社会冲突与诉讼机制》,四川人民出版社 1991 年版。

16. 王名扬:《美国行政法》,中国法制出版社 1995 年版。

17. 应松年、宋功德:《依法行政的理论与实践》,国家行政学院出版社 2011

年版。

18. 马怀德主编：《行政法学》，中国政法大学出版社 2009 年版。

19. 徐汉明等：《社会治理法治研究》，法律出版社 2018 年版。

20. 陶希东等：《共建共享：论社会治理》，上海人民出版社 2017 年版。

21. 宋功德：《建设法治政府的理论基础与制度安排》，国家行政学院出版社 2008 年版。

22. 唐兴霖：《国家与社会之间——转型期的中国社会中介组织》，社会科学文献出版社 2013 年版。

23. 范愉：《非诉讼纠纷解决机制研究》，中国人民大学出版社 2000 年版。

24. 史云贵：《中国现代国家构建进程中的社会治理研究：一种基于公共理性的研究路径》，上海人民出版社 2010 年版。

25. 王浦劬、臧雷振编译：《治理理论与实践：经典议题研究新解》，中央编译出版社 2017 年版。

26. 张明仓：《虚拟实践论》，云南人民出版社 2005 年版。

27. 张成福、党秀云：《公共管理学》，中国人民大学出版社 2001 年版。

28. 庞中英：《全球治理与世界秩序》，北京大学出版社 2012 年版。

29. 俞可平等：《中国的治理变迁（1978－2018）》，社会科学文献出版社 2018 年版。

30. 朱富强：《现代西方政治经济学：以公共选择学派为主的经济和政治理论》，清华大学出版社 2016 年版。

31. 关保英：《执法与处罚的行政权重构》，法律出版社 2004 年版。

32. 俞可平等：《中国公民社会的制度环境》，北京大学出版社 2006 年版。

33. 俞可平等：《中国公民社会的兴起与治理的变迁》，社会科学文献出版社 2002 年版。

34. 周红云主编：《社会治理与社会创新》，中央编译出版社 2015 年版。

35. 周红云主编：《社会治理》，中央编译出版社 2015 年版。

36. 张友渔：《关于社会主义法制的若干问题》，法律出版社 1982 年版。

37. 王勇等：《社会治理法治化研究》，中国法制出版社 2019 年版。

38. 王名：《社会组织与社会治理》，社会科学文献出版社 2014 年版。

39. 张帆：《多民族地区社会治理法治化建设研究——以贵州省为考察中心》，法律出版社 2016 年版。

40. 童星：《中国社会治理》，中国人民大学出版社 2018 年版。

41. 殷昭举主编：《社会治理学》（第一卷），广东高等教育出版社 2014 年版。

42. 向春玲主编：《推进国家治理体系现代化》，中共中央党校出版社 2015 年版。

43. 王振海等：《社会组织发展与国家治理现代化》，人民出版社 2015 年版。

44. 国务院发展研究中心公管所：《社会治理的理论与实践探索》，中国发展出版社 2018 年版。

45. 上海市人民政府发展研究中心：《全球城市·精准治理——联合国第四届世界城市日全球城市论坛实录》，格致出版社、上海人民出版社 2018 年版。

46. 王浦劬等：《政府向社会组织购买公共服务研究——中国与全球经验分析》，北京大学出版社 2010 年版。

47. 康宗基：《中国政府与社会组织关系研究——基于"国家与社会关系"的视角》，人民出版社 2017 年版。

48. 陈瑞华：《看得见的正义》，中国法制出版社 2000 年版。

49. 张静：《社会治理：组织、观念与方法》，商务印书馆 2019 年版。

50. 王阳亮：《责任与合作：政府购买养老服务研究》，中国社会科学出版社 2017 年版。

51. 王人博、程燎原：《法治论》，山东人民出版社 1989 年版。

52. 杨冠琼：《国家治理体系与能力现代化研究》，经济管理出版社 2018 年版。

53. 刘培峰：《结社自由及其限制》，社会科学文献出版社 2007 年版。

54. 张旭升：《政府购买居家养老服务参与主体的行动逻辑研究》，中国社会科学出版社 2016 年版。

55. 房宁、唐奕：《治理南山：深圳经验的南山样本》，中国社会科学出版社 2018 年版。

56. 俞志慧直解：《韩非子直解》，浙江文艺出版社 2000 年版。

57. 叶托等：《政府购买公共科技服务研究：基于中国经验的分析》，华南理工大学出版社 2017 年版。

58. 张志铭、于浩：《转型中国的法治化治理》，法律出版社 2018 年版。

59. 马玉丽：《社会组织与社会治理研究》，山东大学出版社 2019 年版。

60. 刘少华等：《国家治理体系现代化与政治治理》，湖南人民出版社 2015 年版。

61. 汪世荣、褚宸舸：《"枫桥经验"：基层社会治理体系和能力现代化实证研究》，法律出版社 2018 年版。

62. 中国社会科学院国家法治指数研究中心、中国社会科学院法学研究所法治指数创新工程项目组：《社会治理：新时代"枫桥经验"的线上实践》，中国社会科学出版社 2019 年版。

63. 戢浩飞：《治理视角下行政执法方式变革研究》，中国政法大学出版社 2015 年版。

64. 王文建、夏金华：《治理理论研究新探》，科学出版社 2018 年版。

65. 胡锦光：《新时代党员干部的法治思维》，中国人民大学出版社 2018 年版。

66. 贾霄锋编著：《社会转型加速时期社会组织介入社会问题治理研究》，西南交通大学出版社 2016 年版。

67. 康宗基：《中国政府与社会组织关系研究——基于"国家与社会关系"的视角》，人民出版社 2017 年版。

68. 应松年主编：《外国行政程序法汇编》，中国法制出版社 1999 年版。

69. 周旺生：《立法学》，法律出版社 2004 年版。

70. 麻宝斌等：《公共治理理论与实践》，社会科学文献出版社 2013 年版。

71. 何勤华主编：《法治社会》，社会科学文献出版社 2016 年版。

72. 刘智峰：《国家治理论：国家治理转型的十大趋势与中国国家治理问题》，中国社会科学出版社 2014 年版。

73. 周军等：《社会工作创新：基层社会治理实践研究》，知识产权出版社 2018 年版。

74. 城仲模主编：《行政法之一般法律原则（一）》，三民书局出版有限公司 1997 年版。

75. 马怀德主编：《全面推进依法行政的法律问题研究》，中国法制出版社 2014 年版。

76. 赵建春：《中国国家治理现代化研究》，经济管理出版社 2017 年版。

77. 郭苏建等：《转型中国的治理研究》，格致出版社、上海人民出版社 2017 年版。

78. 胡建淼主编：《领导干部法治思维读本》，国家行政学院出版社 2016 年版。

79. 王春光等：《迈向社会治理的基层实践》，经济管理出版社 2017 年版。

80. 杨雪冬：《地方治理的逻辑》，社会科学文献出版社 2018 年版。

81. 靳江好主编：《服务型政府建设》，社会科学文献出版社 2012 年版。

82. 冯仕政：《社会治理新蓝图》，中国人民大学出版社 2017 年版。

83. 江必新、王红霞：《国家治理现代化与制度构建》，中国法制出版社 2016 年版。

84. 项显生：《政府购买公共服务的法律问题研究》，北京大学出版社 2017 年版。

85. 全永波等：《社会治理法治化研究——基于舟山市社会基层治理的调查》，光明日报出版社 2016 年版。

86. 王承哲：《意识形态与网络综合治理体系建设》，人民出版社 2018 年版。

87. 苏长和：《大国治理》，人民日报出版社 2018 年版。

88. 魏礼群主编：《社会治理：40 年回顾与展望》，中国言实出版社 2018 年版。

89. 徐越倩：《治理转型：浙江服务型政府建设研究》，浙江工商大学出版社 2018 年版。

90. 王浦劬、［英］郝秋迪等：《政府向社会力量购买公共服务发展研究——基于中英经验的分析》，北京大学出版社 2016 年版。

91. 陈诚：《社区治理能力评估指标体系研究》，经济日报出版社 2017 年版。

92. 王东伟：《我国政府购买公共服务问题研究》，经济科学出版社 2015 年版。

93. 胡建淼主编：《政府法治建设》，国家行政学院出版社 2014 年版。

94. 杨雪冬：《国家治理的逻辑》，社会科学文献出版社 2017 年版。

95. 沈传亮：《大转型——中国治理变革研究》，河北人民出版社 2013 年版。

96. 李君如：《治理什么样的国家，怎样治理国家?》，外文出版社 2018 年版。

97. 许玉镇：《公众参与政府治理的法治保障》，社会科学文献出版社 2015 年版。

98. 江必新、鞠成伟：《国家治理现代化比较研究》，中国法制出版社 2016 年版。

99. 许海清：《国家治理体系和治理能力现代化》，中共中央党校出版社 2013 年版。

100. 许玉镇：《公众参与政府治理的法治保障》，社会科学文献出版社 2015 年版。

101. 王强编著：《政府治理的现代视野》，中国时代经济出版社 2010 年版。

102. 武小川：《公众参与社会治理的法治化研究》，中国社会科学出版社 2016 年版。

103. 龚维斌主编：《中国社会治理研究》，社会科学文献出版社 2014 年版。

104. 张廉、杨伟东、刘丹主编:《政府依法行政教程》,国家行政学院出版社2013年版。

105. 陈林等主编:《第三条道路:世纪之交的西方政治变革》,当代世界出版社2000年版。

106. 王韶兴主编:《政党政治论》,山东人民出版社2011年版。

107. 马玉丽:《美国宪法的正当法律程序研究——从程序到实质的演变》,山东人民出版社2016年版。

108. 李月军主编:《法治政府》,中央编译出版社2013年版。

109. 袁方成:《国家治理与社会成长——中国城市社区治理40年》,上海交通大学出版社2018年版。

110. 郁建兴等:《在参与中成长的中国公民社会:基于浙江温州商会的研究》,浙江大学出版社2008年版。

111. 秦亚青:《全球治理:多元世界的秩序重建》,世界知识出版社2019年版。

112. 刘春湘:《非营利组织治理结构研究》,中南大学出版社2007年版。

113. 张勤:《中国公民社会组织发展研究》,人民出版社2008年版。

114. 王惠岩主编:《政治学原理》,高等教育出版社1999年版。

115. 魏中龙:《政府购买服务的理论与实践研究》,中国人民大学出版社2014年版。

116. 袁政:《公共选择理论探索》,中国书籍出版社2015年版。

117. 王名、刘国翰、何建宇:《中国社团改革:从政府选择到社会选择》,社会科学文献出版社2001年版。

118. 刘爱龙:《社会治理创新中的法治绩效研究》,法律出版社2019年版。

119. 陈潭等:《治理的秩序:乡土中国的政治生态与实践逻辑》,人民出版社2012年版。

120. 何增科、陈雪莲主编:《政府治理》,中央编译出版社2015年版。

121. 张彩凤:《英国法治研究》,中国人民公安大学出版社2001年版。

二、中文译著

1. 〔古希腊〕柏拉图:《法律篇》,张智仁、何勤华译,上海人民出版社2001年版。

2. 〔古希腊〕亚里士多德:《政治学》,吴寿彭译,商务印书馆1983年版。

3. ［美］汉密尔顿、杰伊、麦迪逊：《联邦党人文集》，程逢如等译，商务印书馆 1980 年版。

4. ［美］塞缪尔·P. 亨廷顿、琼·纳尔逊：《难以抉择——发展中国家的政治参与》，汪晓寿等译，华夏出版社 1989 年版。

5. ［美］理查德·C. 博克斯：《公民治理：引领 21 世纪的美国社区》，孙柏英等译，中国人民大学出版社 2005 年版。

6. ［美］弗朗西斯·福山：《国家构建：21 世纪的国家治理与世界秩序》，郭华译，学林出版社 2017 年版。

7. ［美］莱斯特·M. 萨拉蒙等：《全球公民社会——非营利部门国际指数》，陈一梅等译，北京大学出版社 2007 年版。

8. ［美］奥利弗·E. 威廉姆森：《治理机制》，石烁译，机械工业出版社 2016 年版。

9. ［美］詹姆斯·N. 罗西瑙主编：《没有政府的治理——世界政治中的秩序与变革》，张胜军、刘小林等译，江西人民出版社 2001 年版。

10. ［美］朱迪·弗里曼：《合作治理与新行政法》，毕洪海、陈标冲译，商务印书馆 2010 年版。

11. ［美］杰克·奈特：《制度与社会冲突》，周伟林译，上海人民出版社 2017 年版。

12. ［美］珍妮特·V. 登哈特、罗伯特·B. 登哈特：《新公共服务：服务，而不是掌舵》，丁煌译，中国人民大学出版社 2010 年版。

13. ［美］迈克尔·麦金尼斯主编：《多中心治道与发展》，毛寿龙译，上海三联书店 2000 年版。

14. ［美］埃莉诺·奥斯特罗姆：《公共事物的治理之道——集体行动制度的演进》，余逊达、陈旭东译，上海三联书店 2000 年版。

15. ［美］迈克尔·波特：《国家竞争优势》，李明轩、邱如美译，中信出版社 2012 年版。

16. ［美］埃莉诺·奥斯特罗姆等：《公共服务的制度建构——都市警察服务的制度结构》，宋全喜、任睿译，上海三联书店 2000 年版。

17. ［美］迈克尔·麦金尼斯主编：《多中心体制与地方公共经济》，毛寿龙译，上海三联书店 2000 年版。

18. ［美］B. 盖伊·彼得斯：《政府未来的治理模式》，吴爱明等译，中国人民大学出版社 2001 年版。

19. ［美］曼瑟尔·奥尔森：《集体行动的逻辑》，陈郁、郭宇峰、李崇新译，格致出版社、上海三联书店、上海人民出版社 2014 年版。

20. ［美］菲利普·库珀：《合同制治理——公共管理者面临的挑战与机遇》，竺乾威、卢毅、陈卓霞译，复旦大学出版社 2007 年版。

21. ［美］梅里利·S. 格林德尔、约翰·W. 托马斯：《公共选择与政策变迁——发展中国家改革的政治经济学》，黄新华、陈天慈译，商务印书馆 2016 年版。

22. ［美］约翰·克莱顿·托马斯：《公共决策中的公民参与》，孙柏瑛等译，中国人民大学出版社 2010 年版。

23. ［美］莱斯特·M. 萨拉蒙：《公共服务中的伙伴——现代福利国家中政府与非营利组织的关系》，田凯译，商务印书馆 2008 年版。

24. ［美］弗兰克·J. 古德诺：《政治与行政》，王元、杨百朋译，华夏出版社 1987 年版。

25. ［德］马克斯·韦伯：《经济与社会》（第一卷），阎克文译，世纪出版集团、上海人民出版社 2010 年版。

26. ［英］丹尼斯·C. 缪勒：《公共选择理论》，韩旭、杨春学等译，中国社会科学出版社 2017 年版。

27. ［英］汤因比：《历史研究》（上），曹未风等译，上海人民出版社 1997 年版。

28. ［英］戴维·M. 沃克：《牛津法律大辞典》，李双元等译，法律出版社 2003 年版。

29. ［英］戴维·M. 沃克：《牛津法律大辞典》，北京社会与科技发展研究所译，光明日报出版社 1988 年版。

30. ［英］托尼·本尼特：《文化、治理与社会》，王杰等译，东方出版中心 2016 年版。

31. ［英］Stephen P. Osborne 编著：《新公共治理？公共治理理论和实践方面的新观点》，包国宪等译，科学出版社 2019 年版。

32. ［法］柯蕾主编：《公众参与和社会治理：法国社会学家清华大学演讲文集》，李华等译，中国大百科全书出版社 2018 年版。

33. ［新加坡］约西·拉贾：《威权式法治：新加坡的立法、话语与正当性》，陈林林译，浙江大学出版社 2019 年版。

34. ［日］小岛武司、伊藤真编：《诉讼外纠纷解决法》，丁婕译，中国政法大学出版社 2005 年版。

三、中文期刊

1. 江泽民："高举邓小平理论伟大旗帜，把建设有中国特色社会主义事业全面推向二十一世纪——在中国共产党第十五次全国代表大会上的报告（1997 年 9 月 12 日）"，载《求是》1997 年第 18 期。

2. 江泽民："全面建设小康社会，开创中国特色社会主义事业新局面——在中国共产党第十六次全国代表大会上的报告（2002 年 11 月 8 日）"，载《求是》2002 年第 22 期。

3. 胡锦涛："高举中国特色社会主义伟大旗帜 为夺取全面建设小康社会新胜利而奋斗——在中国共产党第十七次全国代表大会上的报告"，载《求是》2007 年第 21 期。

4. 胡锦涛："坚定不移沿着中国特色社会主义道路前进 为全面建成小康社会而奋斗——在中国共产党第十八次全国代表大会上的报告"，载《求是》2012 年第 22 期。

5. "中共中央关于全面推进依法治国若干重大问题的决定"，载《求是》2014 年第 21 期。

6. 俞可平："治理和善治引论"，载《马克思主义与现实》1999 年第 5 期。

7. 张文显："中国法治 40 年：历程、轨迹和经验"，载《吉林大学社会科学学报》2018 年第 5 期。

8. 俞可平："重构社会秩序，走向官民共治"，载《国家行政学院学报》2012 年第 4 期。

9. 左丹丹："习近平论治国理政对马克思主义国家理论的继承和发展"，载《毛泽东邓小平理论研究》2019 年第 3 期。

10. 何增科："政府治理现代化与政府治理改革"，载《行政科学论坛》2014 年第 2 期。

11. 杨得志："非政府组织对农村治理的参与研究"，载《管理现代化》2012 年第 5 期。

12. 李凤华："治理理论：渊源、精神及其适用性"，载《湖南师范大学社会科学学报》2003 年第 5 期。

13. 王浦劬："国家治理、政府治理和社会治理的基本含义及其相互关系辨析"，载《社会学评论》2014 年第 3 期。

14. 姜晓萍："国家治理现代化进程中的社会治理体制创新"，载《中国行政管理》2014 年第 2 期。

15. 王名、董俊林："关于新时代社会治理的系统观点及其理论思考"，载《行政管理改革》2018 年第 3 期。

16. 冯崇微、曹波："发达国家对非营利组织的税收优惠"，载《中国社会组织》2014 年第 15 期。

17. 高秉雄、张江涛："公共治理：理论缘起与模式变迁"，载《社会主义研究》2010 年第 6 期。

18. 文贯中："市场机制、政府定位和法治—对市场失灵和政府失灵的匡正之法的回顾与展望"，载《经济社会体制比较》2002 年第 1 期。

19. 张文显："法治与国家治理现代化"，载《中国法学（中文摘要版）》2014 年第 4 期。

20. 李坤轩、邱丽莉："'互联网＋'视域下基层信访工作的创新路径——基于山东省济宁市信访工作的实践"，载《理论导刊》2017 年第 3 期。

21. 杜鹃、杜义国、张微："我国政府绩效第三方评估的研究现状及未来展望"，载《领导科学》2019 年第 6 期。

22. 陈建平："'新公共服务'的公共理性诉求"，载《上海行政学院学报》2007 年第 2 期。

23. 李平原、刘海潮："探析奥斯特罗姆的多中心治理理论 ———从政府、市场、社会多元共治的视角"，载《甘肃理论学刊》2014 年第 3 期。

24. 陈艳敏："多中心治理理论：一种公共事物自主治理的制度理论"，载《新疆社科论坛》2007 年第 3 期。

25. 俞可平："中国治理评估框架"，载《经济社会体制比较》2008 年第 6 期。

26. 王乐乐、蒙晓旺："十一届三中全会前后中国共产党对社会主义民主法制建设的探索"，载《西安文理学院学报（社会科学版）》2015 年第 4 期。

27. 沈恒斌、吴少鹰："新时期社会矛盾纠纷的表现形式及其多元化解决机制建构思路"，载《中国司法》2005 年第 12 期。

28. 杨绍功："如何化'邻避效应'为'迎臂效应'"，载《决策探索（上半月）》2016 年第 9 期。

29. 潘锋："市场经济背景下多中心治理理论在中国面临的困境及对策"，载《经济研究导刊》2013 年第 27 期。

30. 应松年："行政复议应当成为解决行政争议的主渠道"，载《行政管理改革》2010 年第 12 期。

31. 强舸："'政党——社会'关系变迁与国家治理能力现代化"，载《岭南学刊》2017 年第 5 期。

32. 夏建中、张菊枝："我国社会组织的现状与未来发展方向"，载《湖南师范大学社会科学学报》2014 年第 1 期。

33. 周雪光："运动型治理机制：中国国家治理的制度逻辑再思考"，载《开放时代》2012 年第 9 期。

34. 顾朝曦："改革社会组织管理制度充分激发社会组织活力"，载《中国社会组织》2014 第 1 期。

35. 熊光清："中国网络社团兴起的影响：国家与社会关系的视角"，载《南京社会科学》2009 年第 11 期。

36. 廖晓明、邱安民："社会管理创新动阻力因素分析与因应之策"，载《中国行政管理》2013 年第 3 期。

37. 陈荣卓、颜慧娟："法治视域下的社会治理：区域实践与创新路径"，载《江汉论坛》2013 年第 12 期。

38. 吴纪树："公众参与基层治理的法治保障"，载《劳动保障世界》2018 年第 27 期。

39. 徐汉明、张新平："网络社会治理的法治模式"，载《中国社会科学》2018 年第 2 期。

40. 马怀德："预防化解社会矛盾的治本之策：规范公权力"，载《中国法学》2012 年第 2 期。

41. 马庆钰、贾西津："中国社会组织的发展方向与未来趋势"，载《国家行政学院学报》2015 年第 4 期。

42. 陈振明等："政府社会管理职能的概念辨析——《'政府社会管理'课题的研究报告》之一"，载《东南学术》2005 年第 4 期。

43. 朱力、葛亮："社会协同：社会管理的重大创新"，载《社会科学研究》2013 年第 5 期。

44. 俞可平："更加重视社会自治"，载《人民论坛》2011 年第 6 期。

45. 杨学科："论法治型社会治理体制的构建"，载《中共成都市委党校学报》2014 年第 1 期。

46. 张汝立、陈书洁："西方发达国家政府购买社会公共服务的经验和教训"，载《中国行政管理》2010 年第 11 期。

47. 包国宪、赵晓军：“新公共治理理论及对中国公共服务绩效评估的影响”，载《上海行政学院学报》2018 年第 2 期。

48. 秦云益、刘亚菲：“从政府本位到社会本位——公共管理理念的跨越”，载《郑州经济管理干部学院学报》2007 年第 3 期。

49. 孙发锋：“去行政化：中国民间组织发展的必然要求”，载《理论与改革》2010 年第 4 期。

50. 孙涛、孙宏伟：“比较视野下的中国地方政府改革及其挑战”，载《行政论坛》2018 年第 6 期。

51. 俞可平：“治理和善治：一种新的政治分析框架”，载《南京社会科学》2001 年第 9 期。

52. 童志锋、郁建兴：“从政府本位到社会本位：社会管理体制变革的新分析框架”，载《中共浙江省委党校学习》2011 年第 1 期。

53. 赵刚印：“公众参与的应然与实然——增强公众参与社会治理有效性的路径选择”，载《理论探讨》2006 年第 3 期。

54. 孔凡义、姜卫平、潘诗钰：“社会组织去行政化：起源、内容和困境”，载《武汉科技大学学报（社会科学版）》2014 年第 5 期。

55. 徐晓林、陈强、曾润喜：“中国虚拟社会治理研究中需要关注的几个问题”，载《中国行政管理》2013 年第 11 期。

56. 孙涛：“以扩大公众参与推进社会治理体制创新”，载《理论导刊》2015 年第 11 期。

57. 杨解君：“关于行政处罚主体条件的探讨”，载《河北法学》1996 年第 1 期。

58. 黄浩明：“民间组织在统筹经济社会发展过程中的地位和作用”，载《学会》2006 年第 3 期。

59. 戚枝淬：“社会组织内部治理结构法律问题研究”，载《理论月刊》2016 年第 8 期。

60. 李巍：“社会组织公信力问题探究”，载《行政与法》2017 年第 7 期。

61. 夏国永：“国外政府与社会组织合作治理的经验借鉴与启示”，载《经济研究导刊》2012 年第 6 期。

62. 王春业：“对‘行政综合执法’概念的再辨析”，载《盐城师范学院学报（人文社会科学版）》2007 年第 3 期。

63. 邓少君：“公众参与社会治理：理论逻辑及现实路径”，载《法治社会》

2018 年第 1 期。

64. 李坤轩："生态文明建设视域下的环境监管转型路径探析——基于山东省环境监管执法调研的启示"，载《天津行政学院学报》2019 年第 5 期。

65. 宋煜萍："公众参与社会治理：基础、障碍与对策"，载《哲学研究》2014 年第 12 期。

66. 周晓丽、党秀云："西方国家的社会治理：机制、理念及其启示"，载《南京社会科学》2013 年第 10 期。

67. 彭程："地方政府购买科技服务的现实意义与实现路径研究"，载《中国科技产业》2015 年第 2 期。

68. 姜力："认清形势 明确任务 开创社会组织建设与管理新局面——在全国社会组织建设与管理工作经验交流会上的讲话"，载《社团管理研究》2007 年第 3 期。

69. 范如国："复杂网络结构范型下的社会治理协同创新"，载《中国社会科学》2014 年第 4 期。

70. 胡燕："我国社会治理中的公众参与：必要性、问题与对策"，载《哈尔滨师范大学社会科学学报》2016 年第 2 期。

71. 贡太雷："公众参与社会治理与法治中国建设"，载《南海法学》2018 年第 3 期。

72. 汪斯坦："公众参与加快城市治理法治化"，载《中国管理信息化》2017 年第 13 期。

73. 高斌："公众参与社会治理的路径选择和政策激励"，载《世纪桥》2018 年第 10 期。

74. 胡仙芝："公众参与制度化是我国社会治理法治化的必由之路"，载《理论研究》2015 年第 3 期。

75. 周进萍："社会治理中公众参与的意愿、能力与路径探析"，载《中共南京市委党校学报》2014 年第 5 期。

76. 陈蔚涛："公众参与在社会治理中的基础性作用"，载《大连干部学刊》2014 年第 1 期。

77. 胡仙芝："公众参与制度化：社会治理创新的突破点"，载《人民论坛》2014 年 S1 期。

78. 蓝志勇："美国社会治理的实践"，载《城市管理与科技》2015 年第 6 期。

79. 周贤日："美国教育捐赠税制及其启示——以美国《国内税收法》501

（C）条款为视角"，载《温州大学学报（社会科学版）》2015 年第 6 期。

80. 冯俏彬："政府管理与支持社会组织的国际经验及对我国的启示"，载《财政研究》2013 年第 7 期。

81. 柳经纬："从权利救济看我国法律体系的缺陷"，载《比较法研究》2014 年第 5 期。

82. 胡仙芝、曹胜："公众参与社会治理制度化创新的思考"，载《中国国情国力》2014 年第 9 期。

83. 郭伟："公众参与社会治理：理论逻辑与实践路径"，载《邢台学院学报》2018 年第 4 期。

84. 莫纪宏："法治与小康社会"，载《中国法学》2013 年第 1 期。

85. 田丰："发达国家与地区社会组织参与社会治理的经验与启示"，载《社会治理理论》2014 年第 2 期。

86. "崔龙书诉丰县人民政府行政允诺案"，载《中华人民共和国最高人民法院公报》2017 年第 11 期。

87. 马占亚："政府主导 多元参与——新加坡社区治理的经验与启示"，载《广东经济》2015 年第 12 期。

88. 赵黎青："关于中国非政府组织建设的几个问题"，载《江苏社会科学》2000 年第 4 期。

89. 汪文来："新加坡、香港培育发展社会组织的启示"，载《特区实践与理论》2011 年第 6 期。

90. 何晓裴："新加坡社会组织考察"，载《群文天地》2011 年第 16 期。

91. 联合课题组："新加坡地方政府治理现代化经验"，载《管理观察》2015 年第 5 期。

92. 王晖："新加坡社区治理经验及启示"，载《特区实践与理论》2014 年第 4 期。

93. 李平、安喆："新加坡城市社区管理模式及其启示"，载《管理观察》2015 年第 29 期。

94. 林佩碧："新加坡政府与民间组织以'三开'促新移民融入"，载《华人世界》2009 年第 11 期。

95. 胡澎："日本 NGO 的发展及其在外交中的作用"，载《日本学刊》2011 年第 4 期。

96. 田香兰："日本民间非营利组织的发展现状、法律环境及社会贡献"，载《日本问题研究》2013 年第 2 期。

97. 范小雨："政府与非营利组织合作关系的探析"，载《行政论坛》2006 年第 6 期。

98. 俞祖成、邹东升："日本 NPO 与政府的合作伙伴关系：一个初步研究"，载《中国第三部门研究》2012 年第 2 期。

99. 中共浙江省委"两新"工委、浙江省社会组织促进会赴台考察组、庄跃成、梁星心："台湾社会组织发展考察报告"，载《中国社会组织》2013 年第 4 期。

100. 郑振宇："台湾社会组织管理的经验、问题与启示"，载《探索》2013 年第 3 期。

101. 王丽："公众参与背景下治理现代化能力提升"，载《人民论坛》2016 年第 5 期。

102. 黄耀明："台湾社会工作专业发展的经验与启示"，载《闽台文化交流》2006 年第 4 期。

103. 周建国、尹力："基层社会治理：台湾经验及其比较"，载《长春市委党校学报》2013 年第 3 期。

104. 刘福刚、许伟："论社会治理的社会心态基础"，载《理论与改革》2014 年第 5 期。

105. 吴晓林："台湾地区社区建设政策的制度变迁"，载《南京师大学报（社会科学版）》2015 年第 1 期。

106. 钟其："台湾地区基层社会治理机制及对大陆的启示"，载《公安学刊（浙江警察学院学报）》2014 年第 1 期。

107. 孙志凯："香港社会治理模式的特点和借鉴意义"，载《中共珠海市委党校珠海市行政学院学报》2013 年第 6 期。

108. 靳环宇："香港社会组织的特征及对内地的启示"，载《中国社会组织》2013 年第 8 期。

109. 成元君、陈锦棠："经验与启示：香港民间社会组织的发展"，载《学习与实践》2010 年第 1 期。

110. 高飞："增强文化自信，实现文化自强——改革开放 40 周年文化思想浅谈"，载《第十六届沈阳科学学术年会论文集（经管社科）》。

111. 戴木才、王艳玲："中国传统核心价值观的源流发展及其启示"，载《湖南师范大学社会科学学报》2019 年第 4 期。

112. 宋周尧："论以社会主义核心价值观凝聚改革共识"，载《攀登》2019 年第 3 期。

113. 李永洪、张海洋："治理资源对创新社会治理体系的价值功能及其有效配置路径"，载《南都学坛》2015 年第 4 期。

114. 廖鸿、石国亮："中国社会组织发展管理及改革展望"，载《四川师范大学学报（社会科学版）》2011 年第 5 期。

115. 吴文洁："国外非营利组织的发展及启示"，载《商业时代》2006 年第 29 期。

116. 闫娟："21 世纪政府、市场与公民社会的三足鼎立——来自治理理论的启示"，载《成都行政学院学报（哲学社会科学）》2002 年第 1 期。

117. 何炜："跨界治理的三种理论模式、价值诉求及其实现机制"，载《中共四川省委党校学报》2016 年第 4 期。

118. 李坤轩："新时代深化'放管服'改革的问题与对策"，载《行政管理改革》2019 年第 6 期。

119. 姚秀霞："山东烟台：推动社会组织党建工作新探索"，载《中国民政》2018 年第 14 期。

120. 斯钦："社会组织党建工作怎么抓"，载《人民论坛》2017 年第 32 期。

121. 教军章等："社会组织内部管理优化途径研究——以黑龙江大学为例"，载《黑龙江教育（理论与实践）》2018 年第 3 期。

122. 何振锋："社会组织参与公共政策制定存在问题的成因分析"，载《社团管理研究》2011 年第 3 期。

123. 周定财："探索社会组织参与社会治理的新途径"，载《开放导报》2016 年第 6 期。

124. 邸杨、陈连军："公民法治意识培养的思考"，载《经济研究导刊》2015 年第 14 期。

125. 郑准镐："非政府组织的政策参与及影响模式"，载《中国行政管理》2004 年第 5 期。

126. 高红、朴贞子："我国社会组织政策参与及其制度分析"，载《中国行政管理》2012 年第 1 期。

127. 李坤轩、马玉丽："法治政府建设的问题反思与解决之道"，载《人民论坛》2016 年第 33 期。

128. 句华："美国地方政府公共服务合同外包的发展趋势及其启示"，载《中国行政管理》2008 年第 7 期。

129. 李坤轩、马玉丽："山东省地方治理的创新与发展——第三方评估"，载《政法学刊》2018 年第 4 期。

130. 毕婷："萨拉蒙志愿失灵理论之探析"，载《中国商界（下半月）》2008 年第 10 期。

131. 王敬波、李帅："我国政府信息公开的问题、对策与前瞻"，载《行政法学研究》2017 年第 2 期。

132. 詹国彬："需求方缺陷、供给方缺陷与精明买家——政府购买公共服务的困境与破解之道"，载《经济社会体制比较》2013 年第 5 期。

133. 李建辉："浅议政府向社会组织购买服务——以广东省运作模式为例"，载《社团管理研究》2010 年第 6 期。

134. 李佐军、陈健鹏、杜倩倩："城镇化过程中邻避事件的特征、影响及对策—基于对全国 96 件典型邻避事件的分析"，载《调查研究报告（专刊）》2016 年第 42 期。

135. 王瑞敏、章文君、高洁："公共科技服务平台构建和有效运行研究"，载《科研管理》2010 年第 6 期。

136. 李培林、徐崇温、李林："当代西方社会的非营利组织——美国、加拿大非营利组织考察报告"，载《河北学刊》2006 年第 2 期。

137. ［英］鲍勃·杰索普、漆燕："治理的兴起及其失败的风险：以经济发展为例的论述"，载《国际社会科学杂志（中文版）》1999 年第 1 期。

138. ［法］玛丽-克劳德·斯莫茨："治理在国际关系中的正确运用"，肖孝毛译，载《国际社会科学杂志（中文版）》1999 年第 1 期。

139. ［意］布鲁诺·莱奥尼："自由与法治"，冯辉译，载《律师文摘》2011 年第 1 期。

140. 孙育玮："小康社会与都市法治文化"，载项家祥、王正平主编：《小康社会与都市文化建设》，上海三联书店 2004 年版。

141. 中华人民共和国最高人民法院行政审判庭编："陈刚诉句容市规划局、句容市城市管理局城建行政命令案"，载《中国行政审判案例（第 81-120 号案例）》（第 3 卷），中国法制出版社 2013 年版。

四、报纸

1. 俞可平："衡量国家治理体系现代化的基本标准—关于推进'国家治理体系和治理能力的现代化'的思考"，载《北京日报》2013 年 12 月 9 日，第 17 版。

2. 许耀桐："当代中国国家治理的鲜明特点"，载《北京日报》2019 年 9 月 9 日，第 13 版。

3. 张祖平："奉献精神是中国特色志愿服务的文化内核"，载《中国青年报》2019 年 8 月 8 日，第 5 版。

4. 江必新："推进国家治理体系和治理能力现代化"，载《光明日报》2013 年 11 月 15 日，第 1 版。

5. 黄品嘉等："提升公众参与社会治理创新的积极性"，载《光明日报》2016 年 9 月 25 日，第 6 版。

6. 王利明："法治是我们追求的目标"，载《光明日报》2016 年 9 月 5 日，第 14 版。

五、党的重要文献

1. 《中共中央关于全面深化改革若干重大问题的决定》，人民出版社 2013 年版。

2. 《中共中央关于全面推进依法治国若干重大问题的决定》，人民出版社 2014 年版。

3. 中共中央宣传部编：《习近平新时代中国特色社会主义思想三十讲》，学习出版社 2018 年版。

4. 中共中央文献研究室编：《习近平关于全面依法治国论述摘编》，中央文献出版社 2015 年版。

5. 中共中央文献研究室编：《十八大以来重要文献选编（上）》，中央文献出版社 2014 年版。

6. 中共中央文献研究室：《三中全会以来重要文献选编（下）》，人民出版社 1982 年版。

7. 中国共产党第十八次全国代表大会的报告：《坚定不移沿着中国特色社会主义道路前进 为全面建成小康社会而奋斗》。

8. 中国共产党第十八届中央委员会第三次全体会议通过的《中共中央关于全面深化改革若干重大问题的决定》。

9. 中国共产党第十八届中央委员会第四次全体会议通过的《中共中央关于全面推进依法治国若干重大问题的决定》。

10. 中国共产党第十八届中央委员会第五次全体会议通过的《中共中央关于制定国民经济和社会发展第十三个五年规划的建议》。

11. 中国共产党第十九次全国代表大会的报告:《决胜全面建成小康社会 夺取新时代中国特色社会主义伟大胜利》。

12. 中国共产党第十九届中央委员会第三次全体会议通过的《中共中央关于深化党和国家机构改革的决定》和《深化党和国家机构改革方案》。

六、电子文献

1. 新华社:"习近平主持中共中央政治局第三十七次集体学习",载中国政府网,http://www.gov.cn/xinwen/2016-12/10/content_5146257.htm,最后访问时间:2019年6月22日。

2. 人民网:"习近平在省部级主要领导干部学习贯彻十八届三中全会精神全面深化改革专题研讨班开班式上发表重要讲话",载人民网,http://cpc.people.com.cn/shipin/n/2014/0217/c243284-24385147.html,最后访问时间:2019年7月20日。

3. 唐钧:"社会治理的四个特征",载光明网,http://theory.gmw.cn/2015-03/02/content_14967028.htm,最后访问时间:2018年11月10日。

4. 新华社:"中共中央关于制定国民经济和社会发展第十三个五年规划的建议",载人民网,http://cpc.people.com.cn/n/2015/1103/c399243-27772351.html,最后访问时间:2018年11月10日。

5. 张雨、尹深、梁秋坪:"依法治国篇:司法改革出活力迈出法治新步伐",载人民网,http://legal.people.com.cn/n1/2019/0107/c42510-30506781.html,最后访问时间:2019年5月17日。

6. 中国互联网信息中心:"第43次中国互联网络发展状况统计报告",2019年2月28日发布,载http://www.cac.gov.cn/2019-02/28/c_1124175677.htm,最后访问时间:2019年5月22日。

7. 新华社:"中办、国办印发《关于推行地方各级政府工作部门权力清单制度的指导意见》",载中国政府网,http://www.gov.cn/fuwu/2015-03/24/content_2837962.htm,最后访问时间:2019年8月31日。

8. "国务院办公关于印发国务院部门权力和责任清单编制试点方案的通知",

载中国政府网，http：//www.gov.cn/zhengce/content/2016-01/05/content_10554.htm，最后访问时间：2019年8月31日。

9. "江苏昆山'8.2'铝粉尘爆炸事故3名责任人今受审"，载中国新闻网，http：//www.chinanews.com/fz/2015/02-10/7050722.shtml，最后访问日期：2019年2月16日。

10. 新华社："天津港'8·12'瑞海公司危险品仓库特别重大火灾爆炸事故调查报告公布"，载新华网，http：//www.xinhuanet.com/politics/2016-02/05/c_1118005206.htm，最后访问日期：2019年3月12日。

11. "澜沧拉祜族自治县国土资源局与澜沧拉祜族自治县勐朗镇老街村民委员会老街村民小组、第三人杨德华土地行政决定案二审行政判决书"，载中国裁判文书网，http：//wenshu.court.gov.cn/website/wenshu/181107ANFZ0BXSK4/index.html？docId=3fedb096fc91427aa31d1c0617e6fe01，最后访问时间：2019年6月17日。

12. "黑龙江省哈尔滨市规划局与黑龙江汇丰实业发展有公司行政处罚纠纷上诉案"，载找法网，http：//china.findlaw.cn/info/xingzheng/xzchufa/xzcfal/379529.html，最后访问时间：2019年5月20日。

13. 贺辉："山东省高院分析行政机关败诉原因 因违反法定程序败诉近4成"，载大众网，https：//sd.dzwww.com/sdnews/201803/t20180328_17199825.htm，最后访问时间：2019年6月22日。

14. 澎湃新闻："上海深化行政执法类公务员分类管理改革，适应新时代要求"，载澎湃新闻网，https：//www.thepaper.cn/newsDetail_forward_1842293，最后访问时间：2019年8月30日。

15. 夏晶："武汉交警推出'首违警告'便民举措'罚单'可变成'警告'"，载湖北网台网，http：//news.hbtv.com.cn/p/447811.html，最后访问时间：2019年8月30日。

16. 陆洋："深圳交警星级用户十分钟违停主动驶离符合条件可申请免罚"，载深港在线网，http：//sz.szhk.com/2017/09/22/282980704372580_3.html，最后访问时间：2019年8月30日。

17. 魏婧："周强：司法人员分类管理改革基到位 审判质效提升"，载中国网，http：//www.china.com.cn/news/txt/2017-11/01/content_41829639.htm，最后访问时间：2019年5月2日。

18. 赵恩泽："最高检：检察机关司法责任制改革基本完成"，载人民网，ht-

tp：//legal. people. com. cn/n1/2017/1101/c42510－29621630. html，最后访问时间：2019 年 5 月 2 日。

19. 澎湃新闻："最高法信息中心主任谈中国裁判文书网：访问量远超最初预期"，载搜狐网，http：//www. sohu. com/a/312480649_260616，最后访问时间：2019 年 9 月 2 日。

20. 法制日报："检察机关公益诉讼实现'全覆盖'"，载人民网，http：//legal. people. com. cn/n1/2019/0115/c42510－30538548. html，最后访问时间：2019 年 6 月 22 日。

21. 新华社："中共中央办公厅 国务院办公厅印发《关于加快推进失信被执行人信用监督、警示和惩戒机制建设的意见》"，载中国政府网，http：//www. gov. cn/zhengce/2016-09/25/content_5111921. htm，最后访问时间：2019 年 6 月 23 日。

22. "11·18 海口三江镇群体事件"，载百度百科网：https：//baike. baidu. com/item/11%C2%B718%E6%B5%B7%E5%8F%A3%E4%B8%89%E6%B1%9F%E9%95%87%E7%BE%A4%E4%BD%93%E4%BA%8B%E4%BB%B6/16169728? fr=aladdin，最后访问时间：2019 年 6 月 7 日。

23. "孟连事件"，载 360 百科网，https：//baike. so. com/doc/5969474－6182431. html，最后访问时间：2019 年 6 月 6 日。

24. 雷虹、李平："能动和谐司法理念下我国法院附设 ADR 制度探析—与德国民事调解制度之比较研究"，载中国法院网，https：//www. china-court. org/article/detail/2011/06/id/453982. shtml，最后访问时间：2019 年 6 月 10 日。

25. "周强：最高法 5 年受理案件 82383 件 比前五年上升 60.6%"，载中国网，http：//www. china. com. cn/lianghui/news/2018－03/09/content_5069 1025. shtml，最后访问时间：2019 年 6 月 15 日。

26. "最高人民法院工作报告（摘要）"，载中国网，http：//www. china. com. cn/lianghui/news/2019-03/13/content_74564433. shtml，最后访问时间：2019 年 6 月 15 日。

27. 李立红："厅官出庭，'民告官'能见官！山东去年六成行政机关负责人出庭应诉"，载大众网，https：//sd. dzwww. com/sdnews/201905/t20190 520_18741019. htm，最后访问时间：2019 年 6 月 19 日。

28. "2018 年全国行政复议、行政应诉总体情况"，载中国宪治网，http：//

www. calaw. cn/article/default. asp？id = 13118，最后访问时间：2019 年 6 月 12 日。

29. "2018 年全国行政复议和行政应诉案件统计数据"，载司法部网，ht-tp：//www. moj. gov. cn/organization/content/2019 - 05/09/560_234638. html，最后访问时间：2019 年 6 月 15 日。

30. 马俊骥："山东行政复议五年纠错 1. 7 万件 综合纠错比例超 1/3"，载大众网，http：//jinan. dzwww. com/jryw/shandong/201602/t20160219_13856794. htm，最后访问时间：2019 年 6 月 12 日。

31. "山东：2017 年行政复议综合纠错率 37. 98%"，载大众网，http：//www. dzwww. com/shandong/sdnews/201804/t20180425_17301561. htm，最后访问时间：2019 年 6 月 12 日。

32. 徐隽："人民日报金台锐评：多元化解，有助'胜败皆服'"，载人民网，http：//opinion. people. com. cn/n1/2016/0706/c1003 - 28527378. html，最后访问时间：2019 年 6 月 20 日。

33. 闫雯雯："新模式! 东营市建立'仲裁+法律援助'矛盾纠纷化解机制"，载鲁中网，http：//news. lznews. cn/luzhong/dongying/201906/t20190610_11454675. html，最后访问时间：2019 年 6 月 19 日。

34. "司法部就人民调解员队伍建设举行新闻发布会"，载国务院新闻办公室网，http：//www. scio. gov. cn/xwfbh/gbwxwfbh/xwfbh/sfb/Document/1628632/1628632. htm，最后访问时间：2019 年 6 月 20 日。

35. 陈叶军："'大调解'工作体系"，载中国长安网，http：//www. chinapeace. gov. cn/chinapeace/c54347/2016 - 07/18/content_11672225. shtml，最后访问时间：2019 年 6 月 30 日。

36. "中华慈善总会被曝收钱开免税发票"，载新浪网，http：//news. sina. com. cn/o/2011 - 08 - 18/044023008712. shtml，最后访问时间：2019 年 5 月 20 日。

37. 王名："破解中国公益组织的治理困境"，载中国改革论坛网，http：//www. chinareform. org. cn/society/organise/Report/201109/t20110902_12 0657. htm，最后访问时间：2019 年 5 月 20 日。

38. "益宝发布公益人保障状况调查报告 中国公益行业从业者保障状况中等偏下"，载新华网，http：//www. xinhuanet. com/gongyi/2017 - 11/29/c_129752070. htm，最后访问时间：2019 年 5 月 22 日。

39. "2017 年社会服务发展统计公报"，载民政部网，http：//www. mca. gov. cn/article/sj/tjgb/201808/20180800010446. shtml，最后访问时间：2019 年 5 月 22 日。

40. "2017-2023 年中国基金会行业现状调研及未来发展趋势分析报告"，载百度网百度文库，https：//wenku. baidu. com/view/fc40be5e68eae009581 b6bd97f1922791688be37. html，最后访问时间：2019 年 5 月 22 日。

41. "郑功成：尽快制定《社会组织法》"，载公益时报网，http：//www. gongyishibao. com/html/yaowen/13552. html，最后访问时间 2019 年 5 月 16 日。

42. "新华社评论员：转变政府职能 深化简政放权——三论学习贯彻党的十九届三中全会精神"，载中国政府网，http：//www. gov. cn/xinwen/2018- 03/02/content_5270246. htm，最后访问日期：2019 年 5 月 23 日。

43. 蒋若静："擅自以社会团体名义进行活动 四家非法社会组织被取缔"，载央广网，http：//news. cnr. cn/native/gd/20180210/t20180210 _ 524131396. shtml，最后访问日期：2019 年 5 月 23 日。

44. "中共中央办公厅印发《关于加强社会组织党的建设工作的意见（试行）》"，载中国政府网，http：//www. gov. cn/xinwen/2015-09/28/content_ 2939936. htm，最后访问日期：2019 年 5 月 25 日。

45. 王学军："2018 年中央财政支持社会组织参与社会服务项目共立项 463 个"，载新华网，http：//www. xinhuanet. com/gongyi/2018-05/17/c_ 129 874578. htm，最后访问时间：2019 年 5 月 25 日。

46. "温江区涌泉街道：'积极型社区'治理模式"，载蓉城先锋网，http：// cdzzb. chengdu. gov. cn/Website/contents/60/7741. html，最后访问时间：2019 年 6 月 12 日。

47. 周太友："市民强烈反对 PX 项目 大连决定搬迁"，载中国经济网，ht-tp：//www. ce. cn/cysc/newmain/yc/jsxw/201108/15/t20110815_21021184. shtml，最后访问时间：2019 年 6 月 12 日。

七、博士、硕士论文

1. 兰红燕："我国乡村社会治理法治化研究"，河北师范大学 2019 年博士学位论文。

2. 张骁虎："20 世纪以来美国社会治理中联邦政府角色的演变"，吉林大学

2017 年博士学位论文。

3. 易轩宇："社会组织参与社会治理的机制创新研究"，湘潭大学 2015 年博士学位论文。

4. 尚巧艳："马克思主义法治理论视域下社会治理法治化研究"，兰州理工大学 2018 年硕士学位论文。

5. 张媛："社会组织参与社会治理研究"，长春理工大学 2017 年硕士学位论文。

6. 侯非："社会组织参与社会治理路径研究"，西南大学 2013 年硕士学位论文。

7. 刘震："社会组织参与社会治理的路径研究"，南昌大学 2014 年硕士学位论文。

8. 唐敏："社会组织参与社会治理研究——以贵阳市为例"，贵州民族大学 2015 年硕士学位论文。

9. 吴怡："公益组织参与社会治理研究"，广东外语外贸大学 2016 年硕士学位论文。

10. 盛婷婷："我国社会组织参与社会治理中的政府责任研究"，长春工业大学 2018 年硕士学位论文。

11. 谢玥："我国社会组织参与社会治理中存在的问题及对策研究"，四川师范大学 2017 年硕士学位论文。

12. 张雪："中国非政府组织参与社会治理的问题及对策研究"，西南大学 2015 年硕士学位论文。

13. 刘远波："我国非政府组织参与社会治理研究"，郑州大学 2017 年硕士学位论文。

八、外文文献

1. Stoker G，"The Management of British Local Governance"，*Macmilan*，Vol. 17，1998.

2. Stoker, Gerry，"Governance as Theory：Five Propositions"，*International Social Science Journal*，Vol. 68，2018.

3. Donald F. Kettl，"The global revolution in public management：Driving themes，missing links"，*Journal of Policy Analysis and Management*，Vol. 16，No. 3，1997.

4. Osborne S. P. , "The new public governance? Emerging perspectives on the theoryand practice of public governance", *London: Routledge*, 2009.

5. Robert W. C. , "RESTRAINING THE REGULATORY STATE", *Regulation*, Vol. 4, 2017.

6. Huntington S. P. , "Political Order in Changing Societies", *New Haven: Yale University Press*, 1968.

7. Working Group on Internet Governance, "Report from the working Group on Internet Governance", *Document WSIS—II/PC—3/DOC/5—E*, 2005.

8. Henry J. Brown, Arthur L. Marriott, "ADR Principles and Practise", *Sweet & Maxwell*, 1999.

9. Willam Wade, "Administrative Law (Tenth Edition)", *Oxford University Press*, 2009.

10. O' Hare M. , "Not on My Back, You Don't : 'Facility Sitting and the Strategic Important of Compensation' ". *Public Policy*, Vol. 25, No. 4, 1977.

11. "Transparency and Public participation in", *RISCOM II Final Rport*.

12. "Swedish Nuclear Power Inspectorate", *Radioactive Waste Management*, 2004.

13. Rabe, B. G. Beyond NIMBY, "Hazardous Waste Siting in Canada and the United states", *Washington, D. C. : The Brookings Institution*, 1994.

后　记

　　党的十八大以来，党中央和国务院高度重视社会治理工作，把加强和创新社会治理作为党和国家的重要任务，作出了一系列重大战略部署。

　　党的十九大明确提出，要完善党委领导、政府负责、社会协同、公众参与、法治保障的社会治理体制，提高社会治理社会化、法治化、智能化、专业化水平，打造共建共治共享的社会治理格局。这对新时期加强和创新社会治理提出了新的更高要求。

　　当代中国正处于社会转型关键期，社会结构、组织形式和利益格局发生深刻变动，各种利益主体之间相互交织、相互交锋，社会矛盾纠纷数量居高不下并且有不断增多的趋势，社会治理面临的形势愈发复杂、严峻，社会治理的难度越来越大。

　　有效提升社会治理水平，必须重视发挥法治的保障作用。加强社会治理法治化方面的研究，既是深化社会治理理论体系的必然要求，也是推动解决社会治理领域问题的现实需要，具有重大的理论意义和实践意义。

　　本书就社会治理法治化的有关基础理论问题进行了研究和探讨，重点围绕如何推进社会治理法治化进行了系统地分析和论证。

　　著作中引用和参阅了诸多学者的论著，在此表示感谢。

李坤轩

2019 年 8 月于济南